Staatsverständnisse

herausgegeben von
Rüdiger Voigt

Volume 137

Daniel Keil | Jens Wissel [Hrsg.]

Staatsprojekt Europa

Eine staatstheoretische Perspektive
auf die Europäische Union

Die Deutsche Nationalbibliothek verzeichnet diese Publikation in der Deutschen Nationalbibliografie; detaillierte bibliografische Daten sind im Internet über http://dnb.d-nb.de abrufbar.

ISBN 978-3-8487-5963-7 (Print)
ISBN 978-3-7489-0090-0 (ePDF)

1. Auflage 2019
© Nomos Verlagsgesellschaft, Baden-Baden 2019. Gedruckt in Deutschland. Alle Rechte, auch die des Nachdrucks von Auszügen, der fotomechanischen Wiedergabe und der Übersetzung, vorbehalten. Gedruckt auf alterungsbeständigem Papier.

Editorial

Das Staatsverständnis hat sich im Laufe der Jahrhunderte immer wieder grundlegend gewandelt. Wir sind Zeugen einer Entwicklung, an deren Ende die Auflösung der uns bekannten Form des territorial definierten Nationalstaates zu stehen scheint. Denn die Globalisierung führt nicht nur zu ökonomischen und technischen Veränderungen, sondern sie hat vor allem auch Auswirkungen auf die Staatlichkeit. Ob die »Entgrenzung der Staatenwelt« jemals zu einem Weltstaat führen wird, ist allerdings zweifelhaft. Umso interessanter sind die Theorien der Staatsdenker, deren Modelle und Theorien, aber auch Utopien, uns Einblick in den Prozess der Entstehung und des Wandels von Staatsverständnissen geben, einen Wandel, der nicht mit der Globalisierung begonnen hat und nicht mit ihr enden wird.

Auf die Staatsideen von Platon und Aristoteles, auf denen alle Überlegungen über den Staat basieren, wird unter dem Leitthema »Wiederaneignung der Klassiker« immer wieder zurück zu kommen sein. Der Schwerpunkt der in der Reihe *Staatsverständnisse* veröffentlichten Arbeiten liegt allerdings auf den neuzeitlichen Ideen vom Staat. Dieses Spektrum reicht von dem Altmeister *Niccolò Machiavelli*, der wie kein Anderer den engen Zusammenhang zwischen Staatstheorie und Staatspraxis verkörpert, über *Thomas Hobbes*, den Vater des Leviathan, bis hin zu *Karl Marx*, den sicher einflussreichsten Staatsdenker der Neuzeit, und schließlich zu den Weimarer Staatstheoretikern *Carl Schmitt*, *Hans Kelsen* und *Hermann Heller* und weiter zu den zeitgenössischen Theoretikern.

Nicht nur die Verfälschung der Marxschen Ideen zu einer marxistischen Ideologie, die einen repressiven Staatsapparat rechtfertigen sollte, macht deutlich, dass Theorie und Praxis des Staates nicht auf Dauer von einander zu trennen sind. Auch die Verstrickungen Carl Schmitts in die nationalsozialistischen Machenschaften, die heute sein Bild als führender Staatsdenker seiner Epoche trüben, weisen in diese Richtung. Auf eine Analyse moderner Staatspraxis kann daher in diesem Zusammenhang nicht verzichtet werden.

Was ergibt sich daraus für ein zeitgemäßes Verständnis des Staates im Sinne einer modernen Staatswissenschaft? Die Reihe *Staatsverständnisse* richtet sich mit dieser Fragestellung nicht nur an (politische) Philosophen, sondern vor allem auch an Studierende der Geistes- und Sozialwissenschaften. In den Beiträgen wird daher zum einen der Anschluss an den allgemeinen Diskurs hergestellt, zum anderen werden die wissenschaftlichen Erkenntnisse in klarer und aussagekräftiger Sprache – mit dem Mut zur Pointierung – vorgetragen. So wird auch der / die Studierende unmittelbar in die Problematik des Staatsdenkens eingeführt.

Prof. Dr. Rüdiger Voigt

Inhaltsverzeichnis

III. Grenzziehungen

Daniel Keil und Jens Wissel

Staatsprojekt Europa: Einleitung

Als im Mai 2019 die Wahlen zum europäischen Parlament anstanden, wurden sie zu einer Schicksalswahl stilisiert, mit der über das Projekt Europa entschieden werde. Vor allem das europaweite Erstarken der Rechten, gemeinhin und oft reduktiv europaskeptisch bis -feindlich eingeordnet, und die Ankündigung insbesondere der italienischen Lega und der AfD, eine neue große vereinte rechte Fraktion zu gründen, riefen Sorgen hervor. Diese Sorgen, insbesondere der Parteien aus dem Zentrum, waren zwar größtenteils dem Verlust der Mehrheit der informellen großen Koalition aus EVP und S&D im Europaparlament geschuldet, nichtsdestotrotz markiert die Wahl 2019 einen großen Einschnitt und eine starke Veränderung. Die rechten Parteien sind nicht nur im Europaparlament stärker geworden, sondern mittlerweile in mehreren Mitgliedsländern der EU an der Regierung beteiligt oder stellen diese gar. An diesen Veränderungen der Parteienlandschaft und der Kräfteverhältnisse in den Parlamenten zeigen sich tiefergehende Krisenprozesse, die häufiger als Legitimitätskrise der EU aufgefasst werden und die sich auch als Verblassen des lange Zeit funktionierenden Zukunfts- und Fortschrittsnarrativs bemerkbar machen. Die EU-Kommission versuchte zur Europawahl, nicht zuletzt in den sozialen Medien, dieses alte Zukunfts- und Fortschrittsnarrativ zur Geltung zu bringen. In einem Tweet, der exemplarisch für die Öffentlichkeitsarbeit in der Zeit unmittelbar vor der Wahl steht, wird die EU unter anderem mit Frieden, Klimaschutz, Gleichheit, Sicherheit, sozialen Rechten und Demokratie gleichgesetzt.[1]

Verfolgte man diese Aktivitäten wirkten sie wie ein verzweifelter Versuch, mit dem alten Narrativ die Legitimität des herrschenden Machtgefüges der EU zu retten und die mehr und mehr schwindende Potentialität zur inneren Kohärenz des europäischen Projekts zu beschwören. Der institutionelle Ausschluss anderer Krisenbearbeitungen als derjenigen durch Schuldenbremse und Austeritätspolitik sowie neoliberaler Wettbewerbspolitik durch eine „Überkonstitutionalisierung"[2] der EU, in der zentrale wirtschaftspolitische Fragen und Maßnahmen der politischen Entscheidung entzogen sind, zeigen, dass das alte Narrativ nicht kongruent zur tatsächlichen Verfassung der EU ist. Begreift man die EU als ein Staatsprojekt im Werden, das noch kein Staat ist und vielleicht auch nie einer wird,[3] dann zeigt die konstitutionelle Fest-

---

1 https://twitter.com/EU_Commission/status/1131938970512830465; letzter Zugriff: 10.06.2019.
2 *Grimm* 2015.
3 Vgl. *Wissel* 2015.

schreibung einer bestimmten Politik, dass es immer weniger gelingt über die Organisation von gesellschaftlichem Konsens die disparaten und fragmentierten Apparate in einen kohärenten Zusammenhang zu bringen und ihnen Legitimität zu verschaffen. Hier zeigt sich nicht nur eine autoritäre Tendenz in der Entwicklung der europäischen Institutionen, die spätestens seit der Griechenland-Krise und den folgenden finanzpolitischen Paketen offensichtlich wurde, sondern auch die Widersprüchlichkeit der Integration. Ging mit der negativen Integration durch Wettbewerb und Marktvereinigung durchaus auch mal das Möglichkeitsfenster für Elemente einer positiven Integration sozialer und politischer Institutionen auf, so ist nunmehr das Übergewicht der negativen Integration nahezu erdrückend geworden. Nicht zuletzt lässt sich dies auf die Kräfteverhältnisse innerhalb der Mitgliedsstaaten und hierbei auf die dominante Position Deutschlands zurückführen. Diese Dominanz ist nicht unhinterfragt, sondern führt in anderen Politikfeldern auch zu Verwerfungen und Rissen, was sich u.a. in den Auseinandersetzungen um die Posten der EU-Kommission nach der Europawahl im Mai 2019 zeigte.

Gemeinhin wird die Europäische Union nicht aus einer staatstheoretischen Perspektive betrachtet, wenn dann eher aus einer staatsrechtlichen. Zwar konnte vor dem gescheiterten Verfassungsvertrag, durchaus beobachtet werden, dass vermehrt wieder nach der staatsähnlichen Verfasstheit der EU gefragt wurde. Spätestens seit dem gescheiterten Verfassungsvertrag werden allerdings im Kontext der EU Begriffe, die auf einen entstehenden Staat verweisen könnten strikt vermieden. Und auch im Vertrag von Lissabon sind alle Verweise, die auf eine Verfassung hindeuten könnten gestrichen worden.

In den wissenschaftlichen Auseinandersetzungen wird die EU oft als eine neue Form thematisiert, die weder Staat noch internationale Organisation, noch internationaler Vertrag ist. Insbesondere der Governance-Ansatz thematisiert die Europäische Union als eine überlegene und dezentralisierte Form der Verwaltung. Fragen nach Herrschaft und Machtverhältnissen bleichen ausgeblendet und werden ersetzt durch die Frage nach ‚best practices'.

Die aktuellen Krisen- und Desintegrationsprozesse können so nicht angemessen begriffen werden, sie erscheinen vielmehr als entweder externe Funktionsstörungen, wie im Fall der Finanzkrise, oder als irrationale Entwicklungen, die auf eine fehlende Vermittlung der Vorteile des Integrationsprozesses zurückzuführen sind, oder auf eine mangelnde demokratische Verankerung der Europäischen Union. Die gesellschaftlichen Zusammenhänge bleiben weitgehend ausgeblendet, sodass auch übersehen wird, dass die letzten vierzig Jahre neoliberaler Dominanz einen Prozess eingeläutet haben, der nicht nur die Europäische Integration betrifft, sondern auch ihre Mitgliedsstaaten. Die Tatsache, dass in den Politikwissenschaften seit vielen Jahren eine Entwicklung beobachtet wird, in der Politik zu einem Problem von Verwaltung und Expert*innen umgedeutet und damit der demokratischen Entscheidung entzogen wird, bleibt unbeachtet, oder wird affirmiert. Die technokratische Perspektive krankt, so Renate Mayntz, an einem „Problemlösungsbias', der dazu führt, dass „Macht nur im Kontext der Formulierung und Durchsetzung von Problemlösungen behandelt wird und nicht als politisches Handlungsziel."[4]

Ein gesellschaftskritischer staatstheoretischer Ansatz, wie er in dem vorliegenden Band vorgestellt wird, nimmt die Europäische Union aus einer anderen Perspektive in den Blick. Er stellt zunächst den gesellschaftlichen Zusammenhang her und fragt nach der Veränderung von Herrschaft. Hierzu gehört auch die Frage nach dem emanzipatorischen oder auch demokratischen Potenzial gesellschaftlicher Entwicklungen. Staat, Politik und Herrschaft im Allgemeinen werden nicht als geschlossene Systeme betrachtet, vielmehr werden die Zusammenhänge von gesellschaftlichen und politischen Entwicklungen hergestellt und damit Machtverhältnisse offengelegt. Eine kritische Gesellschaftsanalyse geht daher auch nicht davon aus, dass die gegenwärtige Situation so zu fassen sei, dass eine vormals gut funktionierende Demokratie nun durch ökonomische Prozesse quasi von außen in die Krise gestürzt wurde, und es nunmehr um die Wiederherstellung der verlorenen Bedingungen gehe.[5] Vielmehr muss es darum gehen, die historische Konstellation, die staatliche Herrschaft ermöglicht und deren Ausformung zugrunde liegt, begrifflich zu fassen. Gesellschaften, „in denen kapitalistische Produktionsweise herrscht",[6] sind immer von pluralen bis antagonistischen Interessen durchzogen, deren Widersprüche in der politischen Form[7] prozessierbar gemacht, aber nicht aufgelöst, werden können. Insofern hängt auch das Funktionieren wie die Stabilität dieser Prozesse von vielen Faktoren ab, die durch monokausale Erklärungen oder eine einfache Verfallserzählung nicht gefasst werden können.

Wie alle gesellschaftlichen Prozesse sind auch die aktuellen Krisenprozesse multikausal. Sie sind zu suchen in historischen, gesellschaftlichen und institutionellen Prozessen und Konstellationen, die die Bevölkerungen von den politischen Entscheidungszentren distanzieren (Teil 1 des Bandes), in Verschiebungen in den gesellschaftlichen Kräfteverhältnissen und einem Abbau sozialpolitischer Errungenschaften und einer daraus folgenden Zunahme von Ungleichheitsverhältnissen (Teil 2), sowie in Prozessen, in denen versucht wird in der politischen Krise neue/alte Identitäten zu schaffen und eine Renationalisierung der Gesellschaften voranzutreiben. Die gegenwärtigen Krisenprozesse zeigen auch deutlich, wie tief verankert die He-

---

4 *Mayntz* 2009, 34.
5 Stephan *Lessenich* kritisiert zurecht die derzeitig in den demokratietheoretischen Debatten zu beobachtende Tendenz, die Krise als Verfallsgeschichte zu deuten. Die Literatur neige dabei zu einer „retrospektiven Überhöhung, wenn nicht gar Idealisierung der politisch-sozialen Verhältnisse im »golden age« des Fordismus". (*Lessenich* 2019, 122).
6 *Marx* 1867, 49.
7 Vgl. *Hirsch* 1994.

gemonie von Grenzen und nationalem Bewusstsein trotz aller Transnationalisierungsprozesse noch ist (Teil 3).

Diese drei Felder gesellschaftlicher Entwicklung und Auseinandersetzungen werden in dem vorliegenden Band untersucht und mit der Entwicklung der Europäischen Union in Beziehung gesetzt. Zum Vorschein kommt eine Konstellation, die als eine Vielfachkrise zu bezeichnen ist. Die ökonomische Krise ist nicht gelöst worden, vielmehr hat sich eine politische Krise entwickelt, in der die Legitimationsquellen der bisherigen gesellschaftlichen Konstitution langsam versiegen. Damit sind auch die neoliberalen Leitbilder, die alle gesellschaftlichen Entwicklungen in den letzten vierzig Jahren dominiert haben, in der Krise. Wachsende Ungleichheiten in Europa verstärken diese Krisenprozesse noch. Flankiert wird dies von verstärkten Auseinandersetzungen um Geschlechterverhältnisse – nicht zufällig sind „gender mainstreaming" und „Genderismus" zentrale Angriffsziele rechtspopulistischer und neurechter Kräfte. Die Vielschichtigkeit von Krisenprozessen hat sich nicht zuletzt auch in der europäischen Migrationspolitik gezeigt. Dort wurde offenbar wie verschiedene historische Entwicklungspfade in einer Krise kulminieren und gleichzeitig wie Subalterne in solchen Prozessen auch um ihre Handlungsfähigkeit und Alternativen von unten kämpfen. Die Krisenprozesse werden allerdings derzeitig von gesellschaftlichen Kämpfen und ihrer zumeist dominant-repressiven Bearbeitung verstärkt. Die Europäische Union befindet sich daher tatsächlich an einem Scheideweg.[8] Es ist derzeit fraglich, ob es zu einer Fortführung des Integrationsprozesses kommen wird und das aktuelle neoliberale Staatsprojekt Europa stabilisiert werden kann. Möglich wäre auch die Herausbildung eines neuen Staatsprojektes, das mit einer anderen Ausrichtung eine Kohärenz der multiskalaren europäischen Staatlichkeit herstellen kann, oder ein Zerfall der Europäischen Union. Auch die aktuelle Krise macht deutlich, dass gesellschaftliche Krisenprozesse politische und staatliche Institutionalisierungsprozesse nicht unberührt lassen.

Trotz erstarkter rechtspopulistischer und neurechter Kräfte in vielen Mitgliedsstaaten und im Europaparlament, und trotz der inneren Machtverhältnisse, ist der Ausgang der Vielfachkrise noch immer offen und bleibt abhängig vom weiteren Verlauf der gesellschaftlichen Kämpfe. Die Bedingungen dieser Kämpfe, die (wie auch immer) staatliche Konstitution der Europäischen Union, werden von den Beiträgen in diesem Band dargestellt.

---

8 Siehe z.B. *Offe* 2016, 13; *Wolff* 2015; *Brunkhorst/Gaitanides/Grözinger* 2015; *Kregel* 2015.

Zum Aufbau des Buches

Der vorliegende Band ist, wie schon angedeutet, in drei Teile gegliedert. Im ersten Teil geht es um grundlegende Kontextualisierungen und theoretische Bestimmung der Europäischen Union.

Im ersten Beitrag des Bandes erinnert *Hauke Brunkhost* an die verdrängte koloniale Vergangenheit Europas. Diese betrifft keineswegs nur die Zeit vor dem europäischen Integrationsprozess, bis heute gehören Restbestände der alten Kolonialreiche zur Europäischen Union. Zudem zeigt Brunkhorst wie die verdrängte Kolonialgeschichte Europas heute in „den Körpern, die sich zu hunderttausenden von Grenze zu Grenze schleppen und sich Tag um Tag zu hunderten in winzige, seeuntüchtige Boote drängen, nach Europa" zurückkehrt. Die europäische Kolonialgeschichte prägt nicht nur die heutige Gewalt in Afrika, sie prägt auch den europäischen Blick auf das nichteuropäische Außen. Der Verstoß gegen bindende Menschenrechtspakte der Vereinten Nationen, gegen nationales Recht und gegen Europarecht an den Grenzen Europas ist in diesem Kontext zu sehen und verweist auf den postkolonialen Zusammenhang europäischer Institutionalisierung.

Jens Wissel führt den Begriff des Staatsprojekts Europa ein und verortet ihn in einer staatstheoretischen Debatte, die sich an Gramsci[9], Poulantzas[10] und Hirsch[11] orientiert. Der Begriff ermöglicht es die europäische Integration als einen dynamischen Prozess zu fassen, in dem Institutionen, wie etwa die EZB, entstehen, die bisher nur in nationalstaatlichen Kontexten entstanden sind ohne von einem ausgeprägten Staat ausgehen zu müssen. Er richtet zudem den Blick auf die gesellschaftlichen Kräfte, die hinter diesen Prozessen stehen.

Stefanie Wöhl untersucht in ihrem Beitrag die maskulinistische Struktur der Europäischen Union und fragt nach der geschlechterspezifischen Selektivität des europäischen Staatsapparate-Ensembles. Sie identifiziert unterschiedliche Phasen der geschlechterpolitischen Regulierungen und zeigt die Ambivalenzen in der europäischen Geschlechtpolitik auf. Konstatiert wird eine Entwicklung, in der die Gleichstellungspolitik seit der Finanzkrise 2008 wieder ins Hintertreffen gerät.

Im Zweiten Teil des Bandes geht es insbesondere um die Veränderungen, die mit der Finanz- und später Eurokrise eingesetzt haben. *John Kannankulam* erörtert in seinem Beitrag die Krisenprozesse des Staatsprojekts Europa und fragt nach den veränderten Kräfteverhältnissen und nach den Folgen der Transformation. Er sieht einen Prozess der Entdemokratisierung, der mit dem von Nicos Poulantzas geprägten Begriff des Autoritären Etatismus gefasst werden kann.

---

9   Band 11 in der Reihe Staatsverständnisse.
10   Band 30 in der Reihe Staatsverständnisse.
11   Band 113 in der Reihe Staatsverständnisse.

Elisabeth Klatzer und *Christa Schlager* zeigen in ihrem Beitrag, wie die Finanzkrise und die europäische Krisenreaktion auf die Geschlechterverhältnisse wirken und wie ungleich die Kosten der Krise verteilt sind. Sie sehen einen in der Krise verstärkten maskulinistisch-autoritären Umbau der Europäischen Union.

Hans-Jürgen Bieling beschäftigt mit der sozialpolitischen und wohlfahrtstaatlichen Entwicklung im Kontext des europäischen Integrationsprozesses. Dabei stellt er eine zunehmend disparate und ungleichzeitige Entwicklung fest. Wohlfahrtsstaatliche Politik gerate von zwei Seiten unter Druck, zum einen durch eine Zunahme des grenzüberschreitenden Wettbewerbs und zum anderen durch populistisch-nationalistische Diskurse.

Der Beitrag von *Moritz Elliesen, Nicholas Henkel* und *Sophie Kempe* beleuchtet das komplexe Verhältnis von Ungarn zur EU und die besondere Problematik der autoritären Entwicklung in Ungarn. Das Verhältnis der Fidesz-Regierung unter Orban zur EU erweist sich, trotz aller antieuropäischen Rhetorik, als höchst ambivalent. Dies wird anhand der Bedeutung der EU in der Entwicklung der ungarischen Ökonomie deutlich gemacht.

Abgeschlossen wird der zweite Teil von einem Beitrag von *Felix Syrovatka* und *Etienne Schneider*, der das Verhältnis von Deutschland und Frankreich und dessen Bedeutung für die (Krise der) Integration untersucht. Deutlich wird hierbei die Diskrepanz zwischen den französischen und deutschen Vorstellungen über die weitere Entwicklung der EU wie auch die Dominanz Deutschlands gegenüber Frankreich. Nicht zuletzt führen Schwierigkeiten in diesem Verhältnis zur Blockade einer vertieften Integration und damit zu einer weiteren Verschleppung der Krise.

Der dritte Teil bearbeitet identitätspolitische und materielle Abgrenzungen der EU. *Daniel Keil* entwickelt auf einer basalen theoretischen Ebene ein staatstheoretisches Gerüst, mit dem Entwicklungen der europäischen Identität gefasst werden können. Damit wird eine Perspektive geschaffen, die es ermöglicht, Fragen nationaler und europäischer Identität, die sonst in staatstheoretischen Ansätzen eher ausgeblendet werden, zu erfassen und ihre Bedeutung für staatliche Entwicklungen hervorzuheben.

Fabian Georgi leistet mit seinem Beitrag eine Analyse der gesellschaftlichen Kräfteverhältnisse in der Frage um die Transformationen des europäischen Grenzregimes in der Krise. Er arbeitet die Akteure, ihre Positionen sowie deren Bedeutung heraus.

Den Abschluss bildet der Text von *Lukas Oberndorfer*, der im Anschluss an die Diagnose einer Hegemoniekrise die Bedeutung eines europäischen Sicherheitsregimes in den Versuchen ihrer Überwindung herausarbeitet. Er stellt daher die Frage, ob die fehlende Kohärenz und Einbindung subalterner Interessen durch die Emergenz eines vereinheitlichenden repressiven Ensembles ersetzt werden könnte.

Dieser Band wäre nicht möglich gewesen ohne die Arbeit der Autor*innen, denen wir für ihre Beiträge herzlich danken. Bedanken möchten wir uns auch beim Nomos-Verlag und Beate Bernstein sowie bei Rüdiger Voigt, der den Band angeregt hat. Für die Graphik auf dem Einband bedanken wir uns bei Felix Nickel.

Literatur

Brunkhorst, Hauke/*Gaitanides*, Charlotte/*Grözinger*, Gerd (Hrsg.) 2015: Europe at a Crossroad. From Currency Union to Political and Economic Governance? Baden-Baden.

Grimm, Dieter 2015: Auf der Suche nach Akzeptanz. Über Legitimationsdefizite und Legitimationsressourcen der Europäischen Union. In: Leviathan, 43. Jg., 3/2015, 325 – 338.

Hirsch, Joachim 1994: Politische Form, politische Institutionen und Staat, in: Esser, Josef/ Görg, Christoph/ders. (Hrsg.): Politik, Institutionen und Staat. Zur Kritik der Regulationstheorie, Hamburg. 157-211.

Kregel, Jan 2015: Europe at the Crossroads: Financial Fragility and the Survival of the Single Currency, in: Policy Note 2015/1, Levy Economics Institute of Bard College, online: http://www.levyinstitute.org/pubs/pn_15_1.pdf, rev. 12.01.18.

Lessenich, Stephan 2019: Die Dialektik der Demokratie. Grenzziehungen und Grenz-überschreitungen im Wohlfahrtskapitalismus, in: Was stimmt nicht mit der Demokratie? Eine Debatte mit Klaus Dörre, Nancy Fraser, Stephan Lessenich und Hartmut Rosa. Herausgegeben von Hanna Ketterer und Karina Becker. Suhrkamp. 121-138.

Marx, Karl 1867: Das Kapital. Bd.1. In: Marx-Engels-Werke Bd.23, Berlin.

Mayntz, Renate 2009: Zur Selektivität der steuerungstheoretischen Perspektive, in: Dies. (Hrsg.): Über Governance. Institutionen und Prozesse politischer Regelung. Frankfurt a.M. 29-40.

Offe, Claus 2016: Europa in der Falle, Berlin.

Wissel, Jens 2015: Staatsprojekt Europa: Grundzüge einer materialistischen Theorie der Europäischen Union. Münster.

Wolff, Sarah 2015: Migration and Refugee Governance in the Mediterranean: Europe and International Organisations at a Crossroads, IAI Working Papers 15, in: https://qmro.qmul.ac.uk/xmlui/bitstream/handle/123456789/9485/Wolff%20Migration%20and%20Refugee%20Governance%202015%20Published.pdf?sequence=1 (zugegriffen am 12.01.18).

I.
Grundlegende Bestimmungen

Hauke Brunkhorst

Die verdrängte koloniale Vergangenheit

"All Europe contributed to the making of Kurtz." (Josef Conrad)[1]

I

Im Fußball spiegelt sich die Weltgesellschaft. Verdienten die Profis der englischen Premier League 1985 gerade mal doppelt so viel wie der durchschnittliche Fan, so verdienen sie jetzt das 200-fache.[2] Mit den Spielergehältern stiegen die Eintrittspreise, die alten Fans konnten ihnen nicht mehr folgen, resignierten, blieben weg, und die Fankurve füllte sich mit denen, die besser verdienen und noch rassistischer sind. Vor den Stadien dasselbe Bild. Das schlechte Viertel, das den Eintritt in die neue Gesellschaft nicht mehr zahlen kann, versinkt in politischer Apathie, Alkohol und Drogenstrich. Die Wahlbeteiligung sinkt unter 30%, während sie im guten Viertel auf über 90% steigt und die Illusion erzeugt, an der Spitze des Fortschritts zu marschieren.[3] Und wenn der Fortschritt wieder einmal größer aussieht als er ist, bleibt immer noch der Geldbeutel. Naturgemäß, wie es einer Marktwirtschaft entspricht, die im ewigen Wettbewerb der Evolution begründet ist, rücken die Parteien der Linken, die ihre Wähler verlieren, von Wahl zu Wahl weiter nach rechts.

Die *soziale* erzeugt *politische Ungleichheit*. Die großen feministischen und multikulturellen Errungenschaften, die uralte Herrschaftsverhältnisse zerstört haben, verlieren ihren „fairen Wert" (Rawls), kann doch die arbeitslose, jüdische, lesbische und vorbestrafte Schwarze die „Bluturenge" (Marx) des heimatlichen Ghettos nicht mehr verlassen, in dem sie allen nur erdenklichen, antisemitischen, homophoben und misogynen Vorurteilen ebenso schutzlos ausgeliefert ist wie dem Sexismus und der Gewalt von Polizei und Männerbanden.

Wenn in Wahlkämpfen dann nur noch *technische* Alternativen verschiedener mikroökonomischer Strategien der Anpassung an den Weltmarkt, aber keine *politischen* zur neoliberalen Makroökonomie mehr wählbar sind, gibt es keine Demokra-

---

1 Kurtz ist der fiktive koloniale Herrscher in *Conrad*, Heart of Darkness, critical edition, New York: Norton 2005, hier: 62. Francis Coppola hat die berühmte Novelle nach Vietnam verlegt und mit dem alternden Marlon Brando als Kurtz verfilmt: Apokalypse Now, USA 1969.
2 *Allen/Hodson* 2017.
3 *Schäfer* 2015; *Merkel* 2014.

tie mehr.[4] Was marktkonforme, an den Weltmarkt angepasste Demokratie bedeutet, hat keiner genauer benannt als der langjährige Präsident der Amerikanischen Federal Reserve Bank, Alan Greenspan. Als der Züricher Tages-Anzeiger ihn im September 2007 fragte, welchen Kandidaten er bei den kommenden Wahlen unterstützen würde, Obama oder McCain, antwortete er: „(We) are fortunate that, thanks to globalization, policy decisions in the US have been largely replaced by global market forces. National security aside, it hardly makes any difference who will be the next president. The world is governed by market forces."[5] Zwei Jahre zuvor hatte der Britische Premierminister Tony Blair alle Versuche der linken Fraktion seiner Partei, technische in politische und praktische Fragen änderbarer Gesellschaftsverhältnisse zurück zu verwandeln, mit dem ebenso klassischen Argument blockiert, „I hear people say we have to stop and debate globalisation. You might as well debate whether autumn should follow summer."[6]

Die naturrechtliche Herkunft des Arguments aus der liberalen politischen Ökonomie des 18. Jahrhunderts hatte schon Peter Sellers in Hal Ashbys Film *Being There* von 1979, als der neoliberale Wahn losging, in der Rolle des Mr. Chance erinnert. Mr. Chance war soeben zum führenden Wirtschaftsberater des US-Präsidenten aufgestiegenen, ein einfältigen Gärtner, der sein Leben lang den Garten reicher Erben gepflegt und seine Freizeit mit Fernsehen verbracht, aber nie eine Schule besucht hat und weder lesen noch schreiben kann. Die Spielfilmszene mit Präsident, Mr. Chance und dem neoliberalen Finanzmogul Ben eröffnet der von Niedrigwachstum geplagte Präsident mit einer Bemerkung, die noch von Richard Nixons berühmtem, von Milton Friedman kolportiertem Credo: „We are all Keynesians now" geprägt ist. „Do you think that we can stimulate growth through temporary incentives?" Die an ihn gerichtete Frage beantwortet Mr. Chance langsam und bedächtig: „In the garden, growth has its season. First comes spring and summer, but then we have fall and winter. And then we get spring and summer again." Der alte Finanzmogul erklärt dem zweifelnd in die Runde blickenden Präsidenten dann die Bedeutung des Orakels für die Wirtschaftspolitik: „I think, what our insightful young friend is saying is that we welcome the inevitable seasons of nature, but we are upset by the seasons of our economy." Darauf Mr. Chance: „Yes, there will be growth in the spring." Mit der Zustimmung des Präsidenten und dem Applaus des Finanzmoguls endet die Szene.[7] Der in die von der Panik politscher Grundsatzdebatten entlastete Weg in die marktkonforme Demokratie war frei.

Schon im selben Jahr 1979, auf dem Höhepunkt der vom Westen massiv unterstützten, blutigen Diktatur des Generals Pinochet in Chile hatte Jaime Guzmán, der

---

4 *Scharpf* 2017.
5 *Greenspan* 2007.
6 *Blair* 2005.
7 Being There, USA 1979, Regie Hal Ashby, Dialog zit. der dt. Synchronfassung. YouTube https://www.youtube.com/watch?v=0j22kwE1e4k&t=74s (zugegriffen 31.12.2018).

Architekt der Diktaturverfassung von 1980 – sie ist inzwischen mehrfach geändert worden, aber im neoliberalen Kern, der Staatseingriffe nur post festum erlaubt, immer noch unverändert in Kraft – deren große konstitutionelle Innovation damit erklärt, dass sie die Herrschaft einer rechten, weltmarktkonformen Regierung auch dann auf Dauer stelle, wenn nach der Diktatur das allgemeine Wahlrecht nicht mehr unterdrückt und die übrigen politischen Rechte nicht mehr mit Füßen getreten werden. Damit hatte Guzmán unter den günstigen Bedingungen der Diktatur einen alten Traum des bedeutendsten Ökonomen des Ordo- und Neoliberalismus, Friedrich August von Hayek, verwirklicht.[8] Die Verfassung, so führt Guzmán aus, müsse sicherstellen, dass, wenn eine linke Regierung an die Macht komme, sie zu einer Politik genötigt werde, die nicht weit von der vorherigen Politik der Rechten abweiche. Eine Verfassung, die auf Wahlen zwischen verschiedenen Parteien beruht, müsse sicherstellen, dass der Spielraum für Alternativen von vornherein möglichst klein gehalten wird, um eine linke Politik praktisch unmöglich zu machen.[9]

Eine solche Verfassungsreform, wie sie für die gegenwärtige Verfassung der Europäischen Union ebenso charakteristisch ist wie für diejenige Chiles, aber auch die der USA (Gerrymandering etc.) und die Verfassungsänderungen von Regimen (Ungarn, Polen, Brasilien etc.), die sich selbst als illiberale Demokratien bezeichnen, aber im selben Atemzug Regime eines autoritären Liberalismus sind, ist Teil eines neuartigen, global vernetzten Verfassungsregimes, in dem das öffentliche internationale Recht (globaler Konstitutionalismus) immer stärker verfassungsartigen Privatrechtsregimen und entsprechenden Mischformen einer globalen Wirtschaftsverfassung weicht. Diese Verfassung stellt den Vorrang der Märkte vor der Demokratie sicher und führt dazu, dass die ungleiche Ausgangsbedingungen infolge der für alle gleichen Regeln des Wettbewerbs immer ungleicher werden. Deshalb ist es kein Zufall, dass nicht nur der starke westliche Sozialstaat infolge wachsender sozialer Ungleichheit immer schwächer wird, sondern die ohnehin größere soziale Ungleichheit zwischen Nord- und Südkontinenten viel schneller wächst als die im Innern des nördlichen und nordwestlichen Weltsegments.

Das „schimmernde Elend" (Kant) der Shoppingmalls zeigt in der Libyschen Wüste, auf dem offenen Meer und in den Lagern an unserer Südgrenze sein schimmerloses Schreckensgesicht. In der zum Abschiebegefängnis umfunktionierten Geflüchtetenunterkunft Moria auf Lesbos opfert die Europäische Union das, wofür sie einst stehen wollte. Der „Raum der Freiheit, der Sicherheit und des Rechts"[10], in dem „die Grundrechte (…) geachtet",[11] das internationale „Recht auf Asyl"[12] und die „Einhal-

---

8   *Hayek* 2003, 49, 97ff, 127ff, 411ff.
9   *Guzmán* 1979, 19. Ich danke Rafael Alvear (e-mail v. 28.12.2018) für den Hinweis auf dieses Zitat und den immer noch gültigen Kern der Diktaturverfassung (e-mail v. 31.12.2018).
10 Art. 4 AEUV.
11 Art. 67 AEUV.
12 Art. 18 Grundrechtecharta.

tung des Grundsatzes der Nichtzurückweisung" gewährleistet,[13] „Rassismus und Fremdenfeindlichkeit" „verhütet und bekämpft" werden,[14] wird in dem sanitär und medizinisch unterversorgten, vollkommen überfüllten Lager Moria auf Lesbos durch drei Grenzen in konkretes Recht umgesetzt. Der Cash-Value der Menschenrechte. Die erste, gemauerte Grenze umschließt das Detention-Camp, in dem abgelehnte Asylbewerber und rechtswidrig zur Abschiebung freigegebene Neuankömmlinge einsitzen. Die zweite aus Stacheldraht, Wachtürmen und bewaffneten Wächtern umschließt die Geflüchtetenunterkunft mit dem Detention-Camp in der Mitte, die dritte, das Meer, die Insel, die niemand verlassen darf. Durch das Meer, das die Natur unserer Märkte schützt, wird die Grenze zum Naturrecht. Wer ankommt, wird „eingesperrt, als wäre Flucht ein Verbrechen. Orte wie Moria sollen jetzt rund um die EU entstehen. Sie sollen ‚Kontrollierte Zentren' heißen. Man möchte sich ein Kürzel für diesen Namen lieber nicht vorstellen."[15] Solche Lager gab es in Griechenland nach Abzug der Nazis nur noch unter der Herrschaft der Obristen. Die meisten Insassen kommen aus vormaligen europäischen Kolonialgebieten.

II

Am 6. November 2016 sind mindestens 20 Menschen auf der Flucht vor dem afrikanischen Elend im Mittelmeer ertrunken. Das ist einer der wenigen aus einer großen Vielzahl ähnlicher Fälle, die von Seenotrettern mit vielen Videos und Zeugenaussagen gut dokumentiert werden konnten. Das Seenotrettungsboot, das kurz zuvor eingetroffen war und alle hätte retten können, wurde von der lybischen Küstenwache abgedrängt, Helfer mit Kartoffeln und Gegenständen beworfen und die bereits um ihr Leben schwimmende Schiffbrüchigen von dem in hohem Tempo eintreffenden Boot unterspült und zerstreut. Wer sich auf das Boot der Küstenwache retten konnte, wurde geschlagen und ins Meer zurückgeworfen. Das Boot fuhr unter lybischer Flagge, wurde jedoch von den vereinigten europäischen Regierungen finanziert, die auch für die Ausbildung und Betreuung der Besatzung verantwortlich sind und nach geltender Völkerrechtssprechung des Europäischen Gerichtshofs für Menschenrechte unter Europäischer Hoheitsgewalt stehen.[16] Am Ende der Aktion wurden 47 Überlebende, die sich an Bord des Wachboots gerettet und nicht gleich zurückgeschleudert wurden, in Lybischen Lager, in denen Folter und Vergewaltigung an der Tagesordnung sind, transportiert – ein illegaler Akt, befanden sie sich doch bereits unter europäischer Hoheit – während Seenotretter von Gliedstaaten der EU wider

---

13 Art. 78 AEUV.
14 Art. 67 AEUV.
15 *Wiedemann* 2018.
16 *Buckel* 2013.

Recht und Gesetz wie Kriminelle verfolgt werden. Die EU und ihr deutscher Hegemon agieren im Mittelmeer eher als kriminelle Vereinigung, die Morde billigend in Kauf nimmt, denn als Rechtsstaat, als den sie sich nicht genug anpreisen kann.[17] Die Grenzen sind fest verschlossen, nur die Selbstgerechtigkeit Europas ist grenzenlos.

Allein in den letzten Monaten sind mehr als tausend Menschen im Mittelmeer ertrunken, 14.000 seit 2014 und mindestens 35.000 seit dem Jahr 2000.[18] Sie sind alle vor dem giftigen Dreck, den die reichen Externalisierungsgesellschaften auf ihren Müllhalden und in ihren Küstengewässern abgeladen haben, den Diktaturen, die von ihnen unterstützt und geduldet werden und der extremen Ausbeutung ihrer Länder durch die dort verewigten Methoden der ursprünglichen Akkumulation des Kapitals, die dem Nordwesten einen riesigen Billiglohnsektor und gewaltige Bodenschätze sichern, geflohen.[19] Alle, die es gewagt haben, zu fliehen, waren bei der Überfahrt im Mittelmeer permanent in Seenot, auf überfüllten Schiffen und Schlauchbooten, von denen keins den üblichen Sicherheitsstandards entsprach. Eine hohe Zahl von Ihnen wurde Opfer unterlassener oder absichtlich behinderter Hilfeleistung, was im letzten Fall Mord ist. Zur Seenotrettung sind alle erreichbaren Schiffe aller Nationen jederzeit verpflichtet. Diese Rechtspflicht ist älter als die modernen Menschenrechte und durch sie und zahllose weitere, bindende Vereinbarungen vielfach verstärktes, bindendes Recht und wird so auch vom Europäischen Gerichtshof für Menschenrechte gesprochen, zumindest in den wenigen Fällen, die ans Licht der Öffentlichkeit kommen und den immer wieder erschwerten Weg zu den Gerichten finden.[20]

III

Die *Geschichte* der Europäischen Union ist eine des *silencing*, des kommunikativen Beschweigens der kolonialen Vergangenheit. Jetzt aber kehrt das Verdrängte mit den Körpern, die sich zu hunderttausenden von Grenze zu Grenze schleppen und sich Tag um Tag zu hunderten in winzige, seeuntüchtige Boote drängen, nach Europa zurück.

Verdrängt wurde nicht nur die *koloniale Vergangenheit* des Kontinents, die bis an die Schwelle der Gegenwart reicht, verdrängt wurde auch der enge Zusammenhang der gegenwärtigen Krise mit *Klimawandel und globaler Erderwärmung*, die Zentralafrikas Bevölkerung in immer größeren Scharen aus dem verödenden Kontinent treibt. Kein Zufall, dass die Führer der Brexitkampagne zwei gleichermaßen absurde Fiktionen teilen, nämlich die, dass eine Rückkehr zum Commonwealth möglich und

---

17 *Heller/Pezzani/Mann/Moreno-Lax/Weizman* 2018.
18 *IOM* o.J.
19 *Lessenich* 2016.
20 Das Urteil der *EuGMR* 2012; zu den Menschenrechtsverletzungen in libyschen Migrationslagern und sonstigen Migrationsfällen (*Amnesty International* 2018. *Sangi* 2018; *Zielcke* 2015).

jene, dass die wissenschaftlichen Daten zum Klimawandel Fälschungen seien. Lügenpresse halt die Fresse.

Verdrängt wird, dass die Schrecken des Klimawandels, die den afrikanischen Kontinent zuerst treffen, durch das systematische *landgrabbing* global operierender Investoren und einheimischer Eliten, die nur an steigenden Grundstückspreisen, exportierbaren Nahrungsmitteln und verwertbaren Bodenschätzen interessiert sind, noch einmal verdoppelt wird.[21]

Nicht die absolute Armut, sondern die sozialen Unterschiede, die auf dem afrikanischen Kontinent ohnehin schon unerträgliche Ausmaße angenommen hatten, sind durch den aggressiven Landraub weitergewachsen. Neben den nach wie vor häufigen Hungersnöten erzeugt die schier unüberwindliche Ungleichheit Entmutigung und Hoffnungslosigkeit. Niemand glaubt mehr, an der Situation je etwas ändern zu können, weder für sich noch für seine Kinder und Kindeskinder.

Dieses Problem wird nicht gelöst sein, wenn eines Tages die Bürgerkriege beendet und die Folterknechte und Diktatoren, die den großen Aufstand der arabischen Zivilgesellschaft blutig niedergeschlagen haben, verjagt und durch funktionstüchtige Demokratien abgelöst sein werden. Die verödete und verwüstete Umwelt fragt nicht nach der Staatsform. Demokratiebewegungen sind nur dann erfolgreich, wenn sie nicht nur die Diktatoren und Folterknechte verjagen, sondern auch die sozialen Probleme lösen, ohne die der religiöse Fundamentalismus ein fast schon bedeutungsloses Sektenphänomen wäre. Was die Machteliten der EU mit den Brexitanführern, Gerhard Schröder und Tony Blair verbindet, ist die Fiktion, für die Diktatoren wäre die Demokratie, für die Gleichheit die Marktwirtschaft zuständig. Daran ist wahr nur, dass die Demokratie nicht überleben kann, wenn sie nicht nur das Ungleichheitsproblem, sondern auch das Umweltproblem *besser* löst als jede andere Verfassung der Gesellschaft, und das ist eine Frage, die nur gelingende Praxis beantworten kann.[22] „Die Frage, ob dem menschlichen Denken gegenständliche Wahrheit zukomme - ist keine Frage der Theorie, sondern eine *praktische* Frage. In der Praxis muß der Mensch die Wahrheit, i.e. die Wirklichkeit und Macht, Diesseitigkeit seines Denkens beweisen." (Marx, 2. These über Feuerbach).

An die Stelle der Erinnerung an die koloniale Vergangenheit, die in den globalen Ungleichheitsverhältnissen, im Autoritarismus des Südens, in der Massenflucht und dem großen Sterben schwarzer Körper im Mittelmeer fortwirkt, trat eine schlecht idealistische Friedens-, Verständigungs- und Weltbeglückungsrhetorik, die Europas Vereinigung von 1957 bis heute begleitet und mit der Rückkehr des Verdrängten vollends unerträglich geworden ist.

Verdrängt wurde, dass die Einbeziehung Südeuropas in die Union schon früh unter dem Ausschluss aller sozialistischen Alternativen zum kapitalistischen Wirt-

---

21 *von Bernstorff* 2012; *Prien* 2014.
22 Das ist auch der Grundgedanke deliberativer Demokratie, vgl. *Brunkhorst* 2016.

schaftssystem durchgesetzt wurde. Ein aussichtsreicher kommunistischer Aufstand in Griechenland wurde lange vor Gründung der EU, gleich nach dem Krieg, von britischen Truppen niedergekämpft. Danach hat der Westen die Errichtung einer schwach konstitutionalisierten Monarchie mit einer orthodoxen Staatskirche ebenso massiv unterstützt wie die jahrzehntelange Alleinherrschaft der Christdemokraten in Italien. Als der Dauerkonflikt zwischen Monarchie und Parlament in Griechenland sich in den 1960er Jahren zur Legitimationskrise des politischen Systems ausweitete, haben die EG und der Westen ihre diktatorische Lösung mindestens geduldet, wenn nicht stillschweigend begrüßt und heimlich nachgeholfen. Die Obristen hingegen haben sogleich die Mitgliedschaft im Europarat mit der Begründung aufkündigt, dessen Menschenrechtskommission sei eine Verschwörung von Kommunisten und Homosexuellen gegen die hellenischen Werte.[23]

Verdrängt wurde, dass die EU und ihre Gliedstaaten zusammen mit der Nato und einer militärischen Drohkulisse seitens der USA in den 1970er Jahren die damals durchaus realistische eurokommunistische Option in Italien, Portugal und Spanien blockierten. Die marktkonforme Begrenzung des demokratischen Alternativspielraums und die Unterwerfung Südeuropas unter die Herrschaft des europäischen Wettbewerbskommissars hat sich Europa viel kosten lassen. Der segensreiche Strom billigen Geldes nach Süden verebbte erst, als das Geld für die Osterweiterung benötigt wurde, um dort den Hoffnungsschimmer eines demokratischen Sozialismus im Keim zu ersticken, obwohl viele Bürger Osteuropas diese Option befürworteten – eine Option, welche die Tschechoslowaken 1968 riskiert und teuer bezahlt hatten.

Der Satz, den ein Interviewer im Krisensommer 2015 zu später Stunde Jean-Claude Junker entlockte, die Wahl einer Regierung, die so links sei wie die Griechische, sei mit den Spielregeln der Währungsunion nicht vereinbar, hat eine lange Vorgeschichte.[24]

Verdrängt und unterdrückt wurden nicht nur die sozialistischen Alternativen des Südens, sondern auch die bis in die 1980er Jahre andauernde Kolonialgeschichte Europas.[25] Während die Staaten Europas ihre Neugründung dem globalen Krieg gegen das Nazi-Regime, dem verlustreichen Kampf von Partisanenverbände und verzweifelten Aufständen verdankten, konnten die von Europa immer noch kolonisierten Völker, die als Soldaten gegen die Nazis willkommen waren, sich erst in den kommenden Jahrzehnten vom Kolonialismus befreien. Simbabwe war bis 1980 britische Kolonie. Damals war das Vereinigte Königreich schon 7 Jahre EG-Mitglied.

Auch der Kongo, in dem die Kolonialherrschaft des EU-Gründungsmitglieds Belgien bis zum letzten Tag im Stil des späten Franco-Regimes brutal durchgesetzt wurde, war bis 1960 als belgische Kolonie Teil der Europäischen Wirtschaftsgemein-

---

23 *Douzinas* 2000, 144.
24 Europas stiller Staatsstreich, ARTE, 15. Juni 2015.
25 Zum Folgenden vgl. *Bhambra* 2009.

schaft, eine Last, die Belgien sich dadurch erleichterte, dass es auf die Völkerrechts-offenheit seiner Verfassung, auf die alle andern Gründungsmitglieder eingeschworen waren, großzügig verzichtete.

Immer noch gibt es Reste europäischer Kolonialherrschaft. In Nordafrika die spanischen Städte Ceuta und Mellila. Im Pazifik, im Indischen Ozean und der Karibik gibt es eine Serie französischer Übersee-Départements, in der Karibik niederländische autonome Gebiete. In Lateinamerika teilt Europa mit dem französischen Übersee-Département Guayana eine Landgrenze mit Brasilien.

Insgesamt leben in Afrika und Übersee drei bis vier Millionen EU-Bürger indigener Herkunft, die sich in der Mehrzahl für den Verbleib in den vormaligen Kolonialländern und der EU entschieden haben. Trotzdem fehlen sie auf deren offiziellen Landkarten ebenso wie Europas Grenze auf dem afrikanischen Kontinent, die hinter den Stacheldrähten von Ceuta und Mellila jede Nacht im hellen Licht der Feindaufklärung erstrahlt. Obwohl Marokko an Ceuta und Mellila grenzt und damit, nicht anders als die Ukraine, eine Landgrenze mit der Europäischen Union teilt, überdies Europa kulturell und sprachlich mindestens so eng verbunden ist wie die Ukraine, wurde der Antrag Marokkos auf Mitgliedschaft 1986 mit der schlichten Begründung zurückgewiesen, Marokko sei kein europäisches Land.

Dessen Nachbarland Algerien, das in der Gründungszeit der Union achtzig Prozent des französischen Staatsterritoriums umfasste, war sogar von 1951 bis 1962 als Teil Frankreichs Mitglied der Montanunion und von 1957 bis 1962 Mitglied der Europäischen Wirtschaftsgemeinschaft. Nie ließ die französische Regierung auch nur den geringsten Zweifel aufkommen, dass Algerien und Frankreich einen Staat bildeten und dass Frankreich das Herz der Europäischen Union sei. Der Vertragstext von 1957 (Art. 227, 2. EEC) hat es in positives Recht verwandelt. Aber der logische Schluss, dann sei auch Algerien europäisch, sollte nicht gelten. Stattdessen galt der dekonstruktive Syllogismus: Algerien ist Französisch. Frankreich ist europäisch. Also ist Algerien nicht europäisch.

Der Algerische Befreiungskrieg, den Frankreich von 1954 bis 1962 mit einer halben Million Soldaten als Krieg gegen seine eigene afrikanische Bevölkerung führte, ließ sich mit solcher Logik, die den Weißbüchern der Europäischen Kommission eigen ist, ebenso leicht vergessen machen wie die eine Million Toten, die er einer Bevölkerung abverlangte, die nach einem Grundsatzurteil des Europäischen Gerichtshofs von 1963 spätestens seit 1957 europäische Bürgerrechte hatte.[26]

Kein offizielles Dokument der EU erwähnt diese Gewalttaten. Die einzigen Gewalttaten, die in offiziellen Darstellungen der EU erwähnt werden, sind die sowjetischen in Ungarn 1956, damals noch kein Mitglied der EU, und die weitgehend gewaltlosen Studentenunruhen der 1960er Jahre.

---

26 EuGH 1963.

Verdrängt wurde, dass, mit Ausnahme des winzigen Luxemburg, alle Gründernationen der späteren EU, die Niederlande, Belgien, Italien, Frankreich und die Bundesrepublik Deutschland, frühere Kolonialmächte waren und es (mit Ausnahme der Bundesrepublik) bis weit in die Zeit der Europäischen Gemeinschaften blieben. Bei Gründung der EWG in Rom 1957 waren nicht nur Frankreich und Belgien, sondern auch noch Holland und Italien Kolonialmächte. Auch von den später hinzugetretenen hatte nicht nur das Vereinigte Königreich eine koloniale Vergangenheit, auch Dänemark und Schweden gehören zum Klub. All Europe contributed to the making of Kurtz.

Verdrängt wurden die vielen kolonialen Verbrechen, die kaum ein Menschenleben zurücklagen. Was die bloße Zahl der in kurzen Zeiträumen Ermordeten und das Ausmaß der Grausamkeiten angeht, stehen sie den japanischen und deutschen Verbrechen während des Zweiten Weltkriegs kaum nach.

Verdrängt wurde die Einübung der rassistischen Vernichtungspraxis im „Herzen der Finsternis" (Josef Conrad), lange bevor die Taten in Europas *Bloodlands* wiederholt wurden.[27] Zwischen 1890 und 1920 wurden im Kongo 10 Millionen Menschen – die Hälfte der damaligen Bevölkerung – ermordet. Sie wurden auf militärischen Raubzügen, im Zuge des Sklavenhandels und durch eingeplante Hungersnöte, Zwangsarbeit, Verstümmelung, Unterernährung, medizinische Unterversorgung, zwangsweise Massenumsiedlung, medizinische Experimente, sozialökonomisch induzierte Seuchen, Zerstörung von Dörfern und ganzen Regionen, durch lebendiges Begraben und Erschießen vernichtet. Wer nicht, um nur dieses eine grausame Beispiel zu erwähnen, die auf Kosten der eigenen Subsistenzwirtschaft geforderte Menge Kautschuk abends ablieferte, wurde sofort erschossen.[28]

Der Völkermord im Kongo war nicht der einzige, den europäische Mächte in Afrika verübten. Von ähnlichem Schrecken war die systematische Ermordung der Hereros durch deutsche Kolonialtruppen in Südwestafrika, die das zuvor von deutschen Bürgern geraubte Privateigentum am afrikanischen Boden und dessen Aneignung durch indigene Zwangsarbeit sicherstellten. Ausplünderung, Versklavung und Genozid haben den ganzen, vor der Kolonialisierung schon hoch entwickelten Kontinent bis heute weit zurückgeworfen.

Die europäische Kolonialgeschichte prägt die Gewalt im heutigen Afrika. Es wird, vor allem von konservativer Seite immer so dargestellt, als hätte der Völkermord der Hutu an den Tutsi uralte Wurzeln in ethnisch verschiedenen Stämmen, die

---

27 So der Titel der berühmten Erzählung Joseph Conrads, deren Hintergrund der Völkermord im belgischen Kongo im letzten Drittel des 19. Jahrhunderts ist; in der Norton-Ausgabe wird auch die postkoloniale Debatte gut dokumentiert (zur Verdrängung *Bhambra* 2009). Der innere Zusammenhang von imperialer und faschistischer Gewalt ist außerhalb des Marxismus vor allem von Hannah Arendt früh erkannt und ins Zentrum ihrer Totalitarismustheorie gerückt worden (vgl. *Arendt* 1986 [1955], 309–357).
28 Vgl. *van Reybrouck* 2013; *Hanson/Johnson* 2014.

von progressivistisch denkenden Kolonialpolitikern und Befreiungskämpfern in einen ‚unnatürlich‘ begrenzten Staat (‚Grenzen mit dem Lineal‘) gezwungen und nicht hinlänglich separiert worden wären. Das ist blanker Rassismus, denn die Völkerschaften Afrikas haben bis zur Kolonisierung in multikulturellen Gesellschaften gelebt und sind dann von den Kolonialherren und ihren Ärzten, Rassebiologen, Ethologen und Anthropologen klassifiziert und rassenhygienisch segregiert, massenhaft umgesiedelt, durch innerkoloniale Grenzen und ethnisch markierte Pässe gegeneinander isoliert und nationalistisch erzogen worden. Damals „kroch der Staat den Menschen buchstäblich unter die Haut. Nicht nur die Landschaft wurde kolonisiert, auch der Körper und das Selbstbild. Der Staat, das war der Ausweis, auf dem stand, wer man war, woher man kam und wohin man gehen durfte.“[29] Der jüngste Völkermord in Ruanda (1994) ist europäische Geschichte und Gegenwart.

Auch der größte koloniale Völkermord vor dem Zweiten Weltkrieg ging keineswegs allein zulasten des Belgischen Königs. Er hatte – noch ohne die Biopolitiker und Lebenswissenschaftler, die erst mit der Ausbeutung der Bodenschätze im frühen 20. Jahrhundert kamen – viele willige Vollstrecker. Seine Untaten wurden nicht nur vom belgischen Parlament tat- und zahlungskräftig unterstützt, sondern auf der Berliner Konferenz über die Zukunft des afrikanischen Kontinents von 1884–85 von fast allen Staaten der heutigen EU und des Europarats faktisch und rechtlich ermöglicht, die ihn dann auch billigend und gewinnbringend in Kauf genommen haben. Österreich-Ungarn, Belgien, Dänemark, Frankreich, Deutschland, Italien, Holland, Portugal, das Ottomanische Empire, das damals noch den offiziellen völkerrechtlichen Status einer ‚halbzivilisierten‘ Nation hatte, Russland, Spanien, Schweden-Norwegen und das Vereinigte Königreich unterzeichneten 1885 den *General Act*. Auch die USA waren als Ehreneuropäer ohne Stimmrecht mit von der Partie.

Die gesamte Kongoregion wurde Privateigentum des belgischen Königs. Erst mit dem modernen Privateigentum, das Rousseau in seinem berühmten „Ceci est à moi“ noch in die graue Frühgeschichte der Staatsbildung zurückprojiziert hatte, beginnt die Schreckensgeschichte unbegrenzter Herrschaft über Grund und Boden.[30] Gleichzeitig wurde der Kontinent durch eine Art Kolonialverfassung in das Jus Publicum Europaeum, das öffentliche Recht Europas integriert. Grundlegendes Verfassungsprinzip war die Unterscheidung der gleichen Herrschaft des Rechts, das in und zwischen den ‚zivilisierten‘ Unterzeichnerstaaten (*jurisdiction*) galt und dem ungleichen, autoritären Maßnahmerecht (*authority*), das auf die ‚unzivilisierten‘ Indigenen in den afrikanischen Kolonien anzuwenden war (§ 35, General Act).[31]

Den „Raum der Freiheit, der Sicherheit und des Rechts“ (Art. 3, Abs. 2 EUV), dessen menschenrechtliche Exzellenz im düsteren Konzert der Kontinente und Na-

---

29 *van Reybrouck* 2013, 135.
30 *van Reybrouck* 2013, 79.
31 *General Act* 1885; vgl. *Koskenniemi* 2002, 126.

tionen durch unbefangene Selbstzuschreibung hervorsticht, steht in der Tradition des Jus Publicum Europaeum.[32] Diese ebenso große wie düstere Tradition findet ihre unmittelbare Fortsetzung im heutigen Regime der *smart borders* und *transportable legal walls*, die das gleiche Recht des europäischen Kontinents vom ungleichen Recht Afrikas abschirmen.[33] Verglichen mit dem, was wir längst haben, wirkt Trumps altmodischer Plan einer mittelalterlichen Festungsmauer so rückständig wie sein ganzes Familienregiment.

IV

An die Stelle der verdrängten Erinnerung tritt *Schuldumkehr*. Nicht die teils freiwillige, teils erzwungene Unterwerfung der Staatenwelt unter die Imperative der globalen Märkte, sondern diejenigen, die aus den vormaligen Kolonialgebieten nach Europa fliehen, werden – beispielhaft im offen rassistischen Wahlkampf der britischen *Leave*-Partei – für die Zerstörung des Sozialstaats und des sozialen Friedens verantwortlich gemacht.

Die Folgekosten marktkonformer Demokratie werden den Flüchtlingen in die Schuhe geschoben, wenn der sozialdemokratische Parteivorsitzende, der als Wirtschaftsminister den Marktkonformismus der Demokratie mit zu verantworten hat, im sächsischen Landtagswahlkampf des Winters 2016 erklärt, er sei entschieden für Aufnahme und menschliche Behandlung der legal berechtigten Flüchtlinge, aber er sei ebenso entschieden für die soziale Sicherung und Besserstellung der deutschen Sozialhilfeempfänger, als hätte das eine mit dem andern auch nur das Geringste zu tun, als wäre ein komplexer Staatshaushalt eine Schatztruhe, die ein guter König seinen Landeskindern reserviert hat. Ein paradigmatischer Fall von Schuldumkehr.

Was Gabriel gesagt hat,[34] wurde auf dem Höhepunkt der Landtagswahlen (Baden-Württemberg, Rheinland-Pfalz, Sachsen-Anhalt) von allen Parteien des Bundestags nachgesprochen, nur von Angela Merkel nicht, die tat, was sie immer tut, um an der Macht zu bleiben, nichts sagen. Durch eine Technik des Wegduckens, die sie Muhamed Ali abgeschaut hat, hat sie sich ironischer Weise links von *allen* Parteien des Bundestags platziert. Wenn dann die medienverstärkte, rechtsradikale Parole „Ausländer raus!" die einzige ist, die das Publikum überhaupt vernehmen kann, während die andern es beim höflich abgeschwächten Echo aus Höckes Gauland belassen, ist der Wahlsieg der AfD die logische Konsequenz. Warum die Kopie wählen, wenn man das Original haben kann?

---

32 *Stolleis* 2016.
33 Vgl. *Shachar* 2015.
34 Sigmar Gabriel forderte 2016 einen „Sozialpaket für Deutsche".

29

Viele von denen, auf die wir heute unser soziales Versagen abwälzen, sind Kinder und Kindeskinder vormals von uns *kolonisierter* und *konstitutionalisierter* Völker, und viele von ihnen haben wir, besonders die Engländer, Franzosen und Belgier einst zu unseren Staatsbürgern und Soldaten gemacht, um uns ihrer Loyalität zu vergewissern und sie noch effektiver ausbeuten zu können. Sie sind im verfassungsrechtlichen Sinn ein *konstitutives* Element unserer verfallenden rechtsstaatlichen und demokratischen Ordnung. Ganz abgesehen davon verdanken wir dem blutigen Imperialismus, mit dem wir vor allem in der langen, zweiten Hälfte des 19. Jahrhunderts ihre Kontinente überzogen haben, einen nicht unerheblichen Teil unseres Reichtums. Sie gehören im Guten wie im Bösen *zu uns* und dem Jus Publicum Europaeum. Dadurch sind Europa und Afrika zu Eurafrica geworden.[35] Genau das verdrängen wir.

V

Die meisten europäischen Länder, die heute den Verjagten Aufnahme, sogar das Asylrecht verweigern und die Grenzen schließen, verstoßen nicht nur gegen die bindenden Menschenrechtspakte der Vereinten Nationen und die europäische Menschenrechtskonvention, sondern auch gegen ihr eigenes, nationales Recht. Und sie verstoßen ebenso massiv gegen geltendes Europäisches Recht (Schengen, Dublin). Am absurdesten ist die Ausrede von der materiellen Überforderung unserer Institutionen, das berüchtigte Bestandssicherungsargument (oder gar Grenzsicherungsargument) aus der spätautoritären Mottenkiste der Verfassungsrechtsprechung der 1950er und 60er Jahre.[36] Nach heutigem Verfassungsrecht ist das Bestandssicherungsargument, dass der neokonservative, ehemalige Verfassungsrichter Di Fabio in seinem Gefälligkeitsgutachten für den Bayrischen Ministerpräsidenten noch einmal, wenn auch, um sich nicht lächerlich zu machen, eher zögerlich bemüht hat, ungültig, ja verfassungswidrig. Denn das Grundgesetz verbietet den Schutz und die Selbsterhaltung einer Gesellschaft, oder gar einer Landesgrenze, die Demokratie und Menschenrechte nicht mehr gewährleisten kann. Eine solche Gesellschaft liegt jenseits der Grenzen der Verfassung.[37] Wer sie verteidigt, mag das für nötig halten, muss es aber, solange es die Verfassung noch gibt, als Verfassungsfeind tun.

---

35 *Hanson/Johnson* 2014.
36 Auf die rechtsradikale Rede von der kulturellen Überfremdung, die es nicht gibt, muss man nicht eingehen. Sie ernstzunehmen, wie Gabriel und Thierse auf dem Höhepunkt der „Flüchtlingskrise" in der FAZ, ist Teil des Syndroms.
37 Lübbe-Wolff 1980, 125; ähnlich Möllers: Ist wie im Fall der Folter „die rechtliche Heilung verfassungsrechtlich ausgeschlossen, so war der Verstoß zur Rettung der Ordnung so eklatant, dass eine Ordnung, die solche Handlungen zuließe, nicht mehr als solche des Grundgesetzes bezeichnet werden könnte: Art. 79 Abs. 3 GG. Ein Verstoß gegen verfassungsrechtliche Grundprinzipien ‚zur Rettung des Staats' hat diesen Staat [nämlich den des Grundgesetzes] seinerseits beschädigt" (*Möllers* 1999, 200, 267).

Nimmt man die Zahlen in den Blick, kommt man um den Vergleich nicht herum. Der reichste Kontinent der Erde nimmt den geringsten Anteil der um die Erde irrenden Migranten auf. Mehr als 86% finden in den Entwicklungsländern Schutz, in Europa sind es lediglich 5%.

13,5 Millionen Syrer bedürfen nach Report der UNO Flüchtlingshilfe humanitärer Unterstützung, sieben Millionen von ihnen leben in Syrien als *displaced persons*, 5 Millionen in Flüchtlingslagern außerhalb Syriens.

Die Krise, die durch die Flüchtlinge der letzten Jahre in Europa ausgelöst wurde, ist durch deren Anteil von weniger als 0,26% der Bevölkerung im Landesdurchschnitt nicht belegbar. Im Libanon beträgt sie 25%, in Afrika sind es über 30%, in Asien über 40%.[38]

Europas Flüchtlingskrise ist eine *imaginierte Krise*. Sie ist eine Krise der öffentlich konstruierten Selbstwahrnehmung der europäischen Eliten, die sich der rechtsradikalen Minorität in vorauseilendem Gehorsam unterwerfen, obwohl die Mentalitäten der Mehrheitsbevölkerung – mit deutlich steigender Tendenz im jüngeren Segment[39] – politisch und kulturell weit liberaler sind und eine hohe Bereitschaft erkennen lassen, die Menschenrechte ernst zu nehmen. Die Verfassungsrichterin Susanne Baer hat nicht nur juristisch, sondern auch empirisch recht, wenn sie behauptet: „Es gibt keine Flüchtlingskrise, sondern eine Menschenrechtskrise in Europa."[40]

VI

Die Krise der Menschenrechte ist eine Krise der Demokratie. Sie ist eine Krise des technokratisch geschlossenen, auf Marktkonformität eingeschworenen Systems der gesamteuropäischen Politik. Und es ist eine Krise des Systems der veröffentlichten Meinung. Dieses System ist vollständig in die Rolle des Luhmannschen Beobachters 2. Ordnung geschlüpft und beschränkt sich darauf, dem Publikum die Politik nur noch so zu erklären wie Eltern ihren unmündigen und unwissenden Kindern die komplizierte Welt draußen erklären. Monopoljournalisten, die alle Nachrichten, Talk-Shows und die besten Sendezeiten unter sich aufgeteilt haben, nichts mehr dem Zufall überlassen, den Jargon und die Themen von heute auf morgen im Gleichklang ändern (z. B. vom sachlichen „Die Deutschen …" zum exkludierend sentimentalen „Wir Deutschen …") und mehr verdienen als je zuvor, haben mit und ohne soziologische Lektüre gelernt, systemtheoretisch zu denken. Systemkonform handeln konnten sie schon vorher. Sie haben längst aufgehört, *mit* den Leuten zu diskutieren oder

---

38 *Bhambra* 2017, 396ff; siehe auch *UNHCR* 2016.
39 *Shell* 2015; vor allem aber: *Nunner-Winkler /Nikele* 2001, 108–135; *Nunner-Winkler* 2003; *Nunner-Winkler* 2005.
40 *Baer* 2016.

gar den (nicht nur deutschen) *Bürgern selbst* ein Diskussionsforum zu bieten, auf dem diese ihre eigenen Differenzen, Kontroversen und Konflikte ausdrücken und austragen können. Gäste aus der Unterschicht wurden zeitweise wie Hunde an der Leine in die Runde geführt, den Talk-Experten zum Sezieren und dem Fernsehpublikum zum Bemitleiden vorlegt, nachdem sie eine wohldosierte Menge Alltagsmeinung linguistisch abgesondert haben. Nun sind sie ganz verschwunden.

In Europa gibt es heute eine zur Latenz gezwungene, nur noch kulturell artikulations- und interventionsfähige, kulturell progressive Mehrheit. Sie hat dazu geführt, dass selbst im konservativ katholischen Irland das vormalige Sakrament der Ehe durch eine Volksabstimmung für Homosexuelle geöffnet wurde – was die CDU sofort in helle Aufregung versetzt hat, abgehängt zu werden. Nichts unterscheidet die heutigen Mentalitäten der OECD Welt markanter von den durchgängig autoritären der 1930er bis 50er Jahre.

In allen wichtigen sozialpolitischen und makroökonomischen Entscheidungen ist ihr Einfluss jedoch nahe Null. Warum? Der Grund ist eine sozialstrukturell erzwungene Schweigespirale.

Es verändert sich nur da etwas, wo die progressiven Orientierungen eine Chance haben, ins Licht der Öffentlichkeit zu treten. Wird das erfolgreich verhindert, geschieht nichts. So würden mehr als 71% der Deutschen ein umverteilendes europäisches Wohlfahrtsregime auch dann unterstützen, wenn dafür Lohneinbußen in Kauf nehmen müssten.[41] Aber der latent progressiven, politisch liberalen und menschenrechtsorientierten Mehrheit, die auch den Stimmen vom „anderen Kap" (Derrida) Eurafricas Raum geben würde – jeder zehnte Deutsche ist derzeit in unpolitischer und unprofessioneller Flüchtlingshilfe engagiert[42] –, sind die Hände durch ein in der rechten Mitte zusammengedrängtes, oppositionsloses Parteiensystem lahm geworden.

Die mit und ohne Vertrag permanent gewordene, alleuropäische große Koalition wird, wie wir eingangs gesehen haben, durch ein längst gesamteuropäisches Rechts- und Institutionensystem stabilisiert, das auf Marktkonformität und Elitenkonsens eingeschworen ist und keine Wahl zwischen rechts und links, Sozialismus und Liberalismus mehr zulässt. Da er in den politischen Foren und Medien kein Echo findet, weil solche Alternativen institutionell ausgeschlossen sind, denkt jeder, ich denke so, aber mein Nachbar nicht. Das ist die Schweigespirale.[43]

Alternative Programme zu den Riesenproblemen der *sozialen Ungleichheit* und der *gesellschaftlichen Exklusion*,[44] die sich nicht vertagen, verdrängen und schönreden lassen, sind nicht mehr wählbar, weil die linken Volksparteien nicht mehr links

---

41 *Gerhards/Lengfeld* 2013.
42 *SI-EKD Studie* 2015; vgl. insgesamt auch: *de Vries/Hoffmann* 2016.
43 Zur Schweigespirale vgl. *Neuwith/Frederick/Mayo* 2007; *Schäufele/ Shanahan/Lee* 2001.
44 Die nationalen Exklusionsraten sind seit 2000 zwischen 22% und 40% gewachsen, vgl. *Offe* 2016.

sind und internationale Verträge, europäisches und nationales Verfassungsrecht unerbittlich gebieten, die Wettbewerbsfähigkeit zu stärken, der Kapitalverkehrsfreiheit alle Kontrollen zu ersparen, die Schuldenbremsen festzuziehen, Austeritätsprogramme durchzustehen und die erforderlichen Arbeitsmarktreformen umzusetzen. In der Europäischen Union geht die wachsende Bereitschaft zu grenzüberschreitender Umverteilung und zur Bildung *einer* Europäischen Bürgergenossenschaft deshalb mit rapide sinkendem Institutionenvertrauen einher.[45] Beides ist gut begründet, das Ja zu einem *demokratischen* Europa, dessen Weg die Bürger erkennbar selbst bestimmen können, ebenso wie das Nein zu *diesem* Europa, in dem sie nichts zu sagen haben. Kein Wunder, dass die radikale Rechte, obwohl ihr die Mehrheitsmentalität entgegensteht, mehrheitsfähig geworden ist.

Immerhin, die Gegensätze treten jetzt aus dem Schatten der Latenz heraus, werden weithin sichtbar und versetzen die Macht- und Medieneliten in Panik vor der Wiederkehr politischer Kontroversen und Entscheidungen. Nichts scheuen sie mehr als die offene Feldschlacht in der zerklüfteten Landschaft einer wilden, unbezähmbaren und anarchischen Öffentlichkeit, die das Salz im Leben der Demokratie ist.

In diesem Punkt war der Wahlkampf um den Brexit trotz des grassierenden Rassismus ein fast so großer Schritt nach vorn wie die Midterms 2018 in den USA, die erstmals seit Jahrzehnten einen Durchbruch der Linken verzeichnen konnten. Wenn nur lange genug diskutiert und gestritten wird und die Fetzen fliegen, treten die kulturell und politisch liberalen Mentalitäten hervor und das bessere Argument, von dem die rechtsradikalen Parteien selbst nicht glauben, dass es auf ihrer Seite ist, hat eine gute Chance, sich durchzusetzen. Das ist deliberative Demokratie, die „nur" voraussetzt, dass die Öffentlichkeit nicht vollständig kommodifiziert und vermachtet ist.

Das ist leider weitgehend der Fall. Aber auch dann muss man die Flinte nicht ins Korn werfen. Selbst in einer so vollständig kommodifizierten Öffentlichkeit wie in den USA, wo der CBS-Topmanager – CBS ist ein Sender, der der Demokratischen Partei nahesteht – erklärt, was schlecht sei für Amerika (Donald Trump), sei gut für CBS („We never made so much money"), haben die besseren Argumente, *wenn man sie denn hat*, noch eine Chance, wie der Wahlkampf von Bernie Sanders und die jüngsten *midterm-elections* vom Herbst 2018 eindrucksvoll gezeigt haben.

Das könnte das politische System am Ende, an dem wir mit dem Brexit angekommen sind, doch noch für grundlegende, *makroökonomische Alternativen* im ganzen Spektrum zwischen rechts und links, Liberalismus und Sozialismus öffnen.

---

45 PEW Research Center, Global Attitudes Survey. Spring 2014, zit. n. *Eigmüller* 2016a; *Gerhards/ Lengfeld* 2013.

VII

Das wird sich jedoch durch den, ohnehin nationalistisch vorprogrammierten Rückzug in den Nationalstaat ebenso wenig machen lassen wie mit der heutigen EU. Immerhin sind im Vertrag von Lissabon die Strukturen eines transnationalen, demokratischen Regimes bereits enthalten. Es gibt ein durch direkte Wahlen und ein Wahlsystem, das den kulturellen und gesellschaftlichen Pluralismus Europas angemessener darstellt als jedes andere Parlament Europas, legitimiertes Europäisches Parlament.[46] Es gibt das große Demokratieversprechen der Artikel 9–12 des Vertrags von Lissabon.[47] Das ordentliche Gesetzgebungsverfahren kommt, wie Jürgen Bast gezeigt hat, einer vollständigen Demokratisierung der Union bereits nahe.[48] Es repräsentiert, wie Franzius und Habermas gezeigt haben, gleichzeitig die Völker und Nationen Europas und die europäische Bürgerschaft insgesamt.[49]

Leider sind das parlamentarische Regime Europas und die darüber sogar noch hinausgehenden Art. 9–12 in ihrem jetzigen Zustand bloßer Verfassungskitsch (Koskenniemi). Die vorletzten Wahlen zum Europäischen Parlament haben zwar die parlamentarische Wahl des Kommissionspräsidenten gegen den Willen der vereinigten Exekutivspitzen etabliert, waren als Wahlkampf aber eine Farce. Wenn Juncker sagte, „Ich schlage P vor", antwortete Schulz in der Rolle des Oppositionsführers, „Ich muß entschieden widersprechen! Ich schlage P vor." Die Monty Python Show. Das hat sich bei der letzten Wahl 2019 geändert. Die Monthy Python Show hat noch eins draufgesetzt, die müde Wahlkampfshow beendet und eine nicht gewählte aus dem Nichts zum Sieger erklärt. Die rechtsradikalen Parteien haben die Mehrheit verpasst. Das war gut und schlecht zugleich, denn jetzt ist der politisierende Druck grundlegender, auf eine demokratische Neugründung zielender Reformen aus dem Kessel. Man kann nur hoffen, dass der gleichzeitige Politisierungseffekt des am Ende doch noch gescheiterten Brexit nicht gleich wieder verpufft und die Rückkehr zum technokratischen Status Quo ante unmöglich macht.[50]

Dem Europäischen Parlament fehlt nicht nur die parlamentarische Initiative, die ausnahmslose Gesetzgebungskompetenz (Allzuständigkeit) und die alleinige Wahl nicht der Europäischen Kommission, sondern einer wirklichen Europäischen Regierung. Ihm fehlt darüber hinaus das Recht, die Verfassung im ordentlichen Gesetzgebungsverfahren zu ändern und den Teil der einfachen Gesetzgebung, von dem *alle* Parlamente Europas bis heute verfassungsrechtlich enteignet sind, wieder an sich zu reißen.[51]

---

46 *von Achenbach* 2012.
47 *von Bogdandy* 2012.
48 *Bast* 2011.
49 *Franzius* 2014; *Habermas* 2012.
50 So zumindest meine Vermutung am Tag der Niederschrift (27.9.2019).
51 *Scharpf* 2016.

Dazu jedoch müsste die jetzige Verfassung Europas derogiert werden, die in den Verträgen einfaches Recht konstitutionalisiert und die Verfassung an eine höchst strittige Wirtschaftstheorie auf der Mitte zwischen Ordo- und Neoliberalismus gebunden hat. Dasselbe gilt von dem formell über die Organautonomie institutionalisierten Trilogverfahren, dass eine informelle Vorabgesetzgebung durch die Führungskader von Parlament, Kommission und Rat in engem Kontakt mit den wichtigsten (hegemonialen) Exekutivspitzen ermöglicht. Dadurch wird die parlamentarische Öffentlichkeit verfassungsbrechend zum Schweigen und um die Möglichkeit alternativer Abstimmungen gebracht.[52] Die ganze, intergouvernementale Ebene des Exekutivföderalismus mit Europäischen Rat und Eurogruppe muss vollständig abgebaut werden.

Stattdessen sollte das Parlament im gesetzgebenden Verbund dieselbe *Haushaltskompetenz* mit dem entsprechenden Budget und die Union die volle *außenpolitische Kompetenz* übertragen werden, wie sie heute Kongress und Präsident der Vereinigten Staaten haben. Grundlage wäre das klassische Recht, Steuern zu erheben, gilt die Parole der amerikanischen Revolution doch auch umgekehrt: *No Representation without Taxation*. Alles Übrige, was heute in Brüssel entschieden wird, könnte an die Nationalstaaten zurückfallen. Geregelt werden müsste dann nur noch die Möglichkeit von Gliedstaaten und Regionen, aus dem Euro zeitweilig auszuscheiden bzw. innerhalb des Euro auf- und Abwertungszonen unter eng umgrenzten (durch das europäische Gesetzgebungsverfahren europäisch geregelten) Bedingungen einzurichten. Nichts sonst wäre der ungeheuren Erpressungsmacht des globalisierten Kapitals, aber auch der von Potentaten wie Putin, und nicht zuletzt einer menschenrechtskonformen Lösung der Menschenrechtskrise (Migration und Exklusion) auch nur annähernd gewachsen.

Die Entscheidung über eine neue Verfassung der Eurozone läge dann bei der Gesamtbürgerschaft *und* den einzelnen Völkern Europas, die – nach Fertigstellung eines schlanken, auf Verfassungsrecht reduzierten Verfassungsentwurfs durch eine verfassungsgebende Versammlung – in einem Verfassungsreferendum am selben Tag gleichmäßig repräsentiert werden müssten. Wenn die Gesamtbürgerschaft mehrheitlich für die neue Verfassung stimmt, kann es durchaus vorkommen, dass einzelne Völker kleinerer Staaten, aber auch der größten wie Frankreich oder Deutschland mehrheitlich gegen die Verfassung stimmen. In diesem Fall müsste in dem jeweiligen Land eine zweite Abstimmung nach kurzer Zeit folgen, um den Bürgern Gelegenheit zu geben, auf das Gesamtergebnis zu reagieren, mit der endgültigen Konsequenz, dem neuen Verfassungsverbund dann möglicherweise nicht mehr anzugehören.[53] Das politische Bewusstsein der europäischen Bürger steht, wie die zitierten

---

52 *von Achenbach* 2016.
53 So der Vorschlag von *Simms/Zeeb* 2016.

empirischen Studien zeigen, dem nicht entgegen.[54] Es wird aber am Ende nie nach Augenblicksumfragen entschieden, sondern nach Wahl- und Verfassungskämpfen, in denen sich ein gemeinsamer Wille nach Maßgabe des real möglichen, ungezwungenen, inklusiven und egalitären Zugangs zu den jeweiligen Diskussionsforen überhaupt erst bilden kann. Er steht nie vorab fest, es sei denn er wird durch systemische Imperative jeder Art manipulativ festgestellt.

Die mit den bewährten technischen Mitteln nicht mehr lösbare Krise hat sich zu einer manifesten Legitimationskrise ausgeweitet und führt so oder so zu einer Repolitisierung der vermachteten und vermarkteten Öffentlichkeit. Der Diskurs ändert sich. Es wird überall in Europa nur noch über Europa diskutiert. Plötzlich ist die Verfassungsfrage, die 2005 nur im französischen Wahlkampf Wellen schlug, wieder da.[55] Die politischen Eliten stehen vor der Wahl, zuzuschauen, wie ein Parlament nach dem andern an die Rechtsradikalen fällt oder – unter Einschluss des Linkspopulismus Südeuropas – das Risiko einer demokratischen Neugründung des Kontinents einzugehen. Tertium non datur.

Literatur

Allen, Chris/*Hodson*, Mike 2017: "A Level playing Field". In: @STANDfanzine, issue 21, June 2017.

Amnesty International 2018: Libya: Shameful EU policies fuel surge in detention of migrants and refugees, 16.05.2018, https://www.amnesty.org/en/latest/news/2018/05/libya-shameful-eu-policies-fuel-surge-in-detention-of-migrants-and-refugees/.

Arendt, Hannah 1986 [1955]: Elemente und Ursprünge totaler Herrschaft. München.

Baer, Susanne 2016: Inequalities that matter, paper ICON Conference Berlin, June 18.

Bast, Jürgen 2011: Europäische Gesetzgebung – Fünf Stationen in der Verfassungsentwicklung der EU. In: Franzius, Claudio/ Meyer, Franz C. / Neyer, Jürgen (Hg.): Strukturfragen der Europäischen Union. Baden-Baden, 173–180.

Bhambra, Gurminder K. 2017: The current crisis of Europe: Refugees, colonialism, and the limits of cosmopolitanism. In: European Law Journal, 23, 395–405.

Bhambra, Gurminder K. 2009: Postcolonial Europe, or: Understanding Europe in times of the postcolonial. In: Rumford, Chris (Hg.): The Sage Handbook of European Studies. Los Angeles/Washington DC/London/Neu-Delhi/Singapur, S. 69–86.

Blair, Tony 2005: Conference Speech. In: The Gardinen 27.09.2005, https://www.theguardian.com/uk/2005/sep/27/labourconference.speeches (zugegriffen 31.12.2018).

---

54 Vgl. *Eurostat* 2015; *Simms/Zeeb* 2016, 116; *Eigmüller* 2016a; *Eigmüller* 2016b. In dieselbe Richtung scheinen auch die jüngsten Reaktionen auf den Brexit zu gehen, wie die Studie des IFOP-Instituts Paris zeigt (vgl. *Wernicke* 2016).

55 *Scharpf* 2016; *Stolleis* 2016; *Guerot* 2016; *Simms/Zeeb* 2016.

Brunkhorst, Hauke 2016: „Deliberative Politik – Ein Verfahrensbegriff der Demokratie". In: Koller, Peter/Hiebaum, Christian (Hrsg.) 2016: Jürgen Habermas : Faktizität und Geltung. Berlin, 117–134.

Buckel, Sonja 2013: "Welcome to Europe" -Die Grenzen des europäischen Migrationsrechts. Juridische Auseinandersetzungen um das "Staatsprojekt Europa". Bielefeld.

Douzinas, Costas 2000: The End of Human Rights. Critical Legal Thought at the Turn of the Century. Oxford.

de Vries, Catherine/*Hoffmann*, Isabell 2016: Grenzsicherung und Reisefreiheit. Was die Bürger von einer europäischen Asyl- und Migrationspolitik erwarten. Gütersloh.

EuGH 1963: „van Gend & Loos gegen niederländische Finanzverwaltung" (5. Februar 1963), http://eur-lex.europa.eu/LexUriServ/LexUriServ.do?uri=CELEX:61962J0026:DE:PDF. (zugegriffen im Januar 2014).

EuGMR 2012: Case of Hirsi Jamaa and Others v. Italy. (Application no. 27765/09), Strasbourg, 23.02.2012. https://hudoc.echr.coe.int/eng #{%22dmdocnumber%22: [%22901565%22],%22itemid%22:[%22001-109231%22]} (zugegriffen am 26.12.2018).

Eigmüller, Monika 2016a: Face in European Project Reviving, Power-Point Flensburg: Europa Universität, Manuskript.

Eigmüller, Monika 2016b: Der Zusammenhalt Europas, Vortrag, Akademie für Politische Bildung Tuzing 24.1.2016, Manuskrip.

Franzius, Claudio 2014: Recht und Politik in der Transnationalen Konstellation. Frankfurt.

General Act 1885. General Act of the Berlin Conference on West Africa. http://africanhistory. about.com/od/eracolonialism/l/bl-BerlinAct1885.htm (zugegriffen am 19.6.2016).

Gerhards, Jürgen /*Lengfeld*, Holger :2013: Wir, ein europäisches Volk? Sozialintegration Europas und die Idee der Gleichheit aller europäischen Bürger. Wiesbaden.

Greenspan, Alan 2007: „Ich bin im falschen Jahrhundert geboren". In: Zürcher Tages-Anzeiger, 9.9.2007.

Guerot, Ulrike 2016: Warum Europa eine Republik werden muss. Berlin.

Guzmán, Jaime 1979: El Camino Político. In: Revista Realidad, 1(7), 13–23.

Habermas, Jürgen 2012: The Crisis of the European Union. Oxford.

Hanson, Peo /*Johnson*, Stefan 2014: Eurafrica – The Untold History of European Integration and Colonialism. New York/ London.

Hayek, Friedrich A. 2003: Recht, Gesetz und Freiheit. Tübingen.

Heller, Charles/*Pezzani*, Lorenzo/*Mann*, Itamar/*Moreno-Lax*, Violeta/ *Weizman*, Eyal 2018: 'It's an Act of Murder': How Europe Outsources Suffering as Migrants Drown". In: New York Times, Dec. 26, 2018.

IOM o.J.: Missing Migrants – Tracking Deaths Along Migratory Routes https://missingmigrants.iom.int/region/mediterranean?migrant_route%5B%5D=1376, (zugegriffen am 26.12.2018)

Koskenniemi, Martti 2002: The Gentle Civilizer of Nations. Cambridge.

Lessenich, Stefan 2016: Neben uns die Sintflut. Die Externalisierungsgesellschaft und ihr Preis. Berlin.

Lübbe-Wolff, Gertrude 1980: Rechtsstaat und Ausnahmerecht: Zur Diskussion über die Reichweite des § 34 StGB und über die Notwendigkeit einer verfassungsrechtlichen Regelung des Ausnahmezustandes. In: Zeitschrift für Parlamentsfragen, 11(1), 110–125.

Merkel, Wolfgang 2014: „Is Capitalism compatible with Democracy?". In: Zeitschrift für vergleichende Politische Wissenschaft, 8(2), 109–128.

Möllers, Christoph 1999: Staat als Argument. München.

Neuwith, Kurt/*Frederick*, Edward/*Mayo*, Charles 2007: The Spiral of Silence and Fear of Isolation. In: Journal of Communication, 57, 450–468.

Nunner-Winkler, Gertrud 2005: Soziohistorischer Wandel in der Struktur moralischer Motivation. In: Berger, J. (Hrsg.): Zerreißt das soziale Band? Beiträge zu einer aktuellen gesellschaftspolitischen Debatte. Frankfurt/New York, 77–117.

Nunner-Winkler, Gertrud/ Nikele, Marion 2001: Moralische Differenz oder geteilte Werte. Empirische Befunde zur Gleichheits-/Differenz-Debatte. In: Heintz, v. B. (Hrsg.): Kölner Zeitschrift für Soziologie und Sozialpsychologie/Sonderband 41: Geschlechtersoziologie. Wiesbaden, 108–135.

Nunner-Winkler, Gertrud 2003: Ethik der freiwilligen Selbstbindung. In: Benseler, F./ Blanck, B. / Keil-Slawik, R. / Loh, W. (Hrsg.): EWE (Erwägen Wissen Ethik). 14(4). Stuttgart, 579–589.

Offe, Claus 2016: The Dynamic of Secular Stagnation, Vortrag auf der Tagung: ‚Jenseits des Kapitalismus'. Wuppertal, 4.2.2016.

Prien, Thore 2014: Landgrabbing. In: Prager Frühling (19).

Sangi, Roya 2018: Auch im Mittelmeer gilt das Recht. Die Europäische Menschenrechtskonvention ist keine Frage der Moral, sie ist bindend – und muss endlich auch Flüchtlinge schützen. In: Süddeutschen Zeitung, 17.12.2018, 2.

Schäfer, Armin 2015: Der Verlust politischer Gleichheit. Warum die sinkende Wahlbeteiligung der Demokratie schadet. Frankfurt.

Scharpf, Fritz 2017: "Political Legitimacy in a Non-optimal Currency Area". In: MPIfG, Discussion Paper 13/15 2013). http://www.mpifg.de/pu/mpifg_dp/dp13-15.pdf. (zugegriffen am 28.09.2017).

Scharpf, Fritz 2016: Democracy in Europe – Constraints and Options, Conference Beyond European Crisis? Vortrag Europauniversität Flensburg, 20.05.2016.

Schäufele, Dietram A./*Shanahan*, James/*Lee*, Eujung 2001: Real Talk – Manipulating the Dependent Variable in Spiral of Silence Research. In: Communication Research, (28), 304–324.

Shachar, Ayelet 2015: New Border and Citizenship Constellations: Implications for Law and Justice, paper presented at the WZB Workshop 'Critical Theory and Constitutionalism'. Berlin, 11.12.2015, im Erscheinen.

Shell 2015: Jugendstudie. http://www.shell.de/aboutshell/our-commitment/shell-youth-study-2015.html (zugegriffen am 25.06.2016).

SI-EKD Studie 2015: Erwartungen der Bevölkerung zur Aufnahme von Flüchtlingen in Deutschland 2015 (Untersuchungszeitraum 28.10 – 11.11.2015), https://www.ekd.de/down load/20151221_si-studie-fluechtlinge.pdf (zugegriffen am 26.06.2016).

Simms, Brendan/*Zeeb*, Benjamin 2016: Europa am Abgrund. München.

Stolleis, Michael 2016: Unsere Rechtsgemeinschaft. In: FAZ 30.5., 13.

UNHCR 2016: Global Trends – Forced displacement in 2016.

van Reybrouck, David 2013: Kongo. Eine Geschichte. Berlin.

von Achenbach, Jelena 2016: Verfassungswandel durch Selbstorganisation: Triloge im Europäischen Gesetzgebungsverfahren". In: Der Staat, 55/2016, 1–39.

von Achenbach, Jelena 2012: Vorschläge zu einer Demokratietheorie der dualen demokratischen Legitimation europäischer Hoheitsgewalt. In: Interdisciplinary research in jurisprudence and constitutionalism. Archiv für Rechts und Sozialphilosophie, 205–218.

von Bernstorff, Jochen 2012: Landgrabbing und Menschenrechte, INEF Forschungsreihe Menschenrechte, Unternehmensverantwortung und Nachhaltige Entwicklung 11, http://www w.humanrights-business.org/files/landgrabbing_final_1.pdf.

von Bogdandy, Armin 2012: The European Lesson for International Democracy: The Significance of Articles 9–12 EU Treaty for International Organizations. In: European Journal of International Law 23, 315–334.

Wernicke, Christian 2016: Sympathien für Europa wachsen dank Brexit. In: süddeutschezeitung.de, http://www.sueddeutsche.de/politik/umfrage-sympathien-fuer-europa-wachsen-da nk-brexit-1.3078169 (zugegriffen am 16–07–2016).

Wiedemann, Carolin 2018: Der Knast im Knast im Knast". In: FAS 01.07.2018.

Zielcke, Andreas 2015: Aus der Not eine Untugend machen. In: Süddeutschen Zeitung, 22.4.2015.

Jens Wissel

Staatsprojekt Europa in Zeiten von Krise und gesellschaftlicher Desintegration

In der Europaforschung ist es nicht üblich Europa aus einer staatstheoretischen Perspektive zu analysieren. In der Regel wird davon ausgegangen, dass die Europäische Union als ein völlig neues politisches Gebilde betrachtet werden muss, das weder Staat, oder Staatenbund noch einfach nur ein internationaler Vertrag ist. Entsprechend wird die europäische Union als ein Gebilde „sui generis"[1] bezeichnet, oder wie seit kurzem als ein neues europäischen Empire.[2] Deutlich wird dabei, dass die jeweiligen Analysen dennoch nicht ohne Rückgriffe auf staatstheoretische Termini auskommen, wie die oft zu lesende Beschreibung der europäischen Integration als eine Form von europäischer Staatlichkeit zeigt. Es scheint zwar eine europäische Staatlichkeit zu geben, ein europäischer Staat ist aber nicht entstanden.[3]

In der neogramscianioschen Theorie der internationalen Beziehungen wurde ein vielversprechender Versuch unternommen staatstheoretische Begrifflichkeiten für die Analyse der Europäischen Integration nutzbar zu machen. Von Bedeutung ist hier insbesondere der Begriff der Zivilgesellschaft. Der Staat im engeren Sinne, also die unmittelbare apparative Struktur des Staates und seine spezifischen Veränderungen im Integrationsprozess werden hier allerdings kaum in den Blick genommen.

Demgegenüber wird im Folgenden eine Perspektive auf die Europäische Union vorgeschlagen, die beides zu vereinen sucht: Analyse des Staates im engeren Sinne und die Transformation der Zivilgesellschaft. Es soll versucht werden unter Rückgriff auf zentrale Theoretiker*innen aus der materialistischen Staatstheorie eine Perspektive zu entwickeln, die Staat und Politik nicht als eine statische Struktur betrachtet, die entweder staatlich ist, oder eben nicht, sondern als ein Feld auf dem sich gesellschaftliche Kämpfe in einer ganz spezifischen Form verdichten. Eine gesellschaftstheoretische Staatstheorie, wie sie hier verwendet wird, ist zugleich Staatskritik und damit Herrschaftskritik. Es geht um die Frage, wie sich Herrschaft reproduziert und stabilisiert und was das für emanzipatorische und demokratische Kämpfe

---

1 *Jachtenfuchs* 1997.
2 Aus neogramscianischer Perspektive siehe *Bieling* 2013.
3 Andere Theoretiker*innen haben weniger Hemmungen, staatstheoretische Begriffe zu verwenden, um die Europäischen Union begrifflich zu fassen. So wird Beispielsweise von einem Quasistaat, oder einem internationalen Staat gesprochen (siehe *Wessels* 2005, 437). Dies geschieht allerdings meist, ohne die Begriffe theoretisch einzuordnen, bzw. ohne den theoretischen Hintergrund zu klären. Siehe auch Bieling in diesem Band.

und Transformationsprozesse bedeutet. Eine solche Perspektive erlaubt es auch Staat und Staatlichkeit als einen Prozess zu betrachten. Dadurch wird Max Webers Hinweis auf Territorialität und Gewaltmonopol[4] nicht hinfällig, aber es wird deutlich, dass auch diese Kategorien hergestellt werden müssen und dass diese Herstellung nie abgeschlossen ist. Auch (staatliche) Territorialität und das Gewaltmonopol bleiben umkämpft.

Im Folgenden werde ich kurz darstellen, wie Staat aus der Sicht materialistischer Staatstheorie gefasst wird. Anschließend wird eine staatstheoretische Perspektive auf die Europäische Union entwickelt und der Begriff ‚Staatsprojekt Europa' eingeführt und erläutert, um im dritten Schritt Überlegungen zu aktuellen Transformationen in Europa im Zuge der politischen Krise anzustellen.

Staat als widersprüchliches Apparate-Ensemble

In den meisten sozialwissenschaftlichen Ansätzen werden Staaten, staatliche Apparate und politische Institutionen in hegelscher Tradition (meist implizit) a priori als Verkörperung des gesellschaftlichen Allgemeininteresses gesehen. Materialistische Staatstheorie geht hingegen von einer Gesellschaft aus, die von Klassenwidersprüchen sowie sexistischen und rassistischen Herrschaftsmechanismen durchzogen ist.[5] Der Staat löst diese Widersprüche nicht auf, sondern macht sie prozessierbar. Vor diesem Hintergrund wird der Staat nicht als Verkörperung des Allgemeininteresses gesetzt, vielmehr wird nach dem cui bono gefragt. Erst in der konkreten Analyse staatlicher Prozesse stellt sich heraus, welche Interessen sich darin äußern und wie sie sich verallgemeinern und durchsetzen.[6] Das, was gemeinhin als Allgemeininteresse aufgefasst wird, entsteht in den ungleichen Auseinandersetzungen widersprüchlicher Interessen.

Der Staat und seine Apparate werden dabei weder als Instrumente, noch als Subjekte betrachtet, sondern als je spezifische soziale Verhältnisse, welche nicht unabhängig von den gesellschaftlichen Verhältnissen gedacht werden können. Der Staat ist also nicht aus sich selbst heraus zu begreifen. Es stellt sich vielmehr die Frage, warum eine Gesellschaft den Staat als von den unmittelbar ökonomischen Verhältnissen getrennte Sphäre hervorbringt.[7]

Ein wichtiger Teil der Antwort rekurriert auf die gesellschaftlichen Widersprüche und insbesondere die Widersprüche, die aus der kapitalistischen Produktionsweise hervorgehen, die eine „von der Ökonomie getrennte Instanz" erfordern. Das Kapital

---

4 *Weber* 1980, S. 822.
5 Vgl. *Buckel* 2015; *Sauer* 2015; *Wöhl* in diesem Band.
6 Ausführlich *Buckel et. al* 2014, 22ff.
7 Vgl. *Hirsch/Kannankulam/Wissel* 2015, 111.

kann sich nicht unmittelbar selbst regieren, ohne wesentliche Momente des Kapitalismus außer Kraft zu setzen. „Ungehinderter Warentausch (der ‚freie Markt'), Konkurrenz und die ‚Freiheit' der Lohnabhängigen, ihre Arbeitskraft zu verkaufen, sind [...] nur dann gewährleistet, wenn die ökonomisch herrschende Klasse auf die Anwendung direkter Gewaltmittel im unmittelbaren ökonomischen Verkehr verzichtet, wenn also Konkurrenzkämpfe nicht mit Waffen ausgetragen und Arbeitskräfte nicht zwangsrekurriert werden".[8] Die Widersprüche zwischen Kapital und Arbeit können immanent in der kapitalistischen Gesellschaft nicht aufgelöst werden, sie erfordern aber eine äußere Instanz, die ihre Eskalation verhindert. Die „Trennung von politischer und ökonomischer Herrschaft ist somit eine zentrale Bedingung der Möglichkeit für die Reproduktion dieser von Widersprüchen und Konflikten durchzogenen Produktionsweise".[9]

Mit dieser Feststellung ist allerdings noch nichts gesagt über die konkrete Ausprägung eines Staates. Um hierzu Aussagen machen zu können, muss sie historisch konkret untersucht werden. Nicos Poulantzas begreift den Staat als die materielle Verdichtung von Klassenkämpfen[10] und macht damit deutlich, dass der Staat als ein dynamisches und in sich widersprüchliches Feld zu verstehen ist. Verändern sich die gesellschaftlichen Kräfteverhältnisse, dann verändert sich auch der Staat und die Anordnung bzw. Hierarchie seiner Apparate. Allerdings übertragen sich die Kräfteverhältnisse nicht eins zu eins auf den Staat, vielmehr werden sie in die Logik der politischen Form transformiert. Der Staat hat eine eigene Materialität und damit eine relative Autonomie, die mit seinem bürokratischen Apparat und seiner spezifischen Selektivität im Zusammenhang steht.[11] Er ist also nicht auf Kräfteverhältnisse reduzierbar. Die Selektivität des Staates transformiert die gesellschaftlichen Interessen und führt dazu, dass sich die gesellschaftlichen Interessen und Kräfte nicht in gleicher Form in den Apparaten des Staates einschreiben. Subalterne[12] Interessen können zwar einzelne Stützpunkte im Staat ‚erobern', bleiben aber in der Regel subaltern, weil sie sich zum Beispiel den Mechanismen des Steuerstaates, der seine Mittel aus dem kapitalistischen Produktionsprozess bezieht, anpassen müssen.[13]

Vor dem Hintergrund insbesondere der feministischen Kritik muss diese Vorstellung des Staates allerdings erweitert werden um sexistische und rassistische Herrschaftsverhältnisse. Im Staat verdichten sich nicht nur Klassenverhältnisse, insbesondere die feministische Bewegung ist ein Beispiel, wie gesellschaftliche Kämpfe

---

8 *Hirsch* 1995, 19.
9 *Kannankulam* 2017, 20; siehe auch *Piva* 2018, 184.
10 *Poulantzas* 2002, 154ff.
11 Siehe *Ciolli* 81ff.; *Piva* 2012, 40f.
12 Der Begriff der Subalternen ist klassentheoretisch unspezifisch, er hat allerdings den Vorteil gesellschaftliche Hierarchisierung, Herrschaft und Kämpfe nicht auf Klassen zu reduzieren und erlaubt es damit mehrdimensionale Herrschaftsverhältnisse zu thematisieren. Die mit dem Begriff verbunden theoretischen Probleme bedürfen aber zweifellos weiterer Theoriearbeit.
13 Vgl. *Hirsch* 1995, 26.

den Staat und seine Apparate verändern. Sie konnte Stützpunkte im Staat erkämpfen und neue Abteilungen zur Gleichberechtigung aufbauen,[14] zugleich bleiben diese Apparate und Abteilungen im Staat meist nachgeordnet und konnten die maskulinistische Struktur des Staates nicht grundsätzlich in Frage stellen.[15]

Aus der hier angedeuteten Perspektive besteht der Staat aus einer Vielzahl von Abteilungen und Apparaten, in denen sich je spezifische Kräfteverhältnisse verdichten. Im Arbeits- und Sozialministerium wirken andere gesellschaftliche Kräfte als in der Zentralbank oder dem Finanzministerium. Auch die Hierarchie der Apparate lässt sich nicht fixieren, weil sie nicht unabhängig von den sich verändernden gesellschaftlichen Verhältnissen zu sehen sind. „Der Staat" und seine innere Struktur kann daher nicht als ein durch die konstitutionell festgelegte Anordnung der Apparate, also seinen formellen Aufbau, begriffen werden. Die Vorstellung der Struktur des Staates als einer Pyramide, in der die Handlungen des Staates von oben nach unten delegiert werden ist irreführend.[16] Die permanenten Kompetenzstreitigkeiten zwischen unterschiedlichen Staatsapparaten sind kein Zufall, sondern Teil des Prozesses, in dem die gesellschaftlichen Widersprüche bearbeitet werden. Die innere Struktur des Staates und die Hierarchie zwischen den unterschiedlichen Abteilungen innerhalb der Staatsapparate und zwischen den verschiedenen Staatsapparaten resultiert aus gesellschaftlichen und apparativen Auseinandersetzungen und kann bzw. muss durch ein hegemoniales Staatsprojekt (temporär) stabilisiert und strukturiert werden.

Gramsci hat den Staat als politische Gesellschaft und Zivilgesellschaft verstanden und damit den Zusammenhang von Staat und Gesellschaft hervorgehoben. Herrschaft hat sich in der bürgerlichen Gesellschaft verändert. Im Unterschied zu früheren Epochen spielt Konsens eine wesentlich größere Rolle. Konsens wird von Gramsci allerdings nicht als das Ergebnis einer Auseinandersetzung gesehen, in der sich die Kraft des besseren Arguments Bahn bricht, sondern als das Ergebnis asymmetrischer und durchmachteter Auseinandersetzungen. Der entscheidende Begriff um diese neue Form einer dezentraleren Herrschaft zu fassen, ist der der Hegemonie. Hegemonie ist eine Form der Machtausübung in der bürgerlichen Gesellschaft, in der sich spezifische Interessen konsensual verallgemeinern und damit auch von den Beherrschten akzeptiert werden. Staat versteht Gramsci als Hegemonie gepanzert mit Zwang.[17] Gewalt und Zwang verschwinden also keineswegs, treten aber in

---

14 Siehe hierzu Wöhl in diesem Band; sowie Wöhl 2007. Gleichstellungspolitische Erfolge sowie die Verankerung des Gender Mainstreamings im Amsterdamer Vertrag, konnten die Ausrichtung der ökonomischen Apparate kaum verändern, zu den Auswirkungen in der Krise siehe Klatzer/Schlager in diesem Band.

15 Siehe *Sauer* 2015.

16 Vgl. *Poulantzas* 2002, 156.

17 *Gramsci* 1991ff., 783.

den Hintergrund. Die Kämpfe um Hegemonie finden in der Zivilgesellschaft statt, die Gramsci als Teil des erweiterten Staates begreift.

Die Zivilgesellschaft umfasst nach Gramsci sowohl staatliche als auch private Organisationen, sie konstituieren das Feld auf dem um die „Weltauffassung" gerungen wird und partikulare Interessen universalisiert werden. Gemeint sind u. a. Diskussionszirkel, Bücher, Zeitungen, Verlage, Universitäten, Vereine und Verbände etc. ebenso wie „Architektur", die „Anlage der Straßen" und deren Namensschilder.[18] Neben den staatlichen Hegemonieapparaten besteht das zivilgesellschaftliche „Grabensystem" also aus einer großen Anzahl von privaten Hegemonieapparaten.[19] Entscheidende Akteure sind hier die Intellektuellen: hiermit sind alle gemeint, die eine organisierende Funktion in der Gesellschaft haben. Sie verknüpfen Diskurse, organisieren Kompromisse und schaffen mehr oder weniger konsistente Narrative.[20]

In den zivilgesellschaftlichen Auseinandersetzungen geht es auch darum, wie der Staat im engeren Sinne, also die Staatsapparate und die Hierarchie zwischen ihnen, beschaffen sein soll. In der Zivilgesellschaft ringen also auch unterschiedliche Vorstellung über den Staat und seine Aufgaben miteinander. Ein hegemoniales *Staatsprojekt* entsteht dementsprechend in den gesellschaftlichen Auseinandersetzungen unterschiedlicher gesellschaftlicher Kräfte mit je eigenen Vorstellungen darüber, wie der Staat strukturiert sein soll.

Mit der neoliberalen Globalisierung und den folgenden Veränderungen der gesellschaftlichen Kräfteverhältnisse wandelte sich der fordistische Staat, in dem tarifrechtlich abgesicherte Arbeitsverhältnisse, Kündigungsschutz, hohe Löhne, ein starker Binnenmarkt, wirtschaftspolitischer Interventionismus, Industriepolitik und wohlfahrtsstaatliche Absicherungen sozialer Risiken im Zentrum standen, zu einem (inter)nationalen Wettbewerbsstaat der globalisiertes Kapital anzulocken versucht.[21] Staatsapparate, die mit dem internationalisierten und europäisierten Kapital in Verbindung stehen (Zentralbanken, Finanzministerien), wurden aufgewertet, während die Apparate, die einer umfassenden Liberalisierung von Produktion und Handel und einer Finanzmarktliberalisierung im Wege standen an Bedeutung verloren (Arbeits- und Sozialministerien). Wohlfahrtsstaatliche Arrangements wurden beschnitten, wo sie nicht verteidigt werden konnten, und repressive Apparate umfassend ausgebaut.

Die Internationalisierung von Staat und Gesellschaft begann schon im Fordismus. Ausgangspunkt war eine Krise der Profitabilität und der Versuch den nationalen Kompromissstrukturen zu entgehen. Mit der Internationalisierung verstärkten sich die Monopolisierungsprozesse in der Ökonomie und zugleich wurden die Gewerk-

---

18 *Gramsci* 1991ff., 374.
19 *Gramsci* 1991ff., 1043.
20 Vgl. *Gramsci* 1991ff., 98.
21 Siehe *Hirsch* 1995, insbesondere 101ff.

schaften geschwächt indem sie international gegeneinander ausgespielt werden konnten. Hinzu kam das mit der dauerhaften Massenarbeitslosigkeit wieder eine industrielle Reservearme entstand. Die zunehmende Bedeutung globaler Absatzmärkte führte dazu, dass der Binnenmarkt geschwächt wurde. Hierdurch wurden „hohe" Löhne und Lohnnebenkosten zu Standortnachteilen.[22]

Die Krise des Fordismus hat das räumliche Arrangement mit seinen zumeist binnenzentrierten nationalen Ökonomien[23] dynamisiert. Die Subalternen hatten diesen Entwicklungen wenig entgegen zu setzten, sodass sich die gesellschaftliche Kräfteverhältnisse nachhaltig zu ihren Ungunsten verschoben. Diese Verschiebungen haben auch die Staaten und die internationale Struktur verändert. Die neoliberale Globalisierung ist nicht zuletzt als eine räumliche Strategie zu verstehen, mit der die national regulierten gesellschaftlichen Kompromisse aufgesprengt werden konnten. In der Folge haben sich Klassenverhältnisse und Geschlechterverhältnisse ebenso global restrukturiert, wie sich ethnisierende Unterdrückungsmechanismen verändert haben.

Staatsprojekt Europa

In Europa kam es im Zuge dieser Entwicklungen zu einem beachtlichen Aufleben des Integrationsprozesses. Dabei war die Europäisierung der Ökonomie eines der Elemente, die den politischen Integrationsprozess vorangetrieben haben. Der neu geschaffene europäische Binnenmarkt hat aber seinerseits den Europäisierungs- und Konzentrationsprozess der großen, zunehmend transnational ausgerichteten Konzerne in Europa vorangetrieben.[24] Diese Transformationsprozesse gingen weit über die Internationalisierung der postfordistischen nationalen Staatsprojekte hinaus. Sie haben vielmehr zu einem neuen, *europäischen Staatsprojekt* geführt, das auf die Umgestaltung der institutionellen, das heißt der politischen und der zivilgesellschaftlichen Struktur, im gesamten von der europäischen Integration erfassten Raum zielt.[25]

Mit dem Begriff des europäischen Staatsprojektes geht es zunächst darum, die gesellschaftlichen und apparativen Kräfte zu identifizieren, die im Feld der europäischen Integration wirken und die dem heterogenen Staatsapparate-Ensemble in Europa seine temporäre und nach wie vor prekäre Kohärenz verleihen.[26] In diesem Projekt verdichten sich alle gesellschaftlichen und apparativen Strategien, die sich auf

---

22 *Hirsch* 1995, 83ff.
23 Deutschland bildete hier schon früh aufgrund seiner Exportorientierung eine Ausnahme.
24 *Ziltener* 1999, 157.
25 Ausführlich siehe *Wissel* 2015.
26 Für eine ausführliche Analyse der Kräfteverhältnisse siehe *Buckel et al.* 2014, 61ff., siehe auch *Kannankulam* in diesem Band; zur Bedeutung nationaler Mythen bei der Organisierung eines Staatsprojektes siehe *Keil* in diesem Band.

die apparative Konstitution Europas richten. Mit den Veränderungen der gesellschaftlichen Kräfteverhältnisse verschiebt sich auch die Position und möglicherweise auch die Richtung dieses postfordistischen europäischen Staatsprojektes. Sollte die neoliberale Dominanz die aktuelle Wirtschaftskrise und die mit ihr im Zusammenhang stehenden politischen Krise nicht überstehen, müsste sich ein neues europäisches Staatsprojekt entwickeln oder aber, dass europäische Staatsprojekt und damit die europäische Integration würde vor dem Ende stehen.

Das europäische Staatsprojekt zielt auf die Herausbildung und die Anordnung, Hierarchie und Funktionsweise des europäischen Staatsapparate-Ensembles und der involvierten Ebenen der Regulation. Zum europäischen Apparate-Ensemble gehören neben den mitgliedstaatlichen Apparaten, auch die neuen europäischen Apparate. Hinzu kommt eine allgemeine Erweiterung der räumlichen Bezugsebenen politischer Regulation und eine neue Art der verhandelnden, netzwerkartigen Politik.

Folgt man dieser Perspektive sowie der ‚Scale–Debate‘ in der ‚radical geography‘, werden die Nationalstaaten und die einzelnen nationalstaatlichen Apparate in der EU Teil einer mehrere räumliche Bezugsebenen übergreifenden Restrukturierung politischer und ökonomischer Zusammenhänge.[27] In diesem Prozess sind nicht nur europäische (Quasi-)Staatsapparate (Europäische Kommission, EuGH, EZB, ungezählte Agenturen) entstanden, es haben sich auch transnationale Netzwerke zur Interessenorganisation in Form von Think Tanks, Verlagen, Instituten, NGO`s etc. herausgebildet. Zudem haben sich auch die nationalen Staatsapparate innerlich europäisiert: so gibt es beispielsweise in allen Ministerien Europaabteilungen und Gesetzesvorhaben werden vorab darauf überprüft, ob sie mit Europarecht vereinbar sind.

Die EU hat eine eigene Währung, eine eigene Außen- und mittlerweile auch eine eigene ‚Sicherheitspolitik‘. Mit der Gründung der europäischen Grenzschutzagentur FRONTEX 2005 ist ein europäisches Grenzregime entstanden.[28] Neben dem von den dominanten gesellschaftlichen Kräften vorangetriebenen Binnenmarkt und dem Aufbau der Währungsunion kommt dem Projekt der ‚Politischen Union‘ inklusive der Unionsbürgerschaft eine besondere Bedeutung zu. Das Projekt kann als Versuch gesehen werden, die neoliberalen Transformationen, die mit der Einheitlichen Europäischen Akte 1986 eingeleitet wurden, hegemonial zu vermitteln oder als Versuche, in dem entstandenen europäischen Kontext nach der ‚ökonomischen‘ Integration nun auch soziale und politische Rechte auf europäischer Ebene zu verankern.

Die Unionsbürgerschaft, die im Vertrag von Maastricht beschlossen wurde, betrachte ich mit dem damit verbunden Ausbau sozialer und politischer Rechte als einen symbolisch-institutionellen Gründungsmoment des Staatsprojektes Europa. Zu den gesellschaftlichen Kräften, die eine Politische Union und eine Unionsbürgerschaft voranzutreiben versuchten, zählten gewerkschaftliche, wie sozialdemokrati-

---

27 Vgl. *Jessop* 2008, 198–224.
28 Hierzu *Buckel/Wissel* 2010; *Wissel* 2015, 223–249.

sche und christdemokratische Anhänger*innen einer wohlfahrtsstaatlichen Regulierung der Ökonomie in den am stärksten industrialisierten Staaten im europäischen Norden. Zudem hofften die südlichen Staaten darauf, durch eine ‚Politische Union' der Heterogenität der Europäischen Gemeinschaft und der drohenden eigenen Marginalisierung entgegenwirken zu können.[29] Mit der Unionsbürgerschaft konnten sich also auch oppositionelle Kräfte in das Staatsprojekt einschreiben.

Staats- und hegemonietheoretisch betrachtet kann die Unionsbürgerschaft auch als eine Komponente gesehen werden, mit der über die Herstellung einer direkten Beziehung zwischen allen Unionsbürger*innen und der Europäischen Union ein europäisches „Staatsprojekt" geschaffen wird. Die europäischen Apparate (Parlament, Kommission, Europäischer Gerichtshof, etc.) beginnen damit die Bedingungen einer europäischen Zivilgesellschaft im Sinne Gramscis herzustellen.[30] Nach der Krise der 1970er Jahre, die gezeigt hat, wie instabil die europäische Konstellation ist, wenn die Apparate keinen erweiterten Staat haben, kann das Vorantreiben der Politischen Union – durch die Europäischen Institutionen und die entsprechenden Nationalstaaten – als Versuch gewertet werden, die Autonomie der europäischen Apparate auszubauen und die Europäische Union zu stabilisieren. Auch die Post-Maastricht-Krise[31] machte noch einmal deutlich, dass die neue wettbewerbsstaatliche Integrationsweise nicht mehr ausschließlich durch Maßnahmen der Deregulierung beziehungsweise dem Vorantreiben der Wirtschafts- und Währungsunion realisierbar war. Die Transformationen, die durch den Ausbau des Binnenmarktes und die Wirtschafts- und Währungsunion eingeleitet wurden, führten „vor allem [durch] die Rückwirkungen der ‚neuen europäischen Ökonomie' und des ‚neuen Konstitutionalismus'[32] auf die Alltagserfahrungen der Menschen" zum Verfall des ‚permissiven Konsenses'.[33] Die Unionsbürgerschaft ist als eine administrative Reaktion hierauf zu betrachten. Mit ihr entstand die erste transnationale Bürgerschaft, die nach und nach durch den EuGH mit sozialen und politischen Rechten ausgestattet wurde. Bis heute ist die Unionsbürgerschaft umkämpft[34] und es ist kein Zufall, dass sie in den Verhandlungen vor dem Brexit-Referendum eine große Rolle gespielt hat. Die politischen Auseinandersetzungen um die Unionsbürgerschaft machen deutlich, dass sie von vielen nationalen Staatsprojekten als Konkurrenz aufgefasst wird und versucht wurde sie auszuhebeln, weil sie auf der symbolischen und mit den neuen Rechten auch auf der materiellen Ebene ein europäisches Innen organisiert und damit eine europäische Territorialität schafft.

---

29 *Wissel* 2015, 152ff.
30 Vgl. *Wissel* 2015, 136ff.
31 *Deppe* 2001.
32 *Gill* 2000.
33 *Beckmann/Deppe/Heinrich* 2006, 47.
34 Vgl. *Wissel* 2015, 173ff.

Es gibt also, selbst wenn aufgrund der inneren Fragmentierung sowie dem fehlenden Gewalt- und Steuermonopol kaum von einem Staat gesprochen werden kann, eine europäische Staatlichkeit.[35] Das europäische Staatsprojekt, das sich im Rahmen der ‚Internationalisierung des Staates' herausbildete, besteht neben den unterschiedlichen nationalen Staatsprojekten und in Konkurrenz zu diesen. Zugleich versucht es diese zu inkorporieren. Verhältnis und Stellung der einzelnen europäischen und nationalen Apparate zueinander sind das Ergebnis eines permanenten Aushandlungsprozesses und sind nach wie vor relativ instabil und flexibel, weil das europäische Staatsprojekt noch keine gefestigte hegemoniale Position hat und deshalb die Hierarchie der räumlichen Bezugsebenen sowie die Stellung der einzelnen Apparate noch nicht entsprechend strukturieren kann. Bei dem europäischen Staatsapparate-Ensemble und dem entsprechenden Projekt stehen Politik und Ökonomie sehr viel stärker im Vordergrund als in den meisten nationalen Staatsprojekten, die in höherem Maße von kulturellen, insbesondere national-kulturellen Konstruktionen zusammengehalten werden.[36] Beispielhaft für die politische Konstruktion Europas steht die Habermas'sche Vorstellung des europäischen Verfassungsprojektes.[37]

Die Europäische Union und die jeweiligen nationalen und europäischen Apparate sind aber nicht nur von gesellschaftlichen Widersprüchen durchzogen, sondern in höherem Maße auch von den apparativen Konkurrenzen der unterschiedlichen räumlichen Bezugsebenen untereinander. Diese besondere Konstellation hat Auswirkungen auf die institutionelle Verfasstheit der Europäischen Union. Beispielhaft hierfür sind die vielen Agenturen der EU. Sie sind ein Ergebnis der Konkurrenz unterschiedlicher Apparate und unterschiedlicher räumlicher Bezugsebenen der Regulation. Der Grund für ihr entstehen ist in der Machtkonstellation der Europäischen Union zu suchen. Die nach wie vor starken intergovernementalen Elemente werden vom Europäischen Ministerrat vertreten. Dieser hat kein Interesse an starken transnationalen Institutionen, was dazu führt, dass ein Ausbau und ein Kompetenzzuwachs der Europäischen Kommission stets zu verhindern versucht wird. Die Folge ist, dass viele Aufgaben, die von der Europäischen Union bewerkstelligt werden, nicht innerhalb der Kommission oder ihren Unterabteilungen institutionalisiert werden. Vielmehr ist hierfür eine Vielzahl von Agenturen entstanden, die formal nicht klar in die institutionelle Struktur eingeordnet sind. Die unklare Struktur führt zu Problemen bei der Verantwortungszuordnung und bei der Kontrolle der Agenturen.[38]

Die EU weist eine sehr hohe Heterogenität auf. Eine Homogenisierung ist bezüglich des europäischen Raums kaum absehbar. Sabine Hess und Vasilis Tsianos sprechen daher von einer skalierten und differenziellen Homogenität, „die mit einer Ent-

---

35 Vgl. *Altvater* 2007, 86–89; siehe *Puntscher Riekmann/ Mokre/ Latzer* (Hrsg.) 2004.
36 Siehe *Keil* 2015, 20ff.
37 *Habermas* 2011, 39 ff.
38 Vgl. *Wissel* 2015, 42ff.; *Leonard* 2009, 375; *Tömmel* 2008, 159.

homogenisierung von Rechten einhergeht".[39] Der Rahmen, in dem die Interessensgegensätze und die Konkurrenzen zustande kommen und ausgetragen werden, hat sich in Europa nachhaltig verändert, die nationalen Konkurrenzen und Interessengegensätze sind aber nicht verschwunden. Europa bleibt daher politisch in hohem Maße fragmentiert.[40]

Europäische Zivilgesellschaft

Im europäischen Zusammenhang hat sich bisher keine Zivilgesellschaft herausgebildet. Einige Voraussetzungen für die Entstehung einer Zivilgesellschaft sind zwar entstanden, wie europaweite Forschungsnetzwerke, Austausch von Student*innen und Wissenschaftler*innen, schnelle Verkehrsverbindungen, „Zeitschriften wie Lettre International, Libéracion, Le Monde diplomatique, Fernsehsender wie Arte oder Sky News, europaweit ausgestrahlte Sendungen über Fußball, Musikveranstaltungen oder Buchreihen zur europäischen Geschichte"[41] und nicht zuletzt auch die Unionsbürgerschaft. Insbesondere die Europäische Kommission ist sehr daran interessiert und stets bemüht, sich ihren eigenen erweiterten Staat zu schaffen. Neben den schon angesprochenen Initiativen versucht sie dies über öffentliche Konsultationen zu Gesetzesvorhaben,[42] die finanzielle Unterstützung von Forschung, aber auch durch den Aufbau von europaweiten Interessenvertretungen und intellektuellen Netzwerken.[43] Sie versucht durch finanzielle Unterstützung europaübergreifende NGO-Netzwerke zu schaffen.

Nennenswerte gesamteuropäische Diskussionszusammenhänge und stabile zivilgesellschaftliche Strukturen haben sich aber dennoch nicht herausgebildet.[44] Blockiert werden diese Initiativen nicht selten durch bürokratische Hürden. Die entstandenen Zusammenhänge bleiben meist flüchtig, lose und instabil und stützen sich auf „episodenhaft organisierte Kampagnen und Diskussionskontexte".[45] Hinzu kommt, dass ihre Zusammensetzung extrem einseitig ist. Es handelt sich überwiegend um mächtige ökonomische Akteure, die entweder direkt über professionalisierte Lobbyarbeiter*innen in den Politikprozess intervenieren oder über Think Tanks und vermeintlich wissenschaftliche Expertise in die politische Auseinandersetzung eingreifen. Aktuell wird davon ausgegangen, dass etwa „70 Prozent der Brüsseler Lobbyis

---

39 *Hess/ Tsianos* 2010, 251; siehe auch *Buckel/ Wissel* 2010.
40 Vgl. *Pollack/Wallace, H./Young* 2010, 486–487.
41 *Demirovic* 2000, 68 f.
42 *Quittkat* 2011.
43 Vgl. *Apeldoorn* 2000.
44 Siehe auch *Habermas* 2008, 91.
45 *Demirovic* 2000, 69.

ten" Kapitalinteressen vertreten.[46] Klare Grenzen zwischen Politik, bürokratischem Apparat und Ökonomie sind kaum zu ziehen. Der Wechsel von EU-Bürokrat*innen, oder Politiker*innen in die Brüsseler Lobbylandschaft bahnt sich nicht selten lange vor dem Ausscheiden aus den europäischen Institutionen an. Parlamentarier*innen, die aus dem Parlament ausscheiden, bleibt der freie Zugang zum Parlamentsgebäude und damit auch zu den Büros der Abgeordneten in Brüssel erhalten, was sie für Lobbygruppen außerordentlich interessant macht. Nicht Wenige stehen schon während ihrer Tätigkeit als Politiker in Brüssel auf der Gehaltsliste von lobbyierenden Firmen.[47]

Die EU ist weitgehend abhängig von diesen mächtigen privaten Akteuren. Daher versucht sie die ressourcenstarken Akteure selbst zu organisieren, ohne ihre Unterstützung ist sie nicht dazu in der Lage, politische Prozesse anzustoßen. Sie ist mit ihrem relativ kleinen Apparat zudem auf externe Expertise angewiesen. Das Binnenmarktprojekt zum Beispiel wurde maßgeblich durch den European Round Table of Industrialists organisiert.[48] Das heißt, die Apparate der EU haben gegenüber mächtigen gesellschaftlichen Akteuren eine äußerst schwach ausgeprägte Autonomie. Die Ökonomisierung von Staat und Zivilgesellschaft zeigt sich daher in der EU noch wesentlich deutlicher als in den Mitgliedsstaaten. Hinzu kommt, dass auf der europäischen Ebene die Parteien als Bindeglied zwischen Zivilgesellschaft und Apparaten schwach ausgeprägt und kaum europäisch organisiert sind. In den Nationalstaaten sind es zu einem großen Teil die Parteien, die mittels der in ihnen sich durchsetzenden Formen der politischen Führung, eine gewissen Homogenität und Autonomie der einzelnen Apparate wie des Apparate-Ensembles herstellen.[49]

Spätestens mit der wettbewerbsstaatlichen Integrationsweise seit Mitte der 1980er Jahre wurde die EG (EU) zu einem wichtigen Stützpunkt von europäisierten und in Ansätzen transnationalisierten Klassenfraktionen, die zu den entscheidenden Kräften des neuerlichen Integrationsschubes wurden. Im Rahmen eines globalen neoliberalen Konstitutionalismus wurde der politische Möglichkeitsraum so eingeschränkt, dass Veränderungen nur noch innerhalb der neoliberalen Koordinaten realisierbar erscheinen,[50] was sich auch in den Auseinandersetzungen um die Unionsbürgerschaft zeigte. Die neuen sozialen Rechte wurden dadurch konterkariert, dass zugleich die nationalen wohlfahrtsstaatlichen Arrangements durch die wettbewerbsstaatliche Integrationsweise zunehmend unter Druck gerieten.[51] Die hegemonialen Auseinandersetzungen, haben sich in der Folge verändert, besonders die europäischen und transnationalen Institutionen und Organisationen haben an Bedeutung gewonnen.

---

46 Vgl. *Eberhardt* 2012, 105; *Plehwe* 2012, 43, siehe auch *Felder* 2001, 208.
47 *Eberhardt* 2012, 115; *ALTER-EU* 2011.
48 Vgl. *van Apeldoorn* 2000; *Ziltener* 1999, 136.
49 Vgl. *Hirsch* 1990, 64.
50 *Gill* 2000.
51 Siehe hierzu *Bieling* in diesem Band.

Bisher bleibt die EU ein Eliteprojekt, auch weil nur ressourcenstarke Akteure die Möglichkeit haben dauerhaft auf die politischen Prozesse im europäischen Apparate-Ensemble zu wirken. Die extrem einseitig ausgeprägten und relativ inkohärenten zivilgesellschaftlichen Strukturen im europäischen Zusammenhang können, wenn überhaupt nur punktuelle und unverbundene Terrains konstituieren, auf dem ein gesellschaftlicher Konsens erzeugt wird. Den europäischen Apparaten wie den im europäischen Regieren eingebundenen nationalen und regionalen Apparaten erwächst hierdurch eine andere Form der Autonomie, die den Autonomieverlust gegenüber einzelnen ressourcenstarken Akteuren tendenziell ersetzt. „Der Autonomieverlust der staatlichen Akteure im Inneren, die Abnahme ihrer autonomen Handlungsfähigkeit, die aus der Einbindung in verflochtene Entscheidungsprozesse herrührt, kann einhergehen mit einem Autonomiegewinn des Staates gegenüber seinem gesellschaftlichen Umfeld".[52] Das heißt, die relative Autonomie des Politischen stellt sich im apparativen europäischen Netzwerk weitgehend losgelöst von den gesellschaftlichen Auseinandersetzungen über eine „elitär-pluralistische" Verhandlungsstruktur her.[53] Durch die Zunahme einer Autonomie gegenüber der Gesellschaft oder, anders ausgedrückt, durch die Distanzierung der Bevölkerung von den Entscheidungszentren, nimmt zugleich die Autonomie gegenüber ressourcenstarken transnationalen Konzernen ab.

Der EU fehlen damit die Voraussetzungen, um die Bevölkerungen dauerhaft in den Integrationsprozess einbinden zu können, sodass Macht kaum hegemonial verankert werden kann. Ökonomische Krisen schlagen damit sehr schnell in politischen Krisen um, in denen wiederum schnell der Integrationsprozess als Ganzes in Frage gestellt wird.

Europäisches Staatsapparate-Ensemble und die neue räumliche Struktur

Die Entstehung eines europaweiten Netzes von politischen Apparaten und zivilgesellschaftlichen Institutionen hat Einfluss auf die räumlichen Praktiken der gesellschaftlichen und politischen Akteure in Europa. Sowohl staatlichen als auch gesellschaftlichen Akteuren erwachsen durch das räumlich erweiterte Apparate-Ensemble neue strategische Möglichkeiten, politische Projekte durchzusetzen.

In der Europäischen Union verdichten sich mindestens in zweierlei Hinsicht räumliche Strategien: Zum einen versuchen die Mitgliedsstaaten, aus unterschiedlichen Gründen und in unterschiedlichen politischen Feldern eine Ausweitung ihrer eigenen Kompetenzen im europäischen Rahmen zu erzielen. Mitunter sind es auch einzelne dominante nationale Apparate, die über Europa versuchen, ihre Position so-

---

52 *Grande* 1996, 388, zitiert nach *Felder* 2001, 216.
53 Vgl. *Felder* 2001, 216.

wohl gegenüber anderen nationalen Apparaten auszubauen, als auch gegenüber anderen europäischen Apparaten, oder gegenüber Apparaten anderer Mitgliedsstaaten. Projekte, die im nationalen Rahmen auf größeren Widerstand treffen, werden auf die europäische Ebene gehoben und so der öffentlichen Auseinandersetzung entzogen. Auch wenn Nationalstaaten oder nationale Staatsapparate versuchen, ihre Einflussmöglichkeiten beziehungsweise Kompetenzen über den nationalen Rahmen auszudehnen, wie etwa das deutsche Innenministerium im Fall der Grenzschutzagentur FRONTEX, kann dies auf der europäischen Ebene versucht werden. Zum andern kann man auch in Bezug auf die Strategien der Europäischen Kommission, des Europäischen Gerichtshofes, des Europäischen Parlamentes, der Europäischen Zentralbank und anderer europäischer Institutionen von Strategien sprechen, die auf die Umgestaltung des politischen und ökonomischen Raumes zielen, indem sie, politische und ökonomische Projekte auf europäischer Ebene anstoßen und durchsetzen und dabei ihre Kompetenzen gegenüber nationalen Apparaten auszubauen versuchen.

Auch das Terrain der Auseinandersetzung kann einfacher gewechselt werden als im Nationalstaat. Wenn beispielsweise die Aussichten, die Europäische Kommission zu einer Initiative zu bewegen, schlecht stehen, oder eine Initiative der Kommission wenig Aussicht auf Erfolg hat, kann auf das juridische Terrain gewechselt werden. Auch wenn eine gewünschte Regulation in einem Mitgliedsstaat aufgrund der Kräfteverhältnisse zum Scheitern verurteilt ist, kann eine Klage vor dem EuGH angestrengt werden, die eventuell aussichtsreicher ist.[54]

Die unterschiedlichen räumlichen Ebenen werden flexibler genutzt als im Nationalstaat, um Projekte durchzusetzen. Dadurch wird in den gesellschaftlichen Auseinandersetzungen je nach Kalkül sehr viel mehr zwischen den unterschiedlichen Foren und Bezugsebenen gewechselt. Dies ist von Bedeutung weil in diesem Zusammenhang neue Machttechnologien entstehen, die zu einer Erweiterung informeller Politikformen und damit zur Distanzierung der Bevölkerung von den Entscheidungszentren führen.[55] Staatsapparate, die gewöhnlich eine höhere Durchlässigkeit für subalterne Interessen haben oder hatten, wie etwa Parlamente und Parteien, haben auf europäischer Ebene einen wesentlich geringeren Einfluss auf die Organisation von Herrschaft. Diese ist in Europa ein in weiten Teilen bürokratischer Prozess, in dem Entscheidungen entpolitisiert werden und fernab einer politischen Öffentlichkeit in Expert*innengruppen und Arbeitsgruppen organisiert werden. In den institutionellen Verfahren, in der Problemformulierung, im Agenda-Setting, der Implementierung und Evaluierung werden aus politischen Entscheidungen technokratische Verwal-

---

54 *Drahos* 2002; ausführlich hierzu *Wissen* 2011, 100; *Wissel/Wolff* 2016.
55 *Poulantzas* 2002, 87; für Europa siehe *Gill* 2000, 45–46; *Oberndorfer* 2012; *Sauer* 2001.

tungsakte. Die Zahl der beteiligten Akteure wird hierdurch verringert und die Selektivität gegenüber subalternen Interessen erhöht.[56] Problematisch ist die unklare räumliche Struktur und die daraus folgende größere strategische Flexibilität der Akteure für die Europäische Union, auch weil politische Konjunkturen und taktisches Kalkül der unterschiedlichen Akteure darüber entscheiden, auf welcher Ebene und in welchem institutionellen Kontext Entscheidungen forciert werden. Ein klarer Konsens über die Terrains der Auseinandersetzung kann so nicht erzielt werden.[57] Hinzu kommt, dass die Autonomie der Europäischen Union gegenüber den großen Nationalstaaten schwach ausgeprägt ist. Sie ist auf deren Kooperation angewiesen. Viele Beispiele zeigen, dass gegen die großen Nationalstaaten keine Entscheidungen durchgesetzt werden können. Offensichtlich wurde das, als Frankreich und Deutschland in den Jahren 2002, 2003 und 2004, ohne ernsthafte Konsequenzen fürchten zu müssen, die Defizitkriterien des Stabilitäts- und Wachstumspaktes der Währungsunion nicht erfüllten.[58] Es deutet wenig darauf hin, dass die Maßnahmen während des Krisenmanagements im Rahmen der Finanzkrise dies grundsätzlich verändert haben. Die Überschreitungen der Obergrenze für die Neuverschuldung von 3 % der jährlichen Wirtschaftsleistung von Frankreich (Frankreich hat bis 2016 gegen die 3% Regelung verstoßen)[59] ist weitgehend ohne Konsequenzen geblieben.

Das im Kern geopolitisch motivierte Projekt der europäischen Osterweiterung hat auf der anderen Seite die ökonomische und politische Heterogenität der Europäischen Union weiter vergrößert und verstärkt die schon vorhandenen Schwierigkeiten, eine gemeinsame Politik zu formulieren. Das ist spätestens seit der Menschenrechtskrise 2015ff.[60] offensichtlich geworden. Sie steht in deutlichem Widerspruch zu den Bemühungen, die Institutionen der Europäischen Union handlungsfähig zu gestalten. Die Problematik der ökonomischen und politischen Heterogenität hat mit zur Krise des Apparate-Ensembles (2010ff.) im Zuge der Finanzkrise beigetragen.[61]

Das europäische Staatsapparate-Ensemble hat also noch keinesfalls eine auch nur ansatzweise gefestigte Struktur, die mit einem funktionierenden Staat vergleichbar wäre. Im Unterschied zu den Mitgliedstaaten, in denen es auch zu Auseinandersetzungen um die Hierarchie der Staatsapparate kommt, sind in der Europäischen Union nicht einmal die zentralen Terrains dieser Auseinandersetzungen klar zu verorten. Bei jedem Anlauf der Europäischen Kommission eine Verordnung oder Richtlinie zu

---

56 Zur Selektivität von Verwaltungsprozessen siehe Offe 2006, 106; zur Selektivität im Kontext der Europäischen Union Raza 2016 und Wissel 2015, 47ff.; zu den räumlichen Selektivitäten im Kontext der Austeritätspolitiken siehe *Petzold* 2018, 56ff.
57 Siehe auch *Brunkhorst* 2007, 21.
58 Siehe *Europäisches Parlament* 2004.
59 Nach Macrons Zugeständnissen an die Gelbwestenbewegung scheint auch 2019 die 3% Neuverschuldungsgrenze überschritten zu werden, siehe *Syrovatka/Schneider* in diesem Band.
60 Hierzu auch *Brunkhorst*, *Georgi* und *Oberndorfer* in diesem Band.
61 Vgl. *Wissel* 2014.

schaffen muss daher zunächst durchgesetzt werden, dass sie hierfür überhaupt das Recht hat und die Frage geklärt werden, ob nicht eine Regulation auf nationaler Ebene sinnvoller wäre. Dies wurde insbesondere zu Beginn der Finanzkrise deutlich als Versuche, eine europäische Reaktion auf die Krise zu organisieren, scheiterten. Die Kohärenz und Einheit des neuen europäischen Ensembles sind also noch keineswegs gegeben.

Eine Konsequenz der beschriebenen Konstellation ist in dem viel diskutierten Demokratiedefizit zu finden.[62] Legislative und Exekutive sind in der Europäischen Union in großen Teilen miteinander verschmolzen. Nicht das Parlament bildet die Legislative, sondern der Ministerrat, der Ausschuss der ständigen Vertretungen und die Arbeitsgruppen des Rats. Die Exekutive der einzelnen Staaten hat hierdurch großen Einfluss auf die Gesetzgebung. Zugleich werden Ministerrat und Europäischer Rat von keinem Organ kontrolliert.[63] Die Europäische Kommission besitzt das Initiativrecht zur Gesetzgebung in der EU. Sie wird nicht von den EU Bürger*innen gewählt und ist gegenüber dem Parlament nur eingeschränkt verantwortlich. „The result is an increasingly compound and accumulated 'order' of executive power in contemporary Europe".[64] Die formalen Voraussetzungen für demokratische Prozess, die notwendig sind um der EU beitreten zu können, konnten bisher in der institutionellen Struktur der EU nur in Ansätzen durchgesetzt werden.[65]

Staatsprojekt Europa in der Krise

Die Weltfinanzkrise und in der Folge die Eurokrise und die politische Krise der Europäischen Union und vieler Mitgliedstaaten hat die beschriebenen Prozesse der Fragmentierung noch einmal erheblich verstärkt. Dabei setzten sich die bisher schon dominanten informellen Politikformen in massiver Weise durch. Nach den zaghaften Ansätzen, das Demokratiedefizit in der EU zu verringern, kommt es in der Euro-Krise zum Bruch mit zentralen Elementen *formaler* Demokratie und zu einem dramatischen Abbau parlamentarischer und sozialer Rechte: Seit 2010 ist in Europa eine massive Transformation des europäischen Institutionengefüges zu beobachten.[66] Hierzu gehört auch ein Zuwachs der Kompetenzen der Europäischen Kommission, insbesondere ihrer Generaldirektion Wirtschaft und Finanzen,[67] wie der Europäischen Zentralbank, die „in keiner formalen Weise politisch rechenschaftspflichtig

---

62 Siehe hierzu auch Kannankulam in diesem Band.
63 *Tömmel* 2008, 231.
64 *Curtin* 2009, 29; *Habermas* 2011, 48–82.
65 *Wissel* 2016.
66 Vgl. *Oberndorfer* 2013; siehe auch *Wissel* 2016.
67 Vgl. *Zurek* 2013, 171–172.

ist".[68] Sie hat ihre Kompetenzen in der Krise massiv ausgeweitet. Jürgen Habermas spricht in diesem Zusammenhang von einem postdemokratischen Exekutivföderalismus.[69] Nicht nur europäische Exekutiven scheinen gestärkt aus der Krise hervorzugehen, auch bestimmte nationalstaatliche Institutionen, wie etwa die Finanzministerien,[70] wurden aufgewertet. Zugleich wurde mit Griechenland ein Mitgliedsstaat der EU jahrelang faktisch unter externe Verwaltung gestellt. Sowohl die nationalen Parlamente, wie das Europaparlament verloren in diesem Prozess an Bedeutung. Die Mechanismen der „New Economic Governance" fixieren und radikalisieren eine restriktive Geldpolitik und eine auf Wettbewerbsfähigkeit ausgerichtete Politik.

Die Krisenmaßnahmen haben die ökonomische wie politische Heterogenität in Europa noch gesteigert und zur Verarmung weiter Teile der Bevölkerungen insbesondere im Süden Europas geführt. „Sie richteten einen sozialen und politischen Schaden an, von dem sich das Projekt der Europäischen Union womöglich nie wieder erholen wird."[71] Die soziale Ungleichheit hat in den Mitgliedsstaaten wie zwischen diesen weiter zugenommen.[72] Faktische zahlt Europas Süden Transfers an den Norden, „welche sich daraus ergeben, dass gewisse Länder – zu denen Deutschland und Frankreich gehören – zu sehr niedrigen oder sogar negativen Zinssätzen Anleihen aufnehmen können, während andere nur zu sehr hohen Zinsen bzw. zu Wucherzinsen überhaupt noch Zugang zu den Finanzmärkten finden".[73]

Mit den beschriebenen Mechanismen und den Verschärfungen in der Krise stellt sich sowohl die Frage nach Demokratie als auch nach dem europäischen Sozialmodell erneut. Die neoliberale Hegemonie ist fragmentiert und in der Krise[74] und zugleich hat sich die neoliberale Politik radikalisiert. Zurzeit fällt es schwer ein soziales und demokratisches Europa für ein realistisches Ziel zu halten. Aber auch in den Mitgliedstaaten wird die u. a. mit der Schuldenbremse konstitutionell festgeschriebene neoliberale Wirtschaftspolitik fortgeführt. Die Transnationalisierung und Europäisierung von Ökonomie und Politik, haben eine Konstellation geschaffen, in der national orientierte Strategien zur Verteidigung, oder zum Ausbau des Wohlfahrtstaates zugleich aussichtslos sind, weil sie einfach isoliert werden können, wie Griechenland und Spanien gezeigt haben. Die Ankündigungen nach dem Brexit aus Großbritannien ein Niedrigsteuerland zu machen, um internationales Kapital anzulocken, deuten darauf hin, dass sich durch die Renationalisierung von Politik die gesellschaftlichen Kräfteverhältnisse gegenüber dem transnational operierenden Kapi-

---

68 *Offe* 2016, 152.
69 Vgl. *Habermas* 2011.
70 Vgl. *Klatzer/Schlager* 2012, 27: siehe auch *Bieling* in diesem Band.
71 *Tooze* 2018, 26.
72 Zu den Auswirkungen auf die Geschlechterverhältnisse der Krisenmaßnahmen siehe *Schlager/ Klatzer* in diesem Band.
73 *Balibar* 2016, 233.
74 Ausführlich *Martin/Wissel* 2015.

tal weiter verschlechtern. Will man Souveränität und Handlungsfähigkeit gewinnen, dann müssen in erster Linie die internationalen Finanzmarktakteure und die Vermögensbesitzer entmachtet werden. In der Austeritätspolitik haben sich vor allem ihrer Interessen durchgesetzt. Mit dem Ergebnis, dass die Krise ökonomisch verlängert und sich die politische Krise weiter zugespitzt hat. Um die fragmentierte neoliberale Hegemonie zu brechen, müssen sich auch die Kämpfe um Demokratie und gegen die zunehmende soziale Ungleichheit selbst weiter europäisieren und internationalisieren. Gelingt das nicht, sind nicht nur weitere Desintegrationsprozesse in Europa zu befürchten, vielmehr könnte es, bei gleichzeitiger Desintegration der nationalen Gesellschaften, zu weiteren Renationalisierungsprozessen sowie zu einem weiteren Abbau von sozialen und politischen Rechten kommen.

Literatur

ALTER-EU 2011: Revolving door provides privileged access – why the European Commission needs a stricter code of conduct. Brüssel.

Altvater, Elmar 2007: Konkurrenz für das Empire. Die Zukunft der Europäischen Union in der globalisierten Welt. Münster.

Apeldoorn, Bastian van 2000: Transnationale Klassen und europäisches Regieren. Der europäische Round Table of Industrials, In: Bieling, Hans-Jürgen/ Steinhilber, Jochen (Hrsg.): Die Konfiguration Europas. Dimensionen einer kritischen Integrationstheorie. Münster, 189–221.

Balibar, Etienne 2016: Mehr als jemals zuvor: Für ein anderes Europa! Thesen vom 29. August 2015. In: Derselbe: Europa: Krise und Ende? Münster, S. 224- 252.

Beckmann, Martin/*Deppe*, Frank/*Heinrich*, Mathis 2006: Ursachen und Konsequenzen der EU-Verfassungskrise 2005/2006. In: Beckmann, Martin (Hrsg.): Krisen im Prozess der europäischen Integration, FEI am Institut für Politikwissenschaft. Marburg, 45–70.

Bieling Hans-Jürgen 2013: Die krisenkonstitutionalistische Transformation des EU-Imperiums: zwischen autoritärer Neugründung innerem Zerfall. In: Das Argument, 301(1/2), 34–46.

Brunkhorst, Hauke 2007: Unbezähmbare Öffentlichkeit – Europa zwischen transnationaler Klassenherrschaft und egalitärer Konstitutionalisierung. In: Leviathan, 35(1), 12–29.

Buckel, Sonja 2015: „Dirty Capitalism". In: Martin, Dirk/Martin, Susanne/Wissel, Jens (Hrsg.): Perspektiven und Konstellationen kritischer Theorie. Münster, 29–48.

Buckel, Sonja/*Georgi*, Fabian/*Kannankulam*, John/*Wissel* Jens 2014: Theorie, Methode und Analysen kritischer Europaforschung. In: Forschungsgruppe »Staatsprojekt Europa« (Hrsg.): Kämpfe um Migrationspolitik. Theorie, Methode und Analysen kritischer Europaforschung. Bielefeld, 15–86.

Buckel, Sonja/*Wissel*, Jens 2010: State Project Europe: The Transformation of the European Border Regime and the Production of Bare Life. In: International Political Sociology, 4(1), 33–49.

Ciolli, Vanesa Paola 2018: Burocracia estatal: entre la internacionalización y la territorialidad. In: Relaciones Internacionales, 38, Juni – bis September, 79–98.

Curtin, D. 2009: Executive power of the European Union: law, practices, and the living constitution. Oxford.

Demirovic, Alex 2000: Erweiterter Staat und europäische Integration. Skizzenhafte Überlegungen zur Frage, ob der Begriff der Zivilgesellschaft zur Analyse der Veränderung von Staatlichkeit beitragen kann? In: Bieling, Hans-Jürgen/ Steinhilber, Jochen (Hrsg.): Die Konfiguration Europas, Westfälisches Dampfboot. Münster, 51–72.

Deppe, Frank 2001: Zur Post-Maastricht-Krise der Europäischen Union. In: Kirt, Romain (Hrsg.): Die Europäische Union und ihre Krisen, Nomos-Verlag. Baden-Baden, 205–216.

Drahos, Peter 2002: Negotiating Intellectual Property Rights: Between Coercion and Dialogue. In: Drahos P., Mayne R. (Hrsg.): Global Intellectual Property Rights. London.

Eberhardt, Pia 2012: Lobbyismus und europäische Postdemokratie. Einblicke in den EU-Staats-Zivilgesellschafts-Komplex im Kontext der Krise. In: Forschungsgruppe Staatsprojekt Europa (Hrsg.): Die EU in der Krise. Münster, 105–122.

Europäisches Parlament 2004: Debates: Wednesday, 15 September 2004 – Strasbourg: Stability and Growth Pact, abrufbar unter: http://www.europarl.europa.eu/sides/getDoc.do?pub Ref=-//EP//TEXT+ CRE+20040915+ITEM-006+DOC+XML+V0//EN (letzter Zugriff 17 Oct. 2011).

Felder, Michael 2001: Die Transformation von Staatlichkeit. Europäisierung und Bürokratisierung in der Organisationsgesellschaft. Wiesbaden.

Gill, Stephen 2000: Theoretische Grundlagen einer neo-gramscianischen Analyse der europäischen Integration. In: Bieling, Hans-Jürgen/Steinhilber, Jochen (Hrsg.): Die Konfiguration Europas. Dimensionen einer kritischen Integrationstheorie. Münster, 23–50.

Gramsci, Antonio 1991–2002: Gefängnishefte, hgg. von Klaus Bochmann, Wolfgang Fritz Haug und Peter Jehle. Hamburg.

Grande, Edgar 1996: Das Paradox der Schwäche: Forschungspolitik und die Eigenlogik europäischer Politikverflechtung. In: Jachtenfuchs, Markus/Kohler-Koch, Beate (Hrsg.): Europäische Integration. Opladen. 373–399.

Habermas, Jürgen 2011: Zur Verfassung Europas. Ein Essay. Berlin.

Habermas, Jürgen 2008: Europa und seine Migranten. In: Derselbe: Ach, Europa. Frankfurt am Main. 88–95.

Hess, Sabine/*Tsianos*, Vassilis 2007: Europeanizing Transnationalism! Provincializing Europe! – Konturen eines neuen Grenzregimes. In: Forschungsgruppe Transit Migration (Hrsg.): Turbulente Ränder. Bielefeld, 23–38.

Hirsch, Joachim 1995: Der nationale Wettbewerbsstaat. Amsterdam/Berlin.

Hirsch, Joachim 1990: Kapitalismus ohne Alternativen? Hamburg.

Hirsch, Joachim/*Kannankulam*, John/*Wissel*, Jens 2015: Die Staatstheorie des ‚westlichen Marxismus‘. Gramsci, Althusser, Poulantzas und die sogenannte Staatsableitung. In: Dieselben (Hrsg): Der Staat der Bürgerlichen Gesellschaft, Baden-Baden, 93–119.

Jachtenfuchs, Markus 1997: Die Europäische Union – ein Gebilde sui generis? In: Wolf, Klaus Dieter (Hrsg.): Projekt Europa im Übergang. Baden-Baden, 15–35.

Jessop, Bob 2008: State Power. Cambridge.

Jessop, Bob 2006: Kapitalistischer Staatstyp und autoritärer Etatismus. In: Brettauer, Lars/ Gallas, Alexander/Kannankulam, John/Stützle, Ingo (Hrsg.): Poulantzas lessen. Münster, 48–64.

Kannankulam, John 2017: Von der Staatsableitung zum Europäischen Staatsapparate-Ensemble. Grundzüge und Debatten der materialistischen Staatstheorie In: Widersprüche 144, 11–24.

Keil, Daniel 2015: Territorium, Tradition und die nationale Identität. Münster.

Klatzer, Elisabeth/*Schlager*, Christa 2012: Genderdimensionen der neuen EU Economic Governance. In: Kurswechsel, 1/2012, 23–35.

Leonard, Sarah 2009: The Creation of Frontex and the Politics of Industrialisation in the EU External Borders Policy. In: Journal of Contemporary European Research, 5(3): 371–388.

Martin, Dirk/*Wissel*, Jens 2015: Fragmentierte Hegemonie. Anmerkungen zur gegenwärtigen Konstellation von Herrschaft. In: Martin, Dirk/Martin, Susanne/Wissel, Jens (Hrsg.): Perspektiven und Konstellationen kritischer Theorie. Münster, 220–238.

Oberndorfer, Lukas 2013: Vom neuen, über den autoritären, zum progressiven Konstitutionalismus? In: juridikum, 1/13, 76–86.

Oberndorfer, Lukas 2012: Hegemoniekrise in Europa – Auf dem Weg zu einem autoritären Wettbewerbsetatismus. In: Forschungsgruppe Staatsprojekt Europa: Die EU in der Krise. Münster, 50–72.

Offe, Claus 2016: Europa in der Falle. Berlin.

Offe, Claus 2006: Strukturprobleme des kapitalistischen Staates. Veränderte Neuauflage. Frankfurt am Main/New York.

Petzold, Tino 2018: Austerity Forever! Die Normalisierung der Austerität in der BRD. Münster.

Piva, Adrian 2018: Rezeption und Produktivität der materialistischen Staatstheorie in Lateinamerika: Der Fall Argentinien. In: Brand, Ulrich/Görg, Christoph (Hrsg.): Zur Aktualität der Staatsform. Die materialistische Staatstheorie von Joachim Hirsch, Baden-Baden, 179–198.

Piva, Adrián 2012: "Burocracia y teoría marxista del Estado". In: Intersticios: Revista Sociológica de Pensamiento Crítico, 6(2), 27–24.

Plehwe, Dieter 2012: Europäisches Kräftemessen – europäische Kräfte messen. In: Materialien zu Wirtschaft und Gesellschaft 113. Arbeiterkammer Wien.

Pollack, Mark A./*Wallace*, Helen/*Young*, Alasdair R. 2010: EU Policy-Making in Challenging Times. In: Wallace, Helen/Pollack, Mark A./Young, Alasdair R. (Hrsg.): Policy-Making in the European Union. Oxford/New York, 481–501.

Poulantzas, Nicos 2002: Staatstheorie. Politischer Überbau, Ideologien, Autoritärer Etatismus. Hamburg.

Puntscher Riekmann, Sonja/*Mokre*, Monika/*Latzer*, Michael (Hrsg.) 2004: The State of Europe. Transformations of Statehood from a European Perspective. Frankfurt am Main/New York.

Quittkat, Christine 2011: Die Konsultationspolitik der Kommission in der Praxis: Eine Tiefenanalyse, in: Kohler-Koch, Beate/Quittkat, Christine (Hrsg.): Die Entzauberung partizipativer Demokratie. Frankfurt am Main/New York, 98–124.

Raza, Werner 2016: Politics of scale and strategic selectivity in the liberalisation of public services – the role of trade in services. In: New Political Economy, 21(2), 204–219.

Sauer, Birgit 2015: Hat der Staat ein Geschlecht. In: Martin, Dirk/Martin, Susanne/Wissel, Jens (Hrsg.): Perspektiven und Konstellationen kritischer Theorie. Münster, S. 72–85.

Sauer, Birgit 2001: Vom Nationalstaat zum europäischen Reich? Staat und Geschlecht in der Europäischen Union. In: Feministische Studien 1, 8–20.

Tömmel, Ingeborg 2008: Das politische System der EU. München/Wien.

Tooze, Adam 2018: Crashed. Wie zehn Jahre Finanzkrise die Welt verändert haben. München.

Weber, Max 1980: Wirtschaft und Gesellschaft. Grundriß der verstehenden Soziologie. Studienausgabe, 5. Auflage. Tübingen.

Wessels, Wolfgang 2005: Theoretischer Pluralismus und Integrationsdynamik: Herausforderung für den „acquis academique". In: Bieling, Hans-Jürgen/Lerch, Marika (Hrsg.): Theorien der europäischen Integration. Wiesbaden, 427–457.

Wissel, Jens 2017: Warum die Europäische Union gescheitert ist. Eine Bilanz. In: Widersprüche 144, 25–40.

Wissel, Jens 2016: Autoritärer Wettbewerbsetatismus. Dynamiken der ‚marktkonformen Demokratie' in Europa. In: Biebricher, Thomas (Hrsg.): Der Staat des Neoliberalismus. Baden-Baden. 263–283.

Wissel, Jens 2015: Staatsprojekt Europa. Grundzüge einer materialistischen Theorie der Europäischen Union. Münster.

Wissel, Jens 2014: The Structure of the 'EU'ropean Ensemble of State Apparatuses and Its Geopolitical Ambitions. In: Geopolitics 19(3), 490–513.

Wissel, Jens/*Wolff*, Sebastian 2016: Die Europäische Union als multiskalares Staatsapparate-Ensemble. Zum Zusammenhang von gesellschaftlicher Regulation und strategischer Raumproduktion. In: Jureit, Ulrike/Tietze, Nikola (Hrsg.): Postsouveräne Territorialität. Hamburg, 233–254.

Wissen, Markus 2011: Gesellschaftliche Naturverhältnisse in der Internationalisierung des Staates. Münster.

Wöhl, Stefanie 2007: Mainstreaming Gender? Widersprüche europäischer und nationalstaatlicher Geschlechterpolitik. Königstein/Taunus.

Ziltener, Patrik 1999: Strukturwandel der europäischen Integration. Die Europäische Union und die Veränderung von Staatlichkeit. Münster.

Zurek, C. 2013: Unions within the Union. In: De Witte, B./Héritier, A./ Trechsel, A.(eds.): The Euro crisis and the state of European democracy. European University Institut, e.Book, 162–181.

Stefanie Wöhl

Die geschlechtsspezifischen Selektivitäten des Europäischen ‚Staatsprojektes'

Einleitung

‚Fridays for Future' ist die neue junge Bewegung, die derzeit die Tagespolitik in West- und Nordeuropa und anderen Ländern prägt. Auch feministische Bewegungen haben einen Aufschwung erlebt, seitdem in der politischen Öffentlichkeit über sexuelle Gewalt gegen Filmschauspielerinnen nach dem Skandal um Harvey Weinstein in den USA diskutiert wurde. Was in Sozialen Medien einer breiteren Öffentlichkeit zugänglich wird, scheint auch einen gewissen Wiederhall in repräsentativen politischen Debatten zu finden, schließlich sagte sogar Jean-Claude Juncker als EU-Kommissionspräsident, er wünsche sich mehr Frauen in EU-Spitzenpositionen. Der liberale Konsens von Geschlechterparität, zumindest was gewisse politische Ämter betrifft, scheint also sogar bis ins konservative Politiklager vorgedrungen zu sein. Die langanhaltenden geschlechtsspezifischen Selektivitäten werden dadurch aber noch nicht thematisiert und verändert, die seit Jahrzehnten die soziale, rechtliche, ökonomische und politische Ungleichheit verschiedener Geschlechter prägt. Im folgenden Beitrag soll daher aus der Perspektive feministischer neo-gramscianischer internationaler politischer Ökonomie auf diese Selektivitäten eingegangen und im Rahmen des ‚Staatsprojekt Europas'[1] verortet werden. Hierzu werden im ersten Abschnitt die Begrifflichkeiten, Theorien und Konzepte dargestellt, die für eine geschlechtsspezifische Analyse des europäischen Integrationsprojektes nützlich sind. Im zweiten Abschnitt wird dann anhand der historischen Entwicklung der europäischen Integration auf die Ambivalenzen der Geschlechterpolitik näher eingegangen, die sich im Rahmen einer hegemonialen Wettbewerbspolitik durchsetzen konnten bis zur Gegenwart.

---

1 Zum Begriff vgl. Wissel in diesem Band sowie *Forschungsgruppe Staatsprojekt Europa* 2012.

Das europäische „Staatsapparateensemble" und seine geschlechtsspezifischen Selektivitäten

In der neo-gramscianischen, hegemonietheoretisch inspirierten, Europaforschung gibt es seit vielen Jahren Vorschläge, wie die Europäische Union (EU) zu konzeptualisieren ist.[2] Auch wenn die EU nicht vergleichbar ist mit einem souveränen Nationalstaat, gibt es Analogien in dem Verständnis, wie sich soziale und politische Kräfteverhältnisse durch Akteur*innen artikulieren. Dabei ist relevant, dass sich diese Ansätze auf die Hegemonietheorie von Antonio Gramsci[3] beziehen, um die Wechselwirkungen zwischen Zivilgesellschaft und dem Staat im engeren Sinne adäquat erfassen zu können. Versteht man den Staat und seine Apparate in Anlehnung an Gramsci als soziale und politische Felder, in denen gesellschaftliche Antagonismen ausgetragen werden und der Staat die *Verdichtung* dieser Auseinandersetzungsprozesse im Ringen um Hegemonie ist, dann kann auch erklärt werden, welche Akteur*innen im hegemonialen *Block an der Macht* ihre hegemoniale Position abzusichern versuchen und zugleich andere Positionen desintegrieren und spalten wollen. Der Staat und seine verschiedenen Apparate nehmen dabei nicht unbedingt eine einheitliche Position ein, sondern hier kann es, ähnlich wie in der Zivilgesellschaft, zu Konflikten und Widersprüchen zwischen den einzelnen Staatsapparaten kommen.

Für die europäische Ebene haben die Forscher*innen der Gruppe *Staatsprojekt Europa* dabei den Begriff des „europäischen Staatsapparateensembles"[4] in Anlehnung an Nicos Poulantzas geprägt. Ihnen geht es mit dieser Begrifflichkeit darum, dass es eine Vielzahl institutioneller Akteur*innen auf nationaler und supranationaler Ebene gibt, die dieses Ensemble von Staatsapparaten bilden. Dabei bekommen die Akteur*innen in den nationalen Zivilgesellschaften eine vergleichbare Bedeutung, da auch hier Interessen formiert und artikuliert werden. In diesem Zusammenhang bilden ökonomische und politische Eliten Machtpositionen aus und versuchen hierfür Konsens in den Zivilgesellschaften der Mitgliedstaaten zu erzeugen. Für diese Konsenserzeugung braucht es laut Gramsci organische Intellektuelle, die die Konsenserzeugung über verschiedene öffentliche Medien, Diskurse und in politischen Institutionen stabilisieren. Gramscis Verständnis von Zivilgesellschaft, Staat und Hegemonie ist insofern auch aus einer geschlechtertheoretischen Perspektive zentral, da, analog zu Gramscis Verständnis von Hegemonie, das in der Zivilgesellschaft herausgebildet wird, hegemoniale Männlichkeit als System symbolisch-kultureller geschlechtsspezifischer Zuschreibungspraxen auch in den verschiedenen politischen Staatsapparaten nachweisbar ist und die Rationalität und die Praktiken des Regierens

---

2 *Bieling/Deppe* 1996; *Bieling/Steinhilber* 2001; *Beckmann/Bieling/Deppe* 2003; *Beckmann* 2007; *Gill/Cutler* 2014.
3 *Gramsci* 1991ff.
4 *Wissel* 2010; *Forschungsgruppe ‚Staatsprojekt Europa'* 2012; *Georgi/Kannankulam* 2015.

vorgibt. Dabei ist einerseits zu unterscheiden zwischen realen Männern und andererseits der symbolischen Repräsentation von Männlichkeit in Form von *Maskulinismus als symbolische und politische Praxis*. Insofern können gleichheitsorientierte Politiken nur wirken, wenn es ihnen gelingt, die bestehenden geschlechtersegregierenden normativen Grundlagen des Regierens und der Staatspraktiken zu verändern. R. W. Connell[5] hat mit dem Begriff des Genderregimes und dem damit verbundenen Begriff hegemonialer Männlichkeit darauf aufmerksam gemacht. Das Genderregime ist in Connell's Terminologie die formelle sowie informelle Organisation der Geschlechterverhältnisse entlang der staatlichen Institutionen. Das Genderregime bestimmt durch die historisch entstandenen Geschlechterdifferenzen, wie die politische Macht entlang der Kategorie Geschlecht verteilt wird und insofern, wie die institutionalisierte Form der Geschlechterverhältnisse anhand von geschlechtsspezifischen Normen und Verfahrensweisen aufrechterhalten wird. Das Genderregime ist daher eine dauerhafte strukturelle Form, das Geschlechterdifferenzen aufrechterhalten oder verändern kann und die kulturellen Geschlechterordnungen von Gesellschaften strukturiert. In diesen Geschlechterordnungen werden die kulturellen-symbolischen Vorstellungen und Ideale von Männlichkeit und Weiblichkeit z.B. entlang der geschlechtsspezifischen Arbeitsteilung transportiert und hegemoniale Formen von Männlichkeit als politischer Maskulinismus normativ etabliert, indem sich Gesetze z.B. an männlichen Erwerbsbiografien orientieren.

Während in der Zivilgesellschaft verschiedene elitäre Intellektuelle um konkurrierende gesellschaftliche Deutungsmuster und Meinungsführerschaft kämpfen, gibt es auch gegenhegemoniale intellektuelle Kräfte, die versuchen, dem hegemonialen Konsens alternative Lebensformen und Projekte entgegenzustellen. Dies ist auf der Ebene der EU aus einer geschlechtsspezifischen Perspektive seit Mitte der 1970er Jahre immer wieder geschehen, indem Frauen entweder Einzelklagen vor dem Europäischen Gerichtshof (EUGH) gegen geschlechtsspezifische Diskriminierung am Arbeitsplatz eingebracht oder indem frauenpolitische Vereine und die European Women's Lobby sich etabliert haben. Zuletzt sind auch weitere Diskriminierungsformen, die sich intersektional artikulieren, durch die Antidiskriminierungsrichtlinien[6] rechtlich reguliert worden. Insofern konnten bis heute frauen- und gleichheitsorientierte politische und soziale Rechte nur durchgesetzt werden, wenn einerseits Machtpositionen infrage gestellt wurden oder ein Bewusstseinswandel in den europäischen Staatsapparaten und in den Mitgliedstaaten stattfand. Dies hat bis zum Ausbruch der Finanz- und Wirtschaftskrise 2008 nur sehr langsam stattgefunden, obwohl seit 1997 auch Gender Mainstreaming im Amsterdamer Vertrag verankert wurde und eine Gleichstellungspolitik auf allen politischen Ebenen und von allen Verantwortlichen in allen Politikbereichen bewirken sollte.

---

5 *Connell* 1990.
6 Vgl. *Sauer/Wöhl* 2008.

Seit der Finanz- und Wirtschaftskrise 2008 ist es jedoch auf europäischer Ebene der Staatsprojekte vielmehr wichtiger geworden, politische und wirtschaftliche Kohäsion aufrechtzuerhalten und dafür bestimmte Projekte zu lancieren, die ebendiese politische und ökonomische Stabilität erhalten sollen.[7] Die Erreichung dieser Ziele ist daher auch eines der Merkmale des europäischen politischen Projektes, obwohl es hier keine einheitliche europäische Zivilgesellschaft gibt.[8] In der EU kann man daher von einer neuen skalaren Konfiguration sprechen: „Die Europäische Union kann als ein neues ‚Staatsprojekt Europa' verstanden werden. (Es) zielt darauf, eine neue, stabile Konfiguration von kommunalen, regionalen, nationalen und europäischen (und internationalen) Institutionen und Staatsapparaten herzustellen".[9] Bis zum Ausbruch der globalen Finanz- und Wirtschaftskrise 2008 war die europäische wettbewerbsstaatliche Integrationsweise relativ abgesichert, da man trotz aller Disparitäten eine noch stärkere wirtschaftspolitische Integration, zuletzt durch den Euro, intendierte. Die unterschiedlichen Mitgliedstaaten waren darauf bedacht, sich Vorteile über einen gemeinsamen Binnenmarkt zu verschaffen, und so galt es, trotz aller Unterschiede in der wirtschaftlichen Entwicklung einzelner Länder, gemeinsame wirtschaftspolitische Ziele wie freien Waren-, Finanz-, Dienstleistungs- und Personenverkehr über eine gemeinsame Wettbewerbspolitik zu forcieren und Handelshemmnisse abzubauen. In diesem Kontext konnten auch gleichstellungspolitische Erfolge erzielt werden, auch wenn diese sich vornehmlich auf den Abbau von Diskriminierung im Erwerbsleben konzentrierten oder arbeitsrechtliche Schutzmaßnahmen vorsahen, so z.B. im Mutterschutz oder als Antidiskriminierungsgebote.

Dabei war nicht vorrangig, dass dieses Wirtschaftsprojekt größtenteils ein Elitenprojekt war, das von der Europäischen Kommission und einzelnen Regierungen besonders forciert wurde, im Speziellen von Deutschland, das einen stabilen Euro in Anlehnung an die D-Mark wünschte, um seine Exportwirtschaft stabil zu halten.[10] Dass dieser Elitenkonsens nicht über eine europäische Zivilgesellschaft abgesichert wurde, zeigte sich spätestens seit 2008, als das wirtschaftspolitische Integrationsprojekt massiv gefährdet wurde aufgrund der einsetzenden Finanz- und Wirtschaftskrise, hoher Staatsverschuldungen und des Ringens um eine bis heute nicht vorhandene politisch nachhaltige Lösung zwischen den Mitgliedstaaten, wie einerseits Finanzkrisen zukünftig verhindert oder wie andererseits Flüchtlinge auf die Mitgliedstaaten verteilt werden sollen.[11]

Die neue politische Situation im Kampf um Hegemonie innerhalb der EU und zwischen ihren eigenen Staatsapparaten, aber auch gegenüber und zwischen den Mitgliedstaaten, lässt sich seit Ausbruch der Finanz- und Wirtschaftskrise 2008 da-

---

7   Siehe für Details *Klatzer* und *Schlager* in diesem Band.
8   *Forschungsgruppe Staatsprojekt Europa* 2012; *Wissel* 2015, 41–47; vgl. auch *Jessop* 1990.
9   *Georgi/Kannankulam* 201, 4.
10 *Wöhl* 2007.
11 *Forschungsgruppe Staatsprojekt Europa* 2014; *Georgi* 2019; *Wöhl et al.* 2019.; *Wöhl* 2017.

her sehr gut im Detail beobachten. Denn das seit den 1980er Jahren bestehende neoliberale Theorem „There is no Alternative" zu der kapitalistischen Produktionsweise und Lebensführung wurde durch den Ausbruch einer der größten Finanzkrisen im Zentrum Europas nun auch für viele europäische Unionsbürger*innen konkret erfahrbar und seine hegemoniale und diskursive Vormachtstellung brüchig. Aktuell wird die Brüchigkeit des europäischen politischen (Staats-)Projektes zudem besonders in der Asyl- und Grenzpolitik deutlich, oder durch den Zulauf zu rechtsradikalen und rechtsextremen Parteien.[12] Die europäischen Staatsapparate sind sowohl innerhalb der EU-Institutionen, wie zwischen Kommission, Europäischem Parlament und Europäischem Ministerrat, als auch durch die unterschiedlichen politischen Positionen der Mitgliedstaaten, in diesen Fragen fragmentierter denn je zuvor.

Ob das Binnenmarktprojekt weiterhin als ‚hegemoniales Projekt' gelten kann, das bis zum Ausbruch der Finanzkrise 2008 von den Zivilgesellschaften der Mitgliedstaaten zumindest nur zum Teil infrage gestellt wurde, bleibt eine offene Frage. Daher sind auch die Fragmentierungen und Konflikte zwischen den Mitgliedstaaten in wirtschafts-, demokratie-, sozial- und migrationspolitischen Fragen nicht einfach zu überwinden. Zumal diese derzeit auch von rechtspopulistischen und rechtsradikalen Kräften wie z.B. rechtsradikalen Parteien herausgefordert werden.

Eine geschlechtertheoretische und intersektionale[13] feministische Perspektive, die einerseits maskulin konnotierte Normen und Handlungsweisen wie z.B. Wettbewerbsfähigkeit und Formen vertikal autoritärer und hierarchischer Staatlichkeit infrage stellt,[14] kritisiert die in die politischen Ideen, Normen und politischen Institutionen eingeschriebene und „versachlichte Männlichkeit"[15] als auch den politisch konstruierten politischen Maskulinismus in verschiedenen Politikfeldern. Politisch konstruierte Geschlechterdifferenzen und deren Repräsentationsformen als strukturierende Prinzipien politischer Institutionen und in der Zivilgesellschaft herauszuarbeiten und somit die politischen geschlechtsspezifischen Herrschaftsstrukturen sichtbar zu machen ist ein zentrales Anliegen einer feministischen intersektionalen Analyse europäischer Staatlichkeit.[16] Politischer Maskulinismus kann in der politischen Öffentlichkeit dann ein hegemonialer Diskurs als auch eine aus dem Diskurs hervorgegangene sedimentierte Struktur sein, die Frauen und weitere gelebte Identitäten durch unterschiedliche Herrschaftsmomente aus dem politischen Raum und von ökonomischen Privilegien ausschließt.

---

12 *Wöhl et al.* 2019; siehe auch *Georgi* sowie *Oberndorfer* in diesem Band.
13 Zur Debatte um Intersektionalität im deutschsprachigen Raum vgl. exemplarisch *Klinger/ Knapp/Sauer* 2007.
14 Vgl. *Huke/Wöhl* 2018.
15 *Sauer* 2001.
16 Vgl. für viele *Abels/MacRae* 2016; *Abels/Mushaben* 2012.

In das dominante Binnenmarktprojekt sind bereits geschlechtsspezifische Normen von Wettbewerbsstaatlichkeit eingeschrieben.[17] Zudem leisten Frauen innerhalb der EU immer noch die Mehrarbeit an unbezahlter Haus- und Pflegearbeit, der Gender Pay Gap ist weiterhin konstant,[18] wenige Frauen innerhalb der EU Institutionen sind in Führungspositionen, es gab bis zur Wahl von Ursula von der Leyen keine EU-Kommissionspräsidentin, und die Anzahl an Frauen in nationalen Parlamenten ist zwar gestiegen, aber stagniert jetzt bei etwa 30 % Durschnitt in den Mitgliedstaaten.[19]

Der Wandel europäischer Staatlichkeit und der Geschlechterverhältnisse lässt sich einerseits daher in den zentralen europäischen Staatsprojekten nachvollziehen. Inwiefern sie Geschlechterpolitik in verschiedenen Politikbereichen berücksichtigen und umsetzen unterscheidet sich in den Politikfeldern und den Mitgliedstaaten. Gleichwohl bilden sich auch hier geschlechtsspezifische Selektivitäten[20] ab, die Sylvia Walby als unterschiedliche Konturen von Genderregimen bezeichnet. Diese erfassen sowohl die makro-, meso-, und mikro-Ebene von institutioneller Politik und können z.b. als haushaltbezogenes oder öffentliches Genderregime – sozialdemokratisch oder neoliberal orientiert – bezeichnet werden, wenn immer mehr Frauen in den häuslichen Bereich „verschwinden" weil sie durch eine Wirtschaftskrise aus Arbeitsplätzen verdrängt werden oder vermehrt unbezahlte Hausarbeit übernehmen. Zumal dies auch innerhalb der EU stark variiert, gilt doch Spanien z.B. als Doppelverdiener Genderregime mittlerweile im Gegensatz zu Mitgliedstaaten, die immer noch eher auf dem Male-Breadwinner-Modell basieren, obwohl Spanien stark von der Wirtschaftskrise nach 2008 betroffen war und immer noch normativ nach dem Male-Breadwinner-Modell in seiner Sozialpolitik ausgerichtet ist.[21] Zudem kommt es auf den Grad der Dekommodifizierung an, inwiefern Frauen* in den Systemen sozialer Sicherung unterstützt oder benachteiligt werden, was sich auch je nach Genderregime gravierend unterscheidet.[22]

Dabei formt der Staat neben der Regulierung von Marktkräften weiterhin auch die dafür notwendigen Identitäten entlang der Trennung von dem, was als öffentlich und was als privat gilt. Die dadurch entstandenen Hierarchien in den Geschlechterverhältnissen, die Subjekte entlang der dichotomen Trennung von weiblich/männlich, privat/öffentlich formierte und Frauen* z.B. durch immer noch vermehrte unentgeltliche Leistungen von Pflege- und Hausarbeit in den kulturell und politisch minder bewerteten Bereich der Privatheit verweist und ihnen oft sozialpolitisch nur abgeleitete soziale Rechte über den Ehemann zusteht, bedeutet jedoch nicht gene-

---

17 *Bruff/Wöhl* 2016; *Lux/Wöhl* 2015.
18 *O'Hagan/Klatzer* 2018.
19 Vgl. *EIGE* 2018; *Tomlinson* 2011.
20 Vgl. zur Terminologie *Jessop* 2001.
21 *Lombardo* 2017; *Walby* 2018.
22 Vgl. *Kantola/Lombardo* 2017; *Karramessini/Rubery* 2014.

rell, Männer* hätten die alleinige Macht in (supra-)staatlichen Institutionen. Politisch-institutionell werden geschlechtsspezifische Selektivitäten über einzelne Politikbereiche auch von Frauen* gestützt und praktiziert. Wenn hegemonialer politischer Maskulinismus folglich der permanente Kampf gegen Normen ist, die die Veränderung dieses hegemonialen politischen Maskulinismus bewirken wollen und auch gegen frauen*- und queerpolitische Forderungen und somit gegen diese politischen und sozialen Bewegungen gerichtet ist, dann ist die Wirkungsmächtigkeit der Bewegungen ambivalent: Als konstitutiver Bestandteil von liberalen Demokratien ist ihr emanzipatorisches Potential gleichzeitig immer in staatliche Politiken eingebunden, kann diese zu ihren Gunsten reformieren, jedoch auch wiederum von hegemonialen (maskulinen) Akteur*innen begrenzt werden.[23]

Denn durch die gesellschaftlichen Differenzierungen in unterschiedlich sexualisierte, soziale, ethnische und klassenspezifische Identitäten werden die Staatsapparate selbst funktional erhalten, indem genau definiert wird, was als staatlich und somit öffentlich, und was als privat zu gelten habe. Dies geschieht nicht losgelöst und gleichsam nachträglich, sondern diese Ausdifferenzierungen und Differenzsetzungen, z.B. auch in den Geschlechterverhältnissen, sind staatskonstitutiv und nicht zu trennen von den damit einhergehenden Diskursen und sozialen, politischen und rechtlichen Staatspraktiken. So wird das (supra-)staatliche Gebilde, das aus einer Vielzahl von Diskursen und Deutungskämpfen besteht, selbst durch die politischen Institutionen reproduziert, die in der alltäglichen politischen Auseinandersetzung um die Deutungsmacht und -hoheit ringen. Dies bringt den Aspekt der politischen Akteur*innen ins Bild, die diskursiv und materiell um diese Deutungsmacht und -hoheit kämpfen. Sei es als Repräsentant*innen politischer Parteien, politischer und sozialen Bewegungen oder privater Interessensgruppen, die um oder gegen die Aufrechterhaltung bestimmter Differenzen und Privilegien ringen und um das, was als öffentlich und was als privat gelten soll wie z.B. unbezahlte Pflegearbeit in Privathaushalten, die von Familienmitgliedern, meistens Frauen*, übernommen wird.[24] Demnach werden auch maskuline Symbole, Verhaltens- und Verfahrensweisen politisch verallgemeinert und können sich so hegemonial in den politischen Staatsapparaten auf längere Dauer materialisieren.

Staatliche Apparate sind Felder der hegemonialen Austragung von Interessenskonflikten, die selbst erst durch die historisch gewachsenen und politisch etablierten Strukturen, Institutionen und mit ihnen einhergehenden intersektionalen Geschlechter- und Klassenarrangements entstanden sind. Sie nehmen dabei national ethnische Ausgrenzungen vor und die verschiedenen Staatsapparate haben die geschlechtsspezifischen Selektivitäten und die dichotomen geschlechtlichen Subjektivitäten bis heute immer wieder neu hergestellt. Der Rolle des Rechts als spezifische staatliche

---

23 *Sauer* 2001.
24 Vgl. *Scheele/Wöhl* 2018.

Regulierung und als mögliche Instanz, historisch entstandene Differenzen zu egali-
sieren, kommt dabei eine besondere Bedeutung zu, da es eine egalisierende Wirkung
forcieren kann, wie im Falle des Europäischen Gerichtshofes (EUGH), jedoch natu-
ralisierende Vorstellungen von Männlichkeit und Weiblichkeit auch tradieren kann.[25]
Der Stellenwert von konkreten Staatsprojekten und ihre diskursive Konstruktion
werden so bedeutungsvoll und Diskurse als konstitutive Elemente der Staatsprojekte
sichtbar. Das Staatsprojekt unterscheidet sich dabei von dem, was Bob Jessop als
Hegemonialprojekt[26] bezeichnet hat und das in der Zivilgesellschaft entsteht. Besonders für die Analyse geschlechtsspezifischer Selektivitäten ist diese Unterscheidung
relevant, weil gerade das Hegemonialprojekt Prozesse in der Zivilgesellschaft erfasst, in der vergeschlechtlichte Subjektivitäten in einem wechselseitigen Prozess
mit primärstaatlichen Handlungen sozial-diskursiv und materiell konstituiert werden. Das Hegemonialprojekt umfasst daher die Interessen, Ideen und Identitäten, die
sich im Bereich der Zivilgesellschaft formieren und eine staatliche Form annehmen
können. Sie werden somit integraler Bestandteil der Staatsprojekte. Wenn nun staatliche und nichtstaatliche Akteur*innen ihre Interessen und Konflikte zugunsten hegemonialer Positionen bzw. entlang von Hegemonialprojekten in der Zivilgesellschaft austragen, dann geschieht dies immer auch im Rahmen symbolisch-kultureller
Herrschaft und in deren spezifischer Form von maskuliner Hegemonie.[27]

Für die EU bedeutet dies, dass geschlechterpolitische oder gleichstellungsorien-
tierte Akteur*innen bisher dort Erfolge verzeichnen konnten, wo der liberale Gleich-
behandlungsgrundsatz z.B. in der Erwerbsarbeit fest verankert wurde, es aber durch
Interventionen einzelner Mitgliedstaaten, wie z.B. Großbritannien u.a., in der Vergangenheit immer wieder zu Blockaden gleichstellungspolitischer Gesetzesvorlagen
kam, wie etwa der Regelung zu Elternzeit. Im Folgenden möchte ich auf diese historischen Entwicklungen bis zur Gegenwart näher eingehen, um die Ambivalenzen
in der Geschlechterpolitik darzustellen, Fort- und Rückschritte zu markieren und
Herausforderungen für die Zukunft zu benennen.

Ambivalenzen in der Geschlechterpolitik vis a vis hegemonialer
Wettbewerbspolitik[28]

Seit Beginn des europäischen Integrationsprozesses sollten die Gleichstellungsricht-
linien und -politik ökonomisch nicht gerechtfertigte Diskriminierungen von Frauen*
auf den Arbeitsmärkten beseitigen oder mindern und definierten somit zugleich

---

25 Vgl. *Buckel* 2007.
26 *Jessop* 2001.
27 Vgl. *Connell* 1995.
28 Der folgende Abschnitt basiert chronologisch wesentlich auf *Wöhl* 2007 und ist eine revidierte
    Fassung.

Mindeststandards für die Mitgliedstaaten. Die geschlechterpolitischen Regulierungen in der EU basierten in der Folge zumeist auf diesen arbeitsmarktpolitischen Komponenten, die aufgrund des Drucks bestimmter Mitgliedstaaten eingefordert wurden. Bereits in den Römischen Verträgen 1957 wurde das Lohngleichheitsgebot in Artikel 119 deswegen verankert, weil Frankreich sich als einziger Mitgliedstaat auf nationaler Ebene gesetzlich zu Lohngleichheit verpflichtet hatte und sich aus wettbewerbspolitischen Gründen benachteiligt sah, wenn die Verpflichtung auf Lohngleichheit nicht europaweit festgelegt würde. In den 1970er und 1980er Jahren wurde die Geschlechterpolitik der EU nicht aus dezidiert gleichstellungspolitischen Motiven vorangetrieben. Auch die Anwendung des Lohngleichheitsgebotes blieb zwar formal rechtlich bestehen, wurde aber in den Mitgliedstaaten bis Mitte der 1970er Jahre weitgehend nicht umgesetzt.[29]

Erst durch den Amsterdamer Vertrag wurde 1997 Geschlechterpolitik nicht mehr nur im Rahmen der Arbeitsmarktpolitik betrachtet, sondern angestoßen durch die Weltfrauenkonferenz im Jahr 1995, als Gender Mainstreaming innerhalb der EU verankert. Gender Mainstreaming sollte durch seine offene Begriffsverwendung auch weitere gesellschaftliche Bereiche und vor allem Organisationen und staatliche Institutionen transformieren. Denn als top-down Prinzip sollte es alle Akteur*innen auf allen politischen und gesellschaftlichen Ebenen dazu anleiten, die geschlechtsspezifische Wirkungsweise ihrer jeweiligen Institution, deren Politiken sowie dessen Konsequenzen für die Geschlechterverhältnisse zu berücksichtigen, um Gleichheit zwischen den Geschlechtern nicht nur auf den Arbeitsmärkten zu befördern.[30] Geschlecht bzw. Gender wurde jedoch hauptsächlich als binäre Zweigeschlechtlichkeit, also auf heterosexuelle Männer und Frauen bezogen, interpretiert.[31] Mitte der 1990er Jahre verfolgte die EU Kommission dabei selbst noch eine klarere und verbindlichere Strategie, was die liberale Gleichstellung der Geschlechter von heterosexuellen Männern und Frauen betraf. Zum damaligen Zeitpunkt wurden sowohl vom Rat verbindliche Ratsentscheidungen[32] getroffen als auch von der Kommission in der Folge zumindest Empfehlungen ausgesprochen, die eine einheitliche gleichstellungspolitische Strategie verfolgten und die verbindliche gemeinschaftliche geschlechterpolitische Rechtsumsetzung noch vorsahen.[33]

Bis zur Verankerung eines weiten Begriffs von Geschlechterpolitik im Primärrecht des Amsterdamer Vertrages hatte vor allem der Europäische Gerichtshof pro-

---

29 Vgl. *Berghan* 2001; *Falkner* 1994; *Ostner/Lewis* 1998; *Schunter-Kleemann* 2003a/b.
30 *Fuhrmann* 2005.
31 Vgl. *Möbius* 2001; *Frey* 2003.
32 Council Decision 95/593/EC of 22 December 1995 on a medium-term Community action programme on equal opportunities for men and women (1996–2000).
33 Communication from the Commission to the Council, the European Parliament, the Economic and Social Committee, the Committee of the Regions. Towards a Community Framework Strategy on Gender Equality (2001–2005), 2000/0143 (CNS); Vgl. Ahrens 2018.

gressive Urteile gefällt um die Gleichheitsansprüche von – nicht näher definierten – Frauen* zu fördern.[34] Die integrative Dynamik des EU-Rechts entfaltete hier die größten Modernisierungseffekte auf mitgliedstaatlicher sowie gesamteuropäischer Ebene. In diesem Sinne waren der EuGH und die Kommission sehr erfolgreich in der Förderung der Rechte erwerbstätiger Frauen* und haben rechtliche Angleichungen in den Mitgliedsstaaten seit Mitte der 1970er Jahre bewirken können. Jedoch bezogen sich die geschlechterpolitischen Regulierungen nicht per se auf ein politisch intendiertes Anliegen auf substantielle Gleichheit, sondern können im Rahmen der Marktfähigkeit der Unionsbürger*innen interpretiert werden. Dementsprechend galt es, die Freizügigkeit von Frauen* als Erwerbstätige zu ermöglichen und Barrieren, die sich ihnen diesbezüglich aus ihren Lebensumständen ergaben, abzubauen. Diese erwerbsorientierte Perspektive auf Gleichheit setzte sich fort: Die geschlechtsneutral formulierte Richtlinie zu Elternurlaub von 1996 zielte hauptsächlich auf heterosexuelle Frauen*, weil diese eher und mehr Familien- und Pflegearbeit übernehmen und leisten als ihre erwerbstätigen (Ehe-)Männer*. In dieser Hinsicht wird die Übernahme von Pflegearbeit normativ weiterhin Frauen* zugeschrieben, ohne Pflegearbeit an sich bisher politisch durch entsprechende Richtlinien reguliert zu haben.[35]

Der innovative Gehalt, der Gender Mainstreaming integrationspolitisch 1997 zugeschrieben wurde, ist jedoch auch dadurch beschränkt, dass es keine rechtlich verbindlichen Folgeregelungen für die Politikbereiche gibt, die vor allem Frauen* betreffen. Das Subsidiaritätsgebot garantiert Mitgliedstaaten, in der Sozial-, Familien und Arbeitsmarktpolitik national spezifische Pfade verfolgen zu können. Daher wurden nur in den Bereichen konkrete gleichstellungspolitische Erfolge in den Mitgliedstaaten erzielt, die durch supranationales Recht gebunden waren. Zum einen sind die Handlungskompetenzen der Kommission und des Ministerrates in den sozialstaatlichen Politikfeldern aufgrund des Subsidiaritätsprinzips begrenzt, und zum anderen konzentrierten sich die überhaupt vorhandenen verbindlichen Richtlinien in der Beschäftigungspolitik hauptsächlich auf standardisierte Beschäftigungsformen wie Vollzeiterwerbstätigkeit und somit an der maskulinen Norm des Familienernährers. Bindende geschlechtsspezifische Gleichstellungsgebote für Teilzeiterwerbstätigkeit sowie Zeitarbeitsverträge wurden erst sukzessive ausgebaut, sodass der Großteil der in prekärer Beschäftigung oder in Teilzeit arbeitenden Frauen* erst später berücksichtigt wurde.[36]

Im Zuge des Integrationsprozesses lassen sich zudem mehrere Phasen geschlechterpolitischer Regulierungen ausmachen die eng mit der sozialen Integration der Europäischen Union zusammenfallen. Insofern kann aus der bisher schwach ausge-

---

34 Vgl. *Falkner* 1994.
35 Die ursprünglich formulierte Richtlinie zu Elternurlaub hätte einem berufstätigen Elternteil das Recht gegeben, drei Monate Urlaub zu nehmen, um für ein Kind im Alter bis zu zwei Jahren zu sorgen vgl. *Ostner/Lewis* 1998: 231; *Berghahn* 2001.
36 Vgl. *Rossilli* 1997; *Rees* 1998; *Hoskyns* 2008.

prägten sozialen Integration in der EU auch ein Zusammenhang mit den geschlechterpolitischen Regulierungen festgestellt werden, die sich bis 1997 auch nur auf bestimmte Felder der Gleichstellungspolitik bezogen. In einer ersten Phase von 1957 bis 1972 entwickelte sich die sozialpolitische Ausrichtung der Europäischen Gemeinschaft nur insofern, wie sie für die Schaffung eines gemeinsamen Wirtschaftsraumes relevant war. Die bereits am Anfang dieses Abschnitts erwähnte Debatte um Lohngleichheit zwischen Frankreich und den anderen Mitgliedstaaten war hier zentral.[37] Die Mitgliedstaaten haben ihre Sozialsysteme nur insofern nach den Kriterien der Gleichheit zwischen den Geschlechtern[38] ausgerichtet, wie es die nationale sozialpolitische Konstellation zuließ. Die Geschlechterpolitik innerhalb der EU ist in ihrer Umsetzung nicht nur mit den nationalen Geschlechterregimen, -kulturen und -ordnungen weiterhin konfrontiert, sondern war auch bis zur Einführung von Gender Mainstreaming formal durch die auf den Arbeitsmarkt orientierte Normvorgabe von Gleichheit eingeschränkt. Die Geschlechterpolitik geriet zudem durch die Nicht-Regulierung der Reproduktionssphäre besonders seit der Wirtschafts- und Finanzkrise von 2008 noch mehr ins Hintertreffen, da Mitgliedstaaten, die besonders stark von der Finanzkrise betroffen waren, auch gleichstellungspolitische Institutionen abbauten oder in andere Ministerien integrierten, wie dies in Spanien und Irland z.B. der Fall ist.[39]

Ein weiterer wichtiger Punkt ist die Nichtbeachtung von Pflegearbeiten in den bisherigen Richtlinien.[40] Obwohl die staatliche Übernahme von Pflegearbeit zentral ist für die Gleichberechtigung der Geschlechter und um speziell Frauen* den Zugang zum Erwerbsleben besser zu ermöglichen orientieren sich die Gleichstellungsgesetze und -richtlinien der EU bisher immer noch normativ an männlichen Lebensmustern und Erwerbsbiografien. Da sich die EU an einem maskulinen Standard hinsichtlich ihrer gleichstellungspolitischen Zielvorgaben und Richtlinien orientiert, ist es nicht verwunderlich, dass der EUGH in seiner Rechtsprechung in der Vergangenheit z.T. eine Ideologie von Mutterschaft reproduzierte.[41] Suprastaatliche und nationalstaatliche Regulierungen zu Pflegearbeiten bleiben eine zentrale geschlechterpolitische Forderung damit Menschen mit Kindern erwerbstätig sein können und nicht weiterhin von Ungleichheit betroffen sind und schlechtere Erwerbschancen erhalten.

Eine zweite Phase des Ausbaus sozialpolitischer Komponenten, die zwischen 1973 und 1983 fällt, ist zugleich eine Zeit erhöhter gesellschaftspolitischer Mobili-

---

37 Vgl. *Hoskyns* 1996; *Pollack/hafner-Burton* 2000.
38 An dieser Stelle muss nochmals darauf hingewiesen werden, dass bis 2001 unter „Geschlechter" immer nur heterosexuelle Frauen und Männer gemeint waren. Auch Gender Mainstreaming bezog und bezieht sich immer noch auf heterosexuelle Zweigeschlechtlichkeit. Seit den Antidiskriminierungs-Richtlinien nach 2001 änderte sich dies zum Teil im EU-Recht wie ich noch erläutern werde im Folgenden.
39 Vgl. *Cullen/Murphy* 2016; *Lombardo* 2017.
40 Vgl. *Wissel* 2015, 189ff.
41 *Walby* 2004.

sierung durch aktive Soziale Bewegungen und entsprechende sozialpolitische Forderungen: Vollbeschäftigung, verbesserte Arbeitsbedingungen, Gleichbehandlung am Arbeitsplatz, Verbesserung des Gesundheitsschutzes, Sicherheit und Mitbestimmung am Arbeitsplatz wurden auch auf europäischer Ebene Teil der politischen Agenda. Dementsprechend reagierten auch die Kommission und der EUGH auf die sozialpolitischen Forderungen: der EUGH interpretierte Artikel 119 sehr weit und die Kommission schlug Richtlinien zu seiner Konkretisierung vor. Ein Büro für Chancengleichheit wurde als „Frauenbüro" eingerichtet und ein Sonderausschuss für die „Rechte der Frau" eingesetzt. Der Europäische Gerichtshof entschied in der Rechtssache Defrenne (II) gegen Sabena,[42] dass Artikel 119 unmittelbar gegenüber dem Individuum wirksam wird, auch wenn das mitgliedstaatliche Recht den Lohngleichheitsgrundsatz nicht übernommen hat. Drei Richtlinien wurden noch in dieser Phase verabschiedet: Die „Richtlinie über die Anwendung des Grundsatzes des gleichen Entgelts für Männer und Frauen" (1975), die Richtlinie zur „Verwirklichung des Grundsatzes der Gleichbehandlung von Männern und Frauen hinsichtlich des Zugangs zur Beschäftigung, zur Berufsausbildung, zum beruflichen Aufstieg sowie in Bezug auf Arbeitsbedingungen" (1976) und eine Richtlinie zur Gleichstellung von Männern und Frauen in Systemen der sozialen Sicherheit.[43]

Die dritte Phase der Geschlechterpolitik in der EU bezieht sich auf die Zeit von 1983 bis 1991 und fällt mit der Entstehung des gemeinsamen Binnenmarktes, der Einheitlichen Europäischen Akte und der Politik in der Zeit von Jacques Delors Kommissions-Präsidentschaft zusammen. Da in der Vergangenheit Großbritannien, aber auch Deutschland, Dänemark und die Niederlande sich erfolgreich gegen Richtlinienentwürfe für die Gleichbehandlung im Bereich der sozialen Sicherheit zur Wehr gesetzt hatten und die Festschreibung positiver Diskriminierung verhinderten, war die Gleichstellungspolitik an einem Stagnationspunkt angekommen.[44] Zugleich waren in Teilen Europas die linksliberalen Regierungen, die noch am ehesten gleichstellungspolitische Forderungen unterstützten, abgelöst worden von konservativen oder liberalen Regierungen und die Folgen der bisher erlassenen Richtlinien wurden nun auch in ihren weiteren finanziellen Auswirkungen deutlich. Die Bereitschaft zu sozialen Reformen nahm ab, und durch das Einstimmigkeitsgebot konnte Großbritannien auch mehrmals erfolgreich ein Veto gegen die Richtlinie zum Elternurlaub durchsetzen. In der Folgezeit wurde durch den Widerstand Großbritanniens eine

---

42 In der Rechtssache Defrenne II gegen Sabena klagte die belgische Flugbegleiterin Frau Defrenne gegen ihren Arbeitgeber Sabena, der Frauen über 40 Lebensjahren nicht mehr im Flugdienst beschäftigte, Männern aber dieses Recht gewährte (vgl. ausführlich *Ostner/Lewis* 1998, 196 ff.).

43 *Schunter-Kleemann* 1994.

44 In den 1980ern und Anfang der 1990er Jahre wurden die Richtlinienentwürfe zu Teilzeitarbeit (1983), Elternurlaub (1984), Sozialversicherung (1989), Witwenrente (1989), Rentenalter (1989), Umkehr der Beweislast (1989), Organisation von Arbeitszeit (1991) und atypische Beschäftigungsverhältnisse (1991) abgelehnt (vgl. *Ostner/Lewis* 1998, 165 ff.).

Harmonisierung der Sozialpolitik weitestgehend verhindert. Die Gleichstellungspolitik in Europa war blockiert und im Rat konnten mehrere Richtlinienentwürfe der Kommission aufgrund des Einstimmigkeitsgebotes verhindert werden. Allein die Richtlinie zur Verbesserung der Sicherheit und des Gesundheitsschutzes von Arbeitnehmern mit befristeten Beschäftigungsverhältnissen oder Leiharbeitsverhältnisse wurden im Juni 1991 beschlossen jedoch ohne als Problem der Gleichbehandlung zwischen Männern* und Frauen* betrachtet und dem entsprechend formuliert zu werden. Die beschlossene Richtlinie zu Frauenarbeitslosigkeit (1984) bildete daher im Vergleich zur vorherigen Phase eine nur geringe Verbesserung der Rechtsgrundlage für Frauen* in Beschäftigungsverhältnissen. Gleichbehandlung bei der Besteuerung (1991), Gesundheitsschutz von Arbeitnehmer*innen in befristeter Beschäftigung (1991), Familienpolitik und Kinderbetreuung (1991) sowie eine Richtlinie gegen sexuelle Belästigung am Arbeitsplatz (1991) konnten erst ganz am Ende dieser Phase beschlossen werden. Zudem sind fünf Richtlinien erlassen worden, die nähere Ausdifferenzierungen und Folgen von Lohngleichheit und Gleichbehandlung bestimmten.[45] Außerdem verabschiedete der Ministerrat in dieser Phase auch drei Aktionsprogramme zu Chancengleichheit, die sich aus heutiger Sicht interessanterweise auf die Beschäftigungsfähigkeit von Frauen beziehen. So wurde z.B. 1984 ein Programm verabschiedet, das Frauen* helfen sollte, ihre eigenen Unternehmen zu gründen.

In der vierten Phase geschlechterpolitischer Regulierungen, die sich auf den Zeitraum von 1992 bis zur Einführung von Gender Mainstreaming im Rahmen des Amsterdamer Vertrages 1997 bezieht, wurde die Gleichstellungspolitik der EU wieder reaktiviert. Die Richtlinie zum Schutz schwangerer Frauen* am Arbeitsplatz konnte 1992 beschlossen werden. Jedoch wird auch in dieser Richtlinie ersichtlich, dass Schwangerschaft als Krankheit und als Problem der Arbeitsunfähigkeit betrachtet wird und nicht als Problem der Gleichstellung zwischen Männern* und Frauen*. Die immer noch auf Erwerbsarbeit ausgerichtete Geschlechterpolitik der EU wurde so fortgesetzt und hatte dementsprechende Konsequenzen für Frauen* in Erwerbsarbeitsverhältnissen. Rechtlich verbindliche Fortschritte sind in dieser Phase nicht zu verzeichnen und der Lohngleichheitsartikel sowie die Gleichbehandlungsrichtlinien schienen durch Urteile des EUGH bereits voll ausgeschöpft zu sein. Die wichtige Initiative NOW (New Opportunities for Women) wurde im dritten Aktionsprogramm von 1990–1995 ergriffen und sollte Gleichbehandlungspolitik als integralen Bestandteil der Wirtschafts- und Sozialpolitik verankern. Sie wurde im vierten Aktionsprogramm (1996–2000) in die Gemeinschaftsinitiative EQUAL integriert. Jedoch waren diese Aktionsprogramme keine rechtlich verbindlichen Instrumente und konnten aus diesem Grund auch über den engen Rahmen von beschäftigungspoliti-

---

45 Für eine ausführlichere Darstellung der einzelnen Richtlinien in diesem Zeitraum siehe *Ostner/ Lewis* 1998 sowie *Fuhrmann* 2005.

schen Fragen hinausgehen. Gender Mainstreaming wurde in das dritte Programm für die Chancengleichheit und im vierten Aktionsprogramm der Gemeinschaft für die Chancengleichheit in Artikel 2 festgeschrieben.[46] Insgesamt lässt sich also eine Umorientierung der Geschlechterpolitik zum Ende dieser Phase feststellen, die nun die Gleichheit zwischen Männern* und Frauen* nicht mehr alleine auf die Erwerbsarbeit reduzierte, sondern mit Gender Mainstreaming auch weitere Bereiche gesellschaftlicher Integration zumindest durch suprastaatliche vertragliche Vereinbarungen in den Blick nahm.

Im Vertrag von Amsterdam, der 1999 in den Mitgliedsstaaten in Kraft trat, wird in den Artikeln 2, 3 und 13 eine aktive „Gleichstellungspolitik" angestrebt. Durch Artikel 3, Absatz 2 wird der rechtliche Rahmen für die Gleichstellungspolitik konkretisiert, ohne dass Gender Mainstreaming explizit im Vertrag genannt wird. Die Gemeinschaft soll jedoch darauf hinwirken, Ungleichheiten zu beseitigen und die Gleichstellung von Frauen und Männern zu fördern. Artikel 141 des Amsterdamer Vertrages, der den ursprünglichen Artikel 119 der Römischen Verträge ersetzt, erweitert auch den Geltungsbereich des Lohngleichheitsgrundsatzes von gleichem Lohn für gleiche Arbeit auf gleichen Lohn für *gleiche und gleichwertige* Arbeit. Diese Festschreibung im Primärrecht der EU und die Artikel 137, 141 und 251 des Vertrages, die zum Abbau geschlechtsspezifischer Diskriminierung auf dem Arbeitsmarkt spezifische Aktionen erlauben (Artikel 141) und gestatten, dass neue Rechtsvorschriften zur Chancengleichheit und Gleichbehandlung auf dem Arbeitsmarkt (Artikel 137) nach Artikel 251 entschieden werden können (qualifizierter Mehrheitsbeschluss des Rates), zeigen, dass das Jahr 1997 einen einschneidenden Wendepunkt in der Geschlechterpolitik der EU seit 1957 markierte. Im Jahr 2000 wurde in Nizza die Charta der Grundrechte der Europäischen Union von der Kommission, dem Ministerrat und dem Parlament verabschiedet. Diese sieht auch geschlechtsspezifische Bestimmungen vor, die die Gleichstellung fördern sollten. Die Artikel 21, 23 und 33 der Grundrechtscharta beinhalten die Sicherstellung von Chancengleichheit sowie positive Maßnahmen zugunsten des unterrepräsentierten Geschlechts. Diese Vertragsgrundlagen, sowie rechtlich nicht verbindliche Aktionsprogramme und andere Projektfördermaßnahmen wurden seit 1998 auf europäischer Ebene weiter ausgebaut und finanziell gefördert.[47] Mit den Antidiskriminierungsrichtlinien seit 2001,[48] die als letzte wirksame Phase von Geschlechterpolitik bis zum Ausbruch der Wirt-

---

46 Vgl. *Fuhrmann* 2005, 171 ff.
47 Vgl. *Fuhrmann* 2005, 180 ff.
48 „Richtlinie 2000/43/EG des Rates zur Anwendung des Gleichbehandlungsgrundsatzes ohne Unterschied der Rasse oder der ethnischen Herkunft", „Richtlinie 2000/78/EG zur Festlegung des allgemeinen Rahmens für die Verwirklichung der Gleichbehandlung in Beschäftigung und Beruf", „Richtlinie 2002/73/EG zur Verwirklichung des Grundsatzes der Gleichbehandlung von Männern und Frauen hinsichtlich des Zugangs zur Beschäftigung zur Berufsbildung und zum beruflichen Aufstieg" und „Richtlinie 2004/113/EG Güter und Dienstleistungen".

schafts- und Finanzkrise 2008 gelten kann, konnten zudem weitere geschlechtliche Identitäten rechtlich geschützt werden wie z.b. Homosexuelle sowie ethnische Diskriminierung geahndet werden. Verhindert wurden aber seit der letzten Antidiskriminierungsrichtlinie von 2004 weitere verbindliche Richtlinien. Diese wurden weitestgehend obsolet in der Geschlechterpolitik nach der Finanz- und Wirtschaftskrise 2008, da sie auch besonders kostenintensiv in der Umsetzung sind für die Mitgliedstaaten.[49]

Die Geschlechterpolitik in der EU seit der Wirtschafts- und Finanzkrise 2008: Ein Ausblick

Seit 2008 ist die Gleichstellungspolitik der EU sowohl auf supranationaler als auch mitgliedstaatlicher Ebene ins Hintertreffen geraten, obwohl bereits 2006 beschlossen wurde ein Institut für die Gleichstellung der Geschlechter einzurichten, das „European Institute for Gender Equality", das seit seinem Beginn 2010 in Litauen angesiedelt ist. Zwar wurden die „Roadmap for Equality between Women and Men (2006–2010)" und die „Strategy for Equality between Women and Men (2010–2015)" und die Strategie der Kommission „Strategic Engagement for Gender Equality 2016–2019"[50] eingeführt, an der Begriffswahl wird aber bereits deutlich, dass es hier zwar um wichtige Themen wie z.B. die Verhinderung von sexueller Gewalt und die gleiche ökonomische Unabhängigkeit für Männer und Frauen geht, aber nichts Wesentliches rechtsverbindlich umgesetzt wurde. Papier ist geduldig. Die Opfer von sexueller Gewalt können es nicht sein. Deswegen liegt es derzeit wohl an den Mitgliedstaaten, eine progressive Geschlechterpolitik zu betreiben, wie es jüngst durch Urteile der Verfassungsgerichte in Deutschland und Österreich der Fall war: In beiden Mitgliedstaaten wurde Intersexualität rechtlich verankert, das Recht der Eheschließung von gleichgeschlechtlichen Paaren in Deutschland wurde 2017 ermöglicht, in Österreich am 1. Januar 2019, und auch eingetragene Partnerschaften von gleichgeschlechtlichen Paaren waren bereits vorher rechtlich umgesetzt. Beide Länder folgen bei der Verpartnerung und Eheschließung somit Mitgliedstaaten, die dies bereits seit dem Jahr 2001 eingeführt hatten, wie der europäische Teil der Niederlande.[51]

Bei der Anerkennung eines dritten Geschlechts im Zentralen Personenstandsregister in Österreich hat sich der Verfassungsgerichtshof dabei ausdrücklich auf die Europäische Menschenrechtskonvention bezogen.[52] Verfassungsgerichthofpräsidentin war in diesem Urteil die derzeitige Übergangs-Bundeskanzlerin Brigitte Bierlein, die

---

49 *Ahrens/Abels* 2017; *Debusscher/Van der Vleuten* 2017, *Ahrens/Van der Vleuten* 2019.
50 Siehe Europäische Kommission 2016.
51 Nicht in den überseeischen Teilen, die zu den Niederlanden gehören.
52 Siehe *Verfassungsgerichtshof Österreich* 2018a; oder kurze Pressemitteilung *Verfassungsgerichtshof Österreich* 2018b.

interimistisch die Regierung übernommen hat bis zur Neuwahl des österreichischen Nationalrates im September 2019. An diesem Beispiel wird darüber hinaus wieder ersichtlich, dass es vor allem an den jeweiligen Akteur*innen liegt, wie die Geschlechterpolitik eines Mitgliedstaates oder auch auf supranationaler Ebene gestaltet wird.

Seit der Finanz- und Wirtschaftskrise in der EU wurden jedoch viele Gleichstellungsinstitutionen entweder gleich ganz wieder abgeschafft oder in andere staatliche Ministerien integriert.[53] Auch die Geschlechterpolitik, die sich auf die Arbeitsmärkte bezieht, ist an einem Stagnationspunkt angekommen, war doch durch die Wirtschafts- und Finanzkrise die Arbeitslosigkeit für Männer* und Frauen* in vielen Mitgliedstaaten stark erhöht, in Griechenland, Spanien, Italien und Frankreich lag sie im April 2019 immer noch bei 18,5 % (EL), 13,8 % (ES), 10,2 % (IT) und 8,7% (FR). Der EU-28-Durchschnitt lag bei 6,4%, was zugleich der niedrigste Stand ist seit dem Jahr 2000. Wir können also eine Erholung auf den Arbeitsmärten verzeichnen, bei gleichzeitiger langanhaltender Austeritätspolitik und nationalen Schuldenbremsen, die für alle Mitgliedstaaten außer Großbritannien und Tschechien gelten. Auch hier haben sich die geschlechtsspezifischen Selektivitäten ausgewirkt, sind es zwar hauptsächlich Männer im Baugewerbe, Automobilindustrie und Finanzsektor, die in einer ersten Phase der Krise bis 2010 von Arbeitsplatzverlusten betroffen waren, so waren es nach 2012 vermehrt Arbeitsplätze im öffentlichen Sektor, die eingespart wurden und somit ein Arbeitsmarktsegment trafen, in dem sehr viele Frauen* beschäftigt sind. Auch im Dienstleistungssektor gab es Arbeitsplatzverluste und vor allem im Gesundheitssektor wurden oft die privaten Zuzahlungen erhöht. Die Liste der austeritätspolitischen Maßnahmen ist lang und für die Mitgliedstaaten unterschiedlich ausgefallen.[54] Es mag als Zukunftsperspektive nicht gerade erfreuen, wenn man die im Juli 2019 stattgefundenen Kämpfe um die Wahl der neuen EU-Kommissionspräsidentin beobachtet hat, in deren politischen Auseinandersetzungen sich nicht nur die unterschiedlichen Machtverhältnisse und -positionen des Rats und der Mitgliedstaaten spiegeln, sondern auch das generelle Dilemma innerhalb des europäischen Staatsapparateensembles, dass der europäische Integrationsprozess nur voranschreiten kann, wenn sich die Mitgliedstaaten auf ein gemeinsames Vorgehen einigen. Dass dies derzeit in verschiedenen Politikfeldern nicht der Fall ist – vor allem in Anbetracht des Abbaus von Rechtstaatlichkeit und Gewaltenteilung in Ungarn und Polen – verdeutlicht, dass auch Themen wie Geschlechtergerechtigkeit nicht an oberster Stelle der politischen Agenda stehen. Wie ein politisches System wie die EU zu demokratisieren wäre, ist dabei eine der vordringlichsten Fragen, die auch in den Mitgliedstaaten überhaupt erst angestoßen werden müsste.

---

53 Vgl. *Kantola/Lombardo* 2017; *Wöhl* 2017.
54 Siehe hierfür den Beitrag von *Klatzer* und *Schlager* in diesem Band sowie *Wöhl/Hoffman/Schlager* 2015.

Literatur

Abels, Gabriele/*MacRae*, Heather (Hrsg.) 2016: Gendering European Integration Theory. Opladen.

Abels, Gabiele/*Mushaben*, Joyce Marie (Hrsg.) 2012: Gendering the European Union: New Approaches to Old Democratic Deficits. Houndmills, Basingstoke. New York.

Ahrens, Petra 2018: The birth, life and death of policy instruments: 35 years of gender equality policy programmes, West European Politics. In: West European Politics, DOI: 10.1080/01402382.2018.1490561 online first.

Ahrens, Petra/*Abels*, Gabriele 2017: Die Macht zu Gestalten – die Mutterschutzrichtlinie im legislativen Bermuda-Dreieck der Europäischen Union. In: Femina Politica, 26(1), 39–54.

Ahrens, Petra/*Van der Vleuten*, Anna 2019: Fish Fingers and Measles? Assessing Complex Gender Equality in the Scenarios for the Future of Europe. In: Journal of Common Market Studies, DOI: 10.1111/jcms.12922, 1–17.

Beckmann, Martin 2007: Das Finanzkapital in der Transformation der europäischen Ökonomie. Münster.

Beckmann, Martin/*Bieling*, Hans-Jürgen/*Deppe*, Frank 2003: Euro-Kapitalismus und globale politische Ökonomie. Hamburg.

Berghahn, Sabine 2001: Auf Adlers Schwingen oder auf dem Rücken des Stiers? Zum Vorankommen von Frauen- und Gleichheitsrechten in der Europäischen Union. In: Kreisky, Eva/ Lang, Sabine/ Sauer, Birgit (Hrsg.): EU. Geschlecht. Staat. Wien, 231–250.

Bieling, Hans-Jürgen/*Deppe*, Frank 1996: Gramscianismus in der Internationalen Politischen Ökonomie. In: Das Argument 38 (5/6), 729–740.

Bieling, Hans-Jürgen/ Steinhilber, Jochen (Hrsg.) 2001: Die Konfiguration Europas. Dimensionen einer kritischen Integrationstheorie. Münster.

Bothfeld, Silke/*Gronbach*, Sigrid/*Riedmüller*, Barbara (Hrsg.) 2002: Gender Mainstreaming – eine Innovation in der Gleichstellungspolitik. Frankfurt/New York.

Bruff, Ian/*Wöhl*, Stefanie 2016: Implementing Austerity, Disciplining the Household. Masculine Norms of Competitiveness and the Crisis of Social Reproduction in the Eurozone. In: True, Jacqui/Hozic´, Aida (Hrsg.): Scandalous Economics. Gender and the Politics of Financial Crises. Oxford, 92–108.

Buckel, Sonja 2007: Subjektivierung & Kohäsion. Zur Rekonstruktion einer materialistischen Theorie des Rechts. Bielefeld.

Connell, R. W. 1995: Masculinities. Cambridge.

Connell, R. W. 1990: The state, gender, and sexual politics. In: Theory and Society, H. 5, 507–544.

Cullen, Pauline/Murphy, Mary M. 2016: Gendered Mobilizations against Austerity in Ireland. In: Gender, Work and Organizations. DOI: 10.1111/gwao.12154.

Debusscher, Petra/*van der Vleuten*, Anna 2017: Equality Policies in the EU through a Feminist Historical Institutionalist Lens. In: MacRae, Heather/ Weiner, Elaine (Hrsg.): Towards Gendering Institutionalism: Equality in Europe. London/New York, 3–24.

EIGE, European Institute for Gender Equality 2018: Seats held by Women in national Parliaments and governments, online data code: sdg 05_50. https://eige.europa.eu/publications/g ender-equality-index-2017-measuring-gender-equality-european-union-2005-2015-report (abgerufen am 27.06.2019).

Europäische Kommission 2016: Strategic Engaegement for Gender Equality 2016–2019. https://ec.europa.eu/info/sites/info/files/strategic_engagement_en.pdf (abgerufen am 27.06.2019).

Falkner, Gerda 1994: Supranationalität trotz Einstimmigkeit? Entscheidungsmuster am Beispiel Sozialpolitik. Europäische Schriften des Instituts für Europäische Politik, Band 71. Bonn.

Forschungsgruppe ‚Staatsprojekt Europa‘ (Hrsg.) 2014: Kämpfe um Migrationspolitik. Theorie,

Methode und Analysen kritischer Europaforschung. Bielefeld.

Forschungsgruppe ‚Staatsprojekt Europa‘ 2012: Die EU in der Krise. Zwischen autoritärem Etatismus und europäischem Frühling. Münster.

Frey, Regina 2003: Gender im Mainstream. Geschlechtertheorie und -praxis im internationalen Diskurs. Königstein/Taunus.

Fuhrmann, Nora 2005: Geschlechterpolitik im Prozess der Europäischen Integration. Wiesbaden.

Georgi, Fabian 2019: Managing Migration? Eine kritische Geschichte der Internationalen Organisation für Migration (IOM). Berlin.

Georgi, Fabian/*Kannankulam*, John 2015: Kräfteverhältnisse in der Eurokrise. In: PROKLA 180, 349–369.

Georgi, Fabian/*Kannankulam*, John 2012: Das Staatsprojekt Europa in der Krise. Die EU zwischen autoritärer Verhärtung und linken Alternativen. Berlin.

Gill, Stephen/*Cutler*, Claire A. (Hrsg.) 2014: New Constitutionalism and World Order. Cambridge/New York.

Gramsci, Antonio 1991ff.: Gefängnishefte, Hamburg, Kritische Gesamtausgabe Hrsg. von Wolfgang Fritz Haug. Hamburg.

Hoskyns, Catherine 2008: Governing the EU: Gender and Macroeconomics. In: Waylen, Georgina/Rai, Shirin M. (Hrsg.): Global Governance: Feminist Perspectives. Basingstoke, 107–128.

Hoskyns, Catherine 1996: Integrating Gender, Women, Law and Politics in the European Union. London/New York.

Huke, Nikolai/*Wöhl*, Stefanie 2018: ‚Feminisierung der Politik‘. Soziale Bewegungen in Spanien als Katalysator der politischen Partizipation von Frauen. In: Momentum Quarterly 7(1), 1–52.

Jessop, Bob 2001: Die geschlechtsspezifischen Selektivitäten des Staates. In: Kreisky, Eva/ Lang, Sabine/Sauer, Birgit (Hrsg.): EU. Staat. Geschlecht. Wien, 55–86.

Jessop, Bob 1990: State Theory. Putting Capitalist States in their Place, Cambridge. Oxford.

Kantola, Johanna/*Lombardo*, Emanuela (Hrsg.) 2017: Gender and the Economic Crisis in Europe. Politics, Institutions and Intersectionality. Cham.

Karramessini, Maria/*Rubery*, Jill (Hrsg.) 2014: Women and Austerity. The Economic Crisis and the Future for Gender Equality. Abingdon.

Klinger, Cornelia/*Knapp*, Gudrun Axeli/*Sauer*, Birgit (Hrsg.) 2007: Achsen der Ungleichheit: Zum Verhältniss von Klasse, Geschlecht und Ethnizität. Frankfurt am Main.

Lombardo, Emanuela 2017: The Spanish Gender Regime in the EU Context: Changes and Struggles in the Wake of Austerity Policies. In: Gender, Work, and Organization, 24 (1), 20–33.

Lux, Julia/*Wöhl*, Stefanie 2015: Gender Inequalities in the Crisis of Capitalism: Spain and France Compared. In: Bruff, Ian/Ebenau, Matthias/May, Christian (Hrsg.): New Directions in Comparative Capitalisms Research: Critical and Global Perspectives. London/New York: Palgrave Macmillan, 101–117.

Möbius, Stefan 2001: Gegen den Strom. Queer und die Dekonstruktion von „Gender Mainstreaming". In: Forum Wissenschaft, H. 2, 46–50.

O'Hagan, Angela/*Klatzer*, Elisabeth (Hrsg.) 2018: Gender Budgeting in Europe. Developments and Challenges. Cham.

Ostner, Ilona/*Lewis*, Jane 1998: Geschlechterpolitik zwischen europäischer und nationalstaatlicher Regulierung. In: Leibfried, Stephan/Pierson, Paul (Hrsg.): Standort Europa. Sozialpolitik zwischen Nationalstaat und Europäischer Integration. Frankfurt/Main, 196–239.

Pollack, Mark A./*Hafner-Burton*, Emily 2000: Mainstreaming Gender in the European Union. In: Journal of European Public Policy, 7 (3), 432–456.

Rees, Teresa 1998: Mainstreaming Equality in the European Union. Education, Training and Labour Market Policies. London/New York.

Rossili, Mariagrazia 1997: The European Community's Policy on the Equality of Women. From the Treaty of Rome to the Present. In: The European Journal of Women's Studies, 4(1), 63–82.

Sauer, Birgit 2001: Die Asche des Souveräns. Staat und Demokratie in der Geschlechterdebatte. Frankfurt/Main/New York.

Sauer, Birgit/*Wöhl*, Stefanie 2008: Governing Intersectionality. Ein kritischer Ansatz zur Analyse von Diversitätspolitik. In: Knapp, Gudrun-Axeli/Klinger, Cornelia (Hrsg.): Konstellationen der Ungleichheit. Münster, 249–273.

Scheele, Alexandra/*Wöhl*, Stefanie (Hrsg.) 2018: Feminismus und Marxismus, Reihe Arbeitsgesellschaft im Wandel. Weinheim.

Schunter-Kleemann, Susanne 2003a: Was ist neoliberal am Gender Mainstreaming? In: Widerspruch, 23(44), 19–34.

Schunter-Kleemann, Susanne 2003b: Gender Mainstreaming und das unsichtbare Geschlecht der Europa, Discussion papers 5/2003 der Wissenschaftlichen Einheit Frauenstudien und Frauenforschung. Hochschule Bremen.

Schunter-Kleemann, Susanne 2001: Doppelbödiges Konzept. Ursprung, Wirkung und arbeitsmarktpolitische Folgen von „Gender Mainstreaming". In: Forum Wissenschaft, H. 2. Marburg, 20–24.

Schunter-Kleemann, Susanne 1994: Das Demokratiedefizit der Europäischen Union und die Frauenpolitik, In: Biester, Elke et al. (Hrsg.): Das unsichtbare Geschlecht der Europa. Der europäische Einigungsprozess aus feministischer Sicht. Frankfurt/New York, 20–38.

Tomlinson, Jennifer 2011: Gender equality and the state: a review of objectives, policies and progress in the European Union. In: The International Journal of Human Resource Management, 22(18): 3755–3774.

Verfassungsgerichtshof Österreich 2018a: G 77/2018–915. Juni 2018. Wien, https://www.vfg h.gv.at/downloads/VfGH_Entscheidung_G_77-2018_unbestimmtes_Geschlecht_anonym. pdf (abgerufen am 27.06.2019).

Verfassungsgerichtshof Österreich 2018b: Intersexuelle Personen haben Recht auf adäquate Bezeichnung im Personenstandsregister. Wien, https://www.vfgh.gv.at/medien/Personensta ndsgesetz_-_intersexuelle_Personen.php (abgerufen am 27.06.2019).

Walby, Sylivia 2018: Is Europe Cascading into Fascism? Addressing Key Concepts including Gender and Violence. Politics and Governance, 6(3), 67-77.

Walby, Sylvia 2004: Gender Mainstreaming: Productive tensions in theory and practice, published by the Department of Sociology, Lancaster University, online Ressource: http://www.comp.lancs.ac.uk/sociology/papers/Walby.pdf.

Wissel, Jens 2015: Staatsprojekt Europa. Grundzüge einer materialistischen Theorie der Europäischen Union. Münster.

Wissel, Jens 2010: Die europäische Integration als staatstheoretische Herausforderung. In: Demirovic´, Alex/Adolphs, Stephan/Karakayali, Serhat (Hrsg.): Das Staatsverständnis von Nicos Poulanzas. Der Staat als gesellschaftliches Verhältnis. Baden-Baden, 81-96.

Wöhl, Stefanie/ Springler, Elisabeth/Pachel, Martin/ Zeilinger, Bernhard (Hrsg.) 2019: The State of the European Union. Fault Lines in European Integration. Wiesbaden.

Wöhl, Stefanie 2017: The Gender Dynamis of Financialization and Austerity in the European Union – The Irish Case. In: Kantola, Johanna/Lombardo, Emanuela (Hrsg.): Gender and the Economic Crisis in Europe. Cham, 139–159.

Wöhl, Stefanie 2007: Mainstreaming Gender? Widersprüche europäischer und nationalstaatlicher Geschlechterpolitik. Königstein/Taunus.

Wöhl, Stefanie/*Hoffmann,* Julia/*Schlager,* Christa (Hrsg.) 2015: Soziale Reproduktion, Alltag, Krise. Perspektiven auf Europa. Kurswechsel Heft 1/2015. Wien.

Young, Brigitte 2000: Geschlechterpolitik und disziplinierender Neoliberalismus in der Europäischen Union. In: Bieling, Hans-Jürgen/Steinhilber, Jochen (Hrsg.): Die Konfiguration Europas: Dimensionen einer kritischen Integrationstheorie. Münster, 131 -161.

II.

Europäische Union und die Krise der Demokratie

John Kannankulam

Das Staatsprojekt Europa in der Krise. Zur Aktualität des Autoritären Etatismus im Kontext der Finanz- und „Eurokrise"[1]

Im Zuge der Finanz- und Wirtschaftskrise, die 2007/08 von den USA ausgehend mit einiger Verzögerung dann auch Europa erreichte, wurden einige gravierende krisenpolitische Maßnahmen seitens der Europäischen Union im Zusammenspiel mit spezifischen nationalstaatlichen Akteuren und Apparaten auf den Weg gebracht, die deutliche Referenzen zur krisen- und demokratietheoretischen Argumentation aufweisen, wie sie Nicos Poulantzas Ende der 1970er Jahre für die Krise der fordistischen Formation entwickelte. Poulantzas verwies damals auf einen „Verfall der Demokratie", da im Zuge der rasant auf den Weg gebrachten Krisenmaßnahmen die Exekutive mitsamt der Bürokratie massiv Kompetenzen an sich riss, die auf Kosten der Legislative und der Rechtsstaatlichkeit gingen. Diese innerhalb der materialistischen Staatstheorie bereits seit Marx' Analysen des Bürgerkriegs in Frankreich[2] sowie des 18. Brumaire[3] geläufigen theoretischen Argumentationen wurden später von Antonio Gramsci, Franz Neumann u.a. weiterentwickelt und dann von Poulantzas für die Krise des Fordismus aktualisiert.[4] Dass sich dieser in Krisenzeiten immer wieder feststellbare Widerspruch zwischen Kapitalismus und Demokratie innerhalb des europäischen Staatsapparate-Ensembles nun auf einem neuen politischen Niveau bewegt, will der folgende Beitrag beleuchten.

1. Nicos Poulantzas: Autoritärer Etatismus und der Verfall der Demokratie

Unter der bedeutungsschweren Überschrift eines „Verfalls der Demokratie" identifizierte Nicos Poulantzas Ende der 1970er Jahre das Herannahen einer neuen Staatsform, die er als „autoritären Etatismus" betitelte, deren vier grundlegende Merkmale sich wie folgt zusammenfassen lassen:[5]

1 Beim vorliegenden Beitrag handelt es sich um eine überarbeitete und aktualisierte Version von *Kannankulam* (2016). Ein Dank dafür an Hans-Günter Thien vom Verlag Westfälisches Damfboot. Dem Herausgeber Alex Demirović. sowie den beiden Herausgebern des vorliegenden Bandes danke ich für hilfreiche Kommentare.
2 *MEW* 17 (1852), 313–365.
3 *MEW* 8 (1871), 111–207.
4 Vgl. *Buckel* 2017.
5 *Poulantzas* 2002, 231ff; vgl. *Kannankulam* 2008 und *Jessop* 2006, 56f.

1. eine Machtverschiebung weg von der (parlamentarischen) Legislative hin zur Exekutive, bei der sich die Macht gewissermaßen konzentriert, und die einhergeht mit einer Verschiebung (und Verselbständigung) der Dominanzen innerhalb des staatsapparativen Gefüges insgesamt;
2. ein Prozess der zunehmenden Verschmelzung zwischen der Legislative, der Exekutive und der Jurisdiktion bei gleichzeitigem Verfall der Funktion des Gesetzes;
3. ein Funktionsverlust der politischen Parteien als zentralen Organen der Herstellung gesellschaftlicher Hegemonie und als Vermittlungsglieder des politischen Dialogs zwischen Verwaltung, Regierung und Wahlvolk;
4. eine zunehmende Verlagerung dieser Vermittlung hin zu parallel operierenden Machtnetzen, die die offiziellen und formalen Wege demokratischer Willensbildung und Partizipation umgehen und sich zusehends ausweiten.

Dass es hierzu kommt, begründet sich nach Poulantzas darin, dass die Krisenprozesse der 1970er Jahre sich nicht allein auf ›ökonomische‹ Prozesse beschränken, sondern insgesamt enorme Auswirkungen auf die „Situation unserer Gesellschaften mit demokratischen Regierungsformen" haben.[6] In diesen Gesellschaften kommt es durch das

> „gesteigerte [...] Ansichreißen sämtlicher Bereiche des ökonomisch-gesellschaftlichen Lebens durch den Staat zu einem einschneidenden Verfall der Institutionen der politischen Demokratie sowie zu drakonischen und vielfältigen Einschränkungen der sogenannten ›formalen‹ Freiheiten, die man erst wirklich schätzen lernt, wenn sie einem genommen werden".[7]

Die dahinterstehende Analyse lautet, dass in der Krise des Fordismus sowie des keynesianischen Staates bei zunehmend offenen Proteste die staatliche Exekutive sich zur Bearbeitung dieser Krise und angesichts der geforderten Schnelligkeit und Effizienz immer mehr Macht und Kompetenzen aneignet. Dadurch kommt es neben einem „Verfall des Gesetzes"[8] zu einer deutlichen „Verschiebung der Regierungsverantwortlichkeit vom Parlament auf die Spitzen der Exekutive". Dies führt zu einer „entscheidenden Einschränkung der parlamentarischen Macht gegenüber der Verwaltung, zur Autonomisierung der Regierung gegenüber dem Parlament und zum wachsenden Abstand der Verwaltung gegenüber der Volksvertretung".[9]

Diese in der Krise durchgesetzte relative Verselbständigung der Exekutive und die Verlagerung von Entscheidungsbildungsprozessen auf die Verwaltung, die darüber hinaus auf einer „Verschärfung der Widersprüche innerhalb der herrschenden

---

6 *Poulantzas* 2002, 231.
7 Ebd., 232.
8 Ebd., 248.
9 Ebd., 251.

Klasse"[10] bzw. einer „hegemonialen Instabilität"[11] beruht, führt, so Poulantzas weiter, jedoch paradoxerweise dazu, dass die zur Krisenlösung vorgenommenen Verschiebungen und Verlagerungen von Entscheidungen mitsamt ihrer Maßnahmen mittelfristig selber „Faktoren einer Krise werden, die dadurch mehr wird als eine bloß ökonomische Krise".[12] Denn, so die Argumentation, die „selektive Hilfe für bestimmte Kapitale" zugunsten der

> „›ökonomisch-korporativen‹ Interessen bestimmter Fraktionen oder bestimmter individueller Kapitale zum Schaden anderer […] vertieft, wie ein Schneeballsystem, die Risse im Block an der Macht. Sie gibt diesen Widersprüchen politische Bedeutung und wird so zum direkten Faktor der politischen Krise, indem sie anhaltend die Organisierung der Hegemonie und des Allgemeininteresses der Bourgeoisie durch den Staat in Frage stellt."[13]

Vor diesem Hintergrund kommt es nun also, und darauf möchte ich mich im Folgenden konzentrieren, angesichts der Hegemoniekrise innerhalb des Machtblocks zu einem Wandel/Verfall der Rolle des Parlaments und der politischen Parteien. Dies ist deshalb problematisch und bedeutsam, so Poulantzas, da die

> „gesamte Geschichte zeigt, dass die Existenzformen und das Funktionieren der repräsentativen Demokratie als *System des realen Pluralismus politischer Parteien gegenüber der Staatsbürokratie und der öffentlichen Verwaltung* auf der Ebene staatlicher Institutionen in positiver Korrelation zum Funktionieren *politischer Freiheiten* steht".[14]

Die dabei feststellbare „massive Verschiebung der Regierungsverantwortlichkeit vom Parlament auf die Spitzen der Exekutive führt", so Poulantzas, „zur entscheidenden Einschränkung der parlamentarischen Macht gegenüber der Verwaltung, zur Autonomisierung der Regierung gegenüber dem Parlament und zum wachsenden Abstand der Verwaltung gegenüber der Volksvertretung".[15] Tendenziell, so die weitere Argumentation, „monopolisiert also die Verwaltung in sich die Rolle der politischen Organisation der sozialen Klassen und der Hegemonie. Dieser Monopolisierungsprozess geht einher mit der Transformation der Parteien der Macht".[16] Diese sind

> „nun kaum noch Orte der politischen Formulierung und Ausarbeitung von Kompromissen und Bündnissen auf der Grundlage von mehr oder weniger präzisen Programmen und auch kaum noch Organismen, die wirkliche repräsentative Beziehungen zu den gesellschaftlichen Massen haben. Sie sind echte Transmissionsriemen für Entscheidungen der Exekutive."[17]

---

10 Ebd., 240.
11 Ebd., 241.
12 Ebd., 241.
13 Ebd., 242.
14 Ebd., 245.
15 Ebd., 251.
16 Ebd., 259.
17 Ebd., 259.

2. Zur Aktualität des Autoritären Etatismus in der Eurokrise

Wenn wir vor diesem theoretischen Hintergrund zentrale Schritte in den jüngeren Krisenbewältigungsstrategien der Europäischen Union in den Blick nehmen, fallen frappante Ähnlichkeiten mit Poulantzas Argumentation ins Auge. So wurde bspw. bei der Initiative zu den Krisenmaßnahmen im März 2010 der damalige Präsident des Europäischen Rates, Herman Van Rompuy, damit beauftragt, eine Task Force einzurichten, mit dem Ziel, Vorschläge für einen verbesserten Krisenbewältigungsrahmen und bessere Haushaltsdisziplin zu erarbeiten.[18] Im Anschluss an diesen Auftrag wurde die Task Force aus dem Wirtschafts- und Währungskommisar Olli Rehn, dem EZB-Präsidenten Jean-Claude Trichet, dem Euro-Gruppen Chef Jean-Claude Juncker und dem ECOFIN-Rat unter dem Vorsitz Van Rompuys gebildet. Feststellbar ist also, dass diese Task Force somit ausschließlich aus Vertretern der Exekutive bzw. technokratischer Einrichtungen wie der EZB und der Kommission bestand. Darüber hinaus fanden die Beratungen dieser Task Force bis zum endgültigen Bericht ausschließlich hinter verschlossenen Türen statt, und erst die vollendeten Tatsachen wurden der Öffentlichkeit präsentiert.[19]

Schauen wir uns die beschlossenen Maßnahmen genauer an:[20] Die im Herbst 2011 beschlossene Reform des Stabilitäts- und Wachstumspakts (das sog. Six Pack) bildete den Auftakt für eine verschärfte haushalts- wie wirtschaftspolitische Überwachung und Disziplinierung im Rahmen der Economic Governance. Die Bezeichnung „Six Pack" bezieht sich auf insgesamt fünf Verordnungen und eine Richtlinie, die im Dezember 2011 im gesamten Euro-Raum (Euro-18) in Kraft traten.[21] Ziel dieser Maßnahmen war eine strengere Haushaltspolitik der Mitgliedsstaaten der Wirtschafts- und Währungsunion durch eine Konkretisierung und Verschärfung des Stabilitäts- und Wachstumspakts von 1997 und die Einrichtung eines Frühwarnsystems für übermäßige makroökonomisches Ungleichgewichte. So sind Sanktionen vorgesehen, wenn ein Mitgliedstaat vom Pfad des sogenannten mittelfristigen Haushaltsziels abweicht. Der entsprechende Mitgliedstaat muss dann eine verzinsliche Einla-

---

18 *Klatzer/Schlager* 2011.
19 Vgl. ebd.
20 Vgl. *Seikel* 2017, 344ff.
21 VO 1173/2011/EU über die wirksame Durchsetzung der haushaltspolitischen Überwachung im Euro-Währungsgebiet, ABl. EU 2011 L 306/1; VO 1174/2011/EU über Durchsetzungsmaßnahmen zur Korrektur übermäßiger makroökonomischer Ungleichgewichte im Euro-Währungsgebiet, ABl. EU 2011 L 306/8; VO 1175/2011/EU zur Änderung der VO (EG) 1466/1997 des Rates über den Ausbau der haushaltspolitischen Überwachung und der Überwachung und Koordinierung der Wirtschaftspolitiken, ABl. EU 2011 L 306/12; VO 1176/2011/EU über die Vermeidung und Korrektur makroökonomischer Ungleichgewichte, ABl. EU 2011 L 306/25; VO 1177/2011/EU zur Änderung der VO (EG) 1467/1997 über die Beschleunigung und Klärung des Verfahrens bei einem übermäßigen Defizit, ABl. EU 2011 L 306/33; RL 2011/85/EU des Rates vom 8.11.2011 über die Anforderungen an die haushaltspolitischen Rahmen der Mitgliedstaaten, ABl. EU 2011 L 306/41.

ge hinterlegen, über deren Freigabe der Rat entscheidet. Zentrale Institution bei der Feststellung von Fehlverhalten und der Aussprache von Strafen ist allerdings die Europäische Kommission und nicht der Rat als Institution der Nationalstaaten. Sie teilt dem Rat mit, dass der Mitgliedsstaat keine geeigneten Maßnahmen ergriffen hat und ebenso, dass eine Strafe verhängt werden soll. Der Rat muss diesen Beschluss zwar annehmen, aber gemäß des Abstimmungsmodus der sog. Reverse Majority Vote. Nach diesem demokratietheoretisch äußerst fragwürdigen Modus hat der Rat zehn Tage Zeit, eine qualifizierte Mehrheit *gegen* den Beschluss zustande zu bringen. Andernfalls werden die Empfehlungen der Eeropäiuschen Kommission automatisch in Kraft gesetzt.

Die gleiche Regelung gilt für Sanktionsmaßnahmen im Rahmen der makroökonomischen Überwachung. Die nationalen Parlamente sind in diesem Rahmen dazu aufgerufen, vor der Erstellung der Haushaltspläne Stabilitäts- und Konvergenzprogramme vorzulegen. Diese werden durch die Europäische Kommission bewertet, welche daraufhin Empfehlungen an den Rat gibt. Die Europäische Kommission hat das Recht, bei Nicht-Einhaltung der Richtlinien den Mitgliedsstaat zu verwarnen und kann sogar Überwachungsmissionen entsenden, um die Umsetzung zu kontrollieren. Der Rat ist ausdrücklich dazu angehalten, den Vorschlägen der Europäischen Kommission zu folgen, andernfalls muss er sich erklären. Schließlich ist es auch die Europäische Kommission, die ein sogenanntes *scoreboard* aufstellt. Dessen Indikatoren dienen als Grundlage der wirtschaftlichen und finanziellen Überwachung. Die Indikatoren sollen explizit die Wettbewerbsfähigkeit fördern und sind vornehmlich auf die Defizitländer auszurichten.[22]

Feststellbar ist also, dass im Zuge der Krise mit der Europäischen Kommission die europäische Exekutive und ihre Verwaltung die Entscheidungskompetenz über heikle wirtschaftspolitische Fragen erhalten hat. Die nationalen Parlamente werden dabei, so lässt sich zugespitzt argumentieren, letztlich bevormundet.[23] „All diese Verschiebungen", so Lukas Oberndorfer,[24] gehen somit „mit einer Entwertung jener politischen Terrains einher, in denen die Forderungen der Subalternen noch einen vergleichsweise günstigen Resonanzraum finden": den nationalen Parlamenten. Denn gerade die Tatsache, dass die wirtschaftspolitischen Pläne im Frühjahr eingereicht werden müssen, bedeutet letztlich, dass hier grundlegend Entscheidungen vorstrukturiert werden, ohne dass darüber im Parlament – wo der Haushalt i.d.R. im Herbst verhandelt wird – Debatten geführt werden (können). Schließlich wird mit diesen Maßnahmen die grundsätzliche Ausrichtung der Wirtschafts- und Finanzpolitik im neoliberalen und austeritätspolitischen Sinne festgeschrieben, ohne dass es noch die Möglichkeit zur Bildung alternativer politischer Prioritäten gäbe. Dass die

---

22 Vgl. *Gärtner* 2013, 69f.
23 Ebd., 71.
24 2012a, 68.

Parteien dabei auch aktuell bisweilen tatsächlich, wie Poulantzas in den 1970er Jahren argumentierte, dahin tendieren, zu „Transmissionsriemen" der Exekutive zu werden, konnten wir in Deutschland vor allem am Gesetzgebungsverfahren hinsichtlich des Europäischen Stabilitätsmechanismus sehen. Eine der zentralen Fragen, die in diesem Zusammenhang diskutiert wurde, war, wie der Bundestag bei der Bewilligung von Mitteln durch den Rettungsschirm eingebunden wird. Da eine Vergabe von Mitteln oder Garantien die haushaltspolitische Verantwortung des Bundestages berührt, wurde im Gesetzesentwurf ein sogenannter Parlamentsvorbehalt integriert.[25] Dieser sah vor, dass eine Vergabe von Gewährleistungen durch die EFSF nur bei einem zustimmenden Beschluss des Bundestages möglich ist. Allerdings wurde dieser Parlamentsvorbehalt wiederum durch eine besondere Eilbedürftigkeit oder Vertraulichkeit eingegrenzt.[26] In solchen Fällen soll der Haushaltsausschuss des Bundestages in geheimer Sitzung tagen. Und diese Sitzungen sollen, um der Eilbedürftigkeit der Sache besonders Rechnung zu tragen, in einem so genannten 9er-Gremium des Haushaltsausschusses, abgehalten werden. Sprich: Der Haushaltsausschuss sollte demnach in nicht öffentlicher Sitzung die Angelegenheiten des Parlaments insgesamt übernehmen. Die Fraktionen der Regierungskoalition aus CDU/CSU/FDP sowie die SPD und Bündnis90/Die Grünen stimmten Ende September 2011 den Änderungen des Gesetzes gegen die Stimmen der Fraktion der Linkspartei zu.[27]

In Folge dieses Beschlusses kam es jedoch gegen die entsprechende Gesetzesänderung zu einer Verfassungsklage vor dem Bundesverfassungsgericht. Dieses sah in seiner Entscheidung[28] die Mitwirkungsrechte des Parlaments insgesamt und der einzelnen Abgeordneten (die in Art. 38 Abs. 1 Satz 2 GG als *Prinzip der repräsentativen Demokratie*" verankert sind) verletzt. Die Übertragung der Entscheidung an den Haushaltsausschuss, ohne das gesamte Plenum einzuberufen, ist laut BVerfG unzulässig. Letztlich musste der in der Krise drohende „Verfall der Demokratie" somit durch die Judikative gegen die Legislative, die danach trachtete, die Exekutive aufzuwerten, korrigiert werden, was auf der anderen Seite eine weitere Aufwertung der Judikative auf Kosten der Legislative nach sich ziehen dürfte.

Insgesamt lässt sich also, ähnlich wie Poulantzas dies in den 1970er Jahren herausarbeitete, zeigen, dass auch in der derzeitigen Krise die europäische und nationale Exekutive die „gebotene" Schnelligkeit und Diskretion nutzt, um sich zusätzliche Kompetenzen anzueignen – auf Kosten der Parlamente und Parteien, wobei letztere bisweilen allzu willfährig ihre Macht hergeben.

Nun ließe sich einwenden, dass damit in einem quasi-dialektischen Prozess eine weitere Integration zustandekommt, die, der Tendenz nach, die Möglichkeit zu einer

---

25 *BT Drucksache* 17/7067 v. 22.09.2011, § 3.
26 Ebd., § 3 Abs. 3.
27 *FAZ* v. 29.9.2011.
28 28.02.2012, 2 BvE 8/11.

europäischen Einnahmen- und Ausgabenpolitik in sich birgt. Hierdurch, mit der möglichen Etablierung eines einzigen europäischen Finanzapparates, könnte bspw. auch dem Problem des Steuerwettbewerbs in Europa begegnet werden. Am Ende des Horizonts stünde dann eine Rollenverteilung wie wir sie etwa zwischen Bund und Ländern in der BRD haben, in dem den Ländern bei schwachem Budgetrecht ein starkes Umsetzungsrecht zukommt.

Bei aller Symphatie gegenüber diesem Einwand und der darüber hinaus durchaus bestehenden Problematik, die nationalen Parlamente hierbei zu idealisieren, muss hier entgegnet werden, dass die feststellbare Vertiefung der Europäischen Integration während der Krise eben nicht die demokratisch halbwegs legitimierten europäischen Instanzen wie das EU-Parlament stärken, sondern vor allem die europäischen Exekutivapparate. Die in der Krise vorgenommene Aufwertung der Kommission und des (ECOFIN-)Rates stärkt somit genau jene intransparenten Apparate, denen sogar die herrschende EU-Forschung bescheinigt, dass die

> „Kommission mit ihren weitreichenden legislativen und exekutiven Befugnissen (...) nicht demokratisch legitimiert (ist); die Räte mit ihrer umfassenden Entscheidungsmacht sind es allenfalls indirekt, indem ihre Mitglieder auf der nationalen Ebene ein Wahlamt innehaben.“[29]

Vielmehr nutzen in der Krise im europäischen Staatsapparateensemble v.a. die neoliberal ausgerichteten Exekutivapparate sowohl *in* den Nationalstaaten (wie etwa die Finanzministerien) als auch auf dem europäischen *Scale* mit einem „Spiel über Bande" sich weitere Macht und Kompetenzen anzueignen – auf Kosten derjenigen Apparate, in denen zumindest noch teilweise die Interessen der Subalternen vertreten sind.[30] Entsprechend lässt die eingeschlagene Richtung der in Krise vertieften Integration für eine weitere Demokratisierung der EU wenig gutes erahnen.

3. Risse im Block an der Macht

Das auffälligste im Kontext der Krisenbearbeitung scheint mir v.a. der Drift zu sein, der durch den neoliberal dominierten „Block an der Macht"[31] in Europa geht. So

---

29 Tömmel 2014, 275; vgl. auch Schmidt 2010, 404, 406.
30 Vgl. Oberndorfer 2012a, 68.
31 Mit dem Konzept des Blocks an der Macht verweist Poulantzas darauf, dass die Bourgeoisie in verschiedene miteinander in Konkurrenz liegende Fraktionen gespalten ist, was ein gemeinsames Agieren äußerst unwahrscheinlich macht. Erst über den von der Bourgeoisie „relativ autonomen" Staat und dessen „Apparateensemble" mit seinen spezifischen „strukturellen Selektivitäten" kann es zu einer „staatlich vermittelte[n] Organisation der konfliktuellen Bündniseinheit des Blocks an der Macht und des instabilen Kompromißgleichgewichts zwischen seinen Teilen" kommen (Poulantzas 2002, 117). Dies heißt jedoch nicht, dass, wenn es zu einem instabilen Kompromißgleichgewicht unter der Führung einer hegemonialen Fraktion kommt, damit auch alle grundlegenden Konflikte und Widersprüche behoben wären.

konnte sich schon zu einer relativ frühen Phase der Krise in Deutschland der Banken- und Finanzsektor u.a. mit dem letztlich sehr auslegungsbedürftigen Argument der „Systemrelevanz"[32] in Szene setzen, dass, falls es zu einer Gläubigerbeteiligung im Rahmen der griechischen Schuldenkrise kommen sollte, dies sicherlich eine neue Bankenkrise und Spekulationswelle gegen andere Eurostaaten auslösen würde. Ein Vertreter der Commerzbank erklärte etwa: „Anleger würden sich fragen: Wenn in Griechenland Schulden aus den Büchern gestrichen werden, warum sollte das nicht morgen in Portugal oder Spanien passieren?"[33] Ein Blick auf die Schuldner-Gläubiger-Verhältnisse[34] in Bezug auf Griechenland offenbart sehr deutlich, weshalb v.a. der Bankensektor alles daran setzen musste, zum einen von einer Beteiligung ausgenommen zu werden und zum anderen möglichst viele Außenstände aus Griechenland zurückzuholen, „koste es was es wolle".

		Nationality of Banks								In total
		Germany	Spain	France	Italy	Other Euro-zone	U.K.	USA	Rest of the World	
Greece	Public sector	23,1	0,9	27,0	3,3	22,9	3,6	5,4	6,3	92,5
	In total	51,0	1,6	111,6	8,8	47,9	16,5	41,2	18,6	297,2
Ireland	Public sector	3,4	0,2	8,7	0,9	3,8	7,3	1,9	3,6	29,7
	In total	205,8	16,2	85,7	28,6	92,5	222,4	113,9	78,7	843,8
Portugal	Public sector	9,9	10,6	20,4	2,2	11,5	2,6	1,6	4,0	62,9
	In total	46,6	108,0	49,7	9,4	29,1	32,4	37,3	10,0	322,4
Spain	Public sector	30,0		46,9	2,3	19,1	7,6	4,9	16,9	127,6
	In total	217,9		244,2	42,5	200,6	141,7	186,4	69,3	1.102,6
In total	Public sector	66,4	11,7	103,0	8,7	57,3	21,1	13,8	30,8	312,7
	In total	521,3	125,8	491,2	89,3	370,1	413,0	378,8	176,6	2.566,0

Internationale Bankschulden von Griechenland, Irland, Portugal und Spanien (März 2010, in Milliarden US-$), Quelle: BIS Quarterly Review, Sept. 2010.

---

32 Vgl. *Kallert* 2017.
33 Zit. n. *Spiegel Online*, 27.4.2010.
34 Vgl. *Bieling* 2011.

Erkennbar ist, dass es vor allem deutsche und französische Banken waren, die Geld an Griechenland verliehen hatten. Entsprechend war es auch kein Wunder, dass jene Fraktionen des Machtblocks in diesen beiden Ländern alles taten, um ihre Interessen durchzusetzen. Dass sie darin sehr erfolgreich waren, belegen die Zahlen: Allein deutsche Banken „brauchten 646 Milliarden Euro als Hilfsrahmen in der Finanzkrise. 259 Milliarden Euro nahmen sie in Anspruch. Davon dürften 50 Milliarden Euro beim Steuerzahler hängen bleiben."[35] Noch einmal anders betrachtet, lässt sich feststellen, dass der Finanzsektor der Europäischen Union vom Beginn der Finanzkrise im Oktober 2008 bis Dezember 2011 staatliche Hilfen in Höhe von 1,6 Billionen Euro erhalten hat, was 13 Prozent des Bruttoinlandsprodukts der EU entspricht.[36]

Die „selektive Hilfe für bestimmte Kapitale" zugunsten der „›ökonomisch-korporativen‹ Interessen bestimmter Fraktionen oder bestimmter individueller Kapitale zum Schaden anderer"[37] vertieft jedoch die Spannungen im Machtblock und fördert sie schließlich offen zutage. Dies wird daran deutlich, dass sich in der Krise eine „orthodox-ordoliberale" Fraktion gegen diese europäische „Rettungspolitik" hervortat. Jene Fraktion, deren Basis v.a. aus kleinen und mittelständischen Unternehmen mit „nationaler" Akkumulationsbasis bestand, die entsprechend keine größeren Interessen an der Verausgabung von Mitteln für die Rettung transnationaler bzw. europäischer Finanzinstitute hatte, lehnte pro-europäische Krisenlösungsstrategien ab.[38] So forderte etwa Hans-Werner Sinn vom Münchner IfO-Institut als „organischer Intellektueller" dieser Fraktion stattdessen die Einführung eines „Nord-Euro". In dem v.a. von ihm initiierten „Offenen Brief der Ökonomen",[39] der den Bruch im deutschen Machtblock plastisch vorführte, wurde moniert, dass „unter dem Deckmantel der Solidarität einzelne Gläubigergruppen bezuschusst und zentrale Investitionsentscheidungen verzerrt werden". Stattdessen wurde ganz im Sinne der von der „selektiven Hilfe" ausgenommenen Fraktionen des Machtblocks gefordert, dass auch Banken, den Gesetzen des Marktes entsprechend, pleite gehen können müssen.[40]

Der Druck den jene Fraktion erzeugte, war sicherlich ein zentraler Faktor in der v.a. durch Deutschland forcierten autoritären Krisenpolitik mitsamt der Aufwertung der nationalen und europäischen Exekutive, wie sie in den oben skizzierten europäischen Maßnahmen der Economic Governance zum Ausdruck kamen. Die autoritäre Krisenpolitik war somit einerseits von einem deutschen ordo-konservativen „Bündnis" gegen europäische Rettungspolitiken getrieben. Dieses war zum einen getragen von jenen gesellschaftlichen Kräften, die einem stark vertieften europäischen Integrationsprozess skeptisch bis ablehnend gegenüberstanden und ein ›Europa der sou-

---

35 *Frühauf* 2013.
36 *Europäische Kommission* 2012.
37 *Poulantzas* 2002, 242.
38 Vgl. *Heine/Sablowski* 2013.
39 2012.
40 Ebd.; vgl. *SZ* 25.1.2011.

veränen Nationen‹ befürworteten. Sozial verankert in rechten und konservativen Milieus und Teilen des Mittelstands und wirtschaftspolitisch fast immer auf neoliberaler Grundlage agierend, attackierten diese ›national-neoliberalen‹ Akteure die Rettungspakete für Griechenland und den im Mai 2010 etablierten EFSF als Schuldenvergemeinschaftung und Ausverkauf deutscher Interessen.

Jene Akteure lassen sich als Teil eines konservativen „Hegemonieprojektes" beschreiben. Mit dem Konzept der Hegemonieprojekte wollen wir eine spezifische Konstellation von Akteuren mitsamt ihren Strategien benennen, die um einen allgemeineren gesellschaftlichen Konflikt – in diesem Fall die europäische Krisenpolitik – mit anderen Hegemonieprojekten ringen. Mit dem Konzept der Hegemonieprojekte, das auf eine breitere Diskussion innerhalb der materialistischen Staats- und Gesellschaftstheorie aufbaut,[41] versuchen wir insbesondere Nicos Poulantzas zentrales Theorem, wonach der Staat als „materielle Verdichtung eines Kräfteverhältnisses"[42] zu begreifen ist für die empirische Analyse von politischen Konflikten im Rahmen einer Historisch Materialistischen Politikanalyse handhabbar zu machen.[43] Demnach lassen sich gesellschaftliche Kräfte entlang der v.a. im öffentlichen Diskurs wahrnehmbaren Strategien identifizieren und zu Projekten „bündeln", die danach trachten im Sinne Gramscis eine hegemoniale Stellung im erweiterten Staat zu erreichen.

Entsprechend diesem Verständnis standen hinter der deutschen Position in der Europäischen Krisenpolitik also maßgeblich Akteure eines konservativen Hegemonieprojekts. Jene agierten quasi im Bündnis mit einer *ordoliberalen Fraktion*, die im Zuge der Krise aus dem übergreifenden neoliberalen Hegemonieprojekt ausbrach. Diese soziale Kräftekonstellation bildete einen entscheidenden Teil der Machtbasis der schwarz-gelben Koalition und der von ihnen ausgeübte Druck kann das langwierige Zögern der Regierung Merkel gegenüber Hilfen für Griechenland, ihre kompromisslose Härte bei den Austeritätsbedingungen und ihre klare Ablehnung von Eurobonds erklären.[44]

Andererseits lässt sich auf den Einfluss einer proeuropäischen und autoritären Fraktion des neoliberalen Hegemonieprojekts zurückführen, dass die deutsche Regierung sich trotz des ordo-konservativen Widerstands mit Milliardensummen an der Rettung der Gläubiger Griechenlands, Irlands und Portugals beteiligte.[45] Jene Fraktion stützte sich auf Strategien der transnationalen Finanzwirtschaft und des exportorientierten Industriekapitals der Zentrumsstaaten, aus daran angekoppelten mittelständischen Unternehmen und jenen Konzernen, die etwa im *European Round Table of Industrialists* organisiert sind.[46] Als zugleich *proeuropäisch* und *autoritär* ist diese

---

41 Vgl. *Kannankulam/Georgi* 2012a.
42 2002, 159.
43 *Buckel/Georgi/Kannankulam/Wissel* 2014.
44 Vgl. *Kannankulam/Georgi* 2012b; 2015.
45 *Georgi/Kannankulam* 2015.
46 Vgl. *van Apeldoorn* 2002.

Fraktion zu bezeichnen, weil sie danach trachtet, eine Vertiefung der Europäischen Integration zu unterstützen, solange diese dazu dient, die haushalts-, wirtschafts- und sozialpolitischen Spielräume nationaler Parlamente und Regierungen einzuschränken und so Entscheidungen gegen die neoliberale Orthodoxie *autoritär* zu verhindern. Die autoritär-etatistische Verschärfung des Stabilitätspakts im Zuge der Krise entsprang somit im Kern dem Interesse dieser Fraktion. Aus deren Perspektive erschienen die Schuldenkrisen in Griechenland, Irland und Portugal als Bedrohung des Euro und als Gefahr für eigene Interessen. So waren es v.a. Akteure der autoritär-neoliberalen Fraktion, die die Regierung Merkel im Laufe des Frühjahrs 2010 erfolgreich unter Druck setzten, ihre Ablehnung eines ›bail-outs‹ von Investoren aufzugeben.[47] Allerdings musste aus ihrer Sicht eine steuerfinanzierte ›Rettung‹ der Gläubiger jener Länder, die durch extensive Konjunkturprogramme und Bankenrettungen zu ›Schuldnerstaaten‹ geworden waren,[48] als Gelegenheit für neoliberale Schockstrategien genutzt werden, welche die Verwertungsbedingungen zulasten von Bevölkerungsmehrheiten verbessern sollten. Entsprechend formierten sich in Deutschland neben dem Banken- und Finanzsektor v.a. diejenigen Fraktionen des Machtblocks, die als industrielles Export-Kapital ein starkes Interesse an einem stabilen Euro mitsamt seiner strukturellen Unterbewertung deutscher Güter haben.[49] So intervenierten im Juni 2011 etwas 70 Konzern-ManagerInnen (u.a. von Siemens, Daimler, BMW, Telekom und EADS) in die öffentliche und politische Debatte und hielten „in großen Zeitungsanzeigen ein flammendes Plädoyer für den Euro".[50] Eine pro-europäische autoritär-neoliberale Position formulierend, forderten diese SprecherInnen des transnationalen Industriekapitals die Bundesregierung auf, den Euro als „Jobmotor und Wohlstandsgarant"[51] zu verteidigen und zu diesem Zweck die Gläubiger der Schuldenstaaten zu retten: „Die Rückkehr zu stabilen finanziellen Verhältnissen wird viele Milliarden kosten, aber die Europäische Union und unsere gemeinsame Währung sind diesen Einsatz allemal wert".[52]

Auf Basis der bisher entwickelten Argumentation lässt sich die autoritäre europäische Krisenpolitik, die v.a. von der deutschen (und französischen) Regierung mitsamt der europäischen Exekutivapparate getragen und vorangetrieben worden ist, als Ausdruck dieser Spaltung des neoliberalen Projekts verstehen. Deutlich sichtbar wird hier also eine *Hegemonie-Krise* des neoliberalen Projekts, die sich in den zunehmenden Konflikten und Spaltungen ausdrückt.

Gleichwohl haben diese autoritär-etatistischen Tendenzen im Zuge der Eurokrise letztlich einen dysfunktionalen Effekt – auf den Poulantzas in einem anderen Kon-

---

47 Vgl. *Evans* 2011, 108f; *FAZ*, 28.4.2010.
48 Vgl. *Bieling* 2011.
49 Vgl. *Becker/Jäger* 2012.
50 *Handelsblatt*, 17.6.2011.
51 Ebd.
52 Ebd.

text hinwies: die Umgehung der nationalen Parlamente und die Aufwertung der europäischen Exekutive weist eben darauf hin, dass nur „ein Kräfteverhältnis, das dort, wo es wirklich um etwas geht, einen bestimmten Stabilitätsgrad aufweist, juristisch in Form eines allgemeinen und universellen Normensystems geregelt werden (kann)".[53] Die Aufwertung der europäischen Exekutive und die relativ einseitige Bevorzugung der autoritär-neoliberalen Fraktionen vergrößern die Spaltungslinien innerhalb des Machtblocks, wie wir sie bspw. mit dem Aufkommen national-chauvinistischer Parteien wie der AfD sehen können. Vor allem die Formierung letzterer und anderer rechter Parteien in Europa im Zuge der Krise verweist darauf, dass es nicht mehr zu gelingen scheint, innerhalb des bestehenden Parteiengefüges die Konflikte innerhalb des Machtblocks in ein (wenigstens) instabiles Kompromissgleichgewicht zu bringen. Die in der Krise durchgesetzte relative Verselbständigung der Exekutive und die Verlagerung von Entscheidungsbildungsprozessen auf die Verwaltung und Bürokratie, die auf einer „Verschärfung der Widersprüche innerhalb der herrschenden Klasse" (Poulantzas 2002, 240) bzw. einer „hegemonialen Instabilität" (ebd., 241) beruht, führt somit, wie bereits eingangs argumentiert, paradoxerweise dazu, dass die zur Krisenlösung vorgenommenen Verschiebungen und Verlagerungen von Entscheidungen mitsamt ihrer Maßnahmen mittelfristig selber „Faktoren einer Krise werden, die dadurch mehr wird als eine bloß ökonomische Krise" (ebd.).

Literatur

Apeldoorn, Bastiaan van 2002: Transnational Capitalism and the Struggle over European Integration. London.

Bank for International Settlements (BIS) Quarterly Review 09/2010: International banking and financial market developments. Basel. URL: http://www.bis.org/publ/qtrpdf/r_qt1009.pdf (1. Sept. 2015)

Becker, Joachim/*Jäger*, Johannes 2012: Integration in Crisis: A Regulationist Perspective on the Interaction of European Varieties of Capitalism, in: Competition and Change, 16(3), 169–87.

Bieling, Hans-Jürgen 2011: Vom Krisenmanagement zur neuen Konsolidierungsagenda der EU. In: PROKLA 163, 173–194.

Buckel, Sonja 2017: Dialektik von Kapitalismus und Demokratie heute, in: Oliver Eberl und David Salomon (Hrsg.), Perspektiven sozialer Demokratie in der Postdemokratie, Staat – Souveränität – Nation. Wiesbaden. 19–41.

Buckel, Sonja/ *Georgi*, Fabian/*Kannankulam*, John/*Wissel*, Jens 2014: Theorie, Methode und Analysen kritischer Europaforschung, in: Forschungsgruppe »Staatsprojekt Europa« (Hg.): Kämpfe um Migrationspolitik. Theorie, Methode und Analysen kritischer Europaforschung. Bielefeld, 15–86.

---

53 *Poulantzas* 2002, 248; vgl. *Oberndorfer* 2012b.

Evans, Trevor 2011: The crisis in the Euro area, in: International Journal of Labour Research, 3(1), 97–114.

Europäische Kommission 2012: Anzeiger für staatliche Beihilfen. Bericht über staatliche Beihilfen der EU-Mitgliedstaaten; URL: ec.europa.eu/competition/state_aid/studies.../2012_autumn_de.pdf (1. Juli 2014).

Frühauf, Markus 2013: Milliardengrab Bankenrettung, in: Frankfurter Allgemeine Zeitung vom 16.08.2013; URL: http://www.faz.net/aktuell/wirtschaft/wirtschaftspolitik/teuer-fuer-den-steuerzahler-milliardengrabbankenrettung-12535343.html (1. Sept. 2015).

Gärtner, Florian 2013: Politisches Handeln in der Eurokrise. Staatsexamensarbeit am Fachbereich Gesellschaftswissenschaften der Universität Marburg.

Georgi, Fabian/*Kannankulam*, John 2015: Kräfteverhältnisse in der Eurokrise. Konfliktdynamiken im bundesdeutschen ›Block an der Macht‹, in: PROKLA 180, 349–369.

Heine, Frederic/*Sablowski*, Thomas 2013: Die Europapolitik des deutschen Machtblocks und ihre Widersprüche. Studie der Rosa-Luxemburg-Stiftung Berlin, September 2013; URL: http://www.rosalux.de/publication/39834/die-europapolitik-des-deutschen-machtblocks-und-ihre-widersprueche.html (1. September 2015).

Jessop, Bob 2006: Poulantzas' *Staatstheorie* als moderner Klassiker, in: Bretthauer et al. (Hg.): Poulantzas lesen. Hamburg. 48–64.

Kallert, Andreas 2017: Die Bankenrettungen während der Finanzkrise 2007–2009 in Deutschland. Zur Kritik der Systemrelevanz. Münster.

Kannankulam, John 2008: Autoritärer Etatismus im Neoliberalismus. Zur Staatstheorie von Nicos Poulantzas. Hamburg.

Kannankulam, John/*Georgi*, Fabian 2012a: Die Europäische Integration als materielle Verdichtung von Kräfteverhältnissen. FEI-Arbeitspapier, Nr. 30, Philipps-Universität Marburg.

Kannankulam, John/*Georgi*, Fabian 2012b: Das Staatsprojekt Europa in der Krise. Die EU zwischen autoritärer Verhärtung und linken Alternativen, in: Rosa Luxemburg Stiftung Brüssel, www.rosalux-europa.info, Oktober 2012.

Kannankulam, John 2016: Der Verfall der Demokratie: Autoritärer Etatismus. Zur Aktualität von Nicos Poulantzas im Kontext der Finanz- und „Eurokrise", in: Alex Demirovic (Hrsg.) 2016: Transformation der Demokratie – demokratische Transformation. Münster, 35–47.

Klatzer, Elisabeth/*Schlager*, Christa 2011: Europäische Wirtschaftsregierung – eine stille neoliberale Revolution? In: Kurswechsel, 11(1), 61–81.

Marx, Karl 1852: Der achtzehnte Brumaire des Louis Bonaparte, in: Marx-Engels-Werke (MEW) Band 8. Berlin, 1960, 111–207.

Marx, Karl 1871: Der Bürgerkrieg in Frankreich. Adresse des Generalrats der Internationalen Arbeiterassoziation, in: Marx-Engels-Werke (MEW) Band 17. Berlin, 1962, 313–365.

Oberndorfer, Lukas 2012a: Hegemoniekrise in Europa – Auf dem Weg zu einem autoritären Wettbewerbsetatismus?, in: Forschungsgruppe Staatsprojekt Europa (Hg.): Die EU in der Krise. Münster, 50–72.

Oberndorfer, Lukas 2012b: Der Fiskalpakt – Umgehung der ›europäischen Verfassung‹ und Durchbrechung demokratischer Verfahren?, in: Juridikum. Zeitschrift für Kritik, Recht, Gesellschaft, 24(2), 168–181.

Offener Brief der Ökonomen 2012: Bankenkrise. Aufruf von 272 deutschsprachigen Wirtschaftsprofessoren, in: FAZ, 5.7.2012.

Poulantzas, Nicos 2002: Staatstheorie. Politischer Überbau, Ideologie und autoritärer Etatismus. Hamburg.

Schmidt, Manfred G. 2010: Demokratietheorien. Eine Einführung, 5. Aufl.. Wiesbaden.

Seikel, Daniel 2017: Verrechtlichung und Politisierung marktschaffender Politik als politikfeldübergreifender Trend in der EU. In: Leviathan 45(3), 335–356.

Tömmel, Ingeborg 2014: Das politische System der EU, 4. Aufl. München.

Elisabeth Klatzer und Christa Schlager

HERRschaft herstellen: die geschlechterpolitischen Kosten des Umbaus der wirtschaftspolitischen Steuerung in der EU als Kern eines maskulin-autoritären Herrschaftsprojektes[1]

1. Einleitung

Die Dekade nach der Finanzkrise 2007/08 wurde von der Europäischen Union (EU) und ihren Mitgliedstaaten für einen grundlegenden Umbau- eine stille Revolution[2] – der wirtschaftspolitischen Steuerung in der EU genutzt. Dies ist ein Kernstück, aber nicht das einzige Element der Veränderung der EU in Richtung eines maskulin-autoritären Herrschaftsprojektes.[3] So ist die fortschreitende Militarisierung der EU[4] ein weiteres strategisches Kernprojekt, ebenfalls mit weitreichenden Auswirkungen auf Geschlechter- und Herrschaftsverhältnisse.[5]

Der Beitrag analysiert die Economic Governance als Beispiel weitreichender Transformationen, die tiefgreifende Veränderungen in Machtstrukturen und Institutionen sowie Art und Inhalt von Entscheidungsprozessen und Prioritätensetzungen haben. Die Veränderungen innerhalb der EU hatten und haben gravierende Auswirkungen auf Geschlechterverhältnisse, Machtverhältnisse und die Lebenssituation von Frauen und Männern auf verschiedenen Ebenen.

Mit der neuen EU Economic Governance wurden Entscheidungsprozesse im Zusammenspiel zwischen EU und Mitgliedstaaten verändert, maskulin geprägte Steuerungsmechanismen geschaffen bzw. verstärkt und Geschlechterverhältnisse nachhaltig beeinflusst. Gleichzeitig werden durch neue und verschärfte Regeln und Prozesse der Abbau des Wohlfahrtsstaates und der Umbau des Staates, insbesondere durch Druck auf öffentliche Finanzen insgesamt beschleunigt und Prioritäten verschoben.

Die Analyse des Umbaus der Geschlechterverhältnisse im Zuge der Umstrukturierungen umfassen neben den Auswirkungen auf Lebensverhältnisse die geschlechterpolitischen Dimensionen von wirtschaftspolitischen Institutionen, Entscheidungs-

---

1 Dieser Artikel ist ein Sukkus der im Literaturverzeichnis angeführten Artikel der Autorinnen der Jahre 2008–2019.
2 *Klatzer/Schlager* 2011, 61.
3 *Klatzer/Schlager* 2019, 45ff; zum autoritären Umbau siehe auch Oberndorfer 2012 und 2019, 27ff, der den „autoritären Wettbewerbsetatismus" als Antwort auf die Hegemoniekrise der EU analysiert.
4 Vgl. *Jäger/Roithner* 2019, 183ff.
5 *Klatzer* 2019, 23ff.

und Governance Mechanismen, sowie wirtschaftspolitischen Zielen, Prioritäten und Regeln, die Veränderungen von Staatlichkeit und die makroökonomische Politik. Der Beitrag gibt einen Überblick über diese Veränderungen der Geschlechter- und Machtverhältnisse im Rahmen der EU Economic Governance und beleuchtet die Dimensionen des maskulin-autoritären Umbaus.

2. Ein kurzer Überblick über den Umbau durch die EU Economic Governance

Eine kurze Charakteristik der wesentlichen Elemente der neuen EU Economic Governance dient als Basis für die nachfolgende Analyse der Veränderungen der Geschlechter- und Machtverhältnisse im Zuge dieses maskulin-autoritären Umbaus.

Inmitten der Banken- und Wirtschaftskrise begann – ganz nach dem Muster der „Schockstrategie"[6] – ein bedeutender Umbau der wirtschaftspolitischen Koordinierung innerhalb der EU, der 2010-2012 zügig durchgezogen wurde, ohne nennenswerte öffentliche Diskussionen über die Reform und deren Auswirkungen. Aufbauend auf den Mechanismen der wirtschaftspolitischen Koordinierung im Rahmen des Stabilitäts- und Wachstumspaktes, der Integrierten wirtschafts- und beschäftigungspolitischen Leitlinien sowie der wirtschaftspolitischen Gesamtstrategie, die nach der 2010 ausgelaufenen Lissabon Strategie in der Europa 2020 Strategie zusammengefasst wurde, stellen sich die wesentlichen Elemente der neuen Economic Governance folgendermaßen dar.[7]

(1) Der Umbau des Stabilitäts- und Wachstumspaktes mit der Ausgabenregel im präventiven Arm, der Schuldenregel im korrektiven Arm und der Verschärfung der Sanktionen für Euroländer führt zu einseitigem Sparzwang und zur Verpflichtung zum raschen Abbau der Defizite weitgehend unabhängig von der konjunkturellen Situation. Die Stellung der Europäischen Kommission wird gestärkt und quasi-automatische Sanktionen für Euroländer verstärken den Druck auf öffentliche Budgets. Damit wird die Regelgebundenheit der Fiskalpolitik verstärkt und der Spielraum für budgetpolitische Entscheidungen entscheidend verengt.

(2) Die Einführung des neuen Prozesses der Makroökonomischen Überwachung mit dem Verfahren eines übermäßigen makroökonomischen Ungleichgewichtes und Vorgaben für wirtschaftspolitische Maßnahmen von europäischer Seite mit ebenfalls quasi-automatischen Sanktionen für Euroländer im Falle des Abweichens bedeutet eine entscheidende Stärkung der wirtschaftspolitischen Koordinierung. Dieses System ist nicht wertneutral, sondern zielt unter dem Deckmantel der Verbesserung der „Wettbewerbsfähigkeit der Staaten" auf die Senkung der Lohn-

---

6 *Klein* 2007.
7 Die EU Rechtsakte und weitere Dokumente sind auf der Webseite der Europäischen Kommission zu finden, siehe Europäische Kommission o.J.

kosten, und damit auf eine Reduktion der Einkommen der Mehrheit der Menschen in Europa ab.[8]

(3) Die Einführung des Europäischen Semesters brachte eine enge ex-ante Koordinierung und strikte Überwachung der Budget- und Wirtschaftspolitik der EU-Mitgliedstaaten mit sich. Zudem ermöglichen sie starke Eingriffe der Europäischen Kommission und des ECOFIN Rates in budget- und wirtschaftspolitische Prioritätensetzungen der Mitgliedstaaten. Damit werden demokratiepolitisch legitimierte Entscheidungsprozesse auf mitgliedsstaatlicher Ebene de facto eingeengt und in Richtung nachträglicher Absegnung von Vorgaben auf EU Ebene entwertet. Anschauliches Beispiel hierfür ist die Budgetdiskussion zwischen Italien und der EU Kommission, bzw. der Eurogruppe im November/Dezember 2018.[9]

(4) Zusätzlich wurde ein völkerrechtlicher Vertrag außerhalb der EU-Verträge beschlossen, an dem alle MS außer Großbritannien und die Tschechische Republik beteiligt sind. In diesem "Treaty on the Stability, Coordination and Governance in the Economic and Monetary Union" wird de facto ein Nulldefizit/Schuldenbremse – bzw. für viele Länder die Notwendigkeit zu Überschüssen – festgeschrieben: Das jährliche strukturelle Defizit muss unter 0,5% des BIP bleiben (bei Mitgliedstaaten mit einem Schuldenstand unter 60% liegt die Vorgabe bei unter 1% des BIP) und ein entsprechender automatischer Korrekturmechanismus bei Überschreiten muss eingeführt werden. Der Vertrag verpflichtet die Mitgliedstaaten, dies verfassungsrechtlich – oder vergleichbar – in nationales Recht umzusetzen und spricht dem EuGH die Kontrollbefugnis darüber zu. Weitere Bestimmungen betreffen die wirtschaftliche Konvergenz und die Eurogruppe.

(5) Zwei weitere Verordnungen („Twopack") konkretisieren und verschärfen den Prozess der wirtschafts- und haushaltspolitischen Überwachung der MS noch weiter.

(6) Der Europäischen Stabilitätsmechanismus (ESM) wurde durch einen völkerrechtlichen Vertrag eingerichtet. Damit wurde eine neue Institution geschaffen, mit der Aufgabe, Finanzhilfen an Mitgliedstaaten zu vergeben – verbunden mit strikten Auflagen und makroökonomischen Anpassungsprogrammen, verhandelt und kontrolliert von der Europäischen Kommission. Eurozonen-Finanzminister*innen haben den Vertrag verhandelt und sich selbst in entscheidende Positionen innerhalb des ESM gesetzt. Problematisch ist, dass der ESM strukturell so geschaffen wird, dass er intransparent und abgeschottet von demokratischen Institutionen handeln kann. Der ESM arbeitet eng mit dem Internationalen Währungsfonds (IWF) und der Europäischen Zentralbank (EZB) zusammen, das Europäische Parlament bleibt aber ausgeschlossen. Es gibt keinerlei Kontrollmög-

---

8 Vgl. *Syrovatka* 2019.
9 Vgl. *Heimberger* 2019.

lichkeiten durch das EP und es werden nicht reguläre Kontrollinstitutionen geschaffen, zudem kann der Verwaltungsrat, bestehend aus Finanzminister*innen sein Kontrollorgan selbst wählen.

Die im Zuge der Krisenpolitik forcierte Economic Governance der EU zielt auf eine in zentralen Bereichen grundlegend umgestaltete und mit stärkerer Durchgriffsmacht von EU-Institutionen auf Mitgliedstaaten ausgestaltete wirtschaftspolitische Steuerung ab. Die wesentlichen Charakteristika dieser neuen wirtschaftspolitischen Steuerung sind:[10]

- Regelgebundenheit mit hoher rechtlicher Bestandskraft, die demokratische Entscheidungsspielräume wesentlich beschneidet,
- einseitige Defizit- und Verschuldungsabbau-Ausrichtung, die zu Kürzungszwang und Abbau von Sozialstaatlichkeit führt,
- verstärkter Druck auf Löhne und Arbeitsrechte (unter der Formel „Wettbewerbsfähigkeit"),
- ein hohes Maß an Übertragung heikler wirtschafts- und budgetpolitischer Entscheidungskompetenzen auf demokratisch nicht legitimierte kleine elitäre Gruppen innerhalb der Bürokratie mit erheblichem Machtzuwachs der Finanzbürokratie in Kommission und Mitgliedstaaten,
- Schaffung und Verstärkung intransparenter Prozesse, Einschränkung der Möglichkeit der demokratischen Einflussnahme bzw. Kontrolle.[11]

Diese Trends sind ein Musterbeispiel des von Stephen Gill[12] geprägten Konzeptes des „new constitutionalism of disciplinary neo-liberalism". Durch schwer abänderbare Regeln werden einseitige wirtschaftspolitische Konzepte den Mitgliedstaaten aufgezwungen, wirtschaftspolitische Handlungsspielräume radikal eingeschränkt und Abweichungen unter beträchtliche Geldbußen gestellt (bis 0,5% des BIP). Der Begriff disziplinär bezieht sich dabei nicht nur auf Disziplinierung zu neoliberalen Wirtschaftspolitiken und Disziplinierung der Eurozonenstaaten durch Strafen, sondern geht einher mit verstärkter Disziplinierung auf individueller Ebene, wo systemische Risiken in Form von Arbeitslosigkeit und Armut abgewälzt werden und gleichzeitig Betroffene durch verstärkte Kontrollen, Leistungskürzungen sowie Sanktionen bei Nichteinhaltung verschärfter Bedingungen bestraft werden. Diese neuen Entwicklungen in der EU werden in Anlehnung an Gill als "europäischen Krisenkonstitutionalismus"[13] bzw. autoritärer Wettbewerbsetatismus[14] bezeichnet.

---

10 Vgl. *Klatzer/Schlager* 2012, 27.
11 Siehe hierzu auch *Brunkhorst* sowie *Kannankulam* in diesem Band.
12 *Gill* 1998.
13 *Bieling* 2011, 61.
14 *Oberndorfer* 2012, 2019.

3. Geschlechterdimensionen des Umbaus im Rahmen der Economic Governance der EU

Die feministische Analyse des Umbaus der wirtschaftspolitischen Steuerung beruht auf der Verbindung und Vertiefung von Ansätzen der feministischen Makroökonomie mit jenen anderer Disziplinen, insbesondere der politikwissenschaftlichen Geschlechterforschung. Analytische Ansätze, die „Strategic Silence"[15] der wirtschaftspolitischen Regeln und Maßnahmen und des institutionellen Settings in der EU analytisch zu durchdringen, sind nötig. Die geschlechterblinden Politiken haben eingeschriebene geschlechterpolitische Schieflagen, „gender biases",[16] und damit gravierende Auswirkungen auf die Lebensverhältnisse von Frauen. Die Grundlagen der Analyse liefern also einerseits Arbeiten der feministischen Ökonomie, die den Blick auf gesamtwirtschaftliche Zusammenhänge und Geschlechterimplikationen lenken[17] Andererseits hat die politikwissenschaftliche Geschlechterforschung zu europäischer Integration, Staatlichkeit und Governance[18] wesentliche Befunde herausgearbeitet, die es in eine feministische politökonomische Analyse zu integrieren gilt. Feministische Ansätze des Institutionalismus heben zudem hervor, „[g]endered institutions are crucial for understanding power inequalities in public and political life".[19]

Während in der feministischen Forschung über die Auswirkungen der Finanzkrise und der Austeritätspolitik die Lebensbedingungen von Frauen und Männern im Vordergrund stehen,[20] sind die Auswirkungen und Geschlechterimplikationen viel tiefergreifender. Der Umbau der Geschlechter- und Machtverhältnisse umfasst auch wirtschaftspolitische Institutionen, Entscheidungs- und Governance Mechanismen, sowie wirtschaftspolitische Ziele, Prioritäten und Regeln, die Veränderungen von Staatlichkeit und die makroökonomische Politik. Abbildung 1 veranschaulicht, dass diese Veränderungen ineinandergreifen.

---

15 *Bakker* 1994.
16 Vgl. *Elson/Cagatay* 2000; *Elson/Warnecke* 2011; *Young/Bakker/Elson* 2011.
17 Vgl. z.B. *Bakker* 1994; *BargawiCozziHimmelweit* 2017; *Bettio et al.* 2013; Elson 2002; *Elson/ Cagatay* 2000; *Elson/Warnecke* 2011; *Gubitzer* 2006; *Klatzer/Schlager* 2014; *Löfström* 2009; *Young/Bakker/Elson* 2011.
18 Vgl. u.a. *Kreisky* 2001; *Sauer* 2001; *Wöhl* 2011.
19 *Mackay* 2011, 182.
20 Vgl. z.B. *Bargawi/Cozzi/Himmelweit* 2017; *Hozic/True* 2016; *Karamessini/Rubery* 2013.

101

Abbildung 1: Geschlechterdimensionen des Umbaus der EU Economic Governance

Quelle: Eigene Darstellung

3.1. Umbau der Institutionen und Entscheidungsprozesse: Aushöhlung der Demokratie und Ausbau maskulin-autoritärer Strukturen

Insgesamt wurden mit der Economic Governance wirtschaftspolitische Handlungsspielräume und -optionen durch schwer abänderbare Regeln stark eingeschränkt, und die ohnehin schwach demokratisch ausgeprägten Entscheidungsprozesse in diesem Bereich wurden weiter ausgehöhlt.

Durch die Verlagerung von budget- und wirtschaftspolitischer Gestaltungsmacht von den Mitgliedsländern hin zu europäischen Institutionen wurden Entscheidungsspielräume von nationalen Parlamenten, wo Frauen zwar nach wie vor unterrepräsentiert sind, aber in den letzten Jahrzehnten doch an Einfluss gewinnen konnten, eingeschränkt.

Demgegenüber gewinnt die Finanzbürokratie, die männlich dominiert und von maskulin geprägten Werten, Traditionen und Verhaltensmustern geprägt sind, an Macht und Einfluss. Das sind insbesondere Finanzministerien und deren Gremien, der ECOFIN-Rat und die informellen Treffen der Finanzminister*innen der Eurogruppe sowie die Generaldirektion Wirtschaft und Finanzen innerhalb der Europäischen Kommission, aber auch die Europäische Zentralbank. Diese Machtverschiebungen in budget- und wirtschaftspolitischen Entscheidungen und die stärkere Regelbindung haben wesentliche Auswirkungen auf die Vertretung und den Einfluss von Frauen auf relevante Entscheidungsprozesse. Es wird im neuen Gefüge immer schwieriger, Frauen- und Gleichstellungsinteressen zu vertreten, da die neuen Mechanismen im Vergleich zu nationalen Parlamenten und Regierungen ungleich weniger rechenschaftspflichtig und für gesellschaftliche Interessen ohne große Lobby und ohne große Finanzmittel weit weniger zugänglich sind.

Die neuen wirtschaftspolitischen Mechanismen fördern eine vermeintlich unabhängige Expertokratie. Es zeigt sich jedoch, dass gerade technokratische, nicht demokratisch kontrollierte und legitimierte Entscheidungsmechanismen besonders anfällig für verschleierte Interessenpolitik sind.

Öffentlich thematisiert wurde diese Machtverschiebung durch den damaligen griechischen Finanzminister Yanis Varoufakis bei den Verhandlungen über eine Verlängerung des griechischen Wirtschaftsanpassungsprogramms in der Eurogruppe im Sommer 2015:

> „Die Währungsunion wird von einem undurchsichtigen Gremium regiert, das niemandem Rechenschaft schuldig ist und dessen Sitzungen nicht protokolliert werden. Meiner Ansicht nach ist das ein Anschlag auf die Demokratie. [...] Es ist ein Desaster, was Europa in dieser Runde angetan wird".[21]

---

21 *Handelsblatt* 2015. Mittlerweile wurden einige Maßnahmen bezüglich Transparenz der Eurogruppe gesetzt, die Mitglieder, Tagesordnung und Ergebnisse werden auf der Ratshomepage

Wirtschaftspolitische Entscheidungen werden demokratischen Institutionen zunehmend entzogen und in ausgewählte bürokratische oder informelle Machtzentren verlagert. Die Politikwissenschafterin Birgit Sauer nennt diese Entwicklung eine „Entöffentlichung" von politischen Entscheidungsräumen.[22] Dabei werden intransparente Prozesse geschaffen und ausgebaut, die neue Kanäle für einflussreiche Lobbys multinationaler Unternehmen und Finanzmarktakteur*innen eröffnen. Allein 1.700 Finanzlobbyist*innen in Brüssel zählte eine Studie des Corporate Europe Observatory.[23] Klar an der Spitze liegt hier wenig überraschend Großbritannien, also die „City of London", die mit mehr als 140 Organisationen vertreten ist. Starke Player sind auch Deutschland mit über 80 und Frankreich mit mehr als 60 Organisationen.

Der Anteil von Frauen und ihr Einfluss in traditionellen demokratischen Institutionen hat über die letzten Jahrzehnte langsam, aber stetig zugenommen. So liegt der Frauenanteil im Europaparlament nach der Wahl 2019 bei 40 %.[24] Die effektive Entscheidungsmacht in wirtschaftspolitischen Fragen liegt aber bei den Mitgliedstaaten sowie ausgewählten EU-Institutionen mit nach wie vor niedrigem Frauenanteil wohingegen das Europäische Parlament in der Economic Governance nur eine marginale Rolle spielt.

So weist die Europäische Zentralbank lediglich einen Frauenanteil von 8 %, der Rat der Finanzminister*innen von 12 % und die Generaldirektion Wirtschaft und Finanzen der Europäischen Kommission 25 % auf.[25] Diese Verschiebung ist in sich eine geschlechterpolitische, da diese finanzpolitischen Institutionen nicht nur in einem viel höheren Ausmaß von Männern dominiert sind als viele andere Teile der Bürokratie, sondern auch nach wie vor von sehr maskulinen Normen und Traditionen geprägt sind.[26] In diesen Institutionen, Strukturen und Verfahren selbst sind traditionelle Männlichkeitsbilder und Wertvorstellungen hegemonialer Männlichkeit eingeschrieben.[27] Ian Bruff und Stefanie Wöhl sprechen davon, dass eine spezifische neoliberale Form des ökonomischen Wissens zur Anwendung kommt,[28] in der die soziale Reproduktionsarbeit ausgeblendet wird. Diese beinhaltet auch eine geschlechterpolitische symbolische Ordnung, die bei den Diskursen und wirtschaftspolitischen Entscheidungen zum Tragen kommt. Geschlechtergerechtigkeit wird kaum

---

veröffentlicht. Die Eurogruppe bleibt aber weiterhin ein informelles Gremium mit weitreichenden Beschlussmöglichkeiten.

22 *Sauer* 2011, 34.
23 *Corporate Europe Observatory* 2014.
24 https://www.dw.com/de/das-eu-parlament-wird-weiblicher-langsam/a-49430887.
25 In der GD ECFIN sind mit Stand Oktober 2019 unter den 16 Spitzenrepräsentant*innen vier Frauen (25 % Frauenanteil) (vgl. Europäische Kommission 2019. Im Rat der EZB, dem obersten Gremium der EZB, befinden sich Stand Oktober 2019 zwei Frauen unter den 25 Mitgliedern (8 % Frauenanteil) (vgl. ECB 2019). Am Treffen des ECOFIN am 14.06.2019 nahmen 4 Frauen und 29 Männer teil (12 % Frauenanteil), siehe ECOFIN 2019.
26 Vgl. *Klatzer/Schlager* 2012; *Schuberth* 2006; *Sauer* 2010.
27 Vgl. *Kreisky/Löffler* 2009.
28 *Bruff/Wöhl* 2016.

thematisiert, und es wird ihr in ökonomischen Zusammenhängen im Krisendiskurs keine Bedeutung zugemessen. Selbst vorhandenes Wissen wird ignoriert.

3.2. Regelgebundenheit und geschlechterpolitische Wirkungen des Abbaus des Wohlfahrtsstaates und Umbaus des Staates

Die Einführung einer strikten Regelgebundenheit der Fiskalpolitik verstärkt den Druck zu Budgetkürzungen und bedeutet, dass sich der Spielraum für budgetpolitische Entscheidungen entscheidend verengt. Im Zuge der „Krisenpolitik" in der Finanz- und Wirtschaftskrise wird die „geschlechterambivalenten Wettbewerbsstaatlichkeit",[29] der Fokus auf – geschlechterblinde und gleichstellungsriskante – Wettbewerbsstaatlichkeit in der EU, weiter einseitig verschärft.

Mit dem Verfahren bei makroökonomischen Ungleichgewichten, dem Euro-Plus-Pakt und den Produktivitätsräten wird darauf abgezielt, die Ideologie des Wettbewerbsstaates stärker in den EU-Staaten zu verankern. Das Primat der wirtschafts- und finanzpolitischen Interessen in der EU gegenüber sozialen oder gleichstellungspolitischen Anliegen wird in diesen Prozessen verfestigt. Das Staatsverständnis ist das eines Wettbewerbsstaates, der auf internationale Standortkonkurrenz ausgerichtet ist und autoritär auftritt. Sozialausgaben werden großteils als Ballast angesehen, die die Wettbewerbsfähigkeit einschränken.

Im Diskussionsprozess über die „Qualität öffentlicher Finanzen"[30] im Rahmen des Stabilitäts- und Wachstumspaktes sollen „zukunftsgerichtete" Ausgabenbereiche identifiziert und ausgeweitet werden. Diese sind dem Wesen nach Ausgaben, die sich positiv auf das Humanpotenzial einer Volkswirtschaft auswirken. „Vergangenheitsbezogene" Ausgabenbereiche, worunter Ausgaben fallen, die keine angebotsseitigen Wachstumsimpulse auslösen können, d.h. insbesondere Pensions-, Pflege- und Unterstützungsleistungen und große Teile der Gesundheitsausgaben, sollen gekürzt werden. Ziel soll ein „schlanker, wettbewerbsfähiger Staat" sein. Damit kommt der Sozialstaat als solcher unter enormen Rechtfertigungsdruck. Nur jene Ausgaben, die strukturpolitisch insofern als „produktiv" angesehen werden, als sie die Ökonomie wettbewerbsfähiger machen, können bestehen. Vermeintlich „unproduktiven" Ausgaben, unabhängig von deren sonstigen sozialpolitischen Funktionen, droht ein Abbau. Da der Sozialstaat auf der Ausgabenseite zu jenen mit geringerem Einkommen umverteilt, und dies sind aufgrund der Einkommenssituation zum überwiegenden Teil Frauen, treffen Kürzungen Frauen stärker. Zudem kommt es damit zu einer Rückverweisung von sozialen Aufgaben in den privaten Bereich. Die Budgetpolitik

---

29 *Genetti* 2010, 215.
30 *Haberfellner/Part* 2009.

dient hier als Motor zur Restrukturierung des Staates.[31] Die „Economic Governance" beschränkt (Sozial-)Ausgaben quantitativ und qualitativ und verstärkt und befördert damit den Umbau. Gleichzeitig wird der Militär- und Polizeistaat ausgebaut, sowohl in der EU – mit einer Verpflichtung zur Erhöhung der Militärbudgets der EU-Länder – als auch in den Mitgliedstaaten werden öffentliche Ausgaben in diesen Bereichen teilweise drastisch erhöht.[32]

Die nachteiligen Folgen eines Regimewechsels in Richtung eines Wettbewerbsetatismus auf die Geschlechterverhältnisse werden nach wie vor weitgehend ausgeblendet. Die Maskulinisierung von Gesellschaft, Politik und Staat[33] schreitet in diesem Staatsverständnis weiter voran. Die Veränderungen weisen weitreichende geschlechterpolitische Charakteristika und Implikationen[34] auf:

• Orientierung neoliberaler Diskurse und Praxen an maskulinen Normen,
• Reprivatisierung und Refeminisierung von sozialen Reproduktionsaufgaben,
• Verschiebungen in den Bedeutungen von Privatem und Öffentlichkeit sowie
• Herausbildung einer neuen hegemonialen Geschlechterordnung und eines neuen Genderregimes.

Die strikten Schulden- und Defizitregeln führten in vielen Ländern zu drastischen Maßnahmen. So waren Lohnkürzungen und Abbau öffentlicher Beschäftigung, oft besonders in frauendominierten Bereichen, Teil der Krisenbewältigungsmaßnahmen. Ausgehend davon, dass der öffentliche Sektor immer noch relativ gute Beschäftigungsmöglichkeiten für Frauen bietet mit geringeren Lohnungleichheiten (Gender Pay Gap) und oft besseren Arbeitsbedingungen, bedeutet dieser Abbau, dass Geschlechterungleichheiten verschärft werden und damit in der Geschlechterpolitik ein ‚U Turn' – ein Umkehrprozess – eingeleitet wurde.

Leistungskürzungen (versteckt mit irreführenden Begrifflichkeiten wie „Sparen im System"), die Marktgläubigkeit und das Ziel der Geldwertstabilität dominieren den Diskurs. So wurden im Zuge der Krise sozialstaatliche Leistungen drastisch beschnitten, was die Situation von vielen Frauen, die aufgrund gesellschaftlicher Arbeitsteilung einen großen Anteil der Sorge-, Pflege- und Haushaltsarbeit zu leisten haben, weiter schwächt. Die Durchsetzung wirtschaftlicher, sozialer und politischer Gleichstellung von Frauen und Männern wird damit erschwert. Der durch verankerte Schuldenbremsen verstärkte Druck auf Sozialbudgets, und das Pochen auf Eigenverantwortung, erzeugt Risikoindividualisierung, die insbesondere all jene belastet, die nicht dem Idealbild der flexiblen, wenn möglich gut gebildeten, jederzeit einsatzbereiten Arbeitskraft entsprechen.

---

31 Vgl. *Schlager/Klatzer* 2008.
32 Vgl. *Klatzer/Schlager* 2019b.
33 Vgl. *Sauer* 2010.
34 Vgl. *Genetti* 2010, 142.

3.3. Geschlechterwirkungen der Geldpolitik

Nicht nur die restriktive Fiskalpolitik, auch geldpolitische Maßnahmen haben geschlechterpolitische Wirkungen.[35] Die EZB führt ihre Geldpolitik ohne demokratische Beteiligung und weitestgehend auch ohne demokratische Kontrolle durch. Die Frage der Wirkungen der Geldpolitik auf Geschlechterungleichheiten und andere gesellschaftliche Schieflagen wird nicht thematisiert. Die EZB hat mit ihrer Politik des Quantitative Easing enorme Mengen billigen Geldes zur Verfügung gestellt, die vor allem Banken, Konzernen und Vermögenden zugutekommen. Das billige Geld der EZB wird von Konzernen für Aktienrückkäufe verwendet, die Rekordwerte erreichen und die Aktienpreise stark steigen lassen.[36]

Angesichts der nach wie vor eklatanten Geschlechterungleichheit bei Vermögenswerten wie Aktienbesitz verstärken die Wirkungen der Geldpolitik auch diese negativen Geschlechterverhältnisse zu Lasten von Frauen. Insofern bedeutet das Zusammenwirken von Geld- und Fiskalpolitik einander verstärkende Wirkungen der Verschiebung der Geschlechterverhältnisse entlang sozialer und anderer Bruchlinien.

3.4. Unbezahlte Arbeit als sozialer Airbag

Eine Schlüsselkategorie der Analyse makroökonomischer Zusammenhänge aus der Geschlechterperspektive ist die Einbeziehung der sozialen Reproduktionsarbeit. Ein substanzieller Teil der Arbeitszeit von Frauen wird unbezahlt geleistet, diese Tätigkeiten stellen aber eine unerlässliche Voraussetzung für das Funktionieren der Wirtschaft dar. Dennoch werden die Auswirkungen von wirtschaftspolitischen Maßnahmen auf die unbezahlte Arbeit nicht mitgedacht. Sie werden strategisch verschwiegen.

Der durch den Druck von europäischer Seite beschleunigte Wandel des öffentlichen Sektors vom Wohlfahrtsstaat hin zum Wettbewerbsstaat hat ungleich höhere Auswirkungen auf Frauen aufgrund ihrer gesellschaftlich schwächeren Position und einer hartnäckig anhalten Arbeitsteilung entlang von Geschlechterlinien. Es kommt zu einer Verlagerung der Kosten in den privaten Bereich, wo vielfach Frauen die öffentlichen Leistungsreduktionen mit ihrer unbezahlten Arbeit kompensieren. In Haushalten, die es sich leisten können, verschiebt sich die Last oft auch auf – u.U. illegale – Migrantinnen, die nicht selten schlechten Arbeitsbedingungen und Abhängigkeitsverhältnissen ausgesetzt sind.

Obwohl private Haushalte aufgrund der Austeritätspolitik als Systemstabilisator immer wichtiger werden, da fehlende staatliche Leistungen ersetzt werden müssen,

35 *Elson/Cagatay* 2000.
36 *Young* 2015, 2018.

werden sie von der Politik nicht adressiert. Unbezahlte Arbeit, die der Kompensation fehlender Ressourcen dient und überwiegend von Frauen geleistet wird, ist kein Thema.[37] Die stark zunehmende Überbeanspruchung von Frauen – Diane Elson nennt sie „overworked but underemployed",[38] weil sie versuchen, (schlecht) bezahlte und unbezahlte Arbeit in Einklang zu bringen – spielt für die Entscheidungsträger*innen keine Rolle. Geschlechtersensible Budgetanalysen zeigen, dass Sozialabbau Frauen in der Regel stärker trifft, da sie aufgrund ihrer Betreuungspflichten, Segregation auf dem Arbeitsmarkt und gesellschaftlicher Diskriminierung im Durchschnitt deutlich niedrigere Erwerbseinkommen haben.[39] Die unbezahlte Arbeit dient als „sozialer Airbag" der den Mangel an Ressourcen im Haushalt kompensieren muss. Diese weithin geübte Praxis, Krisenkosten abzuwälzen, wurde von Diane Elson als „downloading of risks to the kitchen"[40] bezeichnet.

Die Wirkung von Krisenbewältigungsmaßnahmen auf unbezahlte Arbeit wird weder im Rahmen der Economic Governance, noch sonst in wirtschaftspolitischen Maßnahmen angesprochen, geschweige denn untersucht. Dies ist umso unverständlicher, wenn die Dimension der unbezahlten Arbeit verdeutlicht wird. Knittler[41] schätzt auf Basis vorhandener Daten, das Verhältnis zwischen bezahlter und unbezahlter Arbeit in Österreich 40:60, es wird mehr unbezahlt, als bezahlt gearbeitet. Die unbezahlte Arbeit wird überwiegend von Frauen geleistet. Zahlen zur Zeitverwendung werden wenig erhoben, aber die Größenordnung dürfte für entwickelte Industriestaaten zumindest ein Richtwert sein. Das völlige Ignorieren dieses immensen Volumens an erbrachter Leistung, die einen Großteil an Versorgung- und Fürsorgearbeit in einer Volkswirtschaft leistet, ist ein grundlegendes Problem in der gegenwärtigen Ökonomie. Es zeigt, wie sehr die Ökonomie eine HERRschaftslehre und -politik ist. Es geht augenscheinlich nicht um die Lebensgrundlagen, die Versorgung bzw. Fürsorge für Menschen und Umwelt, sondern um die Verwertungslogik. Das ist Teil der „Strategic Silence",[42] eines strategischen Schweigens in Ökonomie und Wirtschaftspolitik. Fragen der sozialen Reproduktion werden in der gesamten wirtschaftspolitischen Steuerung der EU negiert.

4. Ansatzpunkte emanzipatorischer Transformation der EU Wirtschaftspolitik

Ansatzpunkte wirksamer geschlechterpolitischer Strategien einer emanzipatorischen Transformation der Wirtschaftspolitik bedürfen einer vom Alltag der Lebensrealitä-

---

37 Ebd., 100f.
38 *Elson* 2002.
39 Vgl. *Women's Budget Group* 2013; *Karmessini/Rubery* 2014; *O'Hagan/Klatzer* 2018.
40 *Elson* 2002.
41 *Knittler* 2018, 94.
42 *Bakker* 1994.

ten her gedachten Transformation auf drei zentralen Ebenen (siehe Abbildung 2). Wird der Ausgangs- und Mittelpunkt der Überlegungen in Bezug auf die Alltagserfahrung von Frauen und Männern gedacht, ergibt sich die Notwendigkeit einer Neukonzeptualisierung von Ökonomie und damit einhergehend auch von Wirtschaftspolitik. Wie feministische Ökonom*innen herausgearbeitet haben, geht es um ein Verständnis von Ökonomie auf Basis der sozialen Reproduktion, einer „Care-Economy": Nur eine Konzeptualisierung von Wirtschaft als ver- und vorsorgender Wirtschaft kann blinde Flecken im Bereich der Sorgetätigkeit überwinden und ist damit eine essenzielle Basis für Gleichstellung. Feministische Strategien, die nicht auch die zentrale Bedeutung der sozialen Reproduktion thematisieren, gehen an der Substanz gleichstellungspolitischer Strategien vorbei.

Ein zweiter Ansatzpunkt geschlechterpolitischer Strategien ist die emanzipatorische Transformation von Staatlichkeit, was die EU Ebene miteinschließt. Während Wettbewerbsstaatlichkeit eine immanent maskulin geprägte Ideologie ist, geht es um die Frage, welche Organisation und welche Gestaltung von Staatlichkeit auf allen Ebenen – lokal, regional, national, und international – mit Blick auf die Bedürfnisse der Menschen konzipiert werden müssen. Dabei stellt sich die Frage nach den Funktionen, der Rolle und der Bedeutung des öffentlichen Sektors ebenso wie jene nach der Gestaltung der Strukturen und Prozesse. Die öffentliche Organisation von universellen Care-Dienstleistungen für Kinder, Ältere, Kranke und Menschen mit besonderen Bedürfnissen, ein emanzipatorischer Um- und Ausbau des „Öffentlichen" sowie wirksame Maßnahmen zur Eindämmung der Macht des Finanzsektors und multinationaler Unternehmen sowie zum Abbau der enormen Ungleichheit bei Vermögen und Einkommen sind dabei wesentliche strategische Ansatzpunkte.

Der dritte Ansatzpunkt bezieht sich auf den Ausbau geschlechtergerechter partizipatorischer Institutionen und Entscheidungsprozesse. Das Konzept der Geschlechterdemokratie weist darauf hin, dass auch diese Dimension grundlegender anzulegen ist. Demokratie ist mehr als Repräsentation. Voraussetzungen für Geschlechterdemokratie sind u.a. öffentliche Räume für die Diskussion über Fraueninteressen, Mechanismen der Vermittlung von frauenbewegten deliberativen Öffentlichkeiten in die Institutionen hinein sowie Lebensbedingungen, die Partizipation in einem umfassenden Sinn ermöglichen.[43]

---

43 *Sauer/Wöhl* 2011, 16.

Abbildung 2: Emanzipatorische Transformation der europäischen Wirtschaftspolitik

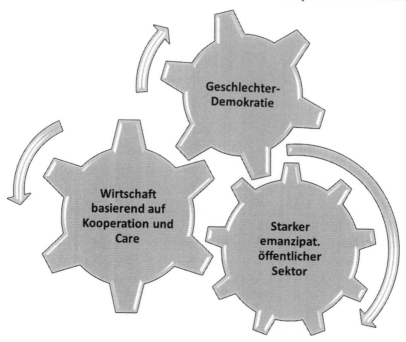

Quelle: Klatzer/Schlager 2019a

Diese Triade von Ansatzpunkten liefert eine theoretische und praktisch-politische Grundlage für emanzipatorische Transformation. Nur wenn diese drei Ebenen – Care-Ökonomie, Geschlechterdemokratie und emanzipatorisches Verständnis von Staatlichkeit – gleichzeitig im Blick sind, werden Fortschritte in Richtung Gleichstellung und Emanzipation tatsächlich möglich. Diese Triade kann ein neues Fundament für eine an sozialem Ausgleich, emanzipatorischer Gleichstellung und Solidarität orientierte Zusammenarbeit in Europa und darüber hinaus legen.

5. Schlussfolgerungen

Der Neoliberalismus ist ein enormes Projekt der Maskulinisierung von Gesellschaft, Politik und Staat,[44] dieses Projekt wurde und wird in der EU effizient und beschleunigt durch die Economic Governance mit zunehmender Geschwindigkeit vorangetrieben. Die Analyse des Umbaus innerhalb der EU bestätigt frühere Einsichten,

---

44 *Kreisky* 2001; *Sauer* 2010, 44.

dass neoliberale Politik mit politischen Rückschritten in Sachen Gleichstellung eng verknüpft ist. Frauen haben nicht nur den größeren Anteil der Kosten und Risiken der neoliberalen Politiken zu tragen, vielmehr noch werden verstärkte Ungleichgewichte ignoriert. Gemäß dem Befund von Eva Kreisky „neoliberale Globalisierung … ist Geschlechterpolitik schlechthin"[45] kommt es zwar zum Verblassen tradierter patriarchaler Muster, aber gleichzeitig findet eine Re-Maskulinisierung gesellschaftlicher Verhältnisse statt. Laut Kreisky ist das „Ziel maskuliner Ideologie die Genesung vor-moderner Männlichkeitsmuster". Frauen- und gleichstellungspolitische Anliegen werden allerdings „nicht offen gewalttätig" sondern ideologisch verdeckt blockiert.[46]

Diese Tendenzen werden mit der EU Economic Governance verschärft und beschleunigt. Die konstitutionalisierte Regelbindung der neoliberalen Wirtschaftspolitik in der EU, stellt demnach auch eine Konstitutionalisierung der geschlechterpolitischen Blindheit und geschlechterpolitischer Bias/Schieflagen europäischer Wirtschaftspolitik mit verstärkter Kosten- und Risikoabwälzung auf Frauen dar. Die europäische Economic Governance ist Geschlechterpolitik mit verdeckten Karten.

Die Krise wird zur Festigung patriarchaler Hegemonie und hegemonialer Männlichkeit genutzt. Es findet ein Umbau von Staat und Politik unter maskulinen Vorzeichen statt. Die Krisenverursacher treten als Krisenlöser auf, und können sich damit an der Macht halten.[47]

Durch die EU Steuerungsmechanismen verlieren Frauen entscheidend an mühsam erkämpftem Terrain der Beteiligung an Entscheidungsprozessen. Frauen sind in traditionellen repräsentativen Institutionen bereits unterrepräsentiert, in den neuen EU Governance Mechanismen gehen bereits erkämpfte Mitgestaltungsräume wieder verloren, da Macht und Einfluss sich auf neue Institutionen verschieben, die sehr stark männlich dominiert und maskulin konnotiert sind.

Mit der EU Governance werden maskuline Steuerungsmechanismen eingeführt bzw. verstärkt und die wirtschaftspolitischen Rezepte beruhen stillschweigend auf feminisierter Kosten- und Risikoabwälzung. Die EU schafft mit der neuen Economic Governance also nicht nur enorme wirtschafts-, sozial- und demokratiepolitische Probleme, sondern auch geschlechterpolitische Probleme und konstitutionalisiert hegemoniale männliche Strukturen.

Wiewohl die Economic Governance gerade darauf abzielt, grundlegende Veränderungsmöglichkeiten radikal zu beschneiden, gibt es diese immer. Eine positive geschlechterpolitische Veränderung darf angesichts der drastischen maskulin-autoritären Transformation allerdings nicht an der Oberfläche bleiben. Eine Emanzipatorische Transformation der wirtschaftspolitischen Steuerung bedarf einer Strategie, die

---

45 *Kreisky* 2001, 87.
46 Ebd. 2001, 88f.
47 *Sauer* 2010, 43f.

zumindest drei Bereiche in Angriff nimmt: Institutionen und Prozesse in Richtung Geschlechterdemokratie zu verändern, einen starken emanzipatorischen öffentlichen Sektor ausbauen und die Wirtschaft basierend auf Kooperation und Care umzubauen. Um dafür in der EU Economic Governance Ansatzpunkte zu verankern, bedarf es grundlegender Änderungen, auch auf institutioneller und normativer Ebene.

Literatur

Addabbo, Tindara/*Klatzer*, Elisabeth/*Schlager*, Christa/*Villa*, Paola/*De Villota*, Paloma 2018: Challenges of Austerity and Retrenchment of Gender Equality. In: O'Hagan, Angela/Klatzer, Elisabeth (Hrsg.): Gender Budgeting in Europe. Developments and Challenges. Cham. 57–84.

Bakker, Isabella 1994: The Strategic Silence: Gender and Economic Policy. London.

Bargawi, Hannah/*Cozzi*, Giovanni/*Himmelweit*, Susan 2017: Economics and Austerity in Europe. Gendered Impacts and Sustainable Alternatives. New York.

Bettio, Francesca/*Corsi*, Marcella/*D'Ippoliti*, Carlo/*Lyberaki*, Antigone/*Samek Lodovici*, Manuela/*Verashchagina*, Alina 2013: The impact of the economic crisis on the situation of women and men and on gender equality policies, Synthesis Report. European Commission.

Bieling, Hans-Jürgen 2011: EU-Verfassungspolitik und Wirtschaftsregierung. Krisenkonstitutionalismus gegen Volkssouveränität und Demokratie. In: Widerspruch 61(11), 61–70.

Bruff, Ian/*Wöhl*, Stefanie 2016: Constitutionalizing Austerity, Disciplining the Household: Masculine Norms of Competitiveness and the Crisis of Social Reproduction in the Eurozone. In: Hozic, Aida/True, Jacqui (Hrsg.): Scandalous Economics, Gender and the Politics of Financial Crises. Oxford, 92–108.

Corporate Europe Observatory 2014: The Fire Power of the Financial Lobby; Unter: https://corporateeurope.org/sites/default/files/attachments/financial_lobby_report.pdf (zugegriffen am 15.4.2019).

ECOFIN 2019: ECOFIN PARTICIPANT 14 June 2019. Brussels,https://www.consilium.europa.eu/media/39749/14-ecofin-participants.pdf .

Elson, Diane/*Catagay*, Nilüfer 2000: The Social Content of Macroeconomic Policies. In: World Development, 28(7), 1347–1364.

Elson, Diane 2002: International financial architecture: A view from the kitchen. Unter: https://www.cepal.org/mujer/curso/elson1.pdf (zugegriffen am 17.5.2019).

Elson, Diane 2017: A gender-equitable macroeconomic framework for Europe. In: Bargawi Hannah/*Cozzi*, Giovanni/*Himmelweit*, Susan (Hrsg.): Economics and Austerity in Europe. Gendered Impacts and Sustainable Alternatives. New York, 15–26.

Elson, Diane/*Warnecke*, Tanja 2011: IMF Policies and Gender Orders. The case of the Poverty Reduction and the Growth Facility. In: Young, Brigitte/ Bakker, Isabella/Elson, Diane (Hrsg.): Questioning Financial Governance from a Feminist Perspective. London/New York, 110–131.

Europäische Kommission 2019: Economic and Financial Affairs – Organisation chart. 01.10., http://ec.europa.eu/dgs/economy_finance/organisation/ecfin_org_chart_en.pdf).

Europäische Kommission o.J.: The EU's economic governance explained, https://ec.europa.eu /info/business-economy-euro/economic-and-fiscal-policy-coordination/eu-economic-gover nance-monitoring-prevention-correction/european-semester/framework/eus-economic-gov ernance-explained_en (zugegriffen am 3.8.2019).

EZB 2018: Der EZB Rat. (Oktober 2019), https://www.ecb.europa.eu/ecb/orga/decisions/ govc/html/index.de.html.

Genetti, Evi 2010: Europäische Staaten im Wettbewerb. Zur Transformation von Geschlechterordnungen im Kontext der EU. Münster.

Gill, Stephen 1998: European Governance and New Constitutionalism: Economic and Monetary Union and Alternatives to Disciplinary Neoliberalism in Europe. In: New Political Economy. 3(1), 5–26.

Gubitzer, Luise 2006: Wirtschaft ist mehr! Sektorenmodell der Gesamtwirtschaft als Grundlage für Geschlechtergerechtigkeit. In: Widerspruch 50, 17–29.

Haberfellner, Caroline/*Part*, Peter 2009: Die Verbesserung der Qualität öffentlicher Finanzen als Teil der Recovery-Strategie nach der Krise, BMF Working Paper 3/2009. Wien. Unter: https://www.bmf.gv.at/services/publikationen/BMF-WP_3_2009_Die_Verbesserung_der_ Qualitaet_der_oeffentlich.pdf?63xfq6 (zugegriiffen am 5.6.2019).

Handelsblatt 2015: Varoufakis über die Euro-Gruppe, „Es ist ein Desaster, was Europa angetan wird", 28.7.2015. Unter: http://www.handelsblatt.com/politik/international/varoufakisueber-die-euro-gruppe-es-ist-ein-desaster-was-europa-angetan-wird/12113452.html (zugegriffen am 14.3.2019).

Heimberger, Philipp 2019: Italien vs. EU-Kommission: Warum ein Defizitverfahren kontraproduktiv wäre, https://awblog.at/italien-defizitverfahren-kontraproduktiv/ (zugegriffen am 3.8.2019).

Himmelweit, Susan 2017: Conclusion: explaining austerity and its gender impact. In: Bargawi et. al. (Hrsg.): Economics and Austerity in Europe. Gendered Impacts and Sustainable Alternatives. New York, 189–203.

Hozic, Aida/*True*, Jacqui (Hrsg.) 2016: Scandalous Economics, Gender and the Politics of Financial Crises. Oxford.

Jäger, Johannes, *Roithner*, Thomas 2019: The EU as an Intrnational Player: Promoting Stability and Development? In: *Springer*, Elisabeth/*Wöhl*, Stefanie/*Pachel*, Martin/*Zeilinger*, Bernhard, 2019: The State of the European Union. Wiesbaden, 175–193.

Karamessini, Maria/*Rubery*, Jill (Hrsg.) 2014: Women and Austerity, the economic crisis and the future for gender equality. London/New York.

Klatzer, Elisabeth 2019: Farewell to EU peace illusions: (In)securitization and militarization of the European Union as a key project of masculine authoritarian transformations of the EU. In: Kurswechsel 1/2019, 23–33.

Klatzer, Elisabeth/*Schlager*, Christa 2019a: Rückwärtsgang eingelegt: Ausmaß und Folgen der geschlechterpolitischen Lücke der Wirtschaftspolitischen Steuerung der Europäischen Union. In Soukop, Nikolai, 2019: Neoliberale Union oder soziales Europa? Ansätze und Hindernisse für eine soziale Neuausrichtung der EU. Wien, 43–58.

Klatzer, Elisabeth/*Schlager*, Christa 2019b: Losing grounds: Masculine-authoritarian reconfigurations of power structures in the European Union. In: Springler, Elisabeth/Wöhl, Stefanie/Pachel, Martin/Zeilinger, Bernhard, 2019: The State of the European Union. Wiesbaden, 45–75.

113

Klatzer, Elisabeth/*Schlager*, Christa 2016: Gender Mainstreaming oder Mainstream ohne Gender? Wirtschaftspolitische Steuerung in der Europäischen Union: Geschlechterblind und gleichstellungsriskant. In: Femina Politica 02/2016, 37–49.

Klatzer, Elisabeth/*Schlager*, Christa 2014: Gender and Macroeconomics: Economic Governance in the European Union – reconfiguration of gendered power structures and erosion of gender equality. In: Evans, May/Hemmings, Clare/Henry, Marsha/Johnstone, Hazel/Madhok, Sumi/Wearing, Sadie (Hrsg.): The SAGE Handbook of Feminist Theory, Los Angeles et al., 483–499.

Klatzer, Elisabeth/*Schlager*, Christa 2012: Genderdimensionen der neuen EU Economic Governance, in: Kurswechsel 1/2012, 23–35.

Klatzer, Elisabeth/*Schlager*, Christa 2011: Europäische Wirtschaftsregierung – eine stille neoliberale Revolution. In: Kurswechsel 1/2011, 61–81.

Klein, Naomi 2007: Die Schock-Strategie. Der Aufstieg des Katastrophenkapitalismus. Frankfurt/Main.

Knittler, Käthe 2018: Auseinanderdriftende Produktivitäten und der Care-Sektor. In BEIGEWUM (Hrsg.): Umkämpfte Technologien, 87–101.

Kreisky, Eva 2001: Die maskuline Ethik des Neoliberalismus – die neoliberale Dynamik des Maskulinismus. In: femina politica, 10(2), 76–91.

Kreisky, Eva/*Löffler*, Marion 2009: Maskulinismus und Staat: Beharrung und Veränderung. In: Ludwig, Gundula/Sauer, Birgit/Wöhl, Stefanie (Hrsg.): Staat und Geschlecht: Grundlagen und aktuelle Herausforderungen feministischer Staatstheorie. Baden-Baden, 75–88.

Löfström, Åsa 2009: Gender equality, economic growth and employment. Stockholm.

Mackay, Fiona 2011: Conclusion: Towards a Feminist Institutionalism? In: Krook, Mona Lena/Mackay, Fiona, (Hrsg.): Gender, Politics and Institutions: Towards a Feminist Institutionalism. Basingstoke, 181–196.

O'Hagan, Angela/*Klatzer*, Elisabeth 2018: Gender Budgeting in Europe. Developments and Challenges. Macmillan.

Oberndorfer, Lukas 2019: Between the Normal State and an Exceptional State Form: Authoritarian Competitive Statism and the Crisis of Democracy in Europe. In: Springler, Elisabeth/Wöhl, Stefanie/Pachel, Martin/Zeilinger, Bernhard 2019: The State of the European Union. Wiesbaden, 23–44.

Oberndorfer, Lukas 2012: Hegemoniekrise in Europa – Auf dem Weg zu einem autoritären Wettbewerbsetatismus? In: Forschungsgruppe Staatsprojekt Europa (Hrsg.): Die EU in der Krise. Münster, 50–72.

Sauer, Birgit 2011: Feministische Anmerkungen zur „Postdemokratie". In: Aus Politik und Zeitgeschichte (APuZ) 1–2/2011, 32–36.

Sauer, Birgit 2010: Das Geschlecht der Finanz- und Wirtschaftskrise. In: Kurswechsel 1/2010, 38–46.

Sauer, Birgit 2001: Vom Nationalstaat zum Europäischen Reich? Staat und Geschlecht in der Europäischen Union. In: Feministische Studien, 1/2001, 8–20.

Sauer, Birgit/*Wöhl*, Stefanie 2011: Demokratie und Geschlecht. In: Friedrich-Ebert-Stiftung (Hrsg.): Demokratie Deutschland 2011, 4–15; http://www.demokratie-deutschland-2011.de /common/pdf/Demokratie%20in%20Deutschland_2011.pdf.

Schlager, Christa/*Klatzer*, Elisabeth 2008: Budgetpolitik als Motor zur Restrukturierung des Staates. In: Kurswechsel 2/2008, 38–46.

Schuberth, Helene 2006: Fiskalische Strategien auf EU-Ebene – Implikationen für Gender Budgeting. In: Lichtenecker, Ruperta/Salmhofer, Gudrun (Hrsg.): Gender Budgeting. Theorie und Praxis im internationalen Vergleich. Innsbruck, 49–60.

Syrovatka, Felix 2019: Frankreich im Fokus der Neuen Europäischen Arbeitsmarktpolitik, https://awblog.at/frankreich-neue-europaeische-arbeitsmarktpolitik/ (zugegriffen am 3.8.2019).

WBG (Women's Budget Group) 2013: The impact on Women of Budget 2013. A budget for inequality and recession. London.

Weiner, Elaine/*MacRae* Heather, 2014: The persistent invisibility of gender in EU policy: Introduction. In: European Integration online Papers, Special Issue 1(18).

Wöhl, Stefanie 2011: Gender Mainstreaming in European Employment Policies. In: Critical Policy Studies, 5(1), 32–46.

Young, Brigitte/*Bakker*, Isabella/*Elson*, Diane 2011: Questioning Financial Governance from a Feminist Perspective. London.

Young, Brigitte 2018: Heterodoxe Perspektive auf die Krise: Ein feministisch makroökonomischer Blick auf die unkonventionelle Geldpolitik der EZB. Präsentationsunterlagen. Unter: https://pluralesparadies.files.wordpress.com/2018/04/jena_young_feministische-oekonomie-und-geldpolitik.pdf (zugegriffen am 2.8.2019).

Young, Brigitte 2015: Financialization, Central Bank Policies and Gender Biases, Vorlesung. Unter: https://www.youtube.com/watch?v=Z5kabgJydQ8&list=PLHcX3MybUIx71qs1JvrB70_tfgp7Cyhk1&index=11 (zugegriffen am 2.8.2019).

Hans-Jürgen Bieling

Europäische Integration und wohlfahrtsstaatliche Entwicklung

1. Einleitung

Die Diskussionen über den Verlauf und Fortgang der europäischen Integration beziehen sich häufig auf ein „Europäisches Sozialmodell".[1] Was sich dahinter genau verbirgt, welche Komponenten hierzu gehören, auf welcher Ebene – der nationalen oder supranationalen Ebene – dieses Sozialmodell angesiedelt ist oder sein soll, ist zumeist jedoch unklar. In einer etwas schwächeren Diktion haben andere Beobachter daher auch eher von der Herausbildung einer „sozialen Dimension" der europäischen Integration gesprochen. Um diese Dimension zu stärken, sind in der Vergangenheit viele politische Initiativen gestartet worden.[2] Um nur einige zu nennen: Der Europäische Sozialfonds (ESF) stellt seit den 1950er Jahren Mittel für Programme bereit, die die berufliche Qualifikation und die Integration in den Arbeitsmarkt verbessern sollen. 1974 wurde erstmals ein Aktionsprogramm verabschiedet, dessen Verordnungen und Richtlinien darauf zielten, Arbeitnehmerrechte zu stärken und die Gleichbehandlung von Mann und Frau zu fördern. Der Europäische Gerichtshof (EuGH) unterstützte diesen Prozess ebenfalls durch eine ganze Reihe von Gleichstellungsurteilen. Im Zuge des EG-Binnenmarktes ging es dann verstärkt darum, einen „europäischen Sozialraum" zu schaffen: durch die „feierliche Erklärung" der Sozialcharta von 1989, durch ein weiteres sozialpolitisches Aktionsprogramm, durch die Entwicklung und Institutionalisierung eines auf EU-Ebene angesiedelten sozialen Dialogs zwischen den Sozialpartnern und durch die Aufstockung von Strukturfondsmittel zur Bekämpfung regionaler Disparitäten. In der Vorbereitung der Wirtschafts- und Währungsunion (WWU) und im Kontext der Erweiterungsrunden richtete sich der Blick verstärkt darauf, Verfahren zur Koordinierung der Arbeitsmarktpolitik und zur Modernisierung der wohlfahrtsstaatlichen Sicherungssysteme („Lissabon-Strategie") zu etablieren,[3] bevor zuletzt mit der Europäischen Säule sozialer Rechte die unterschiedlichen Aktivitäten noch einmal programmatisch verdichtet wurden.

Die angeführten Initiativen waren keineswegs bedeutungslos, aber in ihrer Wirkung begrenzt. Sie haben nicht verhindern können, dass sich auch auf dem Gebiet

---

1 *Hay/Watson/Wincott* 1999; *Aust/Leitner/Lessenich* 2002.
2 *Platzer* 2016, 95–100.
3 *Bieling* 2001; *Goetschy* 2009.

der arbeits- und sozialpolitischen Regulation die Asymmetrie von „negativer" und „positiver" Integration seit den 1980er Jahren stärker ausgeprägt hat.[4] Die „negative Integration", d.h. der Abbau von Beschränkungen der wirtschaftlichen Integration, hat infolge einer Reihe ökonomischer Kernprojekte – EG-Binnenmarkt, Finanzmarktintegration, EU-Osterweiterung etc. – deutlich an Gewicht gewonnen und wurde zumeist sehr kraftvoll und gestützt auf verbindliche Vorgaben und politische Instrumente vorangetrieben. Im Kontrast hierzu konnten Initiativen der „positiven Integration", d.h. der Etablierung neuer gemeinschaftlicher Kompetenzen, Ressourcen und Instrumente zur aktiven Gestaltung und Steuerung der europäischen Ökonomie, nur vereinzelt, zumeist sehr schleppend und wenig verbindlich lanciert werden. Dies galt zum einen für die WWU, deren institutionelles und operatives Design – bis zur Finanzkrise – in erster Linie auf Fragen der Inflationsbekämpfung und fiskalischen Disziplin zugeschnitten war; und dies galt zum anderen auch für die arbeits- und sozialpolitischen Kompetenzen, die ungeachtet der ungleichen, sozial vielfach prekären Entwicklung in der EU weit davon entfernt waren, eine supranationale Wohlfahrtsstaatlichkeit zu etablieren. Die Rede vom „sozialen Europa" erschien vielen demzufolge nur als eine „Leerformel", d.h. als ein Versprechen ohne materiellen Wert.

Nachdem durch den Integrationsschub seit den 1980er Jahren die Asymmetrie von „negativer" und „positiver" Integration deutlich verstärkt worden war, stellt sich nun allerdings die Frage, ob durch die Finanzkrise und deren Folgen eine neue Konstellation entstanden ist, die eine Abschwächung der Asymmetrie durch wirtschafts-, sozial- und arbeitspolitische Korrekturen möglich macht. Die Antwort auf die Frage nach den Chancen für eine derartige Entwicklungsdynamik fällt hier zurückhaltend aus. Es wird dargelegt, dass der Krisenverlauf durchaus einige Chancen eröffnet hat, diese Chancen aufgrund der gegebenen Kräfteverhältnisse und der institutionalisierten Blockaden alternativer europapolitischer Konzepte bislang jedoch kaum genutzt worden sind. Um diese These zu veranschaulichen, wird nachfolgend zunächst dargelegt, wie die bestehenden Komponenten von Wohlfahrtsstaatlichkeit in der EU theoretisch-konzeptionell zu fassen sind (2). In den daran anschließenden Ausführungen geht es darum, die Entwicklung der zentralen Komponenten in unterschiedlichen Entwicklungsphasen der europäischen Integration zu rekonstruieren (3). Die durch die Finanzkrise eröffnete Konstellation hat die Probleme der wohlfahrtsstaatlichen Regulierung grundsätzlich erschwert, stellt sich zum Teil aber auch ambivalent dar: Einerseits begünstigt sie die Prozesse der Deregulierung und Renationalisierung (4), andererseits sind aber auch Vorschläge auf die europäische Agenda gelangt, die einen deutlichen Kurswechsel einfordern (5).

---

4 *Scharpf* 1999; *Holman* 2004.

2. Europäische Wohlfahrtsstaatlichkeit

In der Integrationsforschung besteht ein weitgehender Konsens, dass es sich bei der EU um keinen Staat und entsprechend auch um keinen Wohlfahrtsstaat handelt. Die Begründungen für diese Einschätzung variieren jedoch, je nachdem, welches Staatsverständnis zugrunde gelegt wird. In der Diskussion ist bis heute eine Sichtweise vorherrschend, die den Staat – im Anschluss an die Überlegungen von Georg Jellinek und Max Weber – als ein hochzentralisiertes Gebilde und unitarischen Akteur begreift. Die „Drei-Elemente-Lehre" von Jellinek[5] unterstellt in diesem Sinne eine Deckungsgleichheit von Staatsgebiet, Staatsvolk und Staatsgewalt; und Weber[6] hebt ebenfalls die Aspekte eines homogenen, nach innen integrierten und nach außen abgeschlossenen „anstaltsmäßigen Herrschaftsverbands" hervor. Zentral sind für Weber die Fähigkeit, kollektiv bindende Entscheidungen zu treffen, diese durch das Monopol „legitimer physischer Gewaltsamkeit" abzusichern und zugleich für derartige Aufgaben über die erforderlichen „sachlichen Betriebsmittel", indirekt also auch über ein Steuermonopol, zu verfügen. Mit anderen Worten, der Staat wird in dieser Perspektive als ein Herrschaftsverband konzeptualisiert, der sich institutionell als autonom, zentralisiert, zugleich aber auch relativ statisch darstellt.

Der Verweis auf die staatlichen Monopolrechte bringt zum Ausdruck, dass sich die Staatsdiskussion lange sehr stark an einem juridisch-formal definierten Modell des Nationalstaats orientiert hat. Auch heute werden abweichende Formen der politischen Organisation sowie der Aushandlung und Implementierung kollektiv bindender Entscheidungen nur selten in ihrer staatlichen Qualität positiv bestimmt. Noch immer dominiert im Fall von Organisationsformen, die vom Modell des Nationalstaats abweichen, die negative Zuschreibung als nicht-staatlich. Dies gilt nicht zuletzt für die Europäische Union, wie eine Vielzahl eher umständlicher Formulierungen und Wortschöpfungen dokumentiert. Um nur einige zu nennen: „Less than a federation, more than a regime",[7] „Nationalitätenstaat",[8] „partial polity",[9] „Verbundsystem",[10] „Multi-level Governance System"[11] oder „Staatenverbund".[12] Mehr oder minder orientieren sich alle diese Wortschöpfungen am juridisch-formalen Modell des Nationalstaats, um sich in der Bestimmung der EU von diesem abzugrenzen. Die meisten Autoren scheinen sich der staatstheoretischen Defizite dieser Perspektive

---

5   *Jellinek* 1922.
6   *Weber* 1966, 27–31.
7   *Wallace* 1983.
8   *Lepsius* 1991.
9   *Sbragia* 1992, 13.
10 *Hrbek* 1993, 85.
11 *Marks et al.* 1996.
12 *Bundesverfassungsgericht* 1993.

nicht bewusst zu sein, suchen also selbst kaum nach alternativen staatstheoretischen Konzeptualisierungen.

Tatsächlich gibt es zahlreiche Angebote einer alternativen staatstheoretischen Perspektive. Eines dieser Angebote liefert die post-weberianische Staatskonzeption. Diese bezieht sich ebenfalls auf Max Weber, thematisiert dabei jedoch vor allem die von diesem diskutierten gesellschaftlichen Voraussetzungen staatlichen Handelns, nicht zuletzt die sozialen (Klassen-)Beziehungen und deren diskursive Artikulation im politischen Raum.[13] Gegen die vorherrschende Sicht auf den Staat als autonomen, zentralisierten und statischen Herrschaftsverband werden die Momente der Heteronomie, Dezentralität und Dynamik der staatlichen Operationsweise betont.[14] Die Heteronomie des Staates ergibt sich daraus, dass er – gleichsam strukturell – in die zivilgesellschaftlichen Kommunikationsräume „interaktiv eingebettet" ist. Für die einzelnen Staatsapparate stellt sich diese Einbettung zum Teil unterschiedlich dar, was zugleich darauf verweist, dass der Staat kein einheitlich-zentralisiertes Gebilde, sondern – daher die Dezentralität – eher ein Geflecht von zum Teil eigenlogischen und auf unterschiedlichen Ebenen angesiedelten Organisationselementen darstellt. Die Dezentralität impliziert zugleich ein dynamisches Verständnis des Staates, da sich dessen Operationsweise durch die diskursiven Kämpfe in der Zivilgesellschaft, zwischen zivilgesellschaftlichen und staatlichen Akteuren wie auch im Ensemble der Staatsapparate selbst fortlaufend verändert.[15] Er stellt in diesem Sinne ein Kräftefeld dar, das keineswegs auf die nationalstaatliche Ebene beschränkt ist, sondern auch sub- und supranationale Komponenten beinhaltet.

Aus der Perspektive einer neo-gramscianischen IPÖ ist der Staat ähnlich konzeptualisiert worden. Wie die post-weberianischen Überlegungen konzentriert sich auch die neo-gramscianische Diskussion auf die Operationsweise von Staats-Zivilgesellschafts-Komplexen. Ebenso wird betont, dass die staatlichen Apparate als Ausdruck und wichtige Komponente gesellschaftlicher Kräfteverhältnisse zu begreifen und keineswegs notgedrungen auf die Sphäre des Nationalstaats beschränkt sind. Die neo-gramscianische Perspektive setzt zudem einige spezifische Akzente, weist also in mancher Hinsicht über die post-weberianische Diskussion hinaus: Erstens nimmt sie Bezug auf die staatstheoretischen Überlegungen von Nicos Poulantzas, denen zufolge der Staat als „materielle Verdichtung eines Kräfteverhältnisses"[16] zu begreifen ist. Unter Berücksichtigung der unterschiedlichen „Machtknoten und Machtnetzwerke"[17] staatlichen Handelns rücken dabei die spezifischen Formen von Staatlichkeit genauer in den Blick. Zweitens thematisiert die neo-gramscianische Staatsdiskussion explizit die trans- und supranationale Handlungsebene, diskutiert also die staatliche

---

13 *Hobson/Seabrooke* 2001; *Guizzini* 2007, 26.
14 *Bieling* 2010, 30–36.
15 *Migdal/Schlichte* 2005.
16 *Poulantzas* 1978, 126.
17 Ebd.

Qualität von Europäischer Kommission, Europäischem Parlament, EuGH, EZB sowie von supranationalen Agenturen und regulativen Ausschüssen. All diese Organisationen werden als supranationale Staatsapparate und damit insgesamt: als ein „europäisches Staatsapparate-Ensemble"[18] konzeptualisiert, das gleichsam das Produkt einer – von den Regierungen und zivilgesellschaftlichen Kräften ausgehandelten – „Verdichtung zweiter Ordnung" darstellt.[19] Drittens schließlich betrachtet die neogramscianische Perspektive die interaktive Einbettung der Staatsapparate nicht nur im Verhältnis zu den zivilgesellschaftlichen Dynamiken, sondern auch im Verhältnis zu den politökonomischen Entwicklungs- und Krisendynamiken. Diese politökonomischen Dynamiken sind maßgeblich dafür mitverantwortlich, wie sich viele Formen der Staatlichkeit, nicht zuletzt der Wohlfahrtsstaatlichkeit, in der EU bislang ausgeprägt haben.

Wie in der Einleitung bereits angedeutet, gibt es in Gestalt der sozialen Dimension der europäischen Integration zwar keinen europäischen Wohlfahrtsstaat, aber durchaus Elemente einer europäischen Wohlfahrtsstaatlichkeit. Diese Elemente sind insofern sehr bescheiden, als die fiskalischen Kapazitäten der EU generell sehr beschränkt sind, d.h. bei etwa 1% des BIP liegen, und überwiegend für die Regional- und Struktur- sowie die Agrarpolitik eingesetzt werden. Die klassischen Felder einer redistributiven Sozialpolitik, die sich vor allem auf die Operationsweise der sozialen Sicherungssysteme sowie die Erziehungs-, Bildungs- und Gesundheitspolitik bezieht, fallen noch immer fast gänzlich in den nationalstaatlichen Kompetenzbereich. Diese Zuständigkeit lässt sich auch nicht so ohne weiteres auflösen, haben sich in den Mitgliedstaaten der EU – getragen durch unterschiedliche Kräfteverhältnisse, politische Allianzen, Kulturen und Rechtstraditionen – doch sehr spezifische Modelle oder Welten des Wohlfahrtsstaates herausgebildet.[20] Gleiches gilt für die kollektiven Sozialrechte, wie die Vereinigungsfreiheit und Tarifpolitik, die durch schwache europäische Initiativen allenfalls ansatzweise überformt werden. Überhaupt wird die EU – die Europäische Kommission oder der EuGH – nur dann sozialpolitisch aktiv, wenn dies für die Operationsweise des EG-Binnenmarktes und der WWU erforderlich zu sein scheint. Arbeits- und sozialpolitische Vorgaben oder Interventionen gibt es zumeist nur dann, wenn in besonders sensiblen Bereichen wie etwa dem Arbeits- und Gesundheitsschutz ein massives Sozialdumping zu befürchten ist oder bestehende nationale Regeln oder Praktiken für Marktteilnehmer – Kapitaleigner, Unternehmen oder abhängig Beschäftigte – diskriminierend wirken. Auf diese Weise können soziale Individualrechte gestärkt werden, etwa gleiche Entlohnung oder gleiche Berufschancen, indessen soziale Kollektivrechte wie die Vereinigungs- und Tariffreiheit oder das Streikrecht oft hinter den Primat der Grundfreiheiten des Binnenmark-

---

18 *Wissel* 2015, 222; siehe auch den Beitrag in diesem Band.
19 *Brand/Görg* 2003; *Bieling* 2010, 46.
20 *Esping-Andersen* 1990; *Bieling/Buhr* 2015.

tes zurücktreten und durch die grenzüberschreitende Wettbewerbsdynamik geschwächt werden.[21]

3. Wohlfahrtsstaatliche Transformationsdynamiken in historischer Perspektive

Obgleich die Operationsweise der europäischen Wohlfahrtsstaatlichkeit vornehmlich auf der Ebene des Nationalstaats definiert wird, ist die supranationale Handlungsebene keineswegs belanglos. Dies gilt zum einen für die Entwicklung der sozialen Dimension, also der supra- und transnationalen arbeits- und sozialpolitischen Kompetenzen; zum anderen aber auch für die Vorgaben des EG-Binnenmarktes und der WWU, über die sich eine europäische politische Ökonomie herausgebildet hat, die auf die nationalen Kapitalismusmodelle und deren wohlfahrtsstaatliche Organisationsformen zurückwirkt. Über diese beiden Komponenten – die europäische politische Ökonomie und die soziale Dimension – hat sich zwischen der supranationalen und nationalen Ebene von (Wohlfahrts-)Staatlichkeit eine spezifische Komplementärrität herausgebildet, die sich für die einzelnen Mitgliedstaaten aufgrund ihrer ökonomischen Position und der bestehenden wohlfahrtsstaatlichen Traditionen freilich unterschiedlich darstellt. Doch nicht nur im Raum, auch in der Zeit gibt es Unterschiede. So haben sich in der historischen Entwicklung der europäischen Integration die zentralen Merkmale und Charakteristika der Komplementarität wiederholt verändert. Ganz allgemein lassen sich drei Phasen unterscheiden: die liberal-eingebetteten Organisationsformen in den Nachkriegsjahrzehnten bis in die 1970er Jahre, die wettbewerbsorientierte Modernisierung infolge des Integrationsschubs seit den 1980er Jahren und die Neujustierung im Zuge der Reform des europäischen Wirtschaftsregierens in der Finanz- und Eurokrise.[22]

3.1. Nachkriegsjahrzehnte

In der ersten Phase, d.h. in den Jahrzehnten nach dem Zweiten Weltkrieg, waren die supranationalen Vorgaben relativ moderat. Die sozialpolitischen Elemente waren im Kern darauf beschränkt, über den – finanziell sehr bescheiden ausgestatteten – Europäischen Sozialfonds, d.h. durch berufliche Qualifizierungsmaßnahmen, die Eingliederung von MigrantInnen, Behinderten und Erwerbslosen in den Arbeitsmarkt zu fördern. Ab Ende der 1960er Jahre wirkte zudem der EuGH darauf hin, durch einige Gerichtsurteile, die Gleichstellung von Frauen bei der Entlohnung und

---

21 *Scharpf* 2009; *Höpner* 2009.
22 Eine ähnliche Phaseneinteilung findet sich bei *Ziltener* 2000 und *Bieling/Deppe* 2003.

Beschäftigung zu unterstützen.[23] Im Vergleich hierzu stellten sich die markt- und wettbewerbsschaffenden Aktivitäten weitaus umfassender dar. Dies war wesentlich den im EWG-Vertrag bereits angeführten Grundfreiheiten für Waren, Dienstleistungen, Kapital und Personen geschuldet. In der Praxis wurden diese Grundfreiheiten – anders als heute – aber lange eher zurückhaltend interpretiert. So richtete sich der Fokus auf die Realisierung der Zollunion, wobei größere Bereiche, vor allem Agrarprodukte, ausgenommen waren und die Liberalisierung auch kaum die nicht-tarifären Handelshemmnisse erfasste. Die Liberalisierung der Märkte für Kapital- und Dienstleistungen spielte nur eine Rolle, insofern sie den Warenhandel unterstützte; und die Personenfreizügigkeit war ebenfalls sehr stark durch die Aufnahmefähigkeit der Arbeitsmärkte bestimmt.

Angesichts des begrenzten und inkrementellen Charakters der erweiterten grenzüberschreitenden Aktivitäten wurde die Konstellation der Nachkriegsjahrzehnte auch als „eingebetteter Liberalismus"[24] bezeichnet. Auf der globalen Ebene erfolgte die Einbettung durch die Operationsweise des Bretton Woods Systems. Dieses war gekennzeichnet durch feste, aber anpassungsfähige Wechselkurse mit dem US-Dollar als goldgedeckter Leitwährung, einen politisch kontrollierten internationalen Kapitalverkehr und internationale Verträge – so vor allem das General Agreement on Tariffs and Trade (GATT) – und internationale Organisationen wie den IWF und die Weltbank, die das System politisch stützten. Die europäischen Aktivitäten fügten sich in die Konstellation des „eingebetteten Liberalismus" sehr gut ein.[25] Sie gingen mit Blick auf die vier Grundfreiheiten partiell über die globalen Vorgaben hinaus, umschlossen zugleich aber auch stärkere politische Interventionskapazitäten – etwa durch die Gemeinsame Agrarpolitik (GAP), durch die Europäische Gemeinschaft für Kohle und Stahl (EGKS) und seit den 1970er Jahren auch durch gemeinschaftliche Struktur- und Regionalfonds.

Die durch den globalen und europäischen Handlungsraum geschaffenen politökonomischen Bedingungen ermöglichten zugleich eine relativ umfassende nationale Einbettung der Liberalisierung. Gestützt auf den gemeinsamen Markt – und hierdurch geförderte Produktivitäts-, Investitions- und Beschäftigungseffekte – wurden die wohlfahrtsstaatlichen Systeme gestärkt und ausgebaut. Die steigenden Steuereinnahmen und Sozialbeiträge kamen nicht nur den wohlfahrtsstaatlichen Aktivitäten im engeren Sinne, also den Sozialversicherungssystemen, zugute, sondern auch einer erziehungs-, bildungs-, verkehrs- und kulturpolitisch verbesserten öffentlichen Infrastruktur. Die so gestaltete Komplementaritätsbeziehung zwischen der supranationalen und nationalen Ebene war dadurch gekennzeichnet, dass die europäische In-

---

23 *Young* 2000, 83–86.
24 *Ruggie* 1982.
25 *Bieling* 2010, 58–68.

tegration die Entwicklung der nationalen Kapitalismusmodelle und Wohlfahrtsstaaten förderte und stabilisierte.[26]

3.2. Integrationsschub

Diese Komplementaritätsbeziehung veränderte sich dann allerdings mit dem Integrationsschub seit den 1980er Jahren. Dieser vollzog sich im Anschluss an einen Strategiewechsel zu einer angebotsorientierten, markt- oder neoliberalen Wirtschaftspolitik in den Mitgliedstaaten und stützte sich auf mehrere Integrationsprojekte – den EG-Binnenmarkt, die WWU, die Finanzmarktintegration und die EU-Osterweiterung –, die die grenzüberschreitende Liberalisierung und Wettbewerbsdynamik deutlich intensivierten.[27] Das Binnenmarktprojekt ging über die Zollunion insofern hinaus, als mit der Einheitlichen Europäischen Akte (EEA) das Prinzip der wechselseitigen Anerkennung nationaler Regulierungsstandards und qualifizierte Mehrheitsentscheidungen eingeführt wurden und sich die Liberalisierung auf diese Weise verstärkt auch auf nicht-tarifäre Handelshemmnisse (regulative Standards, Subventionen etc.) erstreckte und zudem – mit dem Ziel der Errichtung eines Level Playing Fields – das Wettbewerbsrecht deutlich gestärkt wurde. Außerdem umschloss die Liberalisierung fortan sehr viel expliziter und weitreichender Dienstleistungen und den Kapitalverkehr. Mit der Realisierung der WWU ist die Dynamik in diesen Bereichen, etwa durch die Vergabe grenzüberschreitender Kredite und anderer Finanztransaktionen, nochmals intensiviert worden; ebenso durch den 1998 initiierten Aktionsplan für Finanzdienstleistungen, mit dem die Wertpapiermärkte in der EU gestärkt und integriert werden sollten. Schließlich wurde der grenzüberschreitende Wettbewerbsdruck auch durch die EU-Osterweiterung insofern verstärkt, als mit ihr die Heterogenität der nationalen Kapitalismusmodelle weiter anwuchs und – auch in Fragen der Löhne und Lohnnebenkosten – Strategien der Kostensenkung an Bedeutung gewannen.

Da sich die europäische Integration stets als ein Prozess ausgehandelter Kompromisse vollzog, also auch Konzessionen an schwächere soziale Kräfte umschloss, wurde die intensivierte Wettbewerbsdynamik auch durch einige flankierende sozialpolitische Maßnahmen moderiert: durch erweiterte Kompetenzen in Fragen der Sicherheit und des Gesundheitsschutzes am Arbeitsplatz, durch sozialpolitische Aktionsprogramme und arbeitsrechtliche Richtlinien, durch die Aufwertung des sozialen Dialogs zwischen Gewerkschaften und Arbeitgeberverbänden, durch die Aufstockung der Regional- und Strukturfonds, durch die Entwicklung einer europäischen Beschäftigungsstrategie und durch die Thematisierung sozialpolitischer Fragen im

---

26 *Ziltener* 2000.
27 *Bieling/Deppe* 2003; *Cafruny/Ryner* 2007.

Rahmen der Lissabon-Strategie und nachfolgend der Europa 2020-Strategie. Die erweiterten arbeits- und sozialpolitischen Kompetenzen eröffneten letztlich jedoch kaum Möglichkeiten, der grenzüberschreitenden Intensivierung des Wettbewerbs entgegenzuwirken. Ganz im Gegenteil, auch das Feld der Arbeits- und Sozialpolitik wurde zunehmend selbst nach Wettbewerbsgesichtspunkten reorganisiert.

Diese Reorganisation ist zugleich staatstheoretisch aufschlussreich. Sie verweist erstens darauf, dass die supranationale Ebene der europäischen Staatlichkeit im Sinne eines „neuen Konstitutionalismus" systematisch gestärkt worden ist.[28] Der neue Konstitutionalismus steht für eine spezifische „Verdichtung zweiter Ordnung", d.h. für eine vertraglich festgeschriebene, somit verbindliche, späteren demokratischen Verfahren weitgehend entzogene Verankerung von Marktfreiheiten, Wettbewerbsregeln oder Eigentumsrechten. Diese strategische Schlagseite deutet zweitens darauf hin, dass sich im europäischen Staatsapparate-Ensemble zugleich die Gewichte zwischen den unterschiedlichen Apparaten verschoben haben. Allgemein haben diejenigen Organisationen, die auf die globalisierten Handelsbeziehungen, Wertschöpfungsketten und Finanzmärkte bezogen sind – etwa die EZB, diverse regulative Ausschüsse oder die nationalen Finanzministerien an Gewicht gewonnen. In der Kommission sind einige Generaldirektionen – etwa die für den Binnenmarkt, für Wettbewerb oder für Wirtschaft und Finanzen – deutlich aufgewertet, andere, so z.B. die GD für Arbeit und Soziales, hingegen herabgestuft worden. Außerdem haben sich drittens auch einige Modalitäten der Staatlichkeit verändert. Mit der Herausbildung einer „wettbewerbsstaatlichen Integrationsweise"[29] sind in der EU weniger die Elemente einer redistributiven, als vor allem die einer regulativen und koordinierenden Staatlichkeit gestärkt worden.[30] Die regulative Angleichung und Wettbewerbsmodernisierung erfolgte vornehmlich im Kontext des EG-Binnenmarktes und der Finanzmarktintegration. Die Entwicklung der koordinierenden Staatlichkeit und Wettbewerbsmodernisierung ist in erster Linie mit der WWU und auch der EU-Osterweiterung verbunden. Sie steht für den Versuch, die nicht oder nur sehr schwer vergemeinschaftbaren Politikbereiche, wie etwa die Arbeitsmarkt- und Sozialpolitik, die Infrastrukturpolitik oder die Finanzpolitik, über die gemeinschaftliche Definition von Leitlinien, Benchmarks und Verfahren der wechselseitigen Kontrolle aufeinander zu beziehen. Unter Berücksichtigung der erweiterungsbedingt erhöhten Heterogenität in der EU geht es vor allem darum, durch die wettbewerbsorientierte Koordination ungleiche Entwicklungen in der WWU auszubalancieren. In der Komplementaritätsbeziehung mit den nationalen Kapitalismusmodellen und Wohlfahrtsstaaten haben sich die politischen Prioritäten damit gleichsam umgekehrt. Die Finanzmarktdynamik und Stabilität der WWU wird zu einem zentralen Referenzpunkt, dem sich

---

28 *Gill* 1998, 5.
29 *Ziltener* 2000.
30 *Bieling/Deppe* 2003.

die Prozesse einer wettbewerbsorientierten Modernisierung der Wohlfahrtsstaaten unterzuordnen haben.[31]

3.3. EU-Krise

Es wäre nun freilich überzogen, den erhöhten Wettbewerbsdruck, dem sich die wohlfahrtsstaatlichen Systeme ausgesetzt sehen, alleine der EU zuzuschreiben. Wie die zentralen Integrationsprojekte des EG-Binnenmarktes, der WWU oder auch der Finanzmarktintegration verdeutlichen, hat die EU die Prozesse der Globalisierung aufgenommen und selbst aktiv strukturiert. Vor dem Hintergrund einer vielfach hohen Erwerbslosigkeit und eines unterfinanzierten öffentlichen Sektors, einschließlich der sozialen Sicherungssysteme, implementierten die Regierungen in den meisten Mitgliedstaaten bereits in den 1980er und 1990er Jahren eine neoliberale Reformagenda. Diese zielte vor allem darauf, die Arbeitsmärkte zu flexibilisieren, die sozialen Sicherungssysteme zu deregulieren und die öffentlichen (Infrastruktur-)Unternehmen zu privatisieren.[32] In einigen Ländern, so etwa in Großbritannien oder in Mittel- und Osteuropa, wurden diese Prozesse sehr hart und unmittelbar realisiert. In vielen anderen Ländern wurden sie unter Beteiligung der Gewerkschaften und Arbeitgeberverbände in sog. „Sozialpakten" oder anderen Formen des Wettbewerbskorporatismus ausgehandelt.[33] Dies ermöglichte es den Gewerkschaften, den Regierungen und Unternehmen gewissen Konzessionen – zumeist Beschäftigungsgarantien – abzuringen, nicht aber die neoliberale Reformdynamik aufzuhalten oder umzukehren.

Was das institutionelle Setting und die diesem eingeschriebene strategische Orientierung betraf, so orientierten sich die maßgeblichen supranationalen und nationalen Entscheidungsträger am sog. Brüssel-Frankfurt-Konsensus.[34] Dieser beschreibt eine spezifische Arbeitsteilung innerhalb der WWU zwischen den in Frankfurt (EZB) und Brüssel (Europäische Kommission, Europäisches Parlament, Ministerrat) ansässigen Institutionen. Der Konsensus geht davon aus, dass sich die EZB ganz auf die Inflationsbekämpfung und das Ziel stabiler Preise konzentrieren kann; dass vorübergehenden Störungen in der WWU durch die Vorgaben des Stabilitäts- und Wachstumspaktes (SWP) effektiv begegnet werden kann; und dass asymmetrische Schocks in der WWU über flexibel reagierende nationale Kapitalismusmodelle, also eine Politik der strukturellen Reformen, die in besonderem Maße auf die Arbeitsmärkte und wohlfahrtsstaatlichen Regime zielen, aufgefangen werden können.

---

31 *Nölke* 2016.
32 *Dräger* 2004; *Bieling/Deckwirth/Schmalz* 2008.
33 R*hodes* 2001.
34 *De Grauwe* 2006.

Viele Akteure, vor allem die Regierungen der nordischen Länder und die Brüsseler Institutionen, orientierten sich auch in der Finanzkrise an diesem Konsens. In mancher Hinsicht wurde dieser aber durch die Wucht der Finanzkrise und das Problem einer strukturell ungleichen Entwicklung in der Eurozone deutlich infrage gestellt. Schon in der ersten Phase, unmittelbar nach dem Ausbruch der Finanzkrise, wurden – zunächst allerdings auf der nationalen Handlungsebene – mit den Konjunkturprogrammen und Fonds zur Bankenrettung in vielen Staaten zusätzliche Instrumente geschaffen, um einen Kollaps des Finanzmarktkapitalismus abzuwenden. Unterstützt wurde diese Wiederkehr eines ad hoc Interventionsstaates zum einen durch die Transformation der wettbewerbs- in krisenkorporatistische Arrangements,[35] zum anderen aber auch durch eine expansive Geldpolitik und Sonderprogramme der EZB, die darauf bedacht war, der Austrocknung des Interbankenmarktes entgegenzuwirken.[36]

Bewegten sich diese Aktivitäten noch weitgehend innerhalb des tradierten institutionellen Settings, so wurde in der zweiten Krisenphase, d.h. nach dem Übergang von der Finanz- zur Staatsschuldenkrise, die europäische Staatlichkeit deutlich reorganisiert. In Gestalt eines „europäischen Krisenkonstitutionalismus" kam es erneut zu Verdichtungsprozessen zweiter Ordnung, d.h. rechtlichen, institutionellen und prozeduralen Ergänzungen und Neujustierungen im Gefüge des europäischen Wirtschaftsregierens.[37] Auch ohne die zahlreichen Initiativen und Diskussionen hier im Detail nachzuzeichnen, lassen sich einige Merkmale der krisenkonstitutionalistischen Verdichtung rasch identifizieren: So wurde – etwa durch die Aufwertung der EZB und Eurogruppe[38] – die Exekutivlastigkeit des EU-Systems nochmals verstärkt. Zugleich sind die ausgehandelten krisenkonstitutionalistischen Kompromisse durch eine gewisse Ambivalenz gekennzeichnet. Sie zielen im Kern darauf, den europäischen Finanzmarktkapitalismus zu stabilisieren und die Funktionsweise der WWU – bei Beibehaltung ihrer zentralen Eckpfeiler – operativ anzupassen. Vor dem Hintergrund unterschiedlicher Krisenerfahrungen und Interessenlagen artikulieren sich in der operativen Anpassung aber auch unterschiedliche Vorstellungen und politische Prioritäten, so dass der Krisenkonstitutionalismus sich partiell ambivalent darstellt. Die ausgehandelten Übereinkünfte lassen sich grob zwei Schwerpunkten zuordnen.[39]

Den einen Schwerpunkt bilden die Aktivitäten, die in die Richtung einer europäischen Haftungsgemeinschaft zielen. Einige weitreichende Initiativen, so etwa die Schaffung von Eurobonds, sind zwar früh abgewehrt, andere Übereinkünfte aber durchaus implementiert worden. Als wichtige Elemente der Haftungsgemeinschaft

---

35 *Urban* 2012.
36 *Heinrich* 2019.
37 *Bieling/Guntrum* 2019.
38 *Heinrich* 2019; *Abels* 2019.
39 *Bieling* 2013.

gelten vor allem: der Europäische Stabilitätsmechanismus (ESM), der im Sommer 2012 aus der zuvor eingerichteten Europäischen Finanzstabilisierungsfazilität (EFSF) hervor gegangen war und mit 750 Mrd. Euro über ein beträchtliches Interventionsvolumen verfügt; die strategische Neuorientierung und die erweiterten Kompetenzen der EZB, insbesondere deren Niedrigzinspolitik und aktives Liquiditätsmanagement und die Übernahme von „Lender of Last Resort"-Aufgaben für private Unternehmen und öffentliche Institutionen; sowie die Einrichtung einer Bankenunion, in der transnationale systemrelevante Banken der Aufsicht durch die EZB unterstellt sind, insolvente Kreditinstituten gemäß einem europäischen Verfahren saniert und abgewickelt werden und perspektivisch auch die nationalen Einlagensicherungssysteme zusammengeschlossen werden.

Der andere Schwerpunkt ist vor allem durch die Ziele der austeritätspolitischen Konsolidierung und verbesserten Wettbewerbsfähigkeit definiert. Hierauf bezogen waren vor allem folgende Initiativen: die Einführung eines Europäischen Semesters, innerhalb dessen die nationalen Haushaltspolitiken frühzeitig durch die Kommission und den Ministerrat koordiniert und kontrolliert werden; die Verschärfung der Kriterien des Stabilitäts- und Wachstumspaktes (SWP) durch die Verabschiedung eines sog. „Sixpacks" aus fünf Verordnungen und einer Richtlinie; der Fiskalpakt, der in die gleiche Richtung weist und die deutsche Schuldenbremse auf die Eurozone überträgt; der allerdings weniger verbindliche „Euro plus Pakt", der die wettbewerbsorientierte Reformagenda auf weitere Bereiche der Arbeits- und Sozialpolitik erweitert; und die Etablierung einer Troika aus Kommission, EZB und IWF, die die Kreditvergabe durch den ESM und die Einhaltung der mit den Krediten verbundenen Reformauflagen in den hochverschuldeten Krisenstaaten überwacht und kontrolliert.

Da die Haftungsgemeinschaft nicht besonders umfassend angelegt und reformpolitisch stark konditionalisiert worden ist, gibt es letztlich ein deutliches Übergewicht des zweiten Schwerpunktes der Austerität und gestärkten Wettbewerbsfähigkeit. Die unter dieser Maßgabe initiierte Reorganisation des europäischen Staatsapparate-Ensembles impliziert in diesem Sinne eine nochmalige, zugleich aber auch differenzierte Stärkung der supranationalen Wettbewerbsmodernisierung. Die Differenzierung zeigt sich nicht zuletzt darin, dass sich – insbesondere was Reformen im Bereich der Arbeitsmärkte, der Arbeitsbeziehungen und der wohlfahrtsstaatlichen Systeme betrifft – unterschiedliche Formen eines „neuen Interventionismus" entwickelt haben.[40] Besonders hart und verbindlich ist dieser Interventionismus vor allem dann, wenn er von der Troika ausgeübt wird, um innerhalb der WWU eine sog. „interne Abwertung" zu erzwingen. Deutlich weniger hart und interpretationsbedürftig sind hingegen die koordinierend-diskursiven Druckmechanismen, die anknüpfend an die Beschäftigungs- und Lissabon-Strategie mit der „Offenen Methode der Koordinie-

---

40 *Schulten/Müller* 2013.

rung" (OMK) nun im Europäischen Semester angewendet werden. Aber auch in diesem Setting werden mehr oder minder ähnliche Ziele angestrebt. Die gemeinschaftlichen Instrumentarien sind in diesem Sinne zwar differenziert und haben unterschiedlich harte und weitreichende Konsequenzen für die EU-Mitgliedstaaten, sie drängen jedoch übergreifend darauf, die Löhne, Lohnnebenkosten und öffentlichen Ausgaben zu senken, um über eine gedrosselte Inflation – mitunter sogar Deflation – und gestärkte Wettbewerbsfähigkeit die ungleiche Entwicklung in Europa auszubalancieren.[41]

4. Deregulierung und Renationalisierung

Im Kern handelt es sich bei der skizzierten Kostensenkungsstrategie um eine Fortschreibung der neoliberalen Reformagenda der 1980er und 1990er Jahre. Noch immer geht es darum, die Arbeitsmärkte und Arbeitsbeziehungen zu flexibilisieren und die sozialen Sicherungssysteme und das öffentliche Infrastrukturangebot zu deregulieren und zu privatisieren.[42] Der Wohlfahrtsstaat erscheint als ein unnötiger Kostenfaktor, der mit Blick auf eine gesteigerte Wettbewerbsfähigkeit beschnitten und reorganisiert werden muss. Auch die Muster der Reorganisation scheinen sich nicht wesentlich zu verändern. Im Kern fügen sie sich insgesamt in die Struktur einer dreigliedrigen Spaltung des Wohlfahrtsstaates:[43] So werden die steuerfinanzierten Sozialleistungen – im Sinne der Workfare-Orientierung – vielfach abgesenkt (Segment 1). Gleiches gilt für die an die Erwerbstätigkeit gekoppelten Sicherungsleistungen, also die klassischen Elemente des Sozialversicherungsstaates (Segment 2). Je nach verfügbarem Einkommen und Vermögen eröffnen oder erzwingen diese Kürzungen zugleich den Raum, vermehrt private Zusatzversicherungen abzuschließen, um offensichtliche Versorgungslücken – vornehmlich in der Alters- und Krankenversicherung – zu schließen (Segment 3). Diese Kontinuitäten der Kostenreduktion und Spaltung des Wohlfahrtsstaates sind auffällig und prägend. Zugleich gibt es im Vergleich zu den 1980er und 1990er Jahren aber auch einige Differenzen, die auf einen veränderten staatlichen Handlungskontext verweisen.[44]

Erstens ist sicherlich zu berücksichtigen, dass die Arbeitsmärkte, Arbeitsbeziehungen, Sozialsysteme und öffentlichen Infrastrukturdienste in der Zwischenzeit bereits beträchtlich reformiert worden sind. Prekäre Beschäftigungsverhältnisse, flexibilisierte Arbeitsbeziehungen, beschnittene, (teil-)privatisierte und konditionalisierte Sozialleistungen und eine ausgedünnte staatliche Infrastruktur verdeutlichen, dass

---

41 *Sablowski/Schneider/Syrovatka* 2018, 362–6.
42 *Seikel* 2017.
43 *Castel* 2005, 105–6.
44 *Lehndorff* 2014; *Bieling/Buhr* 2015; *Müller/Platzer* 2016.

weitere Reformschritte nicht immer ganz leicht zu identifizieren sind und vielfach an die Substanz der wohlfahrtsstaatlichen Regulierung gehen. Dies gilt insbesondere für die Länder der süd- und osteuropäischen Peripherie, in denen der Umfang und das Niveau der wohlfahrtsstaatlichen Organisation aufgrund der geringeren wirtschaftlichen Leistungskraft ohnehin relativ niedrig sind.

Zweitens stellt sich die Reformdynamik in der EU sehr ungleich dar. Die wohlfahrtsstaatlichen Entwicklungen driften – analog zur ungleichen wirtschaftlichen Entwicklung – stark auseinander. Dieses Phänomen der Ungleichzeitigkeit und Ungleichmäßigkeit ist zwar nicht vollkommen neu, es wird jedoch durch die differenzierten Formen der europäischen Intervention zusätzlich akzentuiert. Allgemein lassen sich folgende Ländergruppen identifizieren. Deutschland, Österreich, die Niederlande und die skandinavischen Länder sind relativ gut durch die Krise gekommen und präsentieren sich – die strukturellen Leistungsbilanzüberschüsse weisen darauf hin – als relativ wettbewerbsfähig. Maßnahmen der arbeits- und sozialpolitischen Kostensenkung fielen daher eher moderat aus. Es gab sogar einige selektiv verbesserte Sozialleistungen und Mindeststandards. Hatten diese Länder zum Teil bereits vor der Finanzkrise umfassenden Reformen implementiert, so verlagerte sich der Anpassungs- und Reformdruck nun sehr stark auf die weniger wettbewerbsfähigen Ökonomien mit einer strukturell defizitären Leistungsbilanz, so etwa Frankreich und Italien.[45] Die Arbeitsmärkte dieser Länder sind deutlich segmentiert – neben einem relativ geschützten Kernbereich besteht ein großer Bereich atypischer, vielfach prekärer Beschäftigung –, indessen die Sozialsysteme, insbesondere die Rentensysteme, mit erheblichen Finanzierungsproblemen konfrontiert sind. In Reaktion auf den verstärkten Reformdruck haben die Regierungen und arbeits- und sozialpolitischen Akteure die relativ hohen Schutzstandards des Kernbereichs – etwa den Kündigungsschutz – gelockert, die Zugangs- und Berechnungskriterien sowie Leistungsniveaus der Alterssicherung restriktiver gefasst und die Ausgaben für den öffentlichen Sektor abgesenkt. Eine dritte Gruppe bilden schließlich die Länder Süd- und Mittel- und Osteuropas. In Mittel- und Osteuropa erfolgte die Absenkung des Regulierungs- und Leistungsniveaus relativ stetig. Von manchen Ausnahmen abgesehen ging es allgemein um eine verringerte Reichweite und Dezentralisierung von Tarifverhandlungen, einen reduzierten Kündigungsschutz, eine Ausweitung der befristeten Beschäftigung, eine Absenkung des Mindestlohns und des Arbeitslosengeldes und die Kürzung der gesetzlichen Renten. Angesichts der Schwäche der Gewerkschaften und sozialen Bewegungen gab es allenfalls punktuell Widerstand. Etwas anders stellt sich die Situation in den südeuropäischen Gesellschaften dar.[46] Hier waren die Gewerkschaften – insbesondere im öffentlichen Sektor – noch mobilisierungsfähig. Die austeritäts- und strukturpolitischen Vorgaben der Troika stießen in Griechenland, Portu-

---

45 *Meardi* 2014; *Lux* 2017; *Syrovatka* 2018.
46 *Huke/Clua-Losada/Bailey* 2015.

gal und indirekt auch Spanien auf massiven Widerstand, zumal mit ihnen – etwa in Form von Massenentlassungen, Lohnstopps und Lohnkürzungen – sehr harte Einschnitte verbunden waren und auch die Gesundheitsversorgung und Alterssicherung drastisch beschnitten wurde.

Drittens schließlich stehen die Reformprozesse in einem noch genauer zu klärenden Verhältnis zu den sich verändernden gesellschaftlichen Solidarbeziehungen. Diese werden im Kontext von Globalisierung und grenzüberschreitender Migration zum einen geöffnet und individualistischer definiert, zum anderen aber auch in Reaktion auf vielfältige Unsicherheiten und Verlustängste, die den sozialen Status, kulturelle Traditionen oder die Zukunft nachkommender Generationen betreffen,[47] vermehrt wohlfahrtschauvinistisch verengt. Die wohlfahrtsstaatlichen Regime bewegen sich als Formen institutionalisierter Solidaritäten in diesem Spannungsfeld. Ihnen ist eine wechselseitige Unterstützungs- und Beistandsverpflichtung eingeschrieben, die nach Maßgabe konkurrierender normativer Orientierungen und Interessenlagen neu gefasst und ausgehandelt wird. Die etablierten Teilbereiche der wohlfahrtsstaatlichen Regulation – Arbeitsmärkte, Arbeitsbeziehungen, Sozialsysteme und öffentliche Infrastruktur – geraten hierbei von zwei Seiten unter Druck: zum einen, wie dargestellt, durch den grenzüberschreitenden Wettbewerb und die Krisenprozesse einer europäischen politischen Ökonomie, die sich selbst normativ am Leitbild einer neoliberal-kosmopolitischen, d.h. eher minimalen und auf individuellen Rechten basierenden Wohlfahrtsstaatlichkeit orientiert; und zum anderen zuletzt aber auch durch populistisch-nationalistische Diskurse, die darauf hinwirken, den segmentären Charakter wohlfahrtsstaatlicher Leistungen im Sinne exkludierender, auf privilegierte Gruppen der nationalen Volksgemeinschaft begrenzte Solidaritäten zu verstärken.

5. Perspektiven und Alternativen

Angesichts der skizzierten Entwicklungen ist es um die Zukunft einer inklusiv-solidarischen Entwicklung der wohlfahrtsstaatlichen Regulierung in der EU eher schlecht bestellt. Dies liegt nicht einfach nur daran, dass die populistisch-nationalistischen Kräfte die europäische Integration insgesamt in Frage stellen könnten, sondern ihr Bedeutungsgewinn eine kritische Debatte über eine Revision der Wohlfahrtsstaatlichkeit in Europa strukturell erschwert; und zwar auf zweifache Weise: erstens dadurch, dass sich für weitere Vergemeinschaftungsschritte zur Korrektur des transnationalen Wettbewerbs und der mit diesem verbundenen Krisen- und Anpassungsprozesse kaum die erforderlichen Mehrheiten finden lassen; und zweitens dadurch, dass sich die Diskussion auf die problematische Frage nach „mehr oder

---

47 *Bieling* 2017; *Gidron/Hall* 2017.

weniger" Europa verengt. Genau diese Verengung gilt es jedoch zu überwinden und durch die Leitfrage nach den inhaltlichen Prioritäten, alternativen Gestaltungsmöglichkeiten und angemessenen staatlichen Organisationsformen europäischer Politik zu ersetzen.[48]

Um diese Leitfrage auf die Agenda zu bringen, ist es in einem ersten Schritt zunächst erforderlich, das grundsätzlich komplementäre – nicht einfach nur substitutive – Verhältnis von supranationalen und nationalen staatlichen Kompetenzen in Erinnerung zu rufen. In einem zweiten Schritt ist dann danach zu fragen, wie eine neue Komplementaritätsbeziehung, in der die wohlfahrtsstaatlichen Arrangements nicht primär nach Maßgabe von Kosten- und Wettbewerbsgesichtspunkten reorganisiert werden, aussehen könnte. Nicht wenige Debatten neigen dazu, die eingangs skizzierte Entwicklung der sozialen Dimension voranzutreiben, also die Dimensionen einer supranationalen Wohlfahrtsstaatlichkeit – etwa erweiterte arbeitspolitische Mindeststandards, ein europäischer Mindestlohn, eine europäische Arbeitslosenversicherung, die vertragliche Verankerung einer sozialpolitischen Fortschrittsklausel etc. – zu stärken. Derartige Initiativen mögen politisch unterstützungswert sein. Da diese Strategie in der Vergangenheit jedoch relativ rasch an schwer überwindbare sachlogische und machtpolitische Grenzen – Schwierigkeiten der organisatorischen und operativen Umsetzung, eine starke Politisierung von Verteilungsfragen oder nachteilige politische Mehrheitsverhältnisse – gestoßen ist,[49] scheint es naheliegend, eine den Wohlfahrtsstaat fördernde Komplementaritätsbeziehung etwas anders zu definieren; und zwar dahingehend, dass nicht nur auf die Arbeits- und Sozialpolitik im engeren Sinne, sondern auf die Operationsweise der europäischen politischen Ökonomie insgesamt geschaut wird. Die Schlüsselfrage lautet entsprechend: In welchen Bereichen ist die europäische Staatlichkeit – Kompetenzen, Instrumente und Ressourcen – so zu reorganisieren, dass über ein gezieltes mehr an Integration die nationalen Handlungsspielräume, insbesondere im Bereich der wohlfahrtsstaatlichen Regulierung, erweitert werden?

Die Krisenprozesse der vergangenen Dekade haben hier bereits einige Hinweise gegeben; und auch die Infragestellung des Brüssel-Frankfurt-Konsensus hat deutlich gemacht, dass sich die angestrebte Stabilitätsunion aufgrund der ungleichen Entwicklung als höchst fragil darstellt und beträchtliche wirtschaftliche und soziale Kosten – einen hohen arbeits- und sozialpolitischen Anpassungsdruck, eine forcierte Deindustrialisierung, prekäre Beschäftigung oder Erwerbslosigkeit – mit sich bringt. Weitergehende wirtschafts-, währungs-, steuer-, industrie- und infrastrukturpolitische Integrationsschritte könnten dem entgegenwirken. Wichtige Bausteine einer veränderten Komplementaritätsbeziehung wären:[50] eine Europäische Wirtschaftsre-

---

48 Vgl. zu dieser Problematik auch *Hacker* 2018.
49 *Scharpf* 1999.
50 Vgl. hierzu auch die Überlegungen in *Soukup* 2019.

gierung, die die Prozesse der ungleichen Entwicklung innerhalb der Eurozone aus-balanciert und hierzu – im Verhältnis zu den nationalen Regierungen und zur EZB – hinreichende Kompetenzen und Gestaltungsressourcen erhält; ein europäischer Haushalt, der effektive konjunktur- und strukturpolitische Impulse geben kann und – gegen den Primat der Wettbewerbspolitik – eine sozialökologische Industriepolitik – definiert als selektive Förderung von Regionen, Wirtschaftszweigen oder Unterneh-men – umschließt; die Entwicklung fiskalischer gemeinschaftlicher Kompetenzen, die dazu beitragen, den innereuropäischen Steuerwettbewerb abzuschwächen, die Praktiken der Steuerumgehung und -vermeidung zu unterbinden und eigene europäi-sche Einnahmen zu generieren, z.B. in Form der Finanztransaktions- oder Digital-steuer; und die Etablierung von Verfahrensregeln einer europäischen Ausgleichsuni-on, die die Lasten für die Korrektur von Leistungsungleichgewichten nicht nur den Defizitländern auferlegt, sondern auch die Überschussländer beteiligt und zu einer Stärkung der Binnennachfrage anhält.

Um dem Vorwurf vorzubeugen, einen europäischen Superstaat errichten zu wol-len, und den technokratisch-exekutivlastigen Charakter der EU-Staatlichkeit abzu-schwächen, sind die erweiterten europäischen Kompetenzen und Instrumente an eine gestärkte demokratische Kontrolle und Partizipation zu koppeln. Eine solche Demo-kratisierungsstrategie hat sich in erster Linie auf das Europäische Parlament (EP) zu beziehen. Es geht vor allem darum, dessen Operationsweise zu verändern. Die De-batten im EP sollten sich nicht mehr primär darauf konzentrieren, durch Kompro-misse große Mehrheiten zu organisieren, sondern die linken oder rechten politischen Positionen der jeweiligen Fraktionen sichtbar zu machen, um eine größere medial-öffentliche Resonanz zu erzeugen. Würde die Operationsweise des EP – wie in den nationalen Parlamenten – auf den konflikt-basierten Modus von Regierung und Op-position umgestellt, würde nicht nur die öffentliche Sichtbarkeit gestärkt. Es bestün-de auch die Chance, politische – vor allem wirtschafts- und finanzpolitische – Alter-nativen im EU-System prozessierbar zu machen und hierbei auch zu thematisieren, wie die WWU gemeinschaftlich gestaltet sein muss, um auf der nationalen Ebene die wohlfahrtsstaatlichen Handlungsspielräume zu erweitern.

6. Literatur

Abels, Joscha 2019: Machtzentrum hinter dem Vorhang: Die informelle Eurogruppe und ihre erneuerte Rolle im Euroregime. In: Bieling, Hans-Jürgen/Guntrum, Simon (Hrsg.), Neue Segel, alter Kurs? Die Eurokrise und ihre Folgen für das europäische Wirtschaftsregieren. Wiesbaden, 83–108.

Aust, Andreas/*Leitner* Sigrid/*Lessenich*, Stephan 2002: Konjunktur und Krise des Europä-ischen Sozialmodells. Ein Beitrag zur politischen Präexplantationsdiagnostik. In: Politi-sche Vierteljahrsschrift, 43(2), 272–301.

Bieling, Hans-Jürgen 2017: Aufstieg des Rechtspopulismus im heutigen Europa–Umrisse einer gesellschaftstheoretischen Erklärung. In: WSI-Mitteilungen, 70(8), 557–565.

Bieling, Hans-Jürgen 2013: Das Projekt der „Euro-Rettung" und die Widersprüche des europäischen Krisenkonstitutionalismus. In: Zeitschrift für Internationale Beziehungen, 20(1), 89–103.

Bieling, Hans-Jürgen 2010: Die Globalisierungs- und Weltordnungspolitik der Europäischen Union. Wiesbaden.

Bieling, Hans-Jürgen 2001: Vom EG-Binnenmarkt zur neuen europäischen Ökonomie. Arbeits- und sozialpolitische Arrangements im Zeichen der Regime-Konkurrenz. In: Industrielle Beziehungen/The German Journal of Industrial Relations, 8(3), 279–305.

Bieling, Hans-Jürgen/*Buhr*, Daniel (Hrsg.) 2015: Europäische Welten in der Krise. Arbeitsbeziehungen und Wohlfahrtsstaaten im Vergleich. Frankfurt a.M./New York.

Bieling, Hans-Jürgen/*Deckwirth*, Christina/*Schmalz*, Stefan (Hrsg.) 2008: Liberalisierung und Privatisierung in Europa. Die Reorganisation der öffentlichen Infrastruktur in der Europäischen Union. Münster.

Bieling, Hans-Jürgen/*Deppe*, Frank 2003: Die neue europäische Ökonomie und die Transformation von Staatlichkeit; in: Jachtenfuchs, Markus/Kohler-Koch, Beate (Hrsg.): Europäische Integration. Opladen, 513–539.

Bieling, Hans-Jürgen/*Guntrum*, Simon (Hrsg.) 2019: Neue Segel, alter Kurs? Die Eurokrise und ihre Folgen für das europäische Wirtschaftsregieren. Wiesbaden.

Brand, Ulrich/*Görg*, Christoph 2003: Postfordistische Naturverhältnisse. Konflikte um genetische Ressourcen und die Internationalisierung des Staates. Münster.

Bundesverfassungsgericht 1993: Urteil des Zweiten Senats vom 12. Oktober 1993–2 BvR 2134/92, 2 BvR 2159/92.

Castel, Robert 2005: Die Stärkung des Sozialen. Leben im neuen Wohlfahrtsstaat. Hamburg.

Cafruny, Alan W./*Ryner*, Magnus 2007: Europe at Bay. In the Shadow of US Hegemony. Boulder.

De Grauwe, Paul 2006: What Have we learnt about Monetary Integration since the Maastricht Treaty? In: Journal of Common Market Studies, 44(4), 711–730.

Dräger, Klaus 2004: Radikale „Sozialstaatsreformen" in Europa. In: Das Argument, 46(3–4), 505–515.

Esping-Andersen, Gösta 1990: The Three Worlds of Welfare Capitalism. Princeton, NJ.

Gidron, Noam/*Hall*, Peter A. 2017: The Politics of Social Status: Economic and Cultural Roots of the Populist Right. In: The British Journal of Sociology, 68(1), 57–84.

Gill, Stephen 1998: European Governance and New Constitutionalism: Economic and Monetary Union and Alternatives to Disciplinary Neoliberalism in Europe. In: New Political Economy 3(1), 5–26.

Goetschy, Janine 2009: The Lisbon Strategy and Social Europe: two closely linked destinies. In: Rodridues, M. J. (Hrsg.): Europe, Globalization and the Lisbon Agenda. Cheltenham, MA, 74–90.

Guizzini, Stefano 2007: Re-Reading Weber, or: The Three Fields for the Analysis of Power in International Relations, DIIS Working Paper No. 27. Kopenhagen.

Hacker, Björn 2018: Weniger Markt, mehr Politik. Europa rehabilitieren. Bonn.

Hay, Colin/*Watson*, Matthew/*Wincott*, Daniel 1999: Globalisation, European integration and the persistence of European social models. POLSIS Working Paper No. 3/99. Sussex.

Heinrich, Mathis 2019: Das (un)heimliche Zentrum der Macht – Zum Wandel der Europäischen Zentralbank in der Krise. In: Bieling, Hans-Jürgen/Guntrum, Simon (Hrsg.), Neue Segel, alter Kurs? Die Eurokrise und ihre Folgen für das europäische Wirtschaftsregieren. Wiesbaden, 61–81.

Hobson, John M./*Seabrooke*, Leonard 2001: Reimagining Weber: Constructing International Society and the Social Balance of Power. In: European Journal of International Relations, 7(2), 239–274.

Holman, Otto 2004: Asymmetrical regulation and multidimensional governance in the European Union. In: Review of International Political Economy 11(4), 714–735.

Höpner, Martin 2009: Integration durch Usurpation: Thesen zur Radikalisierung der Binnenmarktintegration. In: WSI-Mitteilungen, 62(8), 407–415.

Hrbek, Rudolf 1993: Deutungen und Perspektiven aus politikwissenschaftlicher Sicht. In: Hrbek, Rudolf (Hrsg.): Der Vertrag von Maastricht in der wissenschaftlichen Kontroverse. Baden-Baden, 81–91.

Huke, Nikolai/*Clua-Losada*, Mònica/*Bailey*, David J. 2015: Disrupting the European Crisis: A Critical Political Economy of Contestation, Subversion and Escape. In: New Political Economy, 20(5), 725–51.

Lehndorff, Steffen (Hrsg.) 2014: Spaltende Integration. Der Triumpf gescheiterter Ideen in Europa – revisited. Zehn Länderstudien. Hamburg.

Jellinek, Georg 1922: Allgemeine Staatslehre, 3. Aufl. Berlin.

Lepsius, Rainer M. 1991: Nationalstaat oder Nationalitätenstaat als Modell für die Weiterentwicklung der Europäischen Gemeinschaft. In: Wildenmann, Rudolf (Hrsg.): Staatswerdung Europas? Optionen für eine Europäische Union. Baden-Baden, 19–40.

Lux, Julia 2017: Krisendiskurse und kapitalistische Entwicklungspfade. Arbeits- und sozialpolitische Projekte in Deutschland und Frankreich. Wiesbaden.

Marks, Gary/*Hooghe*, Liesbet/*Blank*, Kermit 1996: European Integration since the 1980s: State-Centric vs. Multi-Level Governance. In: Journal of Common Market Studies, 34(3), 341–378.

Meardi, Guglielmo 2014: Arbeitsbeziehungen in der Zerreißprobe? Reformen in Italien und Spanien während der Großen Rezession. In: WSI-Mitteilungen, 67(6), 430–438.

Migdal, Joel S./*Schlichte*, Klaus 2005: Rethinking the State. In: Schlichte, Klaus (Hrsg.): The Dynamics of States – The Formation and Crises of State Domination. Aldershot, 1–40.

Müller, Torsten/*Platzer*, Hans Wolfgang 2016: Gewerkschaften und Arbeitsbeziehungen im Europa der Krise. Strukturdaten und Entwicklungstrends im Vergleich. In: Bsirske, Frank et al. (Hrsg.): Gewerkschaften in der Eurokrise. Nationaler Anpassungsdruck und europäische Strategien. Hamburg, 10–44.

Nölke, Andreas 2016: Finanzialisierung als Kernproblem eines sozialen Europas. In: WSI Mitteilungen, 69(1), 41–48.

Platzer, Hans Wolfgang 2016: Die soziale Dimension der Europäischen Staatlichkeit. In: Bieling, Hans-Jürgen/Große Hüttmann, Martin (Hrsg.): Europäische Staatlichkeit. Wiesbaden, 91–112.

Poulantzas, Nicos 1978: Staatstheorie. Politischer Überbau, Ideologie, Sozialistische Demokratie. Hamburg.

Rhodes, Martin 2001: The Political Economy of Social Pacts: "Competitive Corporatism" and European Welfare Reform. In: Pierson, Paul (Hrsg.): The New Politics of the Welfare State. Oxford, 165–194.

Ruggie, John Gerard 1982: International Regimes, Transactions and Change: Embedded Liberalism and the Postwar Economic Order. In: International Organization, 36(2), 379–416.

Sablowski, Thomas/*Schneider*, Etienne/*Syrovatka*, Felix 2018: Zehn Jahre Krise. Regulation des Lohnverhältnisses und ungleiche Entwicklung in der Europäischen Union. In: PROKLA 192, 357–379.

Sbragia, Alberta 1992: Introduction. In: Sbragia, Alberta M. (Hrsg.): Euro-Politics. Institutions and Policymaking in the „New" European Community. Washington D.C., 1–22.

Scharpf, Fritz W. 2009: Weshalb die EU nicht zur sozialen Marktwirtschaft werden kann. In: Zeitschrift für Staats- und Europawissenschaften, 7(3–4), 419–434.

Scharpf, Fritz W. 1999: Regieren in Europa: Effektiv und demokratisch? Frankfurt a.M./New York.

Schulten, Thorsten/Müller, Torsten 2013: Ein neuer europäischer Interventionismus? Die Auswirkungen des neuen Systems der europäischen Economic Governance auf Löhne und Tarifpolitik. In: Wirtschaft und Gesellschaft, 39(3), 291–321.

Seikel, Daniel 2017: Verrechtlichung und Entpolitisierung marktschaffender Politik als politikfeldübergreifender Trend in der EU. In: Leviathan, 45(3), 335–356.

Soukup, Nikolai (Hrsg.) 2019: Neoliberale Union oder soziales Europa? Ansätze und Hindernisse für eine soziale Neuausrichtung der EU. Wien.

Syrovatka, Felix 2018: Arbeitsmarktregulierung unter Beschuss. Die neue europäische Arbeitsmarktpolitik am Beispiel der Reformpolitik Frankreichs unter Francois Hollande. In: Industrielle Beziehungen 25(1), 82–104.

Urban, Hans-Jürgen 2012: Krisen-Korporatismus und gewerkschaftliche Revitalisierung in Europa. In: Lehndorff, Steffen (Hrsg.): Ein Triumpf gescheiterter Ideen. Warum Europa tief in der Krise steckt. Zehn Länder-Fallstudien. Hamburg, 226–246.

Wallace, William 1983: Less than a Federation, more than a Regime: The Community as a Political System. In: Wallace, Helen/Wallace William/Webb, Carole (Hrsg.): Policy-Making in the European Union, 2. Aufl. Chisester et al., 403–436.

Weber, Max 1966: Staatssoziologie. Soziologie der rationalen Staatsanstalt und der modernen politischen Parteien und Parlamente, 2. Aufl. Berlin.

Wissel, Jens 2015: Staatsprojekt Europa. Grundzüge einer Theorie der Europäischen Union. Münster.

Young, Brigitte 2000: Disciplinary Neoliberalism in the European Union and Gender Politics. In: New Political Economy, 5(1), 77–98.

Ziltener, Patrick 2000: Die Veränderung von Staatlichkeit in Europa – regulations- und staatstheoretische Überlegungen. In: Bieling, Hans-Jürgen/Steinhilber, Jochen (Hrsg.): Die Konfiguration Europas – Dimensionen einer kritischen Integrationstheorie. Münster, 73–101.

Moritz Elliesen, Nicholas Henkel, Sophie Kempe

Ziemlich beste Feinde: Fidesz und die EU.
Zur Entwicklung eines ambivalenten Verhältnisses

1. Einleitung

In Ungarn wurde Im April 2018 die rechtsnationale Partei Fidesz und ihr Parteivorsitzender Viktor Orbán zum dritten Mal in Folge in die Regierung gewählt. Ein Novum in der Nachwendegeschichte Ungarns: Keiner Partei war es zuvor gelungen, drei Legislaturperioden in Folge an der Regierung zu bleiben. Und keine Partei vermochte es bisher, den ungarischen Staatsapparat mit dem Ziel des eigenen Machterhalts in diesem Umfang umzubauen, wie es Fidesz unter Orbán gelang. Die Maßnahmen reichten von der Verabschiedung einer neuen Verfassung über eine Reform des Wahlrechts sowie die personelle Besetzung strategisch wichtiger Positionen innerhalb des ungarischen Staatsapparates. Darüber hinaus schuf Fidesz neue Behörden und Institutionen, schaffte andere ab und verschaffte sich Kontrolle über die Medien sowie die Judikative.[1]

Den Wahlkampf bestritt Fidesz mit einer rassistischen und antisemitischen Hetzkampagne, die sich gegen den Holocaustüberlebenden George Soros sowie Geflüchtete und deren Unterstützer*innen richtete. Neben Geflüchteten und NGOs richtete sich die Kampagne von Fidesz insbesondere auch gegen die EU-Institutionen („Brüssel ist das neue Moskau"). Die Kampagne reihte sich damit in die massive Anti-EU-Rhetorik anderer rechtsnationalistischer Regierungen, Parteien und Bewegungen wie Lega Nord, FPÖ, AFD, FN und PIS ein. Dieses Agieren erscheint zumindest auf den zweiten Blick verwunderlich. So ist Ungarn massiv im europäischen Wirtschaftsraum verwurzelt und schon seit Jahrzehnten attraktiver Investitionsstandort für transnationale Kapitalfraktionen aus ganz Europa. Wie in vielen anderen ehemals realsozialistischen Ländern ist auch in Ungarn „eine starke Außenorientierung der Entwicklung und eine Dominanz transnationaler Konzerne in den wirtschaftlichen Schlüsselsektoren, vor allem im Finanz-, oft aber auch im Industriesektor" konstitutives Merkmal des Wirtschaftssystems.[2] Erst im Sommer diesen Jahres meldet zum Beispiel das Handelsblatt neue Investitionen des Autobauers BMW in

---

1 Vgl. für detailliert Analysen die Arbeiten von *Elliesen/Henkel/Kempe* 2018, *Kovacs/Toth* 2011; *Bankuti/Halmai/Scheppele* 2012; *Bajomi-Lazar* 2013; *Küpper* 2014; *Salzborn* 2015.
2 *Becker* 2011, 270.

Ungarn.[3] Thyssen Krupp, Siemens, Lidl und Braun agieren ebenfalls vor Ort – genauso wie Nokia, Samsung, IBM, Coca Cola und Vodafon.[4] Darüber hinaus gehört Ungarn zu den größten Nettoempfängern von Zahlungen aus dem EU-Haushalt.[5] Die Fidesz-Regierung profitiert somit massiv von den EU-Transferzahlungen.

Mit Blick auf diesen hohen Grad wirtschaftlicher Verflechtung im europäischen Wirtschaftsraum erscheinen die rhetorisch wie politisch mit aller Vehemenz geführten Angriffe an die Adresse der EU erklärungsbedürftig. Ziel dieses Aufsatzes ist es, diese Ambivalenz analytisch in den Blick zu nehmen und deren Entstehung historisch zu rekonstruieren. Dabei vertreten wir die These, dass die Entstehung dieser widersprüchlichen und konflikthaften Beziehung zwischen Fidesz und der EU im spezifischen Modus der wirtschaftlichen Integration Ungarns in den Europäischen Wirtschaftsraum sowie im ideologischen Selbstverständnis der Partei angelegt ist. Die nachfolgende Analyse wird folglich die zentralen historischen politökonomischen Weichenstellungen in der Beziehung Ungarns zur EU in den Blick nehmen.[6]

Im ersten Schritt legen wir unsere theoretischen Prämissen offen (Kap. 2). Daran anschließend werden wir den EU-Beitritt Ungarns, entlang seiner explizit wettbewerbsstaatlichen Logik, skizzieren (Kap. 3). Im vierten Kapitel nehmen wir schließlich in den Blick, wie Fidesz vor der Machtübernahme im Jahr 2010 innerhalb dieses transnationalen Rahmens agiert hat (Kap. 4). Hier zeigen wir einerseits, dass der positive Bezug auf die ungarische Nation von Beginn an ein zentraler ideologischer Bezugspunkt der Partei war, der auch ihr Verhältnis zur EU bestimmte. Andererseits rekonstruieren wir, wie Fidesz die eigenen politischen Strategien während der ersten Legislaturperiode mit den EU-Beitrittsbedingungen vermittelt hat. Darauffolgend untersuchen wir die Phase seit dem Jahr 2010 bis zur Gegenwart und arbeiten anhand exemplarischer Beispiele heraus, wie Fidesz die Konfrontation mit der EU *und* die wettbewerbsstaatliche Integration des ungarischen Staates innerhalb des europäischen Wirtschaftsraums vorantreibt (Kap. 5). Abschließend fassen wir unsere Ergebnisse zusammen und diskutieren deren Bedeutung für die Zukunft des Staatsprojekt Europa. Dabei steht die Frage im Mittelpunkt, wie stabil das widersprüchliche Verhältnis zwischen Ungarn und der EU ist und welche politischen Entwicklungen in der Zukunft denkbar sind (Kap. 6).

---

3 Vgl. *Siebenhaar* 2018.
4 Vgl. *Ungarn heute* 2018a; *Ungarn heute* 2018b.
5 Vgl. *Statista* 2017; *Europäisches Parlament* 2016.
6 Wir sind uns dabei bewusst, dass, mit Blick auf das derzeitige wissenschaftliche wie mediale Interesse an den politischen Entwicklungen in Ungarn, gerade auch der institutionelle Umbau des ungarischen Staates im Fokus der Aufmerksamkeit steht. Für detaillierte Analysen diesbezüglich siehe Fußnote 1.

2. Theorie

Im Anschluss an *Nicos Poulantzas* begreifen wir „den Staat" weder als Instrument noch als handelndes Subjekt, sondern als Ensemble von Apparaten.[7] Die verschiedenen Staatsapparate sind mit spezifischen gesellschaftlichen Akteuren verwoben und artikulieren innerhalb des Staates teilweise widersprüchliche „Sonderinteressen".[8] Was auf den ersten Blick kontraintuitiv erscheint, ermöglicht laut Poulantzas überhaupt erst, dass sich so etwas wie ein gesellschaftliches Gesamtinteresse herauskristallisiert. In einer von widersprüchlichen Interessen und Strategien durchzogenen Gesellschaft steht ein solches „Allgemeininteresse" nicht *a priori* fest, sondern bildet sich in unendlichen Auseinandersetzungen und Kämpfen tagtäglich neu heraus. Anders ausgedrückt: Nur weil der Staat verschiedenen Akteur*innen als Terrain für die Artikulation und Konfliktaustragung dient, können ihre oft widersprüchlichen Interessen miteinander vermittelt werden: „Das Spiel dieser Widersprüche innerhalb der Materialität des Staates ermöglicht die Organisationsrolle des Staates, so paradox das auch sein mag."[9] Trotz der Betonung der Kräfteverhältnisse argumentiert Poulantzas, dass jeder einzelne Staatsapparat über eine eigene Materialität, also „Dichte und Widerstandskraft", verfügt.[10] Diese Überlegungen fasst Poulantzas in seiner berühmten Formel zusammen, die beide Aspekte – „Staat als Kräfteverhältnis" und „Materialität der Apparate" – auf den Begriff bringt: Der Staat ist „[...] *ein Verhältnis, genauer [...] die materielle Verdichtung eines Kräfteverhältnisses zwischen Klassen und Klassenfraktionen, das sich im Staat immer in spezifischer Form ausdrückt*".[11]

Den Staat als Ensemble von Apparaten zu denken, bedeutet wiederum nicht, ihn auf einen „einfache[n] Verband von abtrennbaren Einzelteilen"[12] zu reduzieren. Trotz der Widersprüchlichkeit ist eine gewisse „Einheit und Kohärenz der Apparate [...] entscheidend für die Fähigkeit des Staates, gesellschaftliche Kohäsion herzustellen, das heißt, sowohl die herrschenden Kräfte auf ein gemeinsames langfristiges Projekt zu verpflichten als auch die Subalternen in dieses einzubinden."[13] Kohärenz wird vor allem durch die Ausarbeitung und Verallgemeinerung von „Staatsprojekten" hergestellt, in dessen Rahmen „die Position und die Kompetenzen der einzelnen Apparate in gesellschaftlichen und apparativen Auseinandersetzungen ausgehandelt und stabilisiert werden."[14] Jedes Staatsprojekt – also die konkrete apparative Anord-

---

7   Vgl. *Poulantzas* [1978] 2002, 159.
8   Ebd. 165.
9   Ebd.
10   Ebd. 162ff.
11   Ebd. 159, Herv. i. Orig.
12   Ebd. 168.
13   *Buckel et. al* 2014, 30.
14   *Wissel* 2015, 28; Vgl. *Buckel et. al* 2014, 45.

nung – wird dabei von einem hegemonialen Block dominiert, nimmt aber gleichzeitig die Interessen und Strategien einer Vielzahl von Kräften in sich auf.[15] Rückblickend hat in Westeuropa bis in die 1970er Jahre ein Staatsprojekt dominiert, das sich im Anschluss an Etienne Balibar als „national-sozialer" Staat bezeichnen lässt: In dessen Zentrum stand die „wohlfahrtstaatliche Einbindung der Arbeiter*innenklasse, in der die Konflikte zwischen Arbeit und Kapital in einem korporatistischen Verhandlungssystem reguliert wurden."[16]

Seit der Krise des Fordismus in den 1970er Jahren wurden zunehmend ehemals nationalstaatliche Regulationsfunktionen in transnationalen Institutionen organisiert.[17] Das Bild einer von außen kommenden Macht ist dabei nicht hilfreich, um diese neuen transnationalen Arrangements zu verstehen.[18] Der entscheidende Vermittlungsschritt verläuft nach Poulantzas über die Analyse der Neuzusammensetzung der Klassenverhältnisse seit der Krise des Fordismus in den 1970er Jahren:[19] Vor dem Hintergrund erschöpfter Produktivitätsreserven sowie einer neuen internationalen Arbeitsteilung habe sich eine transnational-neoliberale Klassenfraktion herausgebildet, die sich nicht mehr an die Kompromisse des national-sozialen Staatsprojekts gebunden sah.[20] Die neuen transnationalen Arrangements können dabei als eine räumliche Strategie interpretiert werden, mit der Kapitalfraktionen die, im national-sozialen Staatsprojekt materialisierten, Kräfteverhältnisse umgehen.[21]

Die europäische Integration verstehen wir im Anschluss an die *Forschungsgruppe Staatsprojekt Europa*[22] als eine regionale Form dieser Transnationalisierung: Zum einen sind neue europäische (Quasi-)Staatsapparate wie die *Europäische Zentralbank* (EZB) oder die Europäische Kommission entstanden. Gleichzeitig ordnen sich auch die nationalen Staatsapparate im europäischen Integrationsprozess permanent neu an.[23] Seit Ende der 1970er Jahre zeichnet sich die EU durch eine wettbewerbsstaatliche Integrationsweise aus, die den Handlungsspielraum transnationaler Konzerne erweitert hat.[24] Auf nationalstaatlicher Ebene haben diese Prozesse zur Herausbildung von *Wettbewerbsstaaten* geführt, die um die besten Anlagebedingungen für das Kapital konkurrieren und in denen es immer schwieriger wird, Projekte zu realisieren, die nicht unmittelbar mit den Interessen von Kapitalfraktionen verbunden sind.[25]

---

15 Vgl. *Wissel* 2015, 28.
16 *Wissel* 2015, 35.
17 Vgl. *Buckel et. al* 2014, 35.
18 Vgl. ebd.
19 Vgl. *Poulantzas* [1973] 2001, 50.
20 Vgl. *Wissel* 2015, 35; siehe auch den Beitrag in diesem Band.
21 Vgl. Ebd. 245.
22 Vgl. *Buckel et. al* 2014.
23 Vgl. *Ebd.*, 37; *Wissel* 2015, 42.
24 Vgl. *Bohle* 2002, 356; *Bohle* 2006, 343.
25 Vgl. *Wissel* 2015, 40.

3. Weg der europäischen Integration Ungarns

Die Geschichte der Europäischen Integration Ungarns lässt sich nicht ohne einen kurzen Verweis auf die ökonomische und politische Krise unmittelbar nach dem Zusammenbruch des Realsozialismus erzählen. Nach dem Zusammenbruch des Rats für gemeinsame Wirtschaftshilfe (RGW) im Jahr 1991 waren die Staatsunternehmen aus dem Realsozialismus von einem auf den anderen Tag mit der globalen Weltmarktkonkurrenz konfrontiert.[26] Alleine zwischen den Jahren 1990 und 1993 wurden nach Schätzungen des ungarischen Historikers Árpád von Klimó rund 30.000 Unternehmen geschlossen und das Land verzeichnete einen Beschäftigungsrückgang von 30 Prozent.[27] Rückblickend kann der Übergang von einer sozialistischen Planwirtschaft zur kapitalistischen Marktwirtschaft als eine soziale Katastrophe beschrieben werden, die mit biographischen Abstiegserfahrungen und einer schlagartigen Entwertung des sozialistischen Egalitätsversprechens einherging.[28]

Angesichts der in die Höhe getriebenen Staatsschulden und der grassierenden Wirtschaftskrise verabschiedete die sozialliberale Regierungskoalition im März des Jahres 1995 schließlich eines der drastischsten Austeritäts- und Privatisierungspakete in der Nachwende-Geschichte Ungarns.[29] Das nach dem damaligen Finanzminister *Lajos Bokros* benannte *Bokros-Paket* beinhaltete drastische sozialstaatliche Kürzungen und leitete eine wettbewerbsstaatliche Rekonfiguration der ungarischen Staatsapparate ein, die darauf zielte, transnationales Kapital nach Ungarn zu ziehen.[30] Dem folgte eine beispiellose Privatisierungsoffensive: Alleine zwischen den Jahren 1995 und 1997 verkaufte die Regierung Staatseigentum im Wert von rund 1.007 Milliarden Forint.[31] Bereits hier machten europäische Staatsapparate ihren Einfluss geltend. So war beispielsweise die *European Bank for Development and Reconstruction* (EBRD) ein zentraler Akteur bei der Privatisierung. Die im Jahr 1991 von der EU-Kommission zur "Unterstützung" der Privatisierung in ehemaligen Ostblockländern gegründete Entwicklungsbank beriet nicht nur nationale Regierungen, sondern machte ihren Einfluss auch unmittelbar als Marktakteur geltend. So kaufte sie sich als strategischer Investor in Staatsunternehmen ein und sicherte sich so als Teileigentümerin die Mitsprache bei der weiteren Privatisierung. Alleine in

---

26 Vgl. *Segert* 2013, 192.
27 Vgl. *von Klimó* 2006, 223.
28 Vgl. *Tóth* 2014, 210.
29 Vgl. *Bohle* 2010, 5.
30 Dafür halbierte die sozialliberale Koalition unter anderem die Steuern für Konzerne unter der Voraussetzung, dass sie ihren Profit reinvestieren. Ausländische Unternehmen wurden darüber hinaus zum Teil vollständig von der Steuerlast befreit (vgl. *Bohle/Greskovits* 2012, 168). Um den Aufbau einer exportorientierten Ökonomie anzukurbeln wurde die steuerpolitische Entlastung für das Kapital zudem von einer Abwertung des Forint flankiert (vgl. *Greskovits* 2006, 180).
31 Vgl. Lendvai 2016, 50; Dabei wurden auch zentrale Säulen der öffentlichen Infrastruktur, wie Gas-, Wasser- und Stromnetzwerke an private Investor*innen veräußert so *Tausz* 2008, 316.

Ungarn investierte die EBRD zwischen den Jahren 1991 und 1996 über eine Milliarde US-Dollar.[32]

Von der Privatisierung des Staatseigentums profitierten in Ungarn in erster Linie transnationale Kapitalfraktionen. So waren bereits im Jahr 1998 knapp 50 Prozent der staatlichen Unternehmen und Infrastruktur an nicht-ungarische Investor*innen verkauft. Nationale Kapitalfraktionen sicherten sich demgegenüber einen Anteil von gerade einmal 13 Prozent.[33] Vor allem industrielle Kapitalfraktionen verlagerten ihre arbeitsintensiven Produktionssegmente aufgrund der vergleichsweise niedrigen Lohnkosten und der guten infrastrukturellen Anbindung nach Ungarn.[34] Für die Bevölkerung waren die Folgen des Bokros-Pakets ambivalent. Einerseits löste der Dreischritt aus Steuererleichterung, Währungsabwertung und Privatisierungsoffensive einen Wachstumsschub aus, von dem auch ein kleiner Teil der in den Industriesektoren angestellten Lohnabhängigen profitierte.[35] Allerdings beruht dieser Wachstumspfad bis heute auf einer untergeordneten Einbindung des ungarischen Standorts in die globalen Produktionskreisläufe: So gründet das Wachstumsmodell auf – im Vergleich zu westlichen Standorten – niedrigen Lohnkosten für das Kapital. Niedriglöhne waren deshalb keine vorübergehende Begleiterscheinung, sondern sind ein zentraler Bestandteil des eingeschlagenen Transformationspfades.[36] Gleichzeitig wurden die ungarischen Industrien asymmetrisch in die Wertschöpfungsprozesse eingebunden. Sie waren (und sind) hochgradig spezialisiert und Zulieferer für die Standorte in den westlichen Nachbarländern. Dies hat zur Folge, dass kapitalintensive Arbeitsprozesse, wie Forschung und Entwicklung, in Ungarn kaum stattfinden, sondern in den kapitalistischen Zentren.[37]

Mit der Aufnahme der EU-Beitrittsgespräche im Jahr 1997 wurde der, durch das Bokros-Paket eingeschlagene, Transformationspfad vertieft und die wettbewerbsstaatliche Rekonfiguration der ungarischen Staatsapparate institutionell abgesichert.[38] Dabei war vor allem die konkrete Gestaltung der bilateralen Beitrittsverhandlungen ein zentrales Instrument, mit dem die Kommission die Kernelemente

---

32 Vgl. *Hanley et. al* 2002, 148.
33 Vgl. *Segert* 2013, 199; *Hanley et. al* 2002, 159.
34 Vgl. *Bohle* 2006, 355; Im Anschluss an Joachim Becker lässt sich dieses Akkumulationsmodell eine Form *abhängiger Industrialisierung* fassen: Die Industrien werden von ausländischem Kapital kontrolliert und sind als Zulieferer hochgradig spezialisiert. Der erhoffte technologische Wissenstransfer findet nicht statt. Niedriglöhne sind zentraler Bestandteil dieses Akkumulationsmodells (*Becker* 2014, 10).
35 Vgl. *Ehrke* 2007, 6; *Tóth* 2014, 211.
36 Vgl. *Becker* 2014: 10; *Becker* 2018: 418; *Greskovits* 2006: 181.
37 Vgl. *Becker* 2011, 270.
38 Der EU-Beitritt war in Ungarn narrativ mit der Erzählung der "Rückkehr nach Europa" und der Hoffnung an den Lebensstandard der westlichen Nachbarländer anzuknüpfen, verwoben; Vgl. Bohle/Greskovits 2012, 86; Pilger 2012, 44. Dabei war die EU auch für eine Staatengemeinschaft – die im Gegensatz zur Sowjetunion – auf der gleichberechtigten Teilhabe aller Mitgliedstaaten beruhen sollte (vgl. *Bohle* 2002, 369; *Neunhöffer/Schüttpelz* 2002, 382; *Tóth* 2014, 212).

einer neoliberalen Integrationsweise in die zukünftigen Mitgliedstaaten exportierte.[39] So erstellte die Kommission regelmäßig öffentlich einsehbare Rankings zum Verhandlungsstand. Die Platzierung ihrer Staaten konnten die jeweiligen Regierungen dabei an „der Zahl der abgeschlossenen Verhandlungskapitel sowie der Bewertung in den Fortschrittsberichten der EU entnehmen."[40] Aus Sicht der Anwärter*innen nahmen die Verhandlungen somit die Form eines „Beitrittswettbewerbs" an, in dem sie mit den anderen Staaten um eine schnellstmögliche Übernahme des europäischen Rechtsbestandes (*Acquis communautaire*) konkurrierten.[41] Der Wettlauf wurde dadurch verschärft, dass die EU-Kommission beim Zurückfallen hinter die Erwartungen mit der Zurückstufung in eine spätere Erweiterungsrunde drohte.[42]

Dabei forcierte die Kommission vor allem die Öffnung der Märkte. Bereits früh – und ohne dass die Mitgliedschaft sicher wäre – wurde von den Beitrittsländern verlangt, Zölle abzubauen und so ihre Märkte für das europäische Kapital zu öffnen. Die Ausweitung von Politikbereichen, die die Marktmacht von Konzernen einschränkten, etwa die Arbeitnehmer*innenfreizügigkeit, wurde demgegenüber hinausgezögert.[43] Obwohl kein offizieller Bestandteil der *Acquis communitaire*, machte die EU-Kommission darüber hinaus den Privatisierungsgrad der Ökonomie zu einem Kriterium, an dem der „Fortschritt" der einzelnen Länder gemessen wurde.[44] Außerdem wurden die osteuropäischen Staaten dazu angehalten, sich auf die Einführung des Euro vorzubereiten und die damit zusammenhängenden restriktiven Geld- und haushaltspolitischen Kriterien einzuhalten.[45] In Ungarn, wie in Osteuropa überhaupt, avancierte das Ideal des ausgeglichenen Staatshaushalts und die im Vertrag von Maastricht festgehaltenen Höchstgrenzen zur Staatsverschuldung zum unangefochtenen Leitbild und verengten den sozialpolitischen Handlungsspielraum der nationalen Regierungen.[46] In Ungarn reduzierte sich die *parteipolitische* Auseinandersetzung in diesem Zeitraum zunehmend auf die technokratische Frage, wie die Beitrittskriterien am effektivsten zu erfüllen seien. Die Frage, *ob* ein solcher regulativer Rahmen überhaupt wünschenswert sei sowie die damit einhergehenden sozialpolitischen Weichenstellungen wurden demgegenüber kaum diskutiert.[47] Die diskursive Ausklammerung substanzieller sozial- und wirtschaftspolitischer Fragen bildete so

---

39 Vgl. *Bohle* 2006, 349; *Bohle/Greskovits* 2007, 198.
40 *Becker* 2004, 10.
41 Vgl. *Becker* 2004, 10; *Bohle* 2002, 361; *Neunhöffer/Schüttpelz* 2002, 384.
42 Vgl. *Bohle* 2002, 361.
43 Vgl. *Bohle* 2002, 362; *Bohle* 2014, 924; *Hanley et. al* 2002, 150.
44 Vgl. *Becker* 2018, 420.
45 Vgl. *Bohle* 2006, 349.
46 Vgl. *Begg* 2006, 75; *Rollo* 2006, 57.
47 Vgl. *Johnson/Barnes* 2014, 8; Trotz der Asymmetrie der Beitrittsverhandlungen darf das Verhältnis zwischen EU und nationalen Akteuren dabei nicht äußerlich gedacht werden. Die EU wirkte nicht als „externer Faktor", vielmehr diente der durch die EU aufgespannte Referenzrahmen für die Regierenden in Ungarn auch als Legitimationsressource: Sie konnte sich fortan entweder als erfolgreiche Reformer*innen auf dem Weg in die EU inszenieren oder unpopuläre

das Gegenstück zur wettbewerbsstaatlichen Rekonfiguration der Staatsapparate. Der EU-Beitritt war mitnichten ein „Demokratisierungsmotor", sondern führte zu einer Entpolitisierung vieler Politikbereiche.[48] Wir argumentieren deshalb im Anschluss an Wissel und Bohle dafür, den EU-Beitritt Ungarns begrifflich als *passive Revolution* zu fassen.[49] Zwar war der Beitritt *innerhalb* der ungarischen Staatsapparate ein parteiübergreifendes Ziel.[50] Gesellschaftlich hatte das Vorhaben aber nicht die Qualität eines hegemonialen Projekts. Wenn überhaupt war der EU-Beitritt mit einem vagen Versprechen verknüpft, in naher Zukunft an den Lebensstandard der westlichen Nachbarländer anzuknüpfen.[51]

4. Nationalismus und Neoliberalismus: Fidesz und die EU

Als Fidesz sich in der Endphase des Realsozialismus in Ungarn gründete, galt die Partei vor allem unter liberalen Kräften in Westeuropa als Hoffnungsträger. Ihre heutige Gestalt als rechtsnationale Sammelpartei nahm Fidesz Mitte der 1990er Jahre an: Nach internen Spaltungen und Auseinandersetzungen übernahm Orbán die Führung über die Partei und entwickelte sie zum Sammelbecken rechter Gruppen und Strömungen in Ungarn. Die zentrale Wende markierte dabei der Parteitag im Jahr 1995, auf dem Orbán offen für eine Zusammenarbeit mit den Kräften rechts der Mitte argumentierte und Fidesz den Namenszusatz *Ungarische Bürgerpartei* verpasste.[52] Weil die umfassende Rekonstruktion der Entwicklung von Fidesz eine eigene Arbeit wert wäre, konzentrieren wir uns im Folgenden auf die Frage, wie Fidesz innerhalb des oben dargestellten europäischen Rahmens agierte. Dafür zeichnen wir zunächst kurz die europa- und wirtschaftspolitische Vision der Partei nach. Daran anschließend zeigen wir, wie die Partei diese Visionen während der ersten Legislaturperiode zwischen Jahren 1998 und 2002 mit dem EU-Beitrittsprozess vermittelte.

Wie alle Parteien des Nachwende-Ungarns warb auch Fidesz früh für einen raschen EU-Beitritt. Die europapolitische Vision war allerdings von Beginn an durch nationalistische Begründungsmuster gebrochen. Dabei spielte die Deutung der Vergangenheit eine zentrale Rolle: Den Realsozialismus interpretierte Fidesz als ein von außen oktroyiertes Herrschaftssystem, das die ungarische Nation von ihrem „eigentlichen" historisch-kulturellem Bezugsraum entfernt habe. So hieß es bereits im Gründungsdokument: „Hungary was a European Country; we were an organic part

---

Maßnahmen unter Verweis auf den Zwang durch die EU durchsetzen (*Neunhöffer/Schüttpelz* 2002, 383; *Bohle/Greskovits* 2007, 198).

48 Vgl. *Ehrke* 2007, 10.
49 Vgl. *Wissel* 2015, 52; *Bohle* 2002, 368.
50 Vgl. *Becker* 2004, 12.
51 Vgl. *Bohle/Greskovits* 2012, 86; *Pilger* 2012, 44.
52 Vgl. *Oltay* 2014, 184.

of the Continents history and culture. [...] [T]he East-Central-European Countries, such as we, were split apart, from western civilization, in a political sense, by the Jalta agreement."[53]

Mit der EU verband Fidesz vor diesem Hintergrund zweierlei: Einerseits die Rückkehr zum „ursprünglichen" geographisch-kulturellen Bezugsraum von dem das Land nach dem Ende des zweiten Weltkriegs abgespalten wurde.[54] Andererseits stand die EU für eine Staatengemeinschaft, die, anderes als die Sowjetunion, auf der gleichberechtigten Teilhabe aller Mitgliedsstaaten beruhen sollte. Als zentrale außenpolitische Leitlinie identifizierte Fidesz dabei bereits im Jahr 1990 das Prinzip der „nationalen Selbstbestimmung"[55]. Die europapolitische Vision und Strategie des Fidesz lässt sich somit am ehesten mit derjenigen des *konservativen Hegemonieprojekts* vergleichen.[56] Der grundlegende Bezugspunkt ist die „Nation", die mit gemeinsamer Sprache, Geschichte und Kultur begründet und mit Werten wie Familie, einem traditionellen Geschlechterrollenbild und dem Christentum assoziiert wird (s.O.).Vor diesem Hintergrund stand und steht Fidesz für ein begrenztes Integrationsmodell, das die „nationalen Eigenheiten" nicht in Frage stellt.

Die *wirtschaftspolitische Vision* des Fidesz beruhte auf zwei Säulen: Einerseits stand die Partei für ein neoliberales Staatsprojekt. So forderte die Partei auch nach dem Bokros-Paket weitere Steuersenkungen für das Kapital und pochte auf einer Verschärfung der Sanktionen gegen Arbeitslose.[57] Andererseits schrieb sie sich die Förderung der nationalen Bourgeoisie, die bei der Privatisierung des Staatseigentums nicht zum Zuge gekommen war, auf die Fahne. Rhetorisch ging damit eine scharfe Kritik am „Ausverkauf" des Staatseigentums zugunsten transnationaler Kapitalfraktionen einher. So kritisierte die Partei vor den Parlamentswahlen im Jahr 1998 die „rücksichtslose Privatisierung" der Staatsunternehmen durch ausländisches Kapital und forderte eine an lokalen Investor*innen ausgerichtete Privatisierungspolitik sowie eine „gerechte Teilhabe aller Bürger an den Ressourcen des Landes".[58]

Mit der ersten Regierungsübernahme im Jahr 1998 wurde die Tragfähigkeit der wirtschafts- und europapolitischen Strategie von Fidesz auf die Probe gestellt. Vor allem die scharfe Rhetorik gegen transnationale Kapitalfraktionen sowie die Privatisierungskritik standen auf den ersten Blick im Widerspruch zum von der EU-Kommission aufgespannten Beitrittsrahmen – der ja gerade auf eine Öffnung der Märkte für das europäische Kapital zielte (s.O.). In diesem widersprüchlichen Verhältnis vermittelte Fidesz die eigene ökonomische Vision mit den von der Kommission diktierten Beitrittsbedingungen durch die Strategie des *selektiven Wirtschaftsnationalis-*

---

53 *Fidesz* 1989, 170.
54 Vgl. *Fidesz* 1990, 15.
55 Ebd.
56 Vgl. *Buckel et. al* 2014, 68ff.
57 Vgl. *Svensson* 2016, 129.
58 Vgl. Ebd., 130.

mus. Mit dem Begriff bezeichnen wir im Anschluss an den Politikwissenschaftler András Tóth eine wirtschaftspolitische Strategie, die auf eine hohen internationale Verflechtung der Ökonomie beruht, dabei aber in international nicht exponierten Sektoren protektionistische Politiken verfolgt.[59] Konkret beschränkte Fidesz die Förderung einer nationalen Bourgeoisie auf Nischen, die von transnationalen Kapitalfraktionen nicht bedient wurden, etwa auf die Bauwirtschaft oder den Immobiliensektor.[60] Dabei waren staatliche Ausschreibungen und Gelder, die an politisch nahestehende Unternehmer*innen vergeben wurden, das zentrale Instrument zur Förderung einer nationalen Bourgeoisie.[61]

Die großen Linien der wettbewerbsstaatlichen EU-Integration wurde dabei nicht in Frage gestellt. Im Gegenteil: Unter Fidesz vertiefte sich der, durch das Bokros-Paket auf den Weg gebrachte, wirtschaftliche Wachstumspfad. So steigerte sich im Zuge des EU-Beitritts der Zufluss von ausländischem Kapital im Vergleich zu den Vorjahren nochmals.[62] Für das Kapital war die zukünftige EU-Mitgliedschaft dabei ein Garant für Stabilität und Rechtssicherheit und machte den Standort langfristig als Produktionsstätte attraktiv.[63] Schließlich strömte im Zuge des EU-Beitritts auch ausländisches Kapital in den Finanzsektor.[64] Bemerkenswert ist, dass Orbán während der Beitrittsverhandlungen teilweise sogar eine Verschärfung der wettbewerbsstaatlichen Integrationsweise forcierte. Unter anderem setzte sich die Fidesz-Regierung gegenüber der Kommission dafür ein, „ausländische Investitionen in Ungarn bis unmittelbar zum EU-Beitritt mittels Steuervergünstigungen fördern zu dürfen".[65]

Eine harte Linie vertrat die Fidesz-Regierung hingegen bei der Agrar- und Regionalförderung. Unter anderem bestand sie darauf, von Beginn an dieselben Agrarsubventionen wie die Altmitglieder zu erhalten. Obwohl die Verhandlungen im Großen und Ganzen geräuschlos über die Bühne gingen, sorgte die Fidesz-Regierung an manchen Stellen gezielt für Irritationen. Nachdem die Kommission sich im Jahr 2000 auf keinen konkreten Beitrittstermin festnageln ließ, gab Orbán beispielsweise öffentlich zu Protokoll, dass es auch ein Leben außerhalb der EU gebe. Für Unmut sorgte auf europäischer Ebene auch die unabgesprochene Verabschiedung des *Statusgesetzes*, das den ungarischen Minderheiten in den Nachbarstaaten zahlreiche Vergünstigten zusprach. Insgesamt waren die Beitrittsverhandlungen von einer staatlich orchestrierten Inszenierung der Nation flankiert, deren Höhepunkt die Milleniumsfeiern anlässlich des Jahrestags der Krönung von Stephan I. zum ungarischen

---

59 Vgl. *Tóth* 2014, 220.
60 Vgl. *Becker* 2018, 422.
61 Vgl. *Schmidt-Schweizer* 2006, 379; *Mayer* 2018, 194.
62 Vgl. *Becker* 2008, 8; *Bohle* 2010, 7.
63 Vgl. *Becker* 2008, 420; *Neunhöffer/Schüttpelz* 2002, 382.
64 Vgl. *Bohle* 2014, 924; Vor allem österreichische, italienische und schwedische Banken (vgl. ebd.).
65 *Schmidt-Schweizer* 2007, 387.

König waren. Dabei griff die Regierung auf zentrale Diskurse des rechtsnationalen Lagers zurück, während Symbole, die für die demokratische Verfassung Ungarns stehen, nicht vorkamen.

Trotz dieser rechtsnationalen Inszenierung der ungarischen Nation schaffte es Fidesz bis zum Ende der ersten Legislaturperiode, 22 der insgesamt 29 Verhandlungskapitel abzuschließen und den EU-Beitritt Ungarns innerhalb des, von der Kommission gesetzten, Handlungsrahmens aktiv mitzugestalten.[66]

5. Alter Wein in neuen Schläuchen

Nach acht Jahren in der Opposition gewann Fidesz im Jahr 2010 mit einer überwältigenden Mehrheit die Parlamentswahlen, die es der Partei unter anderem erlaubten, im Alleingang die Verfassung zu ändern.[67] Zu diesem Zeitpunkt befand sich Ungarn in einer tiefgreifenden ökonomischen und politischen Krise, deren Ursprünge sowohl in der spezifischen Einbindung in den europäischen Wirtschaftsraum als auch in der globalen Finanzkrise lagen.[68] Durch die globale wirtschaftliche Krise sowie die, von IWF, EU und Weltbank verordnete, Sparpolitik verschlechterte sich das Lebensniveau der arbeitenden Bevölkerung abermals.[69] Das vage Versprechen auf eine verheißungsvolle Zukunft, die spätestens mit dem Beitritt zu europäischen Staatengemeinschaft Realität werden sollte, verkehrte sich ins Gegenteil (s.O.). Fidesz präsentierte sich in dieser nationalen Krise als Partei der Erneuerung und des radikalen Wandels. Die sozialliberale Regierung stellte Orbán demgegenüber als aristokratische Herrschaftselite dar, deren verfehlte Wirtschaftspolitik Ungarn abermals in den ökonomischen Abgrund getrieben habe.[70] In diesem Zusammenhang stellte Orbán den eingeschlagenen Transformationspfad auch grundsätzlich in Frage. Sowohl transnationale Staatsapparate wie EU und IWF als auch ausländische Banken und Kapitalfraktionen dienten als Feindbilder, die dafür verantwortlich seien, dass die

---

66 Vgl. *Schmidt-Schweizer* 2007, 359ff.
67 Vgl. *Pilger* 2012; *Johnson/Barnes* 2014.
68 Um Ungarn auf den Beitritt zur Eurozone vorzubereiten, verabschiedete die Koalition aus sozialdemokratischer MSZP und der liberalen SZDSZ bereits im Jahr 2006 auf Druck der Kommission ein umfassendes Austeritätsprogramm. Mit dem Ziel, die Neuverschuldung auf die im Vertrag von Maastricht festgehaltene Höchstgrenze von drei Prozent des BIP zu drücken, kürzte die Koalition die sozialstaatlichen Ausgaben und kündigte eine umfassende Reform des Gesundheits- und Bildungswesens an. Dennoch wurde Ungarn im Jahr 2008 mit voller Wucht von der globalen Wirtschaftskrise getroffen. In diesem Zuge akzeptierte die sozialliberale Regierung einen von IWF, Weltbank und EU aufgebrachten Kredit über 20 Milliarden Euro (vgl. *Bohle* 2014, 933; *Johnson/Barnes* 2014, 9).
69 Vgl. *Bohle* 2010: 10; *Györffy* 2015: 136; *Pilger* 2012: 53.
70 vgl. *Fidesz* 2009a; *Fidesz* 2009b; Dabei es war es insbesondere der wirtschaftspolitische Nimbus des Fidesz, der dessen Agitation besonders glaubwürdig machte: reale materielle Zugeständnisse an Teile der Mittelschicht während der ersten Legislatur (1998–2002) und keine, von ausländischen Institutionen forcierten, austeritätspolitischen Maßnahmen (vgl. Kap. 3).

Ungar*innen tagtäglich um ihre Existenz ringen.[71] Die gegenwärtige Krise verknüpfte Fidesz dabei rhetorisch mit der weit verbreiteten Enttäuschung über den eingeschlagenen Transformationspfad: „Twenty years ago when Hungary embarked on the democratic transition it seemed real that we would once arrive at a quality of life similar to that of Austria but instead we found ourselves not in the centre but in the periphery of Europe."[72]

Trotz der scharfen Rhetorik gegen die transnationalen Kapitalfraktionen und Staatsapparate, fährt Fidesz bis heute die zweigleisige Strategie der ersten Legislaturperiode. So zeigt sich acht Jahre nach der, von Orbán selbst so bezeichneten, „Revolution an der Wahlurne", dass Fidesz die Grundpfeiler des wettbewerbsstaatlichen und auf das Auslandskapital fixierten Transformationspfads nicht angetastet hat. Dafür steht ausgerechnet der Konflikt mit dem IWF stellvertretend: Zwar griff Orbán den Währungsfonds auch aus der Regierung scharf an und ließ das IWF-Büro im Jahr 2013 rauswerfen.[73] Allerdings handelte es sich dabei eher um eine *symbolische* Eskalation: Anders als die griechische Syriza-Regierung wollte Orbán weder einen Schuldenerlass aushandeln noch die wettbewerbsstaatliche Integrationsweise der EU in Frage stellen. Im Gegenteil: Die Regierung zahlte bereits ein knappes Jahr früher als geplant die letzte Kreditrate zurück.[74] Insgesamt setzte die Regierung zwischen 2010 und 2018 weitere Investitionsanreize für transnationale Kapitalfraktionen und knüpfte damit an den, durch das Bokros-Paket auf den Weg gebrachten, Wachstumspfad an. Zuletzt senkte die Regierung die Körperschaftssteuer für Unternehmen auf 9 Prozent – das ist der niedrigste Wert in der gesamten EU.[75] Der durchschnittliche Bruttostundenlohn betrug laut Eurostat im April 2017 gerade einmal 3,59 Euro.[76] Und der Ungarisch-Deutschen Industrie- und Handelskammer zufolge belief sich der gesetzliche Mindestlohn im Jahr 2018 auf monatlich umgerechnet 426,42 Euro.[77] Auch unter Fidesz machen vor allem niedrige Löhne und Steuerbegünstigungen die Attraktivität des Standort aus. Die Strategie trägt: Der Ungarischen Nationalbank zufolge betrug der Umfang ausländischer Direktinvestitionen im Jahr 2016 über 75 Milliarden Euro – fast ein Drittel davon

---

71 Vgl. *Fidesz* 2009c; *Johnson/Barnes* 2014, 10.
72 *Fidesz* 2009c.
73 Mit Blick auf die Forderungen des IWF positionierte sich Orbán klar: "In my view, neither the IMF nor the EU's financial bodies are our bosses. We are not subordinate to them [...] we will not accept dictats." (Szakacs/Tahn 2010 zit. n. Johnson/Barnes 2014, 15). In Zeitungsannoncen ließ die Regierung verlautbaren: „We will not give into the IMF!" und „We will not give up Hungary's independence" (*Agence France Presse* 2012 zit. n. *Johnson/Barnes* 2014, 16).
74 Vgl. *Bohle* 2018, 293; www.faz.net/aktuell/wirtschaft/eurokrise/freie-hand-fuer-Orbán-ungarn-zahlt-iwf-kredit-vorzeitig-zurueck-12528343.html.
75 Vgl. *Die Presse* 2017; zum Vergleich in Deutschland: 15%.
76 *Eurostat* 2017.
77 *Deutsch-Ungarische Industrie- und Handelskammer* 2018; Darüber hinaus senkte Fidesz die vom Kapital zu entrichtenden Sozialabgaben seit dem Jahr 2016 um insgesamt 7,5 Prozent (vgl. *Geinitz* 2018).

stammte aus Deutschland.[78] Ohnehin gehören deutsche Unternehmen, unter ihnen Audi, Bosch und Mercedes, zu den größten Investoren in Ungarn.[79] Jüngst hat auch BMW die Errichtung einer neuen Fabrik mit rund 1.000 Arbeitsplätzen und Produktionskapazitäten für jährlich 150.000 Fahrzeuge angekündigt. Rund 1 Milliarde Euro will das Unternehmen mit Sitz in München dafür investieren.[80] Mit anderen Worten: „Multinational firms obviously like it in Hungary."[81]

Im Geiste einer solchen wettbewerbsstaatlichen Standort-Optimierung verabschiedete die Fidesz-Regierung außerdem eine Reihe von Gesetzen, die die Ware Arbeitskraft disziplinieren und als flexible Manövriermasse verfügbar machen sollen. Gleichzeitig wird der Staatshaushalt durch die sozialpolitischen Einschnitte über die Ausgabenseite saniert. So kürzte die Regierung sowohl die Höhe als auch die Bezugsdauer des Arbeitslosengeldes. Die Auszahlung von Sozialleistungen wurde zudem grundsätzlich von der Bereitschaft abhängig gemacht, jede freie Stelle auf dem Arbeitsmarkt anzunehmen. In diesem Zusammenhang können arbeitslose Menschen über ein staatliches Arbeitsprogramm auch zu 30-tägigen Arbeitseinsätzen verpflichtet werden. Oftmals werden sie dabei zu schwerer körperlicher Arbeit, etwa in der Forstwirtschaft, gezwungen. Der Durchschnittslohn liegt hier bei etwa 70 Prozent des Mindestlohns.[82] Diese Maßnahmen forcieren die Entstehung einer politisch disziplinierten *industriellen Reservearmee*. Jüngstes Beispiel ist das im Dezember 2018 verabschiedetes Gesetz zur Arbeitszeitregelung, durch das Unternehmen ihre Angestellten zu bis zu 400 Überstunden pro Jahr zwangsverpflichten können.[83]

An der Sozial- und Arbeitsmarktpolitik Orbáns zeigt sich auch, wie kompatibel die neoliberale Standortoptimierung mit den Versatzstücken nationalistischer Ideologie ist. So versteht Fidesz die Verausgabung von Arbeitskraft als Dienst an der Nation, zu der jede*r Ungar*in verpflichtet sei. Deutlich wird dies in der Präambel der, im Jahr 2011 von Fidesz verabschiedeten, Verfassung. Dort heißt es, dass die „Grundlage der Kraft der Gemeinschaft und der Ehre des Menschen die Arbeit und die Leistung des menschlichen Geistes sind".[84] Praktisch hat die Pflicht zur Arbeit in diesem Zusammenhang Verfassungsrang erhalten. Dies wird in Artikel XII (1) ausbuchstabiert: „Jede Person ist verpflichtet, mit der ihren Fähigkeiten und Möglichkeiten entsprechenden Arbeitsverrichtung zur Mehrung der Gemeinschaft beizutragen."[85]

---

78 15% auf Holland, 10% auf Österreich, 4% auf Großbritannien und 3% auf Österreich (vgl. *Deutsch-Ungarische Industrie- und Handelskammer* 2018).
79 Vgl. *Kolb* 2018.
80 Vgl. *Siebenhaar* 2018.
81 *Greskovits* 2018, 304.
82 Vgl. *Fekete* 2016, 47; *Szikra* 2014, 7.
83 Medienberichten zufolge verabschiedete Orbán das Gesetz vor allem auf Druck deutscher Automobilhersteller. Die Opposition bezeichnete das Gesetz als „Sklavengesetz" und mobilisierte über mehrere Tage bis zu 10.000 Menschen zu Demonstrationen (Handelsblatt 2018).
84 *Ungarische Verfassung*, Nationales Glaubensbekenntnis.
85 Ebd.

Kombiniert wurde die neoliberale Standortoptimierung abermals mit der finanziellen Förderung nationaler Kapitalfraktionen in international nicht exponierten Sektoren.[86] Paradoxerweise ist Fidesz an dieser Stelle in hohem Maße auf die EU angewiesen. Denn ein Großteil der Vorhaben der nationalen Bourgeoisie wird aus EU-Geldern finanziert. Der ungarische Politikwissenschaftler *Kristóf Szombati* kommt in diesem Zusammenhang zu dem Schluss, dass die Transferzahlungen ein konstitutiver Bestandteil der wirtschaftspolitischen Strategie von Fidesz seien.[87] Zahlen belegen die Bedeutung der Transferzahlungen für den Staatshaushalt und die Förderung nationaler Kapitalfraktionen: So hat Fidesz alleine im Jahr 2016 Transferzahlungen in Höhe von rund 4,5 Milliarden Euro aus dem EU–Haushalt erhalten.[88] Diese Mittel wurden für die Subventionierung der ungarischen Agrarindustrie (36 Prozent) sowie zur Finanzierung ungarischer Infrastrukturprojekte (60 Prozent) verausgabt. Lediglich etwas mehr als 2 Prozent der Mittel flossen in Forschung und Entwicklung.[89] Darüber hinaus profitiert Ungarn in großem Umfang vom Europäischen Struktur- und Investitionsfonds. Für das Land ist dort zwischen den Jahren 2014 und 2020 ein Budget von rund 25 Milliarden Euro vorgesehen.[90] Insbesondere mit Blick auf die Verwendung der Gelder zur Finanzierung von Infrastrukturprojekten und der Bauwirtschaft werden immer öfter die Vorwürfe der Veruntreuung und Vetternwirtschaft laut, die Mitglieder der Familie Orbán sowie den Ministerpräsidenten selbst betreffen.[91] Die Höhe der Zahlungen aus den jeweiligen Fonds setzen sich dabei wie folgt zusammen (vgl. Abb. 1).

Europäischer Struktur- und Investitionsfond, Laufzeit: 2014–2020	
Fond	Fördersummen (gerundet)
ERDF (European Regional Development Fund)	ca. 10,7 Milliarden €
ESF (European Social Fund)	ca. 4,7 Milliarden €
CF (Cohesion Fund)	ca. 6,0 Milliarden €
EAFRD (European Agricultural Fund For Rural Development)	ca. 3,4 Milliarden €
EMFF (European Maritime and Fisheries Fund)	ca. 39 Millionen €
Insgesamt: ca. 25 Milliarden €	

Abb. 1: Zahlungen an Ungarn aus dem Europäischen Struktur- und Investitionsfond zwischen den Jahren 2014 und 2020 (eigene Darstellung).[92]

---

86 Vgl. *Becker* 2018, 424f; *Szombati* 2018, 20.
87 *Szombati* 2018, 20.
88 Vgl. *Europäisches Parlament* 2016.
89 Vgl. ebd.
90 Vgl. *European Structural and Investment Funds* (o.J.).
91 Vgl. *Ozsvath* 2017, 53ff., 96ff.; *Vetter* 2017, 94ff.
92 *Europäische Kommission* 2014.

6. Fazit

Im tagespolitischen Geschehen entsteht oft der Eindruck, die Dissonanzen zwischen der Regierung in Budapest und der Europäischen Union und deren Institutionen lägen schlicht in den Auseinandersetzungen um aktuelle politische Fragen begründet – wie etwa jener der Ausgestaltung einer europäischen Asyl- und Migrationspolitik. Dies ist jedoch nur die halbe Wahrheit. Es wurde gezeigt, dass die Konfliktlinien zwischen Ungarn und der EU eine historische Dimension besitzen, die bis in die Zeit des Übergangs vom Realsozialismus hin zum Kapitalismus zurückreicht. Waren dieser Übergang und die unmittelbar darauf folgenden Jahre bereits krisenbehaftet und wurden durch massive wirtschaftliche und soziale Verwerfungen begleitet, so konnte auch Ungarns „Weg zurück nach Europa" das damit verbundene Prosperitätsversprechen gegenüber der Bevölkerung nicht einlösen: Die Integration Ungarns in den europäischen Wirtschaftsraum durch den Abbau von Zöllen, die systematische Senkung der Lohnkosten sowie umfangreiche Privatisierungsmaßnahmen samt ausgeglichenem Staatshaushalt und geringer Neuverschuldung ließen das Land zwar zu einem attraktiven Investitionsstandort für transnationales Kapital avancieren – Becker fasst dies unter dem Begriff der „verlängerte[en] Werk[bank] der industriellen Kerne Westeuropas" sowie „als Absatzgebiet für Konsumgüter und Anlageregion überschüssigen Geldkapitals".[93] Materiell profitieren hiervon jedoch keine breiten Schichten der ungarischen Bevölkerung. Vielmehr erforderte die Logik der wettbewerbsstaatlichen Integration nicht zuletzt die Sanierung des Staatshaushalts über die Ausgabenseite, was zwangsläufig zu Einbußen im Bereich Soziales, Bildung und Gesundheit führte. Die Konditionalitäten des EU-Beitritts wurden dabei nicht im Rahmen politischer Kämpfe und über die Einbindung breiter gesellschaftlicher Schichten sowie unterschiedlicher politischer und gesellschaftlicher Kräfte verhandelt, sondern als technokratisches "best-practice"-Problem der politischen Eliten verstanden und gelöst (vgl. Kap. 2).

Auch Fidesz stimmte und stimmt noch immer in diese Klaviatur aus Wettbewerbsstaatlichkeit und EU-Beitritt (bzw. Mitgliedschaft) ein (vgl. Kap. 3). Mit zwei zentralen Einschränkungen: Das europapolitische Leitbild der Partei wurde von Anfang an durch eine nationalistische Ideologie flankiert – Fidesz war unter Orbán, so könnte man sagen, noch *nie* die Partei der *europäischen Beschlüsse* für die Verteilung von *Geflüchteten und Migrant*innen*. Vielmehr ist und war die Partei eine Verfechterin des "Prinzips der *nationalen Selbstbestimmung*" (vgl. Kap. 3). Hier widersprechen wir der weit verbreiteten Annahme, es habe sich der Gründung von Fidesz Ende der 1980er Jahre/Anfang der 1990er Jahre um eine liberale Partei gehandelt.[94] Ferner gelingt es Fidesz, vermittelt über die Strategie des selektiven Wirtschaftsna-

---

93 *Becker* 2014, Kap. 2 & Kap. 3.
94 So argumentieren z.B. *Adrowitzer/Gelegs* 2013, 10.

tionalismus, die ökonomische Verflechtung des Landes über seine Staatsgrenzen hinaus systematisch zu intensivieren und gleichzeitig die nationalen nicht-exportierenden Wirtschaftssektoren protektionistisch gegen die Weltmarktkonkurrenz abzusichern.

Diese Strategie wurde während der Weltwirtschaftskrise der Jahre 2008ff von Fidesz beibehalten. Zwar dienten transnationale Akteur*innen wie EU, IWF und ausländische Banken rhetorisch als Feindbilder. Dennoch bediente Budapest seine IWF-Schulden bereits lange vor dem Fälligkeitsdatum. Dass das konflikthafte Verhältnis zur EU sowie zu transnationalen Kapitalfraktionen ein symbolisches ist, zeigt sich darüber hinaus an zweierlei Tatsachen: Erstens ist die Regierung auch gegenwärtig bemüht, attraktiver Investitionsstandort für transnationales Kapital zu bleiben, was sich am deutlichsten in einer kapital- und anlagefreundlichen Wirtschafts- und Sozialpolitik sowie hohen Investitionsanteilen aus dem europäischen Ausland zeigt (vgl. Kap. 4). Ferner profitiert Ungarn von Transferzahlungen aus dem EU-Haushalt. Diese kommen, vermittelt über die Finanzierung großer Infrastrukturprojekte und Agrarsubventionen, der nationale Bourgeoisie – zuvorderst der nicht-exportorientierten Industrie sowie dem Baugewerbe – zu gute. Auf diesem Weg wird somit nicht zuletzt ein nicht geringer Teil der sozialen und ökonomischen Basis der Fidesz-Partei verlässlich subventioniert. Vor dem Hintergrund halten wir das oft heraufbeschworene und viel diskutierte Ausstiegsszenario Ungarns aus der EU für höchst unwahrscheinlich.

7.Literaturverzeichnis

Adrowitzer, Roland/*Gelegs*, Ernst 2013: Schöne Grüße aus dem Orbán-Land. Die rechte Revolution in Ungarn. Wien.

Bajomi-Lazar, Peter 2013: The Party Colonisation of the Media. The Case of Hungary. In: East European Politics and Societies and Cultures, 27(1), 69–89.

Bankuti, Milos/*Halmai*, Gabor/*Scheppele*, Kim Lane 2012: Hungary's Illiberal Turn. Disabling The Constitution. In: Journal of Democracy, 23(3), 138–146.

Becker, Joachim 2018: Die Visegrád-4 und die EU. Zwischen Abhängigkeit und partieller Dissidenz. In: PROKLA 192, 417–436.

Becker, Joachim 2014: Muster kapitalistischer Transformation in Osteuropa. In: Z. Zeitschrift für Marxistische Erneuerung 99. URL: http://www.zeitschrift-marxistische-erneuerung.de/article/1238.muster-kapitalistischer-transformation-in-osteuropa.html (letzter Zugriff: 01.01.2019).

Becker, Joachim 2011: Wachstumsmodelle und Krisenmuster in Osteuropa. In: WSI-Mitteilungen 6, 270–277.

Becker, Joachim 2008: Der Drang nach Osten/Wirtschaftliche Interessen und geopolitische Strategien. In: Kurswechsel 2008 (4), 5–29.

Begg, Ian 2006: Real convergence and EMU enlargement: the time dimension of fit with the Euro area. In: Dyson, Kenneth (Hrsg.): Enlarging the Euro Area. External Empowerment and Domestic Transformation in East Central Europe. Oxford, 71–89.

Bohle, Dorothee 2018: Capitalism and Democracy in East Central Europe: A Sequence of Crises. In: Ignatieff, Michael/Roch, Stefan (Hrsg.): Rethinking Open Society/New Adverseries and new Opportunities. Budapest, 281–294.

Bohle, Dorothee 2014: Post-socialist housing meets transnational finance: Foreign banks, mortgage lending, and the privatization of welfare in Hungary and Estonia. In: Review of International Political Economy, 21(4), 913–948.

Bohle, Dorothee 2010: Countries in Distress: Transformation, Transnationalization, and Crisis in Hungary and Latvia. In: EMECON (1), 1–16.

Bohle, Dorothee 2006: 'Race to the bottom'? Die Dynamik der Konkurrenzbeziehungen in der erweiterten Europäischen Union. In: PROKLA 144, 343–360.

Bohle, Dorothee 2002: Erweiterung und Vertiefung der EU: Neoliberale Restrukturierung und transnationales Kapital. In: PROKLA 128, 353–376.

Bohle, Dorothee/*Greskovits*, Bela 2012: Capitalist Diversity on Europe's periphery. New York.

Buckel, Sonja/*Georgi*, Fabian/*Kannankulam*, John/*Wissel*, Jens 2014: Theorie, Methoden und Analysen kritischer Europaforschung. In: Forschungsgruppe Staatsprojekt Europa (Hrsg.): Kämpfe um Migrationspolitik. Theorie, Methode und Analysen kritischer Europaforschung. Bielefeld, 15–86.

Deutscher Bundestag 2013: Gesetzes und Verfassungsänderungen in Ungarn seit 2010 aus Sicht des Rechts der Europäischen Union. URL: https://www.bundestag.de/blob/408304/c4c6c0068c9c5299545eaa7ee4ecb0ea/pe-6-046-13-pdf-data.pdf (letzter Zugriff: 14.12.2018).

Deutsch-Ungarische Industrie- und Handelskammer 2018: Steuern in Tabellen. Stand Januar 2018. URL: https://www.ahkungarn.hu//fileadmin/AHK_Ungarn/Dokumente/Recht_und_Steuern/Merkblaetter/Steuern_in_Ungarn_2018.pdf (letzter Zugriff: 16.12.2018).

Deutsch-Ungarische Industrie- und Handelskammer 2018: Ausländische Direktinvestitionen in Ungarn. URL: https://www.ahkungarn.hu/fileadmin/AHK_Ungarn/Dokumente/Wirtsch aft/Statistik/INFO_HU_Direktinvestitionen.pdf (letzter Zugriff: 16.12.2018).

Die Presse 2017: Ungarns Weg vom Billiglohn- zum Niedrigsteuerland. URL: https://diepress e.com/home/wirtschaft/economist/5153221/Ungarns-Weg-vom-Billiglohn-zum-Niedrigste uerland (letzter Zugriff: 17.12.2018).

Ehrke, Michael 2007: Länderanalyse Ungarn: Strukturen eines postkommunistischen Trans-formationslandes. URL: http://library.fes.de/pdf-files/id/04982.pdf (letzter Zugriff: 13.01.2019).

Elliesen, Moritz/*Henkel*, Nicholas/*Kempe*, Sophie 2018: Die autoritäre Wende in Ungarn. For-schungsgruppe "Staatsprojekt Europa", Working Papers, No. 1.

European Structural and Investment Funds o.J.: URL: https://cohesiondata.ec.europa.eu/count ries/HU# (letzter Zugriff: 16.12.2018).

Europäische Kommission 2014: Summary of the Partnership Agreement for Hungary, 2014–2020. URL: https://ec.europa.eu/info/sites/info/files/partnership-agreement-hungary-summ ary-aug2014_en.pdf (letzter Zugriff: 16.12.2018).

Europäisches Parlament 2016: EU-Haushalt auf einen Blick – Ungarn. URL: http://www.eur oparl.europa.eu/external/html/budgetataglance/default_de.html#hungary (letzter Zugriff: 16.12.2018).

Eurostat 2017: Löhne und Arbeitskosten. URL: https://ec.europa.eu/eurostat/statistics-explain ed/index.php?title=Wages_and_labour_costs/de#Bruttol.C3.B6hne.2F-verdienste (letzter Zugriff: 16.12.2018).

Fekete, Liz 2016: Hungary: power, punishment and the 'Christian-national idea'. In: Race & Class 57(5), 39–53.

Fidesz 1990: Summary of the Programme accepted on the Second Congress of the League of Young Democrats: URL: www.manifestoproject.wzb.eu (letzter Zugriff: 13.01.2019).

Fidesz 1989: Declaration of Political Program and Chronology. In: World Affairs, 151(4), 170–176.

Fidesz 2009a: Enough is Enough: URL: http://2010-2015.miniszterelnok.hu/in_english_articl e/enough_is_enough (letzter Zugriff:
letzter Zugriff: 13.10.2019).

Fidesz 2009b: *Total Renewal Needed.* URL: http://2010-2015.miniszterelnok.hu/in_english_ar ticle/total_renewal_needed (letzter Zugriff: 4.3.2019).

Fidesz 2009c: New Direction for Hungary. URL: http://2010-2015.miniszterelnok.hu/in_engli sh_article/new_direction_for_hungary (letzter Zugriff: 13.10.2019).

Geinitz, Christian 2018: Politisch isoliert – aber wirtschaftlich anziehend. URL:
https://www.faz.net/aktuell/wirtschaft/ungarn-unter-Orbán-politisch-isoliert-und-wirtschaft-lich-anziehend-15784776.html (letzter Zugriff: 16.12.2018).

Greskovits, Béla 2018: Civic Activism, Economic Nationalism, And Welfare for the Better Off: Pillars of Hungary's Illiberal State. In: Ignatieff, Michael/Roch, Stefan (Hrsg.): Re-thinking Open Society/New Adverseries and new Opportunities. Budapest, 295–310.

Greskovits, Béla 2006: The First Shall Be the Last? Hungary´s Road to EMU. In: Dyson, Kenneth (Hrsg.): Enlarging the Euro Area/External Empowerment and Domestic Transformation in East Central Europe. Oxford, 178–196.

Györffy, Dora 2015: Austerity and growth in Cantral and Eastern Europe: understanding the link through contrasting crisis management in Hungary und Latvia. In: Post-Communist Economies, 27(2), 129–152.

Handelsblatt 2018: Orbán setzt sein Sklavengesetz durch. URL: https://www.handelsblatt.co m/politik/international/arbeitsgesetzreform-orbn-setzt-sein-sklavengesetz-durch/23752794. html?ticket=ST-18393009-Lnj5yFy2W72NJnoMQQyW-ap1 (letzter Zugriff. 30.09.2019).

Hanley, Eric/*King*, Lawrence/*János*, István Tóth (2002): The State, International Agencies, and Property Transformation in Postcommunist Hungary. In: American Journal of Sociology, 108(1), 129–167.

Johnson, Juliet/*Barnes*, Andrew 2014: Financial nationalism and its international enablers: The Hungarian experience. In: Review of International Political Economy, 1–35.

Kiss, Csilla 2003: From Liberalism to Conservatism: The Federation of Young Democrats in Post-Communist Hungary. In: East European Politics and Societies 16(3), 739–763.

Kolb, Matthias 2018: Die deutsche Autoindustrie muss aufhören, sich von Orbán missbrauchen zu lassen. URL: https://www.sueddeutsche.de/politik/wahl-in-ungarn-die-deutsche-au toindustrie-muss-aufhoeren-sich-von-orbn-missbrauchen-zu-lassen-1.3929691 (letzter Zugriff: 12.12.2018).

Kovacs, Kriszta/*Toth*, Gabor Attila 2011: Hungary's Constitutional Transformation. In: European Constitutional Law Review 7(2), 183–203.

Küpper, Herbert 2014: Alter Wein in neuen Schläuchen? Die Spielregeln für die Politik in Ungarns alter und neuer Verfassung. In: Bos, Ellen/Pócza, Kálmán (Hrsg.): Verfassungsgebung in konsolidierten Demokratien. Neubeginn oder Verfall eines politischen Systems? Baden-Baden, 231–267.

Lendvai, Paul 2016: Orbans Ungarn. Wien.

Losoncz, Miklos 2011: Die Wirtschaftspolitik der Orbán-Regierung. Friedrich-Ebert-Stiftung Budapest. URL: http://library.fes.de/pdf-files/id/07759.pdf (letzter Zugriff: 12.12.2018).

Machos, Csilla 1995: Ungarn – stabile Mehrheiten und untergründiger Wandel. In: Segert, Dieter/Machos, Csilla (Hrsg.): Parteien in Osteuropa. Kontext und Akteure. Opladen, 63–103.

Neunhöffer, Gisela/*Schüttpelz*, Anne 2002: „Offene" und „geschlossene" Transformation: Von peripheren und noch periphereren Kapitalismen in Osteuropa, in: PROKLA 128, 377–398.

Oltay, Edith 2014: Der Weg des Fidesz zur größten ungarischen Mitte-Rechts-Partei. In: Bos, Ellen (Hrsg.): Konservatismus im 21. Jahrhundert/Liebe zu alten Lastern oder Angst vor neuen Fehlern? Baden-Baden, 179–204.

Ozsvath, Stephan 2017: Puszta-Populismus. Viktor Orbán – ein europäischer Störfall? Ulm.

Pilger, Aljoscha 2012: Rechtspopulismus in Ungarn. Ideologie und Aufstieg des Fidesz. In: Forschungsgruppe Europäische Integration (Hrsg.): Rechtspopulismus in der Europäischen Union. Hamburg, 35–59.

Poulantzas, Nicos [1978] 2002: Staatstheorie. Politischer Überbau, Ideologie, Autoritärer Etatismus. Hamburg.

Rollo, Jim 2006: EMU and the New Member States: Strategic Choices in the Context of Global Norms. In: Dyson, Kenneth (Hrsg.): Enlarging the Euro Area/External Empowerment and Domestic Transformation in East Central Europe. Oxford, 47–70.

Salzborn, Samuel, 2015: Schleichende Transformation zur Diktatur. Ungarns Abschied von der Demokratie. In: Kritische Justiz, 48(1), 71–82.

Schmidt-Schweizer, Andreas 2006: Politische Geschichte Ungarns von 1985–2002. München.

Segert, Dieter 2013: Transformationen in Osteuropa im 20. Jahrhundert. Wien.

Siebenhaar, Hans-Peter 2018: BMW baut neues Werk in Ungarn. Audi und Mercedes sind schon da, nun folgt auch BMW – und baut ein neues Werk in Ungarn. Das Milliardeninvestment ist politisch hoch willkommen. URL: https://www.handelsblatt.com/unternehmen /industrie/autokonzern-bmw-baut-neues-werk-in-ungarn/22864454.html?ticket=ST-12162 88-d3tGJKhzEtwFAk9qvbvJ-ap5 (letzter Zugriff: 15.12.2018).

Statista 2017: Europäische Union: Operative Haushaltssalden der Mitgliedsstaaten im EU-Haushalt im Jahr 2017 (in Milliarden Euro). URL: https://de.statista.com/statistik/daten/stu die/38139/umfrage/nettozahler-und-nettoempfaengerlaender-in-der-eu/ (letzter Zugriff 16.12.2018).

Süddeutsche Zeitung 2017: Ungarn nennt Urteil "empörend und verantwortungslos". URL: https://www.sueddeutsche.de/politik/fluechtlinge-ungarn-nennt-urteil-empoerend-und-vera ntwortungslos-1.3654806 (letzter Zugriff: 14.12.2018).

Svensson, Kristina 2016: Wandel der liberalen Parteien in Estland und Ungarn. Eine theoriegeleitete Längsschnitt-Vergleichsstudie am Beispiel des Fidesz und der ELDP/Reformierakond. URL: https://docserv.uni-duesseldorf.de/authoring/buildZip.xml?type=zip&id= 40860 (letzter Zugriff: 10.12.2018).

Szikra, Dorottya 2014: Democracy and welfare in hard times: The social policy of the Orbán Government in Hungary between 2010 and 2014. In: Journal of European Social Policy, 24(5), 486–500.

Szabó, Máté 2011: From a Suppressed Anti-Communist Dissident Movement to a Governing Party: The Transformations of FIDESZ in Hungary. In: Corvinus Journal of Sociology and Social Polivy, Vol. 2, 47–66.

Szombati, Kristof 2018: Ungarn. Victor Orbáns autoritäres Regime. In: Ehmsen, Stefanie/ Scharenberg, Albert (Hrsg.): Die Radikale Rechte an der Regierung. Sechs Fallbeispiele aus Europa. Rosa-Luxemburg-Stiftung. New York, 15–26.

Tausz, Katalin 2008: Vom Staatssozialismus zum Wohlfahrtshybrid: Das ungarische Wohlfahrtssystem. In: Schuber, Klaus/Hegelich, Simon/Bazant, Ursula (Hrsg.): Europäische Wohlfahrtssysteme/Ein Handbuch. Wiesbaden, 311–331.

Tóth, András 2014: Das Ende der Leidensgeschichte?/Der Aufstieg des selektiven Wirtschaftsnationalismus in Ungarn. In: Lehndorff, Steffen (Hrsg.): Spaltende Integration/Der Triumph gescheiterter Ideen in Europa – revisited/Zehn Länderstudien. Hamburg, 209–226.

Ungarische Verfassung 2011: Grundgesetz Ungarns vom 25. April 2011 verabschiedet durch die Nationalversammlung am 18. April 2011. URL: http://www.verfassungen.eu/hu/ (letzter Zugriff: 16.12.2018).

Ungarn heute 2018a: Deutsche Unternehmen in Ungarn als Investoren des Jahres ausgezeichnet. URL: https://ungarnheute.hu/news/deutsche-unternehmen-in-ungarn-als-investoren-de s-jahres-ausgezeichnet-22852 (letzter Zugriff: 16.12.2018).

Ungarn heute 2018b: Ungarns beste Arbeitgeber sind deutsche Firmen. URL: https://ungarnh eute.hu/news/ungarns-beste-arbeitgeber-sind-deutsche-firmen-28030 (letzter Zugriff: 16.12.2018).

Vetter, Reinhold 2017: Nationalismus im Osten Europas. Was Kaczynski und Orbán mit Le Pen und Wilders Verbindet. Bonn.

von Klimó, Arpad 2006: Ungarn seit 1945. Göttingen.

Wissel, Jens 2015: Staatsprojekt Europa. Grundzüge einer materialistischen Theorie der Europäischen Union. Münster.

Felix Syrovatka und Etienne Schneider

Ein stotternder Motor.
Der blockierte deutsch-französische Bilateralismus in der Debatte um die Vertiefung der Währungs- und Wirtschaftsunion

1. Einleitung

Das deutsch-französische Verhältnis hat für den Prozess der europäischen Integration eine besondere Bedeutung. Nicht nur weil Deutschland und Frankreich die beiden größten Volkswirtschaften innerhalb der EU darstellen, sondern auch, weil der Integrationsprozess immer wieder auf die Kompromissdynamik zwischen diesen beiden großen europäischen Ländern angewiesen war. Zentrale Integrationsschritte gingen nicht selten auf einen gemeinsamen Vorschlag des deutsch-französischen „Power-Tandems"[1] zurück, welcher zuvor in bilateralen Abstimmungen und Verhandlungen erarbeitet wurde. Die Rolle des „deutsch-französischen Bilateralismus"[2] ist für das europäische Staatsprojekt und die Europäische Union auch deshalb von großer Bedeutung, weil beide Staaten eine Repräsentationsfunktion besitzen. Während Frankreich aufgrund historischer und ökonomischer Pfadabhängigkeiten eine enge Verbindung zu den Staaten der südeuropäischen Peripherie aufweist, ist Deutschland mit den nord- und osteuropäischen Staaten politisch und ökonomisch eng verknüpft.[3] Zugleich verkörpern Deutschland und Frankreich unterschiedliche Europavorstellungen, womit die bilateralen Einigungen immer auch Ausdruck eines Kräfteverhältnisses innerhalb der EU darstellte.

In der Krise scheint der deutsch-französische Motor jedoch ins Stocken geraten zu sein. Während zu Beginn der Krise das gemeinsame Agieren des damaligen französischen Staatspräsidenten Nicolas Sarkozy und der deutschen Kanzlerin Angela Merkel die mediale Öffentlichkeit zur Namenskreation „Merkozy" inspirierte, erscheinen die Interessen Deutschlands und Frankreichs zunehmend gegenläufig. Vor allem im Bereich der europäischen Wirtschaftsintegration prallen die unterschiedlichen Vorstellungen beider Länder diametral aufeinander. Dies wird vor allem in der aktuellen Diskussion über die Vertiefung und Vollendung der Wirtschafts- und Wäh-

---

1 *Bieling/Deppe* 1996, 500.
2 *Krotz/Schild* 2013b.
3 *Kauffmann* 2013, 56–57.

rungsunion (WWU) deutlich, in der die deutsch-französische Kompromissdynamik blockiert und eine Einigung unmöglich erscheint[4].

Der vorliegende Artikel verfolgt das Ziel, am Beispiel der aktuellen Diskussionen über die Reform und Vertiefung der WWU die divergierenden Europaprojekte Deutschlands und Frankreichs herauszuarbeiten. Dazu wird die These entwickelt, dass Deutschland und Frankreich in der Vergangenheit, trotz divergierender wirtschaftspolitischer Leitbilder, die europäische Wirtschaftsintegration durch bilaterale Kompromisse vorangebracht haben. Die aktuelle Blockade kann auf eine politische und ökonomische Auseinanderentwicklung beider Länder seit dem Ausbruch der Krise zurückgeführt werden, wobei wir uns auf die politische Dimension dieser Auseinanderentwicklung konzentrieren.[5] Im Folgenden soll daher 1.) die Rolle des deutsch-französischen Motors für den Prozess der europäischen Integration am Beispiel der europäischen Währungsintegration nachgezeichnet werden, um dann 2.) die deutsch-französischen Positionen in der aktuellen Reformdiskussion herauszuarbeiten. Hieran anschließend soll 3.) die Blockade der deutsch-französischen Kompromissstrukturen analysiert werden.

2. Deutschland und Frankreich im Prozess europäischer Wirtschaftsintegration

Deutschland und Frankreich gelten gemeinhin als die Gründungsväter der europäischen Integration. Nach Jahren des Krieges war es die französische Skepsis gegenüber der deutschen Politik, der Druck durch die USA als auch die untergeordnete weltpolitische Rolle beider Länder, welche die gemeinsame europäische Kooperation nach dem Zweiten Weltkrieg ins Rollen brachte.[6] Der Schuhmannplan und die damit verbundene Gründung der Montanunion legten den Grundstein für die spätere EU. Er gilt zudem als Startpunkt eines deutsch-französischen Bilateralismus, welcher bis heute den Fortgang und die Richtung europäischer Integrationsprojekte wesentlich bestimmt. So erwies sich der deutsch-französische Bilateralismus seit den 1950er Jahren gerade in Krisen als Fundament und Motor vertiefender Integrationsschritte. Beide Länder bildeten als europäisches Zentrum und aufgrund der starken ökonomischen Verflechtungen und Abhängigkeiten der süd- und osteuropäischen Peripheriestaaten die zentralen Taktgeber des Integrationsprozesses, allein weil ihr politisches und ökonomisches Gewicht jene „kritische Masse"[7] darstellte, um in der EU etwas bewegen zu können.

---

4 *Schneider/Syrovatka* 2017a, 2017b.
5 Vgl. zur ökonomischen Dimension: *Schneider/Syrovatka* 2017a, 2017b, 2018.
6 *Ziebura* 1997, 35–54.
7 *Guerot* 2004.

Die Schlüsselrolle der deutsch-französischen Beziehungen für den europäischen Integrationsprozess kann jedoch nicht darüber hinwegtäuschen, dass die nationalen Interessen beider Länder nur selten Kongruenzen aufwiesen. Im Gegenteil war die Entwicklung dieser besonderen bilateralen Kooperation primär durch divergierende politische, ideologische und vor allem ökonomische Interessen motiviert gewesen. In den zentralen Fragen der europäischen Integration lagen die Interessen des süd-orientierten und zentralistischen Frankreich und des föderalistischen und nordost-orientierte Deutschland oft diametral auseinander.[8] Gerade deshalb waren Kompromisse zwischen Deutschland und Frankreich bedeutsam, denn sie konnten als Grundlage für die weitere europäische Einigung dienen.

Ein besonders konfliktives Beispiel der spezifischen deutsch-französischen Kompromissdynamik stellt die europäische Währungsintegration dar, welche ab den 1970er Jahren durch die deutsch-französische Kooperation vorangetrieben wurde. Auch sie war primär durch nationale Macht- und Wirtschaftsinteressen beider Länder überdeterminiert.[9] Denn letztendlich war die Ausgangslage eines deutsch-französischen Kompromisses in der Währungspolitik denkbar schlecht, da Frankreich und Deutschland bis heute jeweils eine eigenständige, historisch geprägte Tradition von Geld- und Währungspolitik verkörpern.[10]

In Frankreich war die Geldpolitik in der Vergangenheit immer auch ein Teil der nationalen Wirtschafts- und Industrieförderung gewesen. Dies zeigte sich insbesondere an der Rolle der Zentralbank, welche traditionell mit der französischen Politik eng verbunden und in die Finanzierung politischer Projekte integriert war.[11] Dies entspricht dem wirtschaftspolitischen Grundverständnis des französischen Dirigismus,[12] der die Ökonomie als Gegenstand diskretionärer, staatlicher Steuerung und Eingriffen im Sinne des Allgemeinwohls verstand. Daher wurde eine höhere Inflation im Allgemeinen nicht zum Anlass stabilitätsorientierter Interventionen genommen – ein wirtschaftspolitischer Moment, der auch historisch begründet ist: So hatte die französische Wirtschaft seit der Französischen Revolution keine unkontrollierbare Hyperinflation mehr erfasst.[13]

Im Gegensatz zur französischen Wirtschaftspolitik steht die Inflationsbekämpfung bis heute im Zentrum der deutschen Geld- und Währungspolitik. Dies entspricht der ordoliberalen Denktradition, die dem Staat eine allgemeine, nicht-diskretionäre, und insofern regelgebundene Ordnungsfunktion zuschreibt.[14] In Verbindung

---

8   *Koopmann/Schild* 2013.
9   *Guerot* 2004.
10 *Stützle* 2013.
11 *Baleste* 1982. S. 35ff.
12 *Levy* 2008, 418–420.
13 *Bernholz* 1983, 413–415.
14 Trotz aller Abweichungen bildet die ordoliberale Tradition, gerade im Bereich der Geld- und Währungspolitik, einen zentralen ideologischen Bestimmungsfaktor der deutschen Position in der aktuellen Diskussion.

mit korporatistischen Arrangements zielt diese Form der Geld- und Währungspolitik auf die Herstellung stabiler wirtschaftlicher Rahmenbedingungen insbesondere in Form von Geldwertstabilität, wobei dafür die Unabhängigkeit der Zentralbank von politischen Projekten und Mehrheitsverhältnissen eine wichtige Rolle spielt.[15]

Interessanterweise ging trotz dieser fundamentalen Unterschiede im geldpolitischen Verständnis die Initiative für ein europäisches Wirtschaftssystem von beiden Ländern aus. Das Ende des Währungssystems von Bretton Woods hatte in Europa dazu geführt, dass die DM aufgrund ihrer Position innerhalb der weltweiten Währungshierarchie zur europäischen Leitwährung avancierte und die deutsche Bundesbank mit ihrer Zinspolitik die anderen europäischen Währungen unter Druck setzte.[16] Sowohl für Deutschland als auch für Frankreich war dieser Zustand problematisch: Während die DM unter einem permanenten Aufwertungsdruck geriet, was die neo-merkantilistische Exportstrategie der Bundesrepublik gefährdete, verhinderte die Zinspolitik der Bundesbank die geldpolitische Flankierung der französischen Wirtschaftspolitik. Dementsprechend gab es für beide Länder einen gewissen Problemdruck, welcher ab 1977 zu intensiven Gesprächen zwischen der deutschen und französischen Regierung führte.[17]

Das Interesse an einem gemeinsamen europäischen Währungssystem ergab sich für Deutschland insbesondere aus dem Kalkül, dass eine Währungsintegration zu einer tendenziellen Unterbewertung der DM und somit zu einer Stärkung der deutschen Exportstrategie führen würde. Zugleich war vor dem Hintergrund sich verschlechternder deutsch-amerikanischer Beziehungen und währungspolitischer Unsicherheiten das Interesse an der Schaffung eines gemeinsamen Währungssystems gewachsen, welche in ihrer weltwirtschaftlichen Bedeutung mit dem Dollar und dem Yen gleichbedeutend sein sollte. Diese sollte die Planbarkeit erhöhen und das Wechselkursrisiko für deutsche Unternehmen verringern.[18] Dagegen verfolgte die französische Regierung unter Staatspräsident Giscard d'Estaing ab Mitte der 1970er Jahre mit ihrer Initiative für einen gemeinsamen europäischen Währungsraum das Ziel, sich aus der währungspolitischen Abhängigkeit der Bundesbank zu befreien und die wirtschaftlichen Turbulenzen in Frankreich einzudämmen. Mit dem Plan ein europäisches Bretton-Woods zu schaffen, sollte die Bundesrepublik stärker in das europäische Projekt eingebunden, ihrer geldpolitischen Machtposition beraubt und das französisch-etatistische Fordismusmodell wieder stabilisiert werden.[19] Ein gemeinsames Europäisches Währungssystem, so das französische Kalkül, sollte die Politik der Planifikation institutionell absichern.

---

15 *Stützle* 2013, 125–127.
16 Ebd., 151–157.
17 *Schneider* 2017.
18 *Ziebura* 1997, 270–271.
19 *Syrovatka* 2016, 48–49.

Die Umsetzung des Europäischen Währungssystems (EWS) glich daher „einem Staatsstreich".[20] Die Pläne der konkreten inhaltlichen und institutionellen Ausgestaltung des EWS wurden ausschließlich auf deutsch-französischen Konsultationstreffen festgelegt, welche unter größter Geheimhaltung durchgeführt wurden. Erst nach der Einigung wurde der gemeinsame Fahrplan den anderen europäischen Partnern zur Abstimmung vorgelegt. Pascal Kauffmann[21] sieht in diesem Vorgehen den währungspolitischen „Modus Operandi" der deutsch-französischen Beziehungen, da erst ein bilateraler Kompromiss gesucht und gefunden wird, um im Anschluss daran die anderen europäischen Mitgliedsstaaten sowie die europäischen Institutionen mit den gemeinsamen Plänen zu konfrontieren. Zugleich blieb bei jeder deutsch-französischen Einigung das konkrete Ziel des europäischen Projekts stets vage und ermöglichte somit für beide Seiten einen gewissen Interpretationsspielraum.[22]

Dieser „Modus Operandi" der deutsch-französischen Taktgeber zeigte sich auch im Vorfeld des Vertrags von Maastricht und der damit verbundenen Einrichtung einer gemeinsamen Europäischen Währungsunion. Die Verhandlungen über eine gemeinsame Währung resultierten aus einem Problemdruck, welcher sich nach der Verabschiedung der Einheitlichen Europäischen Akte insbesondere für Frankreich entfaltete. Die Dominanz der DM und die Realisierung eines gemeinsamen Binnenmarktes ließen die Leistungsbilanzungleichgewichte innerhalb des EWS dramatisch ansteigen und setzten insbesondere die südeuropäischen Staaten unter erheblichen Anpassungsdruck. Das EWS geriet zunehmend an seine Belastungsgrenze.[23] Die Kritik aus Frankreich an den deutschen Leistungsbilanzüberschüssen führte bereits 1987 zur Forderung nach einer gemeinsamen europäischen Währung und zur Schaffung einer Zentralbank. Noch vor dem Fall der Berliner Mauer einigten sich der damalige deutsche Bundeskanzler Helmut Kohl und der französische Staatspräsident Francois Mitterrand auf ein gemeinsames Vorgehen in dieser Frage.[24]

Nach der deutschen Wiedervereinigung war es Frankreich, das auf die Einrichtung eines gemeinsamen Währungsraums drängte. Ziel der französischen Strategie war, sich aus der weiter zunehmenden, einseitigen Abhängigkeit der deutschen Geld- und Wirtschaftspolitik zu befreien und der asymmetrischen Funktionsweise des EWS zu entkommen. Zugleich sollte mit der Schaffung einer gemeinsamen Währungsordnung die D-Mark und vor allem die geldpolitische Macht der Bundesbank unter internationale Kontrolle gebracht werden, um somit der befürchteten Machtstellung Deutschlands in Europa nach der Wiedervereinigung entgegenzuwirken.[25] Die deutsche Bundesregierung dagegen hatte weniger Interesse an einer

---

20 *Ziebura* 1997, 271.
21 *Kauffmann* 2013, 58.
22 *Guerot* 2004, 286.
23 *Bieling* 2010a, 76.
24 *Brunn* 2009, 263–265.
25 *Marsh* 2009, 196.

schnellen Übereinkunft und drängte auf eine ordoliberale Konzeption der WWU mitsamt einer unabhängigen und auf Geldwertstabilität ausgerichteten Europäischen Zentralbank. Ziel war es, die deutsche Stabilitätskultur zu europäisieren, um somit langfristig von der Unterbewertung der gemeinsamen Währung zu profitieren. Die Einigung von Maastricht war dann auch das Ergebnis eines „bisweilen hart erkämpften Kompromiß zwischen den beiden Hauptprotagonisten Frankreich und Deutschland",[26] wobei sich primär deutsche Interessen durchsetzen konnten. Die künftige Währungsunion sollte auf einer französischen Konzeption mit einer einzigen Zentralbank beruhen, jedoch inhaltlich weitestgehend ordoliberal, d. h. im Sinne der deutschen Stabilitätskultur, ausgestaltet sein.[27]

Bereits in der Einigung von Maastricht zeigte sich eine gewisse Unvereinbarkeit der jeweiligen Europavorstellungen Deutschlands und Frankreichs. Wie im gesamten Verlauf der europäischen Wirtschaftsintegration vertraten Deutschland und Frankreich mit der Stabilitätsunion bzw. der Fiskalunion zwei Leitbilder, die divergent zueinanderstanden und letztlich inkompatibel sind. Als Leitbilder verstehen wir im Anschluss an Hans-Jürgen Bieling[28] und Heinrich Schneider[29] „ein dialektisch aufeinander bezogenes Ensemble von Zielvorstellungen sowie Wahrnehmungs- und Deutungsmustern [...], die konkreten Situationen eine bestimmte ‚Relevanzstruktur' zuschreiben."[30] Dementsprechend weisen Leitbilder sowohl eine historische, eine macht- und interessengeleitete als auch eine kommunikativ vermittelte Sinndimension auf. Damit können sie als das verdichtete Ergebnis sozialer Kämpfe und Auseinandersetzungen verstanden werden, wobei Leitbilder immer auch auf einer materiellen Basis, d. h. konkreten ökonomischen Interessen und Strategien beruhen. Je tiefer die europäische Währungsintegration wurde, desto konfliktiver standen sich die beiden Leitbilder gegenüber und umso stärker konkurrierten sie über die Deutungshoheit im Integrationsprozess.

Trotz der bereits vorhandenen Asymmetrie innerhalb des deutsch-französischen Kompromisses behielt das deutsch-französische Tandem bis zur Eurokrise die Rolle als Motor der europäischen Währungsintegration. Die bilateralen Konsultationen fungierten sowohl als Ausgangspunkt weitreichender europäischer Integrationsschritte als auch als spezifische europäische Kompromissstruktur, in welcher die Positionen anderer europäischer Mitgliedsstaaten mitbedacht und Vereinbarungen im europäischen Maßstab vorweggenommen wurden.[31] Krotz und Schild[32] sprechen daher von einem im Prozess der europäischen Integration „tief eingebetteten deutsch-

---

26 *Ziebura* 1997, 380.
27 *Kauffmann* 2013, 59; *Schneider* 2017; *Stützle* 2013, 230–232.
28 *Bieling* 2010b.
29 *Schneider, H.* 1992.
30 *Bieling* 2010b, 42.
31 *Schneider/Syrovatka* 2018.
32 *Krotz/Schild* 2013a, 36.

französischen Bilateralismus", welcher als strukturierendes Moment das europäische Staatsprojekt dynamisieren oder bremsen kann. Diese Kompromissstruktur scheint nun in den aktuellen Debatten um die Vertiefung der WWU jedoch weitestgehend blockiert zu sein.

3. Die Debatte über die Vertiefung der WWU

Die Debatte über eine grundlegende Reform der Eurozone ist so alt wie die Krise, welche Europa ab 2008 erschütterte. Der damalige französische Staatspräsident Nicolas Sarkozy plädierte bereits auf einem der ersten „Europäischen Krisengipfel" im Oktober 2008 für eine fiskalpolitische Erweiterung der WWU in Form einer europäischen Wirtschaftsregierung mit weitreichenden Kompetenzen sowie für die Emittierung von Eurobonds.[33] Die deutsche Bundesregierung reagierte mit Unverständnis und Ablehnung auf die französischen Vorschläge[34] und blockierte alle Vorstöße Frankreichs in Richtung einer Fiskalunion.[35]

In der Konsequenz wurden aus der Forderung nach einer Europäischen Wirtschaftsregierung die europäische Economic Governance, welche ein umfassendes Kontroll- und Überwachungssystem der nationalen Haushalte etablierte.[36] Nach der Durchsetzung eines gemeinsamen europäischen Krisennarrativs[37] rückte die französische Forderung nach einer fiskalpolitischen Integration in den Hintergrund. Von einer grundlegenden Reform der Eurozone war keine Rede mehr und es dominierte auch in der deutsch-französischen Krisenstrategie die Konzentration auf die Institutionalisierung der Austeritätspolitik.[38]

Erst auf den deutsch-französischen Wirtschaftsgipfeln 2013 und 2015 drängte die französische Regierung wieder auf eine stärkere fiskalpolitische Integration. Zentrale Punkte der Vereinbarungen fanden sich daher auch im sogenannten 5-Präsidentenbericht, welcher die Diskussion einer Vertiefung der WWU im Juni 2015 erneut anschob.[39] Auf dem Höhepunkt der sogenannten Griechenlandkrise skizzierte er einen langfristigen Fahrplan zur „Vollendung" der Wirtschafts- und Währungsunion.[40] Mit seiner Veröffentlichung entwickelte sich eine institutionenübergreifende Diskussion über die Reform der WWU. Daraufhin legte die Europäische Kommission[41] mit dem *Weißbuch zur Zukunft der EU* und dem daran anknüpfenden *Reflexionspapier zur*

---

33 *FAZ* vom 04.10.2008, 2.
34 *FAZ* 14.10.2008, 3.
35 *Becker/Jäger* 2009.
36 *Oberndorfer* 2015; *Sablowski/Schneider/Syrovatka* 2018; *Syrovatka* 2018.
37 *Heinrich* 2015.
38 *Syrovatka* 2016, 83–96.
39 *Schneider/Syrovatka* 2017a, 64.
40 *Juncker/Tusk/Dijsselbloem/Draghi/Schulz* 2015; vgl. auch: *Schneider/Syrovatka* 2017a.
41 *Europäische Kommission* 2017b, 2017c.

Vollendung der Wirtschafts- und Währungsunion zwei zentrale Diskussionspapiere vor.

Trotz der Initiativen der Kommission blieb die Debatte relativ festgefahren. Erst mit der Wahl von Emmanuel Macron zum französischen Staatspräsidenten im Mai 2017 dynamisierte sie sich wieder. Zwischen Dezember 2017 und Mai 2018 konkretisierte die Kommission zudem verschiedene Vorschläge des Reflexionspapiers. Bisher folgten allerdings weder auf die deutsch-französischen Vereinbarungen noch auf die Vorschläge der Kommission konkrete Umsetzungsschritte. Insgesamt lässt sich die Diskussion über die architektonische Reform der Währungsunion auf drei Reformbereiche herunterbrechen: 1.) den Eurozonen-Finanzminister, 2.) eine europäische Fiskalkapazität und 3.) die Ausweitung der demokratischen Rechenschaftspflicht der WWU.

3.1 Das Projekt eines europäischen Finanzministers

Der medial am stärksten diskutierte Vorschlag in der Debatte um die Reform der Eurozone ist jener eines *europäischen Finanzministers*. Der Ursprung des Vorschlags findet sich bereits im Fünf-Präsidentenbericht,[42] der für einen ständigen und hauptamtlichen Vorsitzenden für die Eurozone plädierte. Dieser soll als eine Art Finanzminister die Haushalte der Mitgliedsstaaten sowie die Einhaltung der Maastrichtkriterien überwachen.[43] Im Reflexionspapier der Europäischen Kommission wurde dieser Vorschlag weiter ausgearbeitet und konkretisiert.[44] Demnach soll die Euro-Gruppe in eine Ratsformation umgewandelt und ihre Kompetenzen erheblich ausgeweitet werden. Zugleich würde der ständige Eurogruppenvorsitzende mit dem zuständigen Kommissar für die WWU zusammengelegt werden, was in erster Linie die Kompetenzen der Kommission im Bereich der Währungspolitik weiter ausbauen würde.

Dabei wird primär ein Euro-Finanzminister präferiert, der *eigenständig und unabhängig von den formalen europäischen Institutionen* agiert und somit auch nicht an Europarecht gebunden ist. Ein solches Amt schlugen etwa die Notenbankpräsidenten Deutschlands und Frankreichs, Jens Weidemann und Francois Villeroy de Galhau[45] im Frühling 2016 in einem gemeinsamen Gastbeitrag für die Tageszeitungen Le Monde und die Süddeutsche Zeitung vor. Nach ihrem Bekunden sollte der Euroraum mit einem eigenen, unabhängigen Finanzministerium ausgestattet werden, welches durch einen unabhängigen Fiskalrat und einem politischen Steuerungsgremium flan-

---

42 *Juncker et al.* 2015.
43 Ebd., 20.
44 Europäische Kommission 2017c.
45 Gastbeitrag „Europa am Scheideweg", *Süddeutschen Zeitung* und *Le Monde*, 8.2.2016.

kiert würde. Ihr Vorschlag zielt dabei auf eine eigenständige institutionelle Konstituierung des Euroraums außerhalb der Europäischen Union.

Die beide Notenbankpräsidenten bezogen sich auf eine Studie des Jacques-Delors-Institut von Oktober 2015, in der bereits fünf Kernaufgaben eines Euro-Finanzministers beschrieben waren: Überwachung und Koordinierung der Fiskal- und Wirtschaftspolitik, Durchsetzung des Stabilitäts- und Wachstumspakts, Verwaltung der Inanspruchnahme von Finanzhilfen aus dem Europäischen Stabilisierungsmechanismus (ESM), der zu einem Europäischen Währungsfonds (EWF) weiterentwickelt werden soll, Abdämpfen asymmetrischer Schocks mittels eines Investitionshaushaltes sowie die Außenvertretung der Eurozone auf der internationalen Ebene.[46]

Es zeichnete sich jedoch relativ früh ab, dass eine hierfür nötig erachtete Primärrechtsänderung nicht durchsetzbar ist. Sowohl Vertreter*innen der europäischen Institutionen als auch der deutschen Bundesregierung haben mit Verweis auf die damit notwendig werdenden Referenden in einzelnen Nationalstaaten eine Primärrechtsänderung in der Vergangenheit abgelehnt. Dennoch hatte vor allem der französische Staatspräsident Emmanuel Macron nach seiner Wahl im Mai 2017 die Schaffung eines solchen Finanzministers zu seinem wichtigsten europäischen Projekt gemacht. Ein solcher wäre nach den Vorstellungen Macrons Teil einer demokratisch legitimierten Wirtschaftsregierung und würde sowohl über ein eigenes Budget verfügen als auch mit weitreichenden Interventions- und Stabilisierungskompetenzen ausgestattet sein[47]. Macron knüpft damit an den langjährigen französischen Plänen für eine europäische Wirtschaftsregierung an, welche bereits seit den Römischen Verträgen existieren.[48] Im Zentrum dieses Vorschlags steht „eine starke politische Steuerung"[49] der Wirtschafts- und Fiskalpolitik.[50]

Im Laufe der Debatte sprachen sich zwar verschiedene Vertreter*innen der deutschen Bundesregierung, u. a. auch die deutsche Bundeskanzlerin Angela Merkel[51] und der ehemalige deutsche Finanzminister Wolfgang Schäuble,[52] für die Schaffung eines Euro-Finanzministers aus. Jedoch versteht die deutsche Seite einen solchen nicht als eigenständige Institution, sondern vielmehr als Vorsitzenden eines zu einem Währungsfonds weiterentwickelten ESM. Diese Verbindung zwischen dem Amt eines Finanzministers und dem ESM hat aus der deutschen Perspektive mehrere Vorteile. Zum einen müsste eine Weiterentwicklung des ESM nicht durch die europäischen Mitgliedsstaaten ratifiziert werden, da er auf einem zwischenstaatlichen Ver-

---

46 *Enderlein/Haas* 2015.
47 *Macron* 2017a, S. 20 – 21; 2017b, 12.
48 *Howarth/Schild* 2017.
49 *Macron* 2017b, 12.
50 *Howarth/Schild* 2017.
51 Rede beim Tag der Industrie am 20. Juni 2017 in Berlin sowie Interview in der Wochenzeitung *DIE ZEIT*, 6.7.2017.
52 Interview im *Handelsblatt*, 26.6.2017.

trag beruht. Zum anderen könnte der ESM als eine „Institution mit klarem Mandat im Hinblick auf solide Staatsfinanzen"[53] ausgerichtet werden und damit die angebotspolitische Stabilitätsorientierung europäischer Wirtschaftspolitik weiter zementieren. Damit wäre ein Euro-Finanzminister in der deutschen Vorstellung eine „neutrale Instanz",[54] welche institutionell am ESM angebunden und somit primär an seine stabilitätsorientierten Vorgaben gebunden wäre. In sein Aufgabengebiet würden somit die Überwachung der Haushalte der EU-Mitgliedsstaaten sowie die Einhaltung der europäischen Verschuldungsregeln gehören, während eine europäische Fiskalpolitik vollständig außen vor bliebe. Damit würde der Finanzminister als Vorsitzender des EWF zu einer „Säule für die Stabilität der Eurozone",[55] welche ein Gegengewicht zur Europäischen Kommission formen würde. Der Kommission wurde gerade von deutscher Seite zuletzt vermehrt Inkonsequenz und Nachsicht um Umgang mit Defizitstaaten sowie in der Interpretation der länderspezifischen Empfehlungen im Rahmen des Europäischen Semesters vorgeworfen.[56] Ein stabilitätsorientierter EWF soll daher, so das deutsche Kalkül, einer Aufweichung der Defizitregeln durch die Kommission entgegenwirken. Ein Euro-Finanzministerium wäre damit vor allem ein Garant für die Durchsetzung von Haushaltsdisziplin und Austerität.

Die deutsche Position wurde im Oktober 2017 von Wolfgang Schäuble in einem inoffiziellen Arbeitspapier der Euro-Gruppe[57] als konkreter Diskussionsvorschlag expliziert und findet sich auch im Koalitionsvertrag zwischen CDU und SPD vom Februar 2018. Ebenso hat Angela Merkel in einem vielbeachteten Interview im Juni 2018 die Weiterentwicklung des ESM als deutsche Position besonders betont. Interessanterweise ist ab Mitte 2018 in deutschen Äußerungen die Weiterentwicklung des ESM nicht mehr mit dem Amt des Finanzministers verknüpft. Sowohl im Merkel-Interview als auch in der Erklärung von Meseberg findet der Euro-Finanzminister keinerlei Erwähnung. Dagegen steht nun der ESM im Zentrum des deutsch-französischen Vorschlages, dessen Konzeption der deutschen Vorstellung folgt: So soll der ESM nicht in europäisches Recht überführt werden und dem „grundlegenden Prinzip" von Konditionalität und Austerität verpflichtet sein.[58]

Bereits im Dezember 2017 hatte die Europäische Kommission versucht die deutsche und die französische Position in einem Legislativvorschlag zusammenzuführen und die Debatte für eine Stärkung ihrer eigenen institutionellen Rolle zu nutzen. So sieht das „Nikolauspaket" der Kommission sowohl eine Weiterentwicklung des ESM zu einem EWF als auch die Einführung eines europäischen Finanzministers vor. Nach den Plänen der Kommission soll der ESM in europäisches Recht über-

---

53 Jens Weidmann: Rede an der Ruhr-Universität Bochum, 22.05.2017.
54 *Eurogruppe* 2017, 1.
55 *Merkel* 2018, 3.
56 *Syrovatka* 2018.
57 *Eurogruppe* 2017.
58 *Deutsche Bundesregierung* 2018b.

führt, und die Rolle und Kompetenzen des ESM-Gouverneursrats gegenüber den nationalen Parlamenten weiter gestärkt werden.[59] Dazu soll sowohl eine „verstärkte qualifizierte Mehrheitsentscheidung"[60] als auch ein Dringlichkeitsverfahren eingeführt werden, womit eine Supranationalisierung des Entscheidungsverfahrens angestrebt wird. Als Vorsitzender des neugeschaffenen EWF will die Kommission einen europäischen Minister für Wirtschaft und Finanzen schaffen, welcher zugleich Vorsitzender der Eurogruppe als auch der für Wirtschaft und Finanzen zuständige EU-Kommissar sein soll.[61] Dementsprechend würde der Europäische Finanzminister eine Brückenfunktion zwischen EU und Eurogruppe innehaben, zugleich jedoch fest innerhalb der Europäischen Kommission verankert sein.

Die Vorschläge des „Nikolauspakets" der Kommission zielen auf eine Konsensposition zwischen den deutschen und den französischen Vorschlägen. Im Zentrum steht jedoch der Ausbau der eigenen Rolle innerhalb des europäischen Institutionenensembles. So würde die Europäische Kommission mit der Schaffung eines Europäischen Finanzministers auch im Bereich der Wirtschafts- und Währungsunion eine zentrale Rolle spielen und die eigenen Kompetenzen erheblich ausweiten können. Zugleich würde sie vom kriseninduzierten Machtgewinn der Eurogruppe profitieren, der sie dann vorsitzen würde.[62]

3.2. Das Projekt einer Fiskalkapazität

Für die französische Regierung ist die Vorstellung von einem Euro-Finanzminister eng mit einer sogenannten Fiskalkapazität d. h. einem eigenständigen Budget zur Stabilisierung des Euro-Währungsgebiets verbunden. In die aktuelle Debatte über die Reform der WWU hatte der 5-Präsidentenbericht 2015 die *Einrichtung einer Fiskalkapazität* angeregt, die eine automatische Stabilisierung des Euro-Währungsgebietes gewährleisten und „schwere asymmetrische Schocks" abmildern soll.[63] Dieser Vorschlag wurde vor allem von französischer Seite aufgenommen, weiterentwickelt und mehrfach in die Debatte zur Reform der WWU in Form eines Eurozonen-Budgets eingebracht.[64] Aus *französischer Sicht* ist ein solches Budget zentral, um die makroökonomischen Konsequenzen einer gemeinsamen Währung – wie etwa die eingeschränkte nationale Fiskalpolitik – auszugleichen.[65] In der Vergangen-

---

59 *Europäische Kommission* 2017a.
60 *Europäische Kommission* 2017a, 7.
61 *Europäische Kommission* 2017a, 7.
62 *Abels* 2018.
63 *Juncker et al.* 2015, 17.
64 *Ministre de l'économie et des finances* 2017; *Ministre des finances et des comptes publics* 2013, 2016.
65 *Ministre des finances et des comptes publics* 2016.

heit hatten mehrere französische Regierungen auf eine solche Fiskalkapazität für die Eurozone gedrängt und zudem mit der Ausgabe von Eurobonds eine mögliche Finanzierungsquelle vorgeschlagen. Strategisch wurde versucht, den Vorschlag über die deutsch-französische Achse in der EU mehrheitsfähig zu machen. So findet sich der Vorschlag immer wieder in gemeinsamen deutsch-französischen Positionspapieren.[66]

Auch Emmanuel Macron hatte im französischen Präsidentschaftswahlkampf ein eigenständiges Eurozonenbudget zur zentralen Forderung gemacht.[67] Bereits als Berater von Francois Hollande und später als französischer Wirtschaftsminister hatte er die Einrichtung eines Etats für die Eurozone gefordert. Im Zentrum eines solchen Budgets steht für Macron die Möglichkeit der Kreditaufnahme, um größere fiskalpolitische Interventionen finanzieren zu können. Die Ausgabe von Eurobonds war daher im Wahlkampf eng mit der Forderung eines Eurozonenbudgets verknüpft. Nach heftiger Kritik, v. a. vonseiten Deutschlands, welche Eurobonds in jeglicher Form vehement ablehnen, distanzierte er sich von seiner damaligen Forderung und plädierte zuletzt für die Einführung von europäischen Steuern, über die ein Euro-Haushalt finanziert werden könnte.[68]

Die Europäische Kommission unterstützte die französischen Vorschläge. In ihrem Reflexionspapier[69] schlägt die Kommission ebenfalls die Einrichtung einer Fiskalkapazität in Form eines makroökonomischen Stabilisierungsinstruments vor. In Anlehnung an das 5-Präsidentenpapier von 2015 postuliert das Reflexionspapier dafür drei Leitprinzipien: Dauerhafte Transfers sollten ausgeschlossen werden, um Fehlanreize (*Moral Hazard*) zu vermeiden, es soll kein Instrument zur akuten Krisenbewältigung werden und die Inanspruchnahme muss an klar definierte Kriterien gekoppelt sein.[70] Ihre Idee einer Fiskalkapazität konkretisierte die Kommission in einem Verordnungsentwurf Ende Mai 2018.[71] Unter dem Begriff „Europäischen Investitionsstabilisierungsfunktion" soll ein Schlechtwetterfonds mit speziellen Zugangsvorrausetzungen installiert werden, der Kredite automatisch an notleidende Länder vergeben kann. So darf das betroffene Land in den letzten zwei Jahren vor Antragsstellung weder gegen den Stabilitäts- und Wachstumspakt verstoßen noch Geld aus dem ESM oder seinem Vorgänger erhalten haben.[72] Damit jedoch würde die Investitionsstabilisierungsfunktion eine starke ordnungspolitische Schlagseite erhalten.

Mit der ordnungspolitischen Ausrichtung der Fiskalkapazität sowie der geringen Budgetausstattung antizipiert die Kommission in ihren Vorschlägen bereits den star-

---

66 *Ayrault/Steinmeier* 2016; *Enderlein/Pisani-Ferry* 2014.
67 *Syrovatka* 2017.
68 *Macron* 2017b.
69 *Europäische Kommission* 2017c.
70 *Europäische Kommission* 2017c, 26; *Juncker et al.* 2015, 17.
71 *Europäische Kommission* 2018.
72 *Europäische Kommission* 2018, 19.

ken Widerstand der deutschen Bundesregierung gegen eine Fiskalkapazität. Diese wurde von der *deutschen Seite* mit Verweis auf die Begünstigung von Fehlanreizen in der Vergangenheit abgelehnt und entsprechende Initiativen blockiert.[73] So kritisierte das deutsche Finanzministerium bereits den Vorschlag der Kommission im Reflexionspapier als unausgeglichen.[74] Der Fokus der Vorschläge sei zu stark auf eine Risikoteilung fokussiert und würde zu wenig Wert auf Subsidiarität und nationale Eigenverantwortung legen. In der deutschen Vorstellung umfasst ein Eurozonen-Budget keine Fiskalkapazität, sondern lediglich ein Budget zur Stärkung der europäischen Austeritätspolitik. So formulierte Wolfgang Schäuble in einem Non-Paper,[75] dass ein solches Budget die Umsetzung der länderspezifischen Empfehlungen im Rahmen des Europäischen Semester garantieren soll.[76] Auch Angela Merkel betonte im Interview vom Juni 2018, dass ein zusätzliches Eurozonen-Budget in erster Linie „wirtschaftliche Konvergenz" fördern und daher strukturellen Reformen in jenen Staaten unterstützen solle, „welche nicht in akuten Schwierigkeiten stecken".[77]

Die deutsche Vorstellung eines Eurozonenbudgets setzte sich dann auch auf dem deutsch-französischen Gipfel in Meseberg durch. So wurde ein Budget für die Eurozone beschlossen, welches im EU-Haushalt verankert und „Investitionen in Innovationen und Humankapital"[78] fördern soll. In der gemeinsamen Erklärung wurde explizit betont, dass das Budget nicht die Aufgabe einer Stabilisierungsfunktion übernehmen darf. Der Widerstand vonseiten der deutschen Bundesregierung war zu stark. Nach langem Ringen wurde das „Haushaltsinstrument für Konvergenz und Wettbewerbsfähigkeit" mit einem Etat von 17 Milliarden Euro für die Finanzperiode 2021 bis 2027 im Oktober 2019 von den europäischen Finanzministern beschlossen. In der Presse wurde das Eurozonen-Budget daher als „weitgehend wirkungslosen Winzling"[79] bezeichnet.

Darüber hinaus wurde, auf Drängen der deutschen Sozialdemokratie, eine europäische Arbeitslosenrückversicherung (*European Unemployment Stabilization Fund*) zur Diskussion gestellt und eine deutsch-französische Arbeitsgruppe damit beauftragt, einen konkreten Vorschlag auszuarbeiten.[80] Die europäische Arbeitslosenrückversicherung wäre mit dem Vorschlag der Kommission[81] insofern kompatibel, als die Auszahlungen aus dem Fonds ausschließlich zur Stützung der Arbeitslosenversicherung genutzt werden müssten. Daher hat die neue Kommissionspräsiden-

---

73 *Bundesministerium der Finanzen* 2016a, 2017; *Eurogruppe* 2017.
74 *Bundesministerium der Finanzen* 2017, 80.
75 Ein nichtoffizielles Arbeitspapier.
76 *Eurogruppe* 2017.
77 *Merkel* 2018.
78 *Deutsche Bundesregierung* 2018a.
79 Handelsblatt vom 10.10.2019, 2
80 *Deutsche Bundesregierung* 2018b, 5–6.
81 *Europäische Kommission* 2018.

tin Ursula von der Leyen eine Arbeitslosenrückversicherung zu einem ihrer politischen Prioritäten ernannt.

Damit ist der französische Vorschlag für eine Fiskalkapazität noch nicht gänzlich vom Tisch, jedoch scheint es fraglich, wie eine solche am Ende aussehen würde. Denn nicht nur die deutsche Bundesregierung zeigte sich bisher gegenüber einer europäischen Arbeitslosenrückversicherung sehr skeptisch,[82] sondern auch andere europäische Mitgliedsstaaten, insbesondere die nord- und osteuropäischen Staaten („Hanseatische Liga", Visegrád-Gruppe), lehnten die Einrichtung einer Fiskalkapazität ab und hatten bereits im Vorfeld des Euro-Gipfels im Juni 2018 in einem Brief ihre Zustimmung zu einem Eurozonenbudget als auch zu einer geplanten Arbeitslosenrückversicherung mit Verweis auf die Gefahren von möglichen Fehlanreizen explizit ausgeschlossen.[83]

3.3. Der Ausbau demokratischer Rechenschaftspflicht

Der wohl am wenigsten beachtete Punkt der Reformdebatte ist jener der demokratischen Rechenschaftspflicht in der WWU. Die wesentlichen Impulse kamen auch hier von den deutsch-französischen Ministertreffen, während die Vorschläge der europäischen Institutionen unkonkret blieben und als wenig weitreichend zu beurteilen sind.[84] Insbesondere Frankreich forderte eine Demokratisierung der Eurozone und die Einsetzung eines eigenständigen Eurozonen-Parlamentes. Dieser Vorschlag taucht auch mehrfach in deutsch-französischen Papieren auf. So plädierten die deutsch-französischen Außenminister Frank-Walter Steinmeier und Jean-Marc Ayrault[85] für eine stärkere demokratische Kontrolle und Rechenschaftspflicht der WWU und ihrer Institutionen. Ähnlich äußerten sich auch schon 2015 die damaligen deutsch-französischen Wirtschaftsminister Emmanuel Macron und Sigmar Gabriel. Ihr Papier sah eine „Eurokammer innerhalb des Europäischen Parlaments"[86] sowie die Schaffung eines Euro-Kommissars als zusätzliches Exekutivorgan vor.

Das Konzept eines Eurozonen-Parlaments wurde von Emmanuel Macron weiterverfolgt und fand Eingang in sein Wahlprogramm.[87] Der französische Staatspräsident versteht unter einem solchen Parlament eine europäische Versammlung nationaler Abgeordneten in der Eurozone.

Die demokratische Dimension rückte in der Debatte jedoch stark in den Hintergrund. Dies lag insbesondere am Widerstand der deutschen Bundesregierung, wel-

---

82 *Bundesministerium der Finanzen* 2016b, S. 13–17; 2016c.
83 *Financial Times* vom 22.06.2018, 4; *Süddeutsche Zeitung* vom 27.06.2018, 6.
84 *Schneider/Syrovatka* 2017a.
85 *Ayrault/Steinmeier* 2016.
86 *Macron/Gabriel* 2015.
87 *Macron* 2017a, 21.

che ein zusätzliches Parlament für die Eurozone mit Verweis auf eine Spaltung der EU in Euro- und Nicht-Euroländer als auch auf die finanziellen Kosten ablehnt.

4. Blockade deutsch-französischer Kompromissstruktur

Die knappe Darstellung der Debatte hat gezeigt, dass die französischen Vorschläge zur Vertiefung der europäischen Wirtschaftsintegration durch die deutsche Bundesregierung blockiert oder inhaltlich ausgehöhlt wurden. Vorschläge für eine fiskalische und politische Union wurden vor dem Hintergrund des Leitbildes der Stabilitätsunion uminterpretiert oder gar von vornherein abgelehnt: Der Euro-Finanzminister führte zu einer Stärkung der ordnungspolitischen Ausrichtung des ESM, das Eurozonenbudget schrumpfte von einer Fiskalkapazität zu einem finanziell unbedeutendem Investitionsbudgets innerhalb des EU-Haushaltes und das Eurozonenparlament verschwand nach der Ablehnung durch die deutsche Bundesregierung aus dem Diskurs über die Vertiefung der Eurozone. Daher lässt sich die These formulieren, dass die deutsch-französischen Kompromissstrukturen, welche tief in das europäische Projekt eingelassen sind und den europäischen Integrationsprozess in der Vergangenheit wichtige Impulse verliehen, im Bereich der europäischen Wirtschaftsintegration derzeit fundamental blockiert sind.[88] Die politischen Differenzen, die der aktuellen Blockade des Reformprozesses zugrunde liegen, stehen im Zusammenhang mit entgegenstehenden Kriseninterpretationen.

Hieraus ergeben sich wiederum zwei divergierende und letztlich inkompatible *Leitbilder*, welche Deutschland und Frankreich im Hinblick auf die zukünftige europäische Wirtschaftsintegration vertreten und welche sich in den unterschiedlichen Europaprojekten widerspiegeln.

Das von Deutschland geprägte Leitbild der „Stabilitätsunion" verortet die wesentlichen Krisenursachen in erster Linie in der hohen nationalstaatlichen Verschuldung der Defizitstaaten infolge zu hoher Konsumausgaben und einer gleichzeitig zu geringen, preislichen Wettbewerbsfähigkeit. Dementsprechend wurden die fiskalpolitischen Reformvorschläge zu Durchsetzungsinstrumenten der Austeritätspolitik uminterpretiert, während zugleich Transfers zwischen den Euroländern oder die Vergemeinschaftung von Schulden und Risiken auf ein Minimum begrenzt bleiben sollen. Konvergenz wird im Wesentlichen auf fiskalpolitische Disziplin, Stabilitätskriterien und austeritätspolitische „Strukturreformen" beschränkt.

Demgegenüber steht das Leitbild der „Fiskalunion", welches insbesondere von Frankreich geprägt wurde und das die verschiedenen Reformprojekte als Ausdruck einer supranationalen Kompetenzerweiterung der EU hin zu einer „politischen Uni-

---

88 *Schneider/Syrovatka* 2017b.

on und Fiskalunion" interpretiert. Dies resultiert in erster Linie aus einem Krisenverständnis, welches die Ursachen vor allem in den asymmetrischen Strukturen der WWU als auch in den hohen Leistungsbilanzüberschüssen der exportorientierten Länder verortet. Zentrales Ziel dieses Leitbildes ist es, die Wirtschaftsentwicklung im Euroraum diskretionär, d. h. nicht regelgebunden, und mit signifikanten Mitteln auf europäischer Ebene zu steuern. Seit der Wahl von Emmanuel Macron wird dieses Leitbild mit der Forderung nach einer *gouvernement économique* besonders nachdrücklich vertreten.[89]

Vor diesem Hintergrund ist es primär die Europäische Kommission, welche mit verschiedenen Papieren und Gesetzesinitiativen versucht, zwischen den beiden divergierenden Leitbildern zu vermitteln und einen deutsch-französischen Kompromiss zu erleichtern. Dabei zielen die verschiedenen Vorschläge der Kommission auf einen Ausbau ihrer eigenen supranationalen Kompetenzen.[90]

Beide Leitbilder werden auch von den jeweiligen hegemonialen Kapitalfraktionen in Frankreich und Deutschland getragen. So plädierte der französische Gesamtarbeitgeberverband MEDEF[91] in seinem zentralen europapolitischen Positionspapier nicht nur für eine integrationspolitische Pionierrolle der Eurogruppe, sondern forderte zugleich auch eine Implementierung von Risikoteilung in Form einer Fiskalkapazität, etwa durch die Einrichtung eines gemeinsamen Eurozonenbudgets. MEDEF drängte zwar ebenfalls auf einen Ausbau der Austeritätspolitik, jedoch plädierte man ebenso für eine stärkere Koordinierung der Sozial- und Wirtschaftspolitik der Euro-Länder. Die europapolitischen Vorschläge von Emmanuel Macron aber auch der Europäischen Kommission wurden daher von MEDEF grundsätzlich begrüßt. Im Gegensatz dazu zeigten sich die deutschen Kapitalverbände äußerst skeptisch gegenüber den französischen Reformvorschlägen. Sowohl der deutsche Arbeitgeberverband (BDA) als auch der Bundesverband der deutschen Industrie (BDI) lehnten weite Teile der vorgeschlagenen Reformen ab.[92] Ganz dem Leitbild der Stabilitätsunion folgend, zeigen sich die beiden deutschen Kapitalverbände zwar für eine Debatte über die Vertiefung der Eurozone offen, verwehrten sich jedoch zugleich jeder Institutionalisierung von Transfermechanismen. Vielmehr werden die französischen Reformvorschläge unter der Prämisse von Risikominimierung und einer Verallgemeinerung austeritätspolitischer Mechanismen uminterpretiert.[93]

Obwohl die beiden divergierenden Leitbilder durchaus mit den wirtschaftspolitischen Traditionen beider Länder, dem deutschen Ordoliberalismus und dem franzö-

---

89 *Schild* 2017.
90 Zur Unterordnung des supranationalen Leitbilds der Kommission siehe *Schneider/Syrovatka* 2017b.
91 *MEDEF* 2017, 7.
92 *Bundesverband der Deutschen Industrie* 2017b.
93 *Bund Deutscher Arbeitgeber* 2017; BDI 2017a; 2017c.

sischen Dirigismus, korrespondieren,[94] können sie nicht einfach auf die diskursiv-ideelle Ebene reduziert werden. Vielmehr sind sie mit konkreten ökonomischen und politischen Interessen verbunden. So korrespondieren die beiden Leitbilder mit den ökonomischen Interessen die nord- und südeuropäischen Länder bzw. von Schuldner- und Gläubigerstaaten innerhalb der Eurozone.[95] Beide Ländergruppen werden jeweils von Frankreich und Deutschland repräsentiert.[96] Während Deutschland den Block der Netto-Beitragszahler innerhalb des Euroraumes sowie die in das deutsche Produktionssystem integrierten mitteleuropäischen (Semi-)Peripheriestaaten[97] repräsentiert, vertritt Frankreich auf der europäischen Ebene die südeuropäischen Netto-Empfängerländer, welche von der Krise am stärksten getroffen wurden.[98]

Während diese Repräsentationsfunktionen lange Zeit gesamteuropäische Kompromisse ermöglichte, hat die deutsch-französische Kompromissstruktur mit der Einführung des Euros Risse bekommen. Wie sowohl Erik Jones[99] als auch David Marsh[100] nachzeichnen, haben sich die ökonomischen Grundlagen für die deutsch-französische Zusammenarbeit vor dem Hintergrund einer gemeinsamen Währung und einer unabhängigen auf Währungsstabilität ausgerichteten Europäischen Zentralbank erheblich verschlechtert. Dahinter steht vor allem eine asymmetrische wirtschaftliche Entwicklung, die mit dem Eintritt Frankreichs in die WWU verstärkt wurde. Denn Frankreich beraubte sich damit der Möglichkeit, die internen wirtschaftlichen Transformationsprozesse durch Abwertungen währungspolitisch abzufedern, während sich zugleich wichtige Elemente des französischen Wachstumsmodells – z. B. Industrieförderung – nicht auf europäischer Ebene durchsetzen ließen.[101] Mit dem Krisenausbruch ab 2007 erodierte die wirtschaftlichen Grundlagen des deutsch-französischen Bilateralismus weiter. Während die französische Exportorientierung auf die Eurozone mit 46% relativ stabil und insbesondere auf Südeuropa konzentriert blieb, kam es zu einer Re-Orientierung deutscher Exporte auf Märkte außerhalb der Eurozone.[102] Dies macht deutlich, dass Frankreich abhängiger von der Eurozone als Absatzmarkt ist und somit auch eine größere Verwundbarkeit gegenüber Krisen im Euroraum aufweist. Die Re-Orientierung des deutschen Exportsektors und die damit verbundene Abkehr von der Eurozone ist Ausdruck einer grundlegenden Neupositionierung des deutschen Produktionssystems innerhalb der europä-

94   *Stützle* 2013, 114–130.
95   *Heine/Sablowski* 2015.
96   *Kauffmann* 2013; *Mourlon-Druol* 2014.
97   *Becker* 2018.
98   *Bieling* 2011.
99   *Jones* 2001.
100 *Mars* 2009.
101 Vgl.: *Schneider* 2017; *Syrovatka* 2016.
102 Dieses Argument haben wir bereits anderswo umfassend ausgeführt: *Schneider/Syrovatka* 2017b; 2018.

ischen und insbesondere der internationalen Arbeitsteilung.[103] Diese Neupositionierung hat zwei Ursachen. Zum einen profitiert das deutsche Exportmodell, aufgrund zunehmender wirtschaftlicher Verknüpfung vom Wachstum der Schwellenländer, insbesondere Chinas. Zum anderen hat die EU-Osterweiterung eine engere Integration, der mittel- und osteuropäischen Peripherieländer, insbesondere der Visegrád-Länder in das deutsche Produktionssystem mittels Direktinvestitionen und entlang von Zuliefererketten und transnationalen Produktionsnetzwerken ermöglicht.[104] Dem gegenüber verloren die südeuropäischen Ökonomien für das deutsche Produktionssystem erheblich an Bedeutung, was primär der räumlichen Distanz als auch der relativ höheren Lohnniveaus dieser Länder geschuldet war.

Für das deutsch-französische Verhältnis bedeutet die Krise und Depression der südeuropäischen Ökonomien eine ökonomische und politische Schwächung Frankreichs. Hinzu kommt, dass auch die politische und ökonomische Situation in Frankreich sich in den vergangenen Jahren nicht stabilisieren konnte. Der Zusammenbruch des Parteiensystems sowie das weiterhin hohe Staatsdefizit verhindern eine Revitalisierung der französischen Position auf der europäischen Ebene. Zuletzt war Emmanuel Macron mit massiven Protesten der sogenannten „Gelbwestenbewegung" (Gilet Jaune) konfrontiert, welche sich an seinen Plänen zu Erhöhung der Mineralölsteuer entzündet hatten und schnell einen allgemeinpolitischen Charakter annahmen. Die Regierung war daraufhin gezwungen, materielle Zugeständnisse in Form einer finanziellen Aufstockung sozialer Leistungen zu machen, was wiederum Auswirkungen auf die Neuverschuldung haben wird. So werden die finanziellen Zugeständnisse wie die Erhöhung des Mindestlohnes, welche vollständig durch staatliche Zuschüsse finanziert wird, die Anhebung der Renten oder Steuerbefreiung von Überstunden knapp 10 Milliarden Euro zusätzliche Kosten verursachen. Damit wächst die Neuverschuldung erstmals seit 2016 wieder über 3 Prozent des BIP. Zwar kann gemäß einer Vereinbarung mit der Europäischen Kommission das Defizit in den Jahren 2018 und 2019 noch einmal über drei Prozent steigen, jedoch nicht für die folgenden Jahre.[105] Zudem bleibt die politische Lage in Frankreich angespannt und die tiefe Krise des politischen Systems weiterhin präsent.[106]

Zugleich erwächst aus der guten konjunkturellen Entwicklung der letzten Jahre in Deutschland und den nordeuropäischen Staaten als auch in den mit dem deutschen Produktionssystem verbundenen osteuropäischen Mitgliedsländern eine starke Posi-

---

103 *Simonazzi/Ginzburg/Nocella* 2013.
104 *Becker* 2018.
105 Im Frühjahrspaket 2019 hat die Kommission bereits angekündigt, Frankreich aufgrund seines Staatsdefizits wieder stärker beobachtet wird.
106 *Syrovatka* 2017b.

176

tion innerhalb der Europäischen Union. Damit jedoch haben sich in der Krise die ökonomischen Asymmetrien zwischen Deutschland und Frankreich weiter verstärkt.

Fazit

Die aktuellen politischen Auseinandersetzungen über die Vertiefung der WWU machen deutlich, wie zentral die deutsch-französische Achse für die Dynamik und Form des europäischen Integrationsprozesses ist. Die tief verankerte Kompromissstruktur des deutsch-französischen Bilateralismus ist der Motor des europäischen Projekts, von dem in der Vergangenheit die zentralen Impulse für die Weiterentwicklung der Europäischen Integration ausgegangen waren. Die eingebettete Kompromissdynamik ermöglichte es, trotz der divergierenden und teils unvereinbaren Leitbilder, seit den 1950er Jahren den europäischen Integrationsprozess voranzutreiben und in supranationalen Institutionen zu verstetigen. Ein gemeinsames, wenn auch unterschiedliches politisches und ökonomisches Interesse an einem gemeinsamen Währungsraum sowie komplementäre nationale und transnationale Modernisierungskoalitionen waren es, welche den deutsch-französischen Bilateralismus gerade in Krisenzeiten zu einem Fundament und Motor für vertiefende Integrationsschritte, v. a. im Bereich der Währungs- und Wirtschaftspolitik werden ließen.[107] Ohne die deutsch-französische Kompromissdynamik wären weder die Gründung des EWS noch der Vertrag von Maastricht und damit auch die Einigung auf einen gemeinsamen Binnenmarkt mit einer gemeinsamen Währung denkbar gewesen.[108]

Die Reformdiskussionen zeigen jedoch, dass diese Kompromissdynamik im Bereich der WWU blockiert ist. Die Blockade basiert dabei auf widersprüchlichen politischen, ideologischen und ökonomischen Interessen, welche sich in der aktuellen Diskussion als divergierende Leitbilder darstellen. Die Unvereinbarkeit der daraus entstehenden Reformvorschläge verunmöglicht einen Kompromiss zwischen Deutschland und Frankreich und somit auch einen gesamteuropäischen Vorschlag für eine Vertiefung der Eurozone. So konnte sich die französische Position in der seit 2015 laufenden Debatte in keinem Punkt durchsetzen. Zwar kann seit der Wahl von Emmanuel Macron von einer neuen Dynamik der europäischen Diskussion gesprochen werden, jedoch täuscht diese nicht über die festgefahrene Blockadesituation zwischen Deutschland und Frankreich hinweg. Aus den zentralen Vorschlägen der französischen Regierung für einen Ausbau der WWU zu einer Fiskalunion wurden in den Verhandlungen – wenn überhaupt – Instrumente zu einer weiteren Verschärfung der stabilitätsorientierten Ausrichtung der WWU. Jeder Vorschlag, der über die

---

107 *Krotz/Schild* 2013b.
108 *Kauffmann* 2013; *Mourlon-Druol* 2017.

engen Grenzen der Stabilitätsunion hinausging, wurde und wird von der deutschen Bundesregierung blockiert.

Da die Debatte über die Vertiefung der Währungs- und Wirtschaftsintegration die ökonomischen Interessen der beiden größten europäischen Volkswirtschaften in fundamentaler Weise berührt, müssen die zunehmenden wirtschaftlichen Asymmetrien zwischen Deutschland und Frankreich als zentraler Grund für die Blockade verstanden werden.[109] Die Re-Orientierung des deutschen Exportsektors auf die Schwellenländer hat zu einem veränderten deutschen Interesse am gemeinsamen Währungsraum geführt: Während Frankreich weiterhin ökonomisch eng mit der Eurozone und v. a. den südeuropäischen Euroländern verbunden ist und daher ein besonderes Interesse an deren wirtschaftlichen Stabilisierung besitzt, zielen die deutschen Interessen am Euroraum primär auf eine stabile, aber unterbewertete Währung, welche die neomerkantilistische Strategie des deutschen Exportsektors währungspolitisch stützt.[110]

Die Blockade im Bereich der Währungspolitik bedeutet jedoch nicht, dass auch in anderen Politikbereichen die deutsch-französische Kompromissdynamik gleichermaßen blockiert ist. Ein Beispiel für eine dynamische Entwicklung der europäischen Integration bietet die Verteidigungsunion, welche auf eine deutsch-französische Initiative zurückgeht und seit dem Brexit erhebliche Fortschritte gemacht hat.[111] Während im Bereich der äußeren Sicherheit sowohl ideologische, politische als auch ökonomische Interessenüberschneidungen existieren, sind im Bereich der Wirtschafts- und Währungsunion die deutsch-französischen Interessen derzeit widersprüchlich und divergent.

Auch in der aktuellen Debatte über die Vertiefung der Eurozone kann daher eine mittelfristige Lösung der derzeitigen Blockade nicht ausgeschlossen werden. So sind im Bereich der Währungs- und Wirtschaftsintegration die dominanten ökonomischen Interessen ebenfalls durch politische und ideologische Momente überformt, sodass, je nach historischer Konjunktur, auch das politische oder ideologische Moment zur bestimmenden Instanz werden und somit eine neue Kompromissdynamik entstehen kann.[112]

Literaturverzeichnis

Abels, Joscha 2018: Ein Europa der Finanzministerien. In: PROKLA 192, 399–416.

Althusser, Louis 2011: Widerspruch und Überdetermination. In: Althusser, Louis (Hrsg.): Für Marx. Frankfurt a.M., 105–160.

---

109 *Schneider/Syrovatka* 2017b; 2018.
110 *Sablowski et al.* 2018.
111 Oberndorfer 2019.
112 *Althusser* 2011.

Ayrault, Jean-Marc/*Steinmeier*, Frank-Walter 2016: Ein starkes Europa in einer unsicheren Welt. Berlin.

Baleste, Marcel. 1982: L'économie française. Paris.

Becker, Joachim 2018: Die Visegrád-4 und die EU. In: PROKLA 191, 417–436.

Becker, Joachim/*Jäger*, Johannes 2009: Die EU und die große Krise. In: PROKLA 157, 541–558.

Bernholz, Peter 1983: Inflation and Monetary Constitutions in Historical Perspective. In: Kyklos, 36 (3), 397–419.

Bieling, Hans-Jürgen 2011: Vom Krisenmanagement zur neuen Konsolidierungsagenda der EU. PROKLA 163, 173–194.

Bieling, Hans-Jürgen 2010a: Die Globalisierungs- und Weltordnungspolitik der Europäischen Union. Wiesbaden.

Bieling, Hans-Jürgen 2010b: Metamorphosen des „integralen Staates". In: Altvater, E./ *Bieling*, H.-J./ Demirović, A./ Flassbeck, H./W. Goldschmidt/ Payandeh, M. et al. (Hrsg.): Die Rückkehr des Staates? Nach der Finanzkrise. Hamburg, 37–60.

Bieling, Hans-Jürgen/*Deppe*, Frank 1996: Internationalisierung, Integration und politische Regulierung. In: Jachtenfuchs, Markus/Kohler-Koch, Beate (Hrsg.): Europäische Integration. Wiesbaden, 481–511.

Brunn, Gerhard 2009: Die europäische Einigung von 1945 bis heute. Stuttgart.

Bund Deutscher Arbeitgeber 2017: Europäische Integration vorantreiben. BDA-Stellungnahme zum Reflexionspapier zur Vertiefung der Wirtschafts- und Währungsunion. Berlin.

Bundesministerium der Finanzen 2017: Monatsbericht November 2017.

Bundesministerium der Finanzen 2016a: Monatsbericht September 2016. Verfügbar unter https://bit.ly/2JM1b15 (Zugriff am 23.07.2018).

Bundesministerium der Finanzen 2016b: *Monatsbericht Dezember* 2016. Berlin.

Bundesministerium der Finanzen 2016c: Zwischen Fiskalunion und fiskalpolitischer Eigenverantwortung: Zum Vorschlag einer europäischen Arbeitslosenversicherung. Gutachten des Wissenschaftlichen Beirats beim Bundesministerium der Finanzen. 03/2016. Berlin.

Bundesverband der Deutschen Industrie 2017a: Europa braucht Tempo bei Reformen. Verfügbar unter https://bit.ly/2mKsH5H (Zugriff am 24.07.2018).

Bundesverband der Deutschen Industrie 2017b: Handlungsempfehlungen der Deutschen Industrie für die 19. Wahlperiode des Deutschen Bundestages. Für eine starke Industrie, die auch morgen Zukunft gestaltet. Berlin.

Bundesverband der Deutschen Industrie 2017c: Reformpläne für die Eurozone: Vorschläge zeigen in richtige Richtung. Verfügbar unter https://bit.ly/2LMX46G (Zugriff am 24.07.2018)

Deutsche Bundesregierung 2019: Vertrag zwischen der Bundesrepublik Deutschland und der Französischen Republik über die deutsch-französische Zusammenarbeit und Integration. Aachen.

Deutsche Bundesregierung 2018a: Deutsch-französischer Fahrplan für das Euro-Währungsgebiet. Meseberg.

Deutsche Bundesregierung 2018b: Erklärung von Meseberg. Meseberg.

Enderlein, Henrik/*Haas,* Jörg 2015: What would a european finance minister do? A proposal. In: Policy Paper Nr. 145. Berlin: Jaquces Delors Institut Berlin.

Enderlein, Henrik/*Pisani*-Ferry, Jean 2014: Reformen, Investitionen und Wachstum: Eine Agenda für Frankreich, Deutschland und Europa. Berlin/Paris.

Eurogruppe 2017: Non-paper for paving the way towards a Stability Union. Brüssel.

Europäische Kommission 2018: Vorschlag für eine Verordnung des Europäischen Parlamentes und des Rates zur Schaffung einer Europäischen Investitionsstabilisierungsfunktion. COM (2018) *387 final.* Brüssel.

Europäische Kommission 2017a: Vorschlag für eine Verordnung des Rates über die Einrichtung des Europäischen Währungsfonds. COM(2017) *827 final.* Brüssel.

Europäische Kommission 2017b: Weißbuch zur Zukunft Europas. Die EU der 27 im Jahr 2025: Überlegungen und Szenarien. COM(2017) 2025. Brüssel.

Europäische Kommission 2017c: Reflexionspapier zur Vertiefung der Wirtschafts- und Währungsunion. COM(2017) 291. Brüssel.

Guerot, Ulrike 2004: Frankreich und Deutschland — Lokomotive ohne Anhänger? In: Varwick, Johannes/Knelangen, Wilhelm (Hrsg.): Neues Europa — alte EU? Wiesbaden, 285–298.

Heine, Frederic/*Sablowski,* Thomas 2015: Zerfällt die Europäische Währungsunion? In: PROKLA 181, 563–592.

Heinrich, Mathis 2015: EU governance in crisis. In: Comparative European Politics, 13(6), 682–706.

Howarth, David/*Schild,* Joachim 2017: France and European macroeconomic policy coordination. In: Modern & Contemporary France, *25*(2), 171–190.

Jones, Erik 2001: Franco-German Economic Relations: From Exchange and Convergence to Collective Action. In: McCarthy, Patrick (Hrsg.): France-Germany in the twenty-first century. New York, 57–81.

Juncker, Jean-Claude/*Tusk,* Donald/*Dijsselbloem,* Jeroen/*Draghi,* Mario/*Schulz,* Martin 2015: Die Wirtschafts- und Währungsunion Europas vollenden. Brüssel.

Kauffmann, Pascal 2013: Deutschland, Frankreich und die Europäische Währungsunion. In: Koopmann, Martin/Schild, Joachim/Stark, Hans (Hrsg.): Neue Wege in ein neues Europa. Baden-Baden, 55–73.

Koopmann, Martin/*Schild,* Joachim 2013: Eine neue Ära? Deutsch-französische Beziehungen nach dem Ende des Kalten Krieges. In: Koopmann, Martin/Schild, Joachim/Stark, Hans (Hrsg.): Neue Wege in ein neues Europa. Baden-Baden, 199–210.

Krotz, Ulrich/*Schild,* Joachim 2013a: Embedded Bilateralism: Deutsch-französische Beziehungen in der europäischen Politik. In: Deutsch-Französisches Institut (Hrsg.): Frankreich Jahrbuch 2012. Wiesbaden, 33–48.

Krotz, Ulrich/*Schild,* Joachim 2013b: Shaping Europe. France, Germany, and embedded bilateralism from the Elysee Treaty to twenty-first century politics. Oxford.

Levy, Jonah D. 2008: From the Dirigiste State to the Social Anaesthesia State: French Economic Policy in the Longue Durée. In: Modern & Contemporary France, 16(4), 417–435.

Macron, Emmanuel 2017a: Emmanuel Macron président. Programme. Paris.

Macron, Emmanuel 2017b: Rede von Staatspräsident Macron an der Sorbonne. Initiative für Europa, Französische Botschaft, Hrsg., Paris.

Macron, Emmanuel/*Gabriel*, Sigmar 2015: Warum Europa zu einer Sozialunion werden muss. Verfügbar unter https://bit.ly/2xNyLT4 (Zugriff am 24.07.2018).

Marsh, David 2009: Der Euro. Die geheime Geschichte der neuen Weltwährung. Hamburg.

MEDEF 2017: Europe : Faire de l'Europe la première place économique mondiale. Paris.

Merkel, Angela 2018: Existenzfragen für Europa. Interview mit Thomas Gutschker und Eckart Lohse. Frankfurter Allgemeine Sonntagszeitung, 03.06.2018, 22, 2–3.

Ministre de l'économie et des finances 2017: Contribution à la réflexion sur le renforcement de la zone euro (Lettre Trésor-Éco Nr. 190). Paris.

Ministre des finances et des comptes publics 2016: Vers un meilleur pilotage de l'orientation budgétaire de la zone euro? In: Lettre Trésor-Éco, Nr. 163. Paris.

Ministre des finances et des comptes publics 2013: Un budget pour la zone euro. In: Lettre Trésor-Éco, Nr. 120. Paris.

Mourlon-Druol, Emmanuel 2017: Rethinking Franco-German relations: a historical perspective. In: Policy Contribution, 29(11), 1–10.

Mourlon-Druol, Emmanuel 2014: Don't Blame the Euro: Historical Reflections on the Roots of the Eurozone Crisis. In: West European Politics, 37(6), 1282–1296.

Oberndorfer, Lukas 2015: From new constitutionalism to authoritarian constitutionalism. New Economic Governance and the state of European democracy. In: Jäger, J./Springler, E. (Hrsg.), Asymmetric Crisis in Europe and Possible Futures. London, 186–207.

Oberndorfer, Lukas 2019: Autoritärer Konsens – von der Hegemoniekrise zu einem EU-Sicherheitsregime. In: Book, C/Huke, N./Klauke, S./Tietje, O. (Hrsg.) Alltägliche Grenzziehungen. Münster, 44-72.

Sablowski, Thomas/*Schneider*, Etienne/*Syrovatka*, Felix 2018: Zehn Jahre Krise. In: PROKLA 192, 357–380.

Schild, Joachim 2017: Französische Europapolitik unter Emmanuel Macron. In: Integration, 40(3), 177–192.

Schneider, Etienne 2017: Raus aus dem Euro – rein in die Abhängigkeit? Hamburg.

Schneider, Etienne/*Syrovatka*, Felix 2018: Die Europäische Wirtschaftsunion zwischen Vertiefung und Desintegration. In: Bieling, Hans-Jürgen/Guntrum, Simon (Hrsg.): Neue Segel, alter Kurs? Wiesbaden, 20–54.

Schneider, Etienne/*Syrovatka*, Felix 2017a: Der 5-Präsidentenbericht – die Vertiefung der europäischen Integration und ihrer Widersprüche? In: Leviathan, 45(1), 55–80.

Schneider, Etienne/*Syrovatka*, Felix 2017b: Die Zukunft der europäischen Wirtschaftsintegration. In: PROKLA 189, 653–673.

Schneider, H. 1992: Europäische Integration: die Leitbilder und die Politik. In: Kreile, M. (Hrsg.), Die Integration Europas, Politische Vierteljahresschrift Sonderheft. Wiesbaden, 3–35

Simonazzi, Annamaria/*Ginzburg*, Andrea/*Nocella*, Gianluigi 2013: Economic relations between Germany and southern Europe. In: Cambridge Journal of Economics, 37(3), 653–675.

Stützle, Ingo 2013: Austerität als politisches Projekt. Münster.

Syrovatka, Felix 2018: Arbeitsmarktregulierung unter Beschuss. Die neue europäische Arbeitsmarktpolitik am Beispiel der Reformpolitik Frankreichs unter Francois Hollande. In: Industrielle Beziehungen, 25(1), 82–104.

Syrovatka, Felix 2017a: Die Rückkehr der Modernisten. Der untypische Präsidentschaftskandidat Emmanuel Macron und seine Bewegung «En Marche!». In: Rosa Luxemburg Stiftung, Online-Publikation 6/2017. Berlin. Verfügbar unter https://bit.ly/2NIHVDP (Zugriff am 25.07.2018).

Syrovatka, Felix 2017b: Ein Ende mit Schrecken – Frankreich nach den Wahlen. In: PROKLA 188, 47.Jg., H.3, 495–504.

Syrovatka, Felix 2016: Die Reformpolitik Frankreichs in der Krise. Wiesbaden.

Ziebura, Gilbert 1997: Die deutsch-französischen Beziehungen seit 1945. Stuttgart.

III.

Grenzziehungen

Daniel Keil

Identitätsfragen. Nationale und europäische Identität in der Krise

Die EU befindet sich in der schwersten Krise seit ihrer Existenz. Dies betrifft nicht nur die Ökonomie, auch wenn der Ausgangspunkt der derzeitigen Situation die Weltwirtschaftskrise 2008ff. war. Vielmehr hat sich eine handfeste politische Krise entwickelt, in der die politischen Konflikte zu eskalieren drohen. Die alte Vorstellung eines quasi-teleologischen Integrationsprozesses, der zudem auch die Potentiale für die Ausbildung demokratischer Strukturen jenseits des Nationalstaats in sich trägt, ist nicht mehr haltbar. Auch die darin liegende Entwicklung einer europäischen Identität ist in die Krise geraten und die Erfolge (neu)rechter Bewegungen und Parteien verstärken diese Entwicklungen. Um die gegenwärtigen Prozesse einordnen zu können, ist die Einbeziehung der Analyse kollektiver Identitäten vonnöten. Im Folgenden wird daher eine staatstheoretische Perspektive auf nationale und europäische Identität entwickelt, auf deren Basis die gegenwärtigen Konflikte in der politischen Krise der EU skizziert werden. Die grundlegende These, die dabei verfolgt wird, lautet, dass kollektive Identitätsvorstellungen in der Materialität der fundamentalen Strukturen moderner Staatlichkeit angelegt und daher gleichzeitig ein elementarer Bestandteil der Struktur der gesellschaftlichen Konflikte sind. Dafür wird zunächst ein grundsätzlicher Blick auf das Verhältnis von Staat und Nation geworfen, um daraus Schlüsse für die Entwicklung europäischer Identität zu ziehen. Schließlich wird vor diesem Hintergrund ein kurzer Blick auf zentrale Kämpfe in der Krise geworfen.

Grundlegendes: Zum Verhältnis von Staat und Nation

Häufig wird in staatstheoretischen Arbeiten die Frage der nationalen Identität bzw. der Nation nur marginal behandelt. Selbst wenn Nation als Element der staatlichen Organisation von Herrschaft einbezogen wird, so verbleibt es zumeist auf einer additiven Ebene, in der die gängigen Begriffe der Nationenforschung eingebaut werden. Beispielsweise verbleibt Jessop, dessen Theorie das Werkzeug für eine viel komplexere Analyse bereitstellt, an diesem Punkt in einer sehr schematischen Darstellung von Fragen der Einordnung des Staates als Territorial- oder Nationalstaat und der

Nation als Volksnation, Kulturnation oder Staatsnation.[1] Trotz Rückgriffs auf Benedict Andersons berühmte Formulierung der Nation als „vorgestellter Gemeinschaft"[2] bleibt der Bezug auf die m.E. entscheidende Frage Andersons, wie Nation überhaupt denkbar wurde, aus. Diese Frage ermöglicht aber einen doppelten analytischen Zugriff, denn sie verweist auf historische Veränderungen in den gesellschaftlichen Grundstrukturen als Voraussetzungen, sowie auf die Seite des Denkens selbst, auf die Vorstellungsseite, die historisch auch entwickelt, verbreitet und durchgesetzt werden musste. Eine solche Perspektive ermöglicht es, jenseits der schematischen oder idealtypischen Darstellung die Grundmuster herauszuarbeiten, die immer einer Nation inhärent sind. Zudem kann die Bedeutung des Staates genauer analysiert werden. Das bedeutet zunächst die in der Nationalismustheorie gängigen Bestimmungen von Nation – Gemeinsames Territorium, gemeinsame Geschichte, Gefühlsbindung an die überindividuelle Gemeinschaft usw. – auf ihre historisch-gesellschaftliche Gewordenheit zu untersuchen und damit festzustellen, welche gesellschaftlichen Transformationen grundlegende Strukturen hervorgebracht haben, die die Emergenz von Nationen ermöglicht haben. Das weitergehende Problem, das sich hier zeigt, besteht darin, dass sich Nation nicht deterministisch aus diesen Strukturen ergibt, sondern in spezifischen historischen Kämpfen als allgemeine Form durchgesetzt wurde. Beides muss für die historische Entstehung vermittelt gedacht werden. Zugleich hat sich aber (zunächst in westlichen Gesellschaften) die Form der Nation durchgesetzt und solchermaßen mit der Staatlichkeit verknüpft, dass sie die Form, in der politische Kämpfe in und um den Staat geführt werden, maßgeblich mitstrukturiert. Somit muss nationale Identität als fundamentales Element gesellschaftlicher Herrschaftsverhältnisse gegenwärtiger Formationen verstanden werden. Aus staatstheoretischer Perspektive sind dabei vor allem drei Elemente bedeutsam: erstens die Frage von Territorialität, zweitens die einer nationaler Geschichte und drittens die nach dem Verhältnis des*der Einzelnen zur umkämpften Allgemeinheit.

Da ich die Nation/nationale Identität als eng verbunden mit moderner Staatlichkeit begreife, werde ich im Folgenden in aller Kürze die genannten drei Elemente in einer staatstheoretischen Perspektive verorten.[3] Ausgangspunkt der folgenden Überlegungen ist die Bestimmung des Staates bei Poulantzas, die ich formanalytisch lese. Das bedeutet zunächst von der konstitutiven relativen Trennung von Politik und Ökonomie auszugehen, die sich aus den spezifischen Reproduktionsprozessen kapitalistischer Vergesellschaftung ergibt. Deren konfliktive gesellschaftliche Verhältnisse von Ausbeutung und Mehrwertaneignung verselbständigen sich einerseits in der Wertform, andererseits etabliert sich damit ebenfalls die außerökonomische Zwangsgewalt, die als von der Gesellschaft (und der Ökonomie) getrennte erscheint. Da die

---

1 *Jessop* 2016a, 148ff.
2 *Anderson* 1996.
3 Eine ausführliche theoretische Bestimmung findet sich in *Keil* 2015.

konfliktiven Reproduktionsverhältnisse, würden sie rein als ökonomische verstanden, die Synthesis nicht gewährleisten könnten, stellt sich jene in gleichzeitig realer und illusorischer Form im Staat her. Der Staat ist daher

> „nicht nur ein von den sozialen Klassen getrennter Gewaltapparat, sondern in ihm drückt sich zugleich – wenn auch in fetischisierter, verdinglichter und verobjektivierter Weise – die politische Gemeinschaftlichkeit der kapitalistischen Gesellschaft aus: er ist die zugleich illusorische und reale Form, die das Gemeinwesen unter den herrschenden Vergesellschaftungsprinzipen annehmen muß".[4]

Gemeinschaftlichkeit oder Allgemeinheit ist in diesem Sinne immer prekär und resultiert konkret aus den gesellschaftlichen Kämpfen, die sich wiederum vermittelt im Staat materiell verdichten.[5] Aufgrund der Vielzahl gesellschaftlicher Interessen und Konflikte institutionalisiert sich der Staat nicht als monolithischer Block, sondern vielmehr als Ensemble von Apparaten, deren Einheit wiederum von der Bildung eines instabilen Kompromissgleichgewichts abhängt und damit davon, inwiefern es Klassen(fraktionen) gelingt, einen hegemonialen Block an der Macht zustande zu bringen. Gleichwohl bedeutet Verdichtung und Materialisierung hierbei, dass sich der Staat auch in relativer Autonomie zu den gesellschaftlichen Kämpfen etabliert, deren Resultate sich nicht unmittelbar niederschlagen. Und, das ist hier ein entscheidender Punkt, dies bedeutet eine materielle Form für die geführten Kämpfe, einen Rahmen, in dem grundsätzliche gesellschaftliche Strukturierungen eingelassen sind. Hierzu zählt insbesondere die spezifische gesellschaftliche Raum-Zeit-Konstellation, die ein maßgebliches Fundament für die Konstruktion der Nation darstellt.

Die Verhältnisse, die Menschen in der arbeitsteiligen Warenproduktion eingehen müssen, sind auch als „Set räumlicher Beziehungen"[6] zu begreifen. Abstrakt produzieren diese räumlichen Beziehungen einen „seriellen, fraktionierten, diskontinuierlichen, parzellierten, zellenförmigen und irreversiblen"[7] gesellschaftlichen Raum, der potentiell über die gesamte Welt ausgedehnt werden kann, und der gleichzeitig Grenzen und Einschlüsse beinhaltet. Daher drückt sich in der Materialisierung der Raummatrix der Widerspruch zwischen der realen und abstrakten Universalität des Wertverhältnisses und der gleichzeitigen Fragmentierung und Konstituierung dessen im Partikularen des Eigentums an den Produktionsmitteln und ihrer Zusammenfassung im Gesamtkapital aus. Zentral ist hierbei die Entstehung moderner Grenzen, die klar Innen und Außen festlegen, wodurch erst die räumliche Konkretisierung als Territorium möglich wird.[8] Die Materialität des Raumes als Territorium darf nun

---

4 *Hirsch* 1994, 167.
5 Vgl. *Poulantzas* 2002.
6 *Smith* 2007, 68.
7 *Poulantzas* 2002, 135.
8 Vgl. zum Folgenden: *Keil* 2013.

nicht ökonomistisch missverstanden werden, sondern muss als Set von Beziehungen begriffen werden, das insgesamt kapitalistische Gesellschaft konstituiert. Dazu gehören die Ausbeutungsverhältnisse, Rechtsverhältnisse, die die Einzelnen auch als einzelne Subjekte hervorbringen, Herrschafts- und Gewaltverhältnisse, die sowohl die Rechtsverhältnisse als auch die Ausbeutungsverhältnisse garantieren. Das Territorium stellt sich so dar als bestimmtes Innen, das Zielscheibe der im Staat materialisierten Gewalt als Herrschaft ist, auf dem zudem die Einzelnen zu Rechtssubjekten (und damit Staatsbürger*innen) individualisiert und gleichzeitig deterritorialisiert (von alten Bindungen an den Boden befreit) und eingerastert und homogenisiert werden.[9] Die Formierung der fundamental gespaltenen Gesellschaft ist daher eine territoriale: die in der gesellschaftlichen Arbeitsteilung und deren Synthesis über den Wert liegende Universalität, in der Form der abstrakten Gleichheit der Einzelnen wie auch dem universalen ins-Verhältnis-setzen aller Menschen, verkehrt sich in die Partikularität der konkret Ungleichen Individuen und räumlichen Einheiten. Die gewaltförmig-abstrakte Gleichheit setzt sich als politische Herrschaft über ein abgegrenztes Territorium.

Verknüpft mit dieser Räumlichkeit ist eine spezifische Zeitlichkeit, die ebenfalls eine immanente Dialektik des abstrakten und konkreten auszeichnet, und die so strukturiert ist, dass konkrete Handlungen und Ereignisse durch sie geformt werden.[10] Zeit wird zum Maßstab des Bewegens im Raum. Zugleich ermöglicht diese Form der Zeit moderne Historizität und liegt damit der Geschichtsschreibung und Erfindung nationaler Geschichte zugrunde. Im Staat materialisieren sich sowohl der Raum als Territorium als auch damit verknüpft die Zeit als nationale Geschichte.

> „Der kapitalistische Staat setzt die Grenzen, indem er das konstituiert, was innen ist – Volk und Nation -, und das Vorher und Nachher des Inhalts dieser Einfriedung homogenisiert. Die nationale Einheit, die moderne Nation, wird so zur Historizität eines Territoriums und zur Territorialisierung einer Geschichte, zur nationalen Tradition eines Territoriums, die sich im Nationalstaat materialisiert."[11]

Damit ergibt sich eine Grundstruktur, die aus einem begrenzten Territorium, einer damit verknüpften nationalen Geschichte, einer nach außen gerichteten Abgrenzung und nach innen gerichteten Homogenisierung besteht, in der sich politische Herrschaft in Form des Staates als mit einer naturalisierten Nation verbunden setzt. Darin konstituieren sich somit auch Ein- und insbesondere Ausschlüsse, die sowohl äußere wie auch innere Nicht-Zugehörige produzieren.

---

9   Vgl. ebd., 136; vgl. *Wissen* 2006.
10   Zur Zeitlichkeit kapitalistischer Vergesellschaftung vgl. *Poulantzas* 2002; *Postone* 2003.
11   *Poulantzas* 2002, 147.

Nation und soziale Kämpfe

Diese Grundstruktur ist immer einer Nation impliziert, auch wenn sich historisch unterschiedliche Konkretionen entwickelt haben. Dass die Menschheit grundsätzlich in Nationen aufgeteilt ist, hat sich zu einem tief verankerten Wissensbestand entwickelt, in dem die historische Entstehung getilgt ist. Hier gilt es daher zwischen der historischen Genese und der Reproduktion zu unterscheiden. Die Typologie der Nation ergibt sich aus den unterschiedlichen historisch-konkreten Bedingungen und deren intellektueller Reflexion in der Entwicklung, Etablierung und Materialisierung nationaler Identität im Staat. Hierbei spielten Intellektuelle eine entscheidende Rolle, die vor dem Hintergrund entstehender Wissenschaften (Geschichtswissenschaft und Philologie) maßgeblich an der Formulierung und Verbreitung der Nationsidee beteiligt waren.[12] Insofern diese Ideen in konkreten gesellschaftlichen Kämpfen entwickelt und etabliert wurden, sind die Entstehungsbedingungen in den Materialisierungen aufgehoben und werden dadurch tradiert. Einmal etabliert wird Nation so zur naturalisierten Form, die gesellschaftliche Konflikte und Kämpfe prägt. Aber auch hier gilt, dass es konkurrierende Nationsideen in solchen Kämpfen geben kann, die sich beispielsweise in unterschiedlichen Konzepten von Staatsbürger*innenschaft ausdrücken können. Dennoch gibt es kaum Situationen in denen die Nation als solches in Frage gestellt wird. In staatstheoretischen Begriffen ausgedrückt bedeutet dies, dass nationale Vorstellungen Teil von Staatsprojekten sind, in denen die Vereinheitlichung der divergierenden Staatsapparate zu einer funktionsfähigen Staatlichkeit angestrebt wird, und in denen gleichzeitig Grenzen sowie grundsätzliche Vorstellungen von Gesellschaft wie das Verhältnis der Einzelnen zum Staat und damit zur illusorischen Allgemeinheit verankert sind.[13]

Die in die Materialität des Staates eingeschriebene Territorialität und Geschichte werden damit auch zu entscheidenden Kategorien der Weltinterpretation im Alltagsbewusstsein der Mitglieder einer Nation. Nation als naturalisierte gesellschaftliche Form ist dadurch tief verankert in der gesellschaftlichen Institutionalität und in der individuellen Subjektivität. Damit ist sie auch Teil der verschiedenen um Hegemonie ringenden gesellschaftlichen Kräfte. Weil kapitalistische Vergesellschaftung nur als permanente Veränderung durch die Reproduktion der gleichen Grundlagen begriffen werden kann, verändern sich auch inhaltliche Konkretionen der Nation in den Reproduktionsprozessen. Nation ist ein wichtiger Faktor in der Vereinheitlichung unterschiedlicher Strategien zu einem Hegemonieprojekt.[14]

---

12 Vgl. *Mosse* 1993; Geary 2002; *Hobsbawm* 2005. Ausführlich auch in *Keil* 2015.
13 Vgl. *Jessop* 2016a, 84f.
14 Zum Begriff der Hegemonieprojekte vgl. *Buckel et.al.* 2014.

In der wissenschaftlichen Diskussion über die Möglich- und Wirklichkeit einer europäischen Identität werden staatstheoretische Perspektiven weitgehend ausgeblendet.[15] Vielmehr sind diese in demokratietheoretischen Auseinandersetzungen verortet, die zudem häufig normativ aufgeladen sind. Auch wenn der Hintergrund durchaus erkannt wird, dass sich mit der Europäischen Union eine institutionelle Apparatur entwickelt hat, die „nicht mehr schlicht als intergouvernementale Institution oder als Regulationsregime zu betrachten ist"[16] so wird auch dies vor allem in der Frage des Legitimations- und Demokratiedefizits verhandelt. Um die Probleme zu verstehen, die mit den gängigen Ansätzen der Forschung über europäische Identität, ist es zunächst notwendig, kurz eine staatstheoretische Perspektive auf europäische Identität zu explizieren. Hierbei verorte ich die Entwicklung europäischer Identität grundlegend in der Entwicklung einer spezifischen Form europäischer Staatlichkeit und damit verbunden mit dem Entstehen einer europäischen Territorialität. Hinzu treten vergangenheitspolitische Auseinandersetzungen um die Frage einer europäischen Geschichte, die institutionalisiert wurden und die häufig in der Forschung übersehen werden.

Unumstritten ist, dass die europäische Integration mit dem Vertrag von Maastricht eine neue Qualität und Dynamik bekommen hat. Mit den gravierenden Veränderungen, die damit angestoßen wurden, verband sich eine vertiefende Debatte über europäische Identität, die zwar vorher manchmal Thema war, aber weitgehend undebattiert blieb.[17] Der Maastricht-Vertrag hatte die Vertiefung der Integration durch die „Errichtung einer Wirtschafts- und Währungsunion", die Schaffung einer „gemeinsame[n] Außen- und Sicherheitspolitik" sowie die Einführung „einer Unionsbürgerschaft" (Vertrag über die Europäische Union, Art. B) zum Ziel, womit „in der Europäischen Union auch ein neues Staatsprojekt vorangetrieben wird".[18] Damit wurde der Weg zu einer politischen Union eingeschlagen, der die apparative Struktur der Staatlichkeit veränderte, sowie durch die Unionsbürgerschaft ein europäisches Innen konstituiert wurde was gleichzeitig und zwangsläufig die Abgrenzung nach außen bedingte.[19]

Diese Entwicklungen haben damit die gesellschaftlichen Grundlagen nationaler Identität verschoben und materielle Institutionalisierungen hervorgebracht, die wiederum nationale Identität verändert haben. Dass es in den zwanzig Jahren nach dem Maastricht-Vertrag auch zu einem „Boom"[20] der wissenschaftlichen Auseinander-

---

15 Eine Übersicht der Debatten bietet *Wiesner* 2017.
16 Ebd., 26.
17 Vgl. *Schneider* 2011.
18 *Wissel* 2015, 12; siehe auch den Beitrag in diesem Band.
19 Vgl. *Buckel* 2013, 103.
20 *Schneider* 2011, 42.

setzung mit europäischer Identität kam, ist auf diese materiellen Veränderungen zurückzuführen. Zentral dafür sind das Entstehen einer europäischen Territorialität, die Entwicklung einer europäischen Geschichte und die bereits benannte Unionsbürgerschaft.

Europäische Territorialität: feindliches Außen, komplexes Innen

Mit Maastricht wurden die Weichen gestellt für einen Weg der EU, der nur die Richtung zu mehr Integration zuzulassen schien. Die Veränderungen der Integration ebneten den Weg zu einer politischen Union, was auch die Zusammenarbeit innerhalb der Mitgliedsstaaten erheblich veränderte. Damit einher geht eine Europäisierung von Politikfeldern und damit auch eine Veränderung der Territorialität der Mitgliedsstaaten und der EU selbst. Nach Innen bedeutete die Errichtung der Wirtschafts- und Währungsunion die Neuregelung der Binnengrenzen mit dem Schengen-Abkommen, insbesondere den Abbau der Grenzkontrollen innerhalb der EU. Da jedoch die Kompetenz der temporären Wiedereinführung der Kontrollen bei den Nationalstaaten verblieb, trotz Versuchen der Europäischen Kommission diese Kompetenz an sich zu binden,[21] ist die Errichtung des Binnenmarktes zwar ein bedeutender Schritt zu einer europäischen Territorialität, aber nicht der entscheidende. Erst durch die Errichtung gemeinsamer europäischer Außengrenzen durch die Europäisierung von Migrationspolitiken[22] wurde die EU territorial. Die europäische Außengrenze erschafft ein europäisches Territorium durch die Konstitution eines nicht-europäischen Außen. Dieses Außen wird zugleich Ziel europäischer Grenzkontrollpolitiken, die darauf hinauslaufen, Migrationsbewegungen zu managen, wofür europaweite Datenbanken und biometrische Technologien eingesetzt werden.[23] Diese Form statistischer Erfassung der (Nicht-)Bevölkerung ist ein zentrales Element der Konstruktion eines zusammengehörigen Inneren, indem durch die Außengrenzen ein einheitliches feindliches Außen produziert wird, das im Bild des ‚illegalen Geflüchteten' gebündelt wird. Dieser wird zum „global Alien".[24] Diese entstandene europäische Territorialität verweist auf mehrerlei. Erstens dass sich eine wichtige Institution, die Grenze, des Staates verändert und europäisiert hat, dass sich dadurch zweitens auch die nationalstaatliche Institutionalität verändert, drittens diese aber nicht einfach abgelöst, sondern vielmehr neu konfiguriert wird, und sich damit viertens auch die räumliche Ausrichtung politischer Herrschaftsausübung europäisiert hat. Dies ist notwendiger aber nicht hinreichender Teil der Entwicklung eines europäischen Staatsappa-

---

21 Vgl. *Kasparek/Tsianos* 2012.
22 Im Amsterdamer Vertrag von 1997. Siehe *Buckel* 2013, 49ff.
23 Vgl. *Buckel/Wissel* 2010.
24 *Cetti* 2014.

rate-Ensembles.[25] In der Vereinheitlichung des Außen liegt noch nicht die Homogenisierung des Inneren. Das europäische Territorium löst die nationalstaatlichen Territorien nicht ab, sondern verwebt sich mit ihnen, durchzieht und verändert sie.

Die Etablierung einer europäischen Territorialität durch Außengrenzen wird nach Innen vor allem durch die Unionsbürgerschaft vorangetrieben. Sie hat nicht nur „das Terrain der Auseinandersetzungen zur Konstruktion des inneren Raumes in Europa erheblich verändert", sondern ein europäisches Innen konstituiert, wodurch „die Bevölkerungsgruppe der Drittstaatenangehörigen" als Außen entstanden ist.[26] Dabei weist die Unionsbürgerschaft einige Spezifika auf, die das widersprüchliche Verhältnis zwischen Europäisierung und Nationalstaatlichkeit reflektieren. Sie wurde aus der Idee geboren, dem Demokratiedefizit der EU entgegenzuarbeiten, erschien ihre Einführung zunächst „eher als symbolische Politik".[27] Vielmehr war die Positivierung der Unionsbürgerrechte eine Wiederholung der bestehenden Rechte der Bewegungsfreiheit unter den Bedingungen des gemeinsamen Marktes.[28] Ein gewichtiger Unterschied zur Staatsbürgerschaft besteht darin, dass das Recht der Bestimmung, wer staatszugehörig ist, bei den Nationalstaaten verbleibt, diese damit als „Gate-Keepers"[29] den Zugang zur Unionsbürgerschaft kontrollieren, gewähren oder ablehnen. Nichtsdestotrotz entwickelte sich die Unionsbürgerschaft durch eine Eigendynamik des transnationalen Rechts zur *„Repräsentantin des Allgemeinen* [...] Sie bindet schließlich alle europäischen staatsbürgerlichen Subjekte ohne Unterschied in ein europäisches Projekt ein und erzeugt eine Wir-alle-Gruppe [...], die sich signifikant von den Drittstaatsangehörigen abgrenzt. Sie konstituiert so das Innen und zwangsläufig auch das Außen eines europäischen Staatsprojekts".[30] Damit ist die Unionsbürgerschaft eng mit der Konstituierung der Außengrenze und der Migrationskontrollpolitiken verbunden, da sie im Inneren eine Stratifizierung der Bevölkerung nach dem Zugang zu Rechten produziert.[31] Hierdurch werden die Außengrenzen im Inneren reproduziert, wodurch sich die Grenzen in ihrer Funktionsweise verändern und das europäische Territorium je nach Rechtsstatus sich als unterschiedlich zugänglich erweist.

---

25 Zum Begriff vgl. *Wissel* 2015.
26 Ebd., 136.
27 *Buckel* 2011, 646.
28 Vgl. *Besson/Utzinger* 2008, 185.
29 *Bauböck* 2004, 178.
30 *Buckel* 2013, 103, Hervorhebung im Original.
31 Vgl. *Buckel* 2013; Bach 2015.

Vergangenheitspolitik und Europäische Identität

Mit der Transformation von Territorialität und Staatsbürgerschaft/Unionsbürger-schaft sind wesentliche Grundlagen nationaler Identität betroffen. In der Unionsbür-gerschaft lässt sich zudem die Problematik der Entwicklung europäischer Identität in ihrer Widersprüchlichkeit nachzeichnen. In der Literatur über europäische Identität überwiegt(e) die Annahme, dass mit der EU eine postnationale Konstellation entste-he, die auch zu einer postnationalen Bürgerschaft führe[32]. Habermas machte eine Akzentverschiebung hin zu einer „postnationalen Bewusstseinsformation" aus, bei der sich die „Identifikation mit dem Staat in eine Orientierung an der Verfassung verwandelt".[33] Große Hoffnungen waren dabei mit dem geplanten Vertrag über eine Verfassung für Europa verknüpft, der 2004 von den Regierungschefs unterzeichnet wurde. Im europäischen Reformkonvent, der zur Entwicklung der Verfassung einge-setzt wurde, sahen manche sogar die symbolische Kraft, in der Tradition des Kon-vents von Philadelphia (1776), dem französischen Verfassungskonvent von 1789 oder der Frankfurter Paulskirchenversammlung einen demokratischen Aufbruch zu verkörpern.[34] Auch wenn das Scheitern des Verfassungsvertrages[35] diesen Hoffnun-gen einen Dämpfer versetzte, so schien doch mit der postnationalen Unionsbürger-schaft eine rechtliche Grundlage für eine Identität jenseits des Nationalen geschaf-fen, die das Potential habe, alleine von geteilten Werten und Normen herzurühren.[36] Hierin liegt auch die Hoffnung auf eine nicht-ausschließende kollektive Identität, da, wie es Kohli zusammenfasste, Europa keinen äußeren Feind brauche, weil es in der nationalistischen Vergangenheit einen inneren habe.[37]

Insofern verknüpft sich in der Frage europäischer Identität ein Fortschrittsgedan-ke, der einerseits als zivilisierende Kraft des Rechts auftritt[38] und zum anderen als Abgrenzung zu einer nationalistischen Vergangenheit. In diesem Fortschrittsparadig-ma, das mal mehr mal weniger unterschwellig vielen Annahmen zugrunde liegt, wird eine Kongruenz normativer Literatur zur europäischen Identität mit dem Inte-grationsbias großer Teile der Europaforschung[39] sichtbar.

Hier reproduziert sich das (umkämpfte) Selbstbild der EU, das sich insbesondere in der Entwicklung einer europäischen Geschichte und deren Implementierung so-

---

32   Vgl. *Green* 1999, 12.
33   *Habermas* 2004, 78.
34   *Wodak/Puntscher Riekmann* 2003, 293ff.
35   Im Frühsommer 2005 fanden Referenden in Frankreich und der Niederlande statt, bei denen die Bevölkerung mit ‚Nein' stimmte, woraufhin sich die Staats- und Regierungschefs eine „einjährige Denkpause" verordneten (Weidenfeld 2006, 15).
36   Vgl. *Habermas* 2011; *Müller* 2008; *Liebert* 2009.
37   *Kohli* 2002, 127f.
38   Vgl. *Habermas* 2011.
39   Das bedeutet, dass die Forschung die Integrationsprozesse hauptsächlich als Erfolgsprozesse fasst und Desintegrationstendenzen oftmals nicht eingehender untersucht (siehe dazu z.B.: *Fa-ber/Wessels* 2005; *Ryner* 2015).

wohl in europäischen Institutionen als auch den Mitgliedsstaaten ausdrückt. Obwohl die Entwicklung von Mythen, die Erfindung einer nationalen Geschichte und deren Materialisierung in den Staatsapparaten ein zentrales Element nationaler Identität darstellt, so wird dieses Problem in der Literatur zur europäischen Identität häufig nur mittelbar, über die Normen und Werte, die als Gegensatz zum „Totalitarismus"[40] begriffen werden, verhandelt. Insbesondere der Nationalsozialismus dient als Abgrenzungsfolie und zur Behebung eines „Mythendefizit", indem Auschwitz in den Stand eines negativen Gründungsmythos Europas gehoben wird.[41]

Hierbei müssen mehrere Momente betrachtet werden. Erstens muss die Entwicklung einer europäischen Geschichte im Kontext des Endes der Nachkriegsordnung 1990 analysiert werden. Mit dem Ende der Blockkonfrontation, der deutschen Vereinigung und der folgenden Vertiefung der europäischen Integration entstand die Möglichkeit, mit der Überwindung der unmittelbaren politischen Folgen des Nationalsozialismus und des Zweiten Weltkriegs diese Zeit zu Geschichte werden zu lassen. Zweitens bedeutet dies inhaltlich eine Neuinterpretation der Vergangenheit, deren deutsche Version sich zu einer „Deutschen Industrie-Norm"[42] des Gedenkens entwickelte, d.h. zum Vorbild für eine europäische Gedenk- und Vergangenheitspolitik wurde. Dies verweist schon auf veränderte Kräfteverhältnisse innerhalb der EU, da diese Form der Vergangenheitspolitik die älteren, oftmals von französischen Politiker*innen vorgetragenen, Versuche, eine gemeinsame deutsch-französische Geschichte als Kern der EU aus der Figur Karls des Großen zu entwickeln, abgelöst hat.[43] Flankiert wird dies von der Durchsetzung eines opferidentifizierenden Gedenkens, durch das in letzter Konsequenz die Täter*innen unsichtbar werden, die konkreten Taten verschwinden und somit die gemeinsame negative Bezugnahme auf den Zweiten Weltkrieg und Auschwitz zu einer Konstruktion von mehr oder weniger gleichen Opfern des Nationalsozialismus wird.[44] Es ist eine spezifische Form des Vergessens durch Erinnern[45] das den Kern einer europäischen Geschichtskonstruktion ausmacht, die eine zentrale Grundlage europäischer Identität ist. Es ist das Vergessen der Täter*innen sowie der konkreten Bedingungen und Strukturen, die zum Nationalsozialismus und zu Auschwitz führten. Auf europäischer Ebene wurde diese Form durch die Stockholmer Erklärung von 2000 etabliert, in der zum einen eine

---

40 Vgl. die Website zum Europäischen Haus der Geschichte: https://historia-europa.ep.eu/de/perm anent-exhibition/europa-schutt-und-asche.
41 Vgl. *Leggewie* 2011, 15ff; ausführlich zum Problemkomplex: *Keil* 2015.
42 *Garton Ash* 2002, 33.
43 Zu diesen Versuchen vgl. *Larat* 2000.
44 Um Missverständnisse zu vermeiden: es ist zentral der Opfer zu gedenken, nur ist die Form und die Kontextualisierung des Gedenkens zu analysieren. Die Form hier bedeutet, die Toten rituell als „eigene Tote" zu vereinnahmen (*Jureit* 2010: 50) und die Täter*innen zu exterritorialisieren und die Bedingungen und Akteur*innen des Massenmordes zu dekontextualisieren. Zu den Problemen des opferidentifizierenden Gedenkens vgl. *Jureit* 2010.
45 Dieses Problem haben Geyer und Hansen schon früh benannt, vgl. *Geyer/Hansen* 1994.

‚entortete' Erinnerung dargelegt wurde, die zum anderen verknüpft war mit einem moralischen Gut-Böse-Schema, welches das gegenwärtige Europa als Kämpfer gegen das Böse setzte.[46] Dies setzte sich fort in Verlautbarungen des europäischen Parlaments, in denen der Zweite Weltkrieg als „gemeinsame europäische Tragödie"[47] begriffen wurde. Aus diesen Erklärungen folgte die Installierung des 27. Januars als europäischem Gedenktag 2005.[48] Zentral ist in dieser Rekonstruktion der Geschichte, dass die Vergangenheit solchermaßen neu gedeutet wird, dass sich die gegenwärtige EU als das Andere präsentieren kann, als wertebasierte Demokratie, die die alten Nationalismen überwunden habe.

Das bedeutet drittens, dass die Form der Erinnerung der Vergangenheit auf die Konstruktion einer gemeinsamen Identität ausgerichtet ist, die die gegenwärtige EU per se zum demokratischen, Werte-basierten Anderen der alten nationalistischen Geschichte macht. Hieraus ergibt sich auch die spezifische Zukunftsorientierung dieser Form der Vergangenheitspolitik, die, nach dem Ende der Nachkriegsordnung, auf die Handlungsfähigkeit der EU und ihrer Mitgliedsstaaten in einer neu geordneten Welt ausgerichtet ist. Solchermaßen werden die Zusammenhänge kapitalistischer Vergesellschaftung mit faschistischen Herrschaftsformen ebenso verdrängt wie auch die europäische Geschichte vereindeutigt wird. Diese Vereindeutigung führt dazu, die Mehrdimensionalität der Geschichte zu negieren. Das bedeutet zum Beispiel, die tatsächliche Zerrissenheit zwischen den europäischen Staaten im Zweiten Weltkrieg in einer europäischen Opfererzählung zu verwischen und gleichzeitig die Geschichte einer spezifischen europäischen Gemeinschaft in der Kollaboration, insbesondere in der Shoah, vollständig auszublenden. Indem die Form der Vergangenheitspolitik normativ in die Analyse europäischer Identität eingebracht wird, trägt sie dazu bei. Ebenso wird ausgeblendet, dass, insbesondere in der deutschen Debatte um die Vergangenheitspolitik in den 1990er und 2000er Jahren sich gezeigt hat, dass diese spezifische Auseinandersetzung vor allem dazu geführt hat, dass sekundär-antisemitische Motive[49] in der Öffentlichkeit verstärkt vertreten werden konnten.[50] Die Fundierung der Werte der EU, die der europäischen Identität zugrunde liegen sollen, findet daher in einer herrschaftlich durchzogenen Form statt, die das verdrängte Andere weiter mit sich schleppt.[51]

---

46 Vgl. *Levy/Snaider* 2001; Erklärung 2000.
47 Zitiert nach: *Jureit* 2010, 91.
48 Vgl. *Schmid* 2008.
49 Sekundärer Antisemitismus wird in der Literatur als Schuld- oder Erinnerungsabwehr verwendet (z.B. *Rensmann* 2001, 231ff., *Salzborn* 2011, 199ff.). Entwickelt wurde der Begriff von Peter Schönbach (1961): er analysierte eine „ideologische Formation, die es dem Antisemiten ermöglicht, die Vernichtung der europäischen Juden zu verurteilen, zugleich jede Mitschuld daran zu leugnen und in dieser Verleugnung antisemitische Stereotype zu reproduzieren" (*Stender* 2011, 231).
50 Vgl. *Rensmann* 2004, 239.
51 Ebenso hat sich damit auch eine ursprüngliche Intention der europäischen Einigung verkehrt, die darin bestand, Deutschland einzubinden, um es unter Kontrolle zu halten (vgl. *Abelshauser*

Die Entwicklung einer europäischen Identität muss daher sowohl die emergente Form europäischer Territorialität mit ihren Grenzen, Begrenzungen und Ausgrenzungen als auch die Entwicklung einer europäischen Geschichtsschreibung berücksichtigen, die die Werte Europas fundieren soll. Diese Prozesse sind umkämpft und daher nicht als teleologisch zu verstehen. Durch die besondere Form europäischer Staatlichkeit, als Staatsapparate-Ensemble ohne Staat, schreiben sich Territorialität und Geschichte auch nur spezifisch in die Staatsapparate ein. Es gehört zu einem Staat im Werden – wobei nicht gesagt ist, dass die EU tatsächlich ein Staat wird – dass vereinheitlichende Elemente und eine ebensolche Identität konstruiert werden. Die Materialisierung in den Staatsapparaten dieser Grundlagen findet dabei auf verschiedenen Ebenen statt. Mit der Unionsbürgerschaft wurde eine eigene Form der Zugehörigkeit/Nicht-Zugehörigkeit etabliert, die verbunden ist mit der Territorialisierung durch die Außengrenzen, was einerseits die Staatsbürgerschaft nicht aufhebt, und andererseits die nationalstaatlichen Grenzen ebenfalls nicht vollständig verschwinden lässt, sondern je nach Zugehörigkeit sicht- und spürbar macht. Die Einlagerung der Geschichte in die Staatsapparate betrifft einerseits die Musealisierung der Geschichte, wie im vom Europaparlament 2017 eröffneten Europäischen Haus der Geschichte und andererseits die Institutionalisierung von Gedenktagen. Insbesondere wurde der 27. Januar als europäischer Holocaust-Gedenktag, dessen konkrete Ausführung aber den nationalen Parlamenten unterliegt.[52] Verknüpft ergeben diese Elemente die Grundlage für eine zukunftsorientierte Integrationserzählung, die die Integrationsgeschichte als teleologische auf Demokratisierung und Überwindung des Alten schreibt. Das Leitbild der vertieften Integration und damit die europäische Identität ist allerdings in eine tiefe Krise geraten, so dass sich gegenwärtig im Erstarken autoritärer Politikformen tiefgehende Konflikte innerhalb der EU zeigen, die auch das Verhältnis nationaler und europäischer Identität betreffen.

Krise der EU, Krise der Identität – Kämpfe um die Zukunft

Betrachtet man die Krise der EU als Krise der europäischen Identität, dann müssen die genannten Grundlagenelemente kollektiver Identität mitberücksichtigt werden. Führt man sich nochmals die Hoffnung vor Augen, die mit der möglichen Ratifizierung eines Verfassungsvertrages verbunden war – die Hoffnung auf Demokratisierung und eine wertebasierte nicht-ausgrenzende Identität – bekommt der Vertrag von Lissabon, in den vieles des gescheiterten Vertrags eingeflossen ist, eine große Be-

---

2011, 232). Henry *Rousso* machte diese Verschiebung an der Stockholmer Deklaration fest, der er bescheinigte, „neben den offensichtlich guten Absichten" für eine „bemerkenswerte Verschiebung der Fundamente Europas" zu stehen (2004, Abschn.11).
52 Vgl. *Schmid* 2008.

deutung. Denn er war kein Schritt der Demokratisierung, sondern der vorläufige Endpunkt einer Entwicklung, in der Europa zur wettbewerbsfähigsten Region gemacht werden sollte. Hierbei wurde die „neoliberale Struktur der Union festgeschrieben".[53] Diese Festschreibung führte zur Verstärkung postdemokratischer und autoritärer Tendenzen, durch welche wiederum die Bearbeitung der Krise gegen alternative Modelle „immunisiert"[54] wurde. Dabei hat sich die „Institutionalisierung permanenter Austerität"[55] zu einem Schlüsselelement der gegenwärtigen Konstellation entwickelt, was mehrere Konsequenzen zeitigt. Erstens hat sich eine Hegemoniekrise entwickelt, d.h. vormals hegemoniale Projekte schaffen es nicht mehr, tatsächliche Hegemonie zu erringen, sondern die neoliberale Austeritätspolitik ist dominant festgeschrieben, wodurch es zu stärkeren Verschiebungen in den gesellschaftlichen Kräfteverhältnissen kommt.[56] Zweitens verliert die EU an Legitimität, was zu Konflikten um die EU führt, die wiederum ebenfalls Konflikte um nationale und europäische Identität(en) mit sich bringen. Mit der Krise der Politik hat sich auch eine Krise europäischer Zukunftsnarrative entwickelt,[57] denn jenseits der Austeritätspolitik gibt es „kein wirkmächtiges, auf gesellschaftliche Verallgemeinerung und die Herstellung von Konsens zielendes Projekt Europa"[58] mehr. Damit sind auch die Werte affiziert, die der europäischen Identität zugrunde liegen sollen, denn das „alte Narrativ von ‚Frieden und Wohlstand'" wurde „durch eine Kosten-Nutzen-Sicht auf die Europäische Integration abgelöst".[59] Oder anders formuliert: „Through this, ordoliberal values of stability, economic discipline and individual responsibility become not just economic values, but define the meaning of the 'good European'".[60] Da nun die politische Krise es mit sich bringt, dass die Legitimität der autoritären Krisenbearbeitung in Frage gestellt wird, es dazu jenseits dieser Politik keine hegemoniale Zukunftsvorstellung gibt, sind die gesellschaftlichen Auseinandersetzungen auch solche um Antworten auf die Frage ‚welches Europa'.

Da die politische Krise auch darin besteht, dass gesellschaftliche Konflikte nicht mehr in den Institutionen prozessual bearbeitet werden, weiten sich die Konflikte aus und werden in der gesamten Gesellschaft ausgetragen. Eines der zentralen Konfliktfelder der letzten Jahre, auf dem auch verschiedene Europa- und Identitätsvorstellungen verhandelt werden, ist das der Migrationspolitik. Spätestens seit 2015 haben sich Konflikte innerhalb der Mitgliedstaaten der EU, im politischen System wie auch auf der Straße, zugespitzt.

---

53 *Fisahn* 2012, 363.
54 *Lüggert* 2017.
55 *Jessop* 2016b, 146.
56 Vgl. *Bieling* 2018.
57 Vgl. *Krastev* 2017.
58 *Wissel* 2015, 85.
59 *Brasche* 2017, 337; *Oberndorfer* argumentiert in diesem Band, dass mit der europäischen Sicherheitspolitik ein neues Feld zur Organisierung von Konsens gefunden wurde.
60 *Galpin* 2017, 180. Vgl. *Lichtenstein* 2017.

Hierin werden die zentralen Grundlagen europäischer Identität verhandelt, da es sich in den Konflikten auch um Fragen der europäischen Territorialität dreht, deren Vereinheitlichung im drohenden „Zerfasern"[61] der EU auf dem Spiel steht.[62] Insbesondere die sogenannte Flüchtlingskrise erwies sich als „Gelegenheitsstruktur"[63] für rechte Akteur*innen, die gesellschaftlichen Auseinandersetzungen in der EU maßgeblich zu beeinflussen. Hier zeigen sich Anknüpfungspunkte hegemonialer Diskurse zur nationalen/europäischen Identität im Kontext der Migrationspolitik für (neu)rechte Politiken.[64] Dadurch konnten zentrale politische Begriffe semantisch von rechten Akteur*innen verändert oder besetzt werden,[65] wodurch die Auseinandersetzungen insgesamt identitätspolitisch strukturiert wurden. Ein zentraler Anknüpfungspunkt ist hierin die Verknüpfung von Migration mit den Bedeutungen „illegal" und „gefährlich". Dies resultiert aus dem EU Grenzregime,[66] das, wie oben angemerkt, durch die europäischen Außengrenzen ein einheitliches feindliches Außen schafft, dem nur mit Sicherheitspolitiken begegnet werden kann. Die darin enthaltene Scheidelinie zwischen dazu- und nicht-dazugehörig wird von der Rechten derzeit erfolgreich als Volk-Nichtvolk-Dualismus in allen gesellschaftlichen Konflikten als Grundkonflikt behauptet und die Krise der EU zur Endkrise der europäischen Zivilisation stilisiert.[67]

Ein zweiter Anknüpfungspunkt findet sich in der europäischen Geschichtsschreibung. (Neu)rechte Akteur*innen bekämpfen dabei die Zentralität des Nationalsozialismus und von Auschwitz in der Konstruktion einer europäischen Geschichte, können dabei aber gleichzeitig anknüpfen an die hegemoniale Vagheit, die insbesondere in der Stilisierung von Auschwitz zum negativen Gründungsmythos der EU liegt. Exemplarisch zu sehen in Rolf Peter Sieferles Kampfschrift Finis Germania, in der er gegen „den letzten Mythos Auschwitz"[68] anschreibt. Diese sich selbst zur Verkündung unterdrückter Wahrheiten stilisierende Position will damit selbst einen Geschichtsmythos etablieren, der eine weit zurückreichende ursprüngliche Vergangen-

---

61 So die *Frankfurter Rundschau* am 14.10.2015.
62 Auch in den sozialpolitischen Konflikten kann beobachtet werden, dass es das dominante neoliberal-autoritäre Projekt durch die Verabsolutierung der Austeritätspolitik eine vereinheitlichende Wirkung auszuschließen. Dies zeigt sich hier an der Blockade von solchen, im Grunde sehr wenig weitreichenden, Forderungen nach einem europäischen Finanzminister und einer europäischen Arbeitslosenversicherung durch Deutschland (siehe *Syrovatka/Schneider* in diesem Band).
63 *Häusler* 2016.
64 Vgl. *Kasparek et al.* 2017.
65 Vgl. *Guérot* 2017, 82f.
66 Siehe auch die Beiträge von *Georgi* und *Oberndorfer* in diesem Band.
67 Exemplarisch kann dies nachvollzogen werden an dem Stichwortgeber für viele rechte Strömungen, Renaud Camus, der die Formel vom „großen Austausch" (Le grande Replacement im Original) populär gemacht hat und alle gesellschaftlichen Probleme auf die Migration zurückführt, die beendet werden müsse um Europa zu retten (vgl. *Camus* 2017).
68 *Sieferle* 2017, 63.

heit wiederbeleben will – eine Geschichte von „dreitausend Jahren Europa",[69] das als „Geheimnis" gedacht wird, das „über Jahrtausende bei uns geblieben"[70] sei und nun im Zuge der Migration verloren zu gehen drohe. Zentral hierbei ist, dass (neu)rechte Akteur*innen den Mythos einer europäischen Vergangenheit konstruieren, um daraus eine Ablehnung der Gegenwart zu formulieren und gleichzeitig als Krisenlösung die Wiederbelebung der Vergangenheit in der Zukunft anbieten. Damit versuchen sie die Lücke zu füllen, die die Krise der europäischen Zukunftsnarrative geöffnet hat. Indem in der Hegemonie- und Legitimitätskrise der EU die gegenwärtige Krisenbearbeitung keine eigene positive Zukunftsvorstellung anbieten kann, wird von (neu)rechter Seite hier eine europäische Zukunftsvorstellung entwickelt, die in sich zudem die Legitimation des in letzter Konsequenz gewaltsamen Umsturzes in sich trägt, denn in der Imagination „Europa verteidigen", so einer der bekanntesten Slogans, kommen die apokalyptischen Vorstellungen eines „großen Austauschs" zusammen mit der Vorstellung, dass jetzt die Zeit zum Handeln gekommen sei, um die völkische Einheit Europa zu retten.

Zusammenfassung

Die Kämpfe um die Zukunft der EU, bzw. um die Formen der Krisenbearbeitung sind daher auch und in hohem Maße Kämpfe um Identitätsvorstellungen. Die politische Krise führt dabei zu einer Restrukturierung der politischen Felder und der Akteurszusammensetzungen in den Hegemonieprojekten. (Neu)rechte Strategien zeigen sich dabei darauf gerichtet, zunächst Unordnung in die anderen Hegemonieprojekte zu bringen und insbesondere die jeweiligen national orientierten Teile herauszubrechen und zu reorganisieren. Hierbei greift es allerdings zu kurz, dies in einem bloßen National-Europa-Dualismus zu verstehen; vielmehr greifen (neu)rechte auf lange Traditionen eigener Europaverständnisse zurück und aktualisieren diese in der Krise. Sie greifen dabei genau an den inneren Blockaden der dominanten Herrschaftsformation an und versuchen ein eigenes – völkisches – Europaleitbild und eine ebensolche Identität gegen die EU in Anschlag zu bringen. Dabei können sie an die tief verankerte Hegemonie der nationalen Identität und ihren immanenten Ausgrenzungen wie auch an die materielle Struktur der europäischen Verfasstheit anschließen und diese radikalisieren. Hierdurch werden die gesellschaftlichen Kräfteverhältnisse verschoben, Hegemonieprojekte reformieren sich und die autoritären Entwicklungen in der EU werden in diesem Zuge weiter verschärft. Europäische Identitätsvorstellungen sind daher ein bedeutender Teil der materiellen Struktur und der Kämpfe um die EU.

---

69 *Höcke* 2015.
70 *M. Müller* 2017, 80.

Literatur

Abelshauser, Werner 2011: Deutsche Wirtschaftsgeschichte. Von 1945 bis zur Gegenwart. Bonn.

Anderson, Benedict 1996: Die Erfindung der Nation. Zur Karriere eines folgenreichen Konzepts. Frankfurt a.m./New York.

Bach, Maurizio 2015: Europa ohne Gesellschaft. Politische Soziologie der europäischen Integration. 2. Aktualisierte Auflage. Wiesbaden.

Bauböck, Rainer 2004: Citizenship and territorial borders in the EU Polity. In: Puntscher Riekmann, Sonja/Mokre, Monika/Latzer, Michael (Hrsg.): The State of Europe. Transformations of Statehood from a European Perspective. Frankfurt am Main/New York, 170–195.

Besson, Samantha/*Utzinger*, André 2008: Toward European Citizenship. In: Journal of Social Philosophy, 39(2), 185–208.

Bieling, Hans-Jürgen 2018: Die »Krise der Politik« als Ausdruck gesellschaftlicher Kräfteverschiebungen und neuer Konfliktlinien. In: Das Argument 328, 492–501.

Brasche, Ulrich 2017: Europäische Integration. Wirtschaft, Euro-Krise, Erweiterung und Perspektiven. 4. vollständig überarbeitete Auflage. Oldenburg.

Buckel, Sonja 2013: „Welcome to Europe". Die Grenzen des europäischen Migrationsrechts. Juridische Auseinandersetzungen um das „Staatsprojekt Europa". Bielefeld.

Buckel, Sonja 2011: Staatsprojekt Europa. In: PVS, 52(4), 636–662.

Buckel, Sonja/*Georgi*, Fabian/*Kannankulam*, John/*Wissel*, Jens 2014: Theorie, Methoden und Analysen kritischer Europaforschung. In: Forschungsgruppe »Staatsprojekt Europa« (Hrsg.): Kämpfe um Migrationspolitik. Theorie, Methode und Analysen kritischer Europaforschung. Bielefeld, 15–84.

Buckel, Sonja/*Wissel*, Jens 2010: State Project Europe: The Transformation of the European Border Regime and the Production of Bare Life. In: International Political Sociology, 4(1), 33–49.

Cetti, Fran 2014: Europe and the 'Global Alien': The Centrality of the Forced Migrant to a Pan-European Identity. In: Radeljić, Branislav (Hrsg.): Debating European Identity. Bright Ideas, Dim Prospects. Bern, S. 115–143.

Faber, Anne/*Wessels*, Wolfgang 2005: Die Verfassungskrise der EU als Krise "der Integrationstheorie"? In: Zeitschrift für Internationale Beziehungen, 12(2), 353–359.

Fisahn, Andreas 2012: Den Stier das Tanzen lehren? Europa vor neuen Voraussetzungen. In: PROKLA, Heft 168, 42(3), 357–376.

Galpin, Charlotte 2017: The Euro Crisis and European Identities. Political and Media Discourse in Germany, Ireland and Poland. Houndsmill u.a.

Garton Ash, Timothy 2002: Mesomnesie – Plädoyer für ein mittleres Erinnern. In: Transit. Europäische Revue, 22, 32–48.

Geary, Patrick J. 2002: Europäische Völker im Mittelalter. Zur Legende vom Werden der Nationen. Frankfurt am Main.

Geyer, Michael/*Hansen*, Miriam 1994: German-Jewish Memory and National Consciousness, in: Hartmann, Geoffrey H. (Hrsg.): Holocaust Remembrance. The Shapes of Memory, Oxford Cambridge, 175–190

Green, Simon 1999: Ausländer, Einbürgerung und Integration: Zukunftsperspektive der europäischen Unionsbürgerschaft, Discussion Paper des Zentrums für europäische Integationsforschung. In: http://aei.pitt.edu/302/1/dp_c42_green.pdf (zugegriffen am 07.11.2018).

Guérot, Ulrike 2017: Warum Europa eine Republik werden muss. Eine politische Utopie. Erweiterte und aktualisierte Auflage. München.

Habermas, Jürgen 2011: Zur Verfassung Europas. Ein Essay. Frankfurt am Main.

Habermas, Jürgen 2004: Ist die Herausbildung einer europäischen Identität nötig, und ist sie möglich? In: Ders.: Der Gespaltene Westen. Kleine politische Schriften X. Frankfurt am Main, 68–82.

Häusler, Alexander 2016: Die AfD als rechtspopulistischer Profiteur der Flüchtlingsdebatte. In: Decker, Oliver/Kiess, Johannes/Brähler, Elmar (Hrsg.): Die enthemmte Mitte. Autoritäre und rechtsextreme Einstellungen in Deutschland. Gießen, 167–178.

Hirsch, Joachim 1994: Politische Form, politische Institutionen und Staat. In: Esser, Josef/Görg, Christoph/Ders.: Politik, Institutionen und Staat. Zur Kritik der Regulationstheorie. Hamburg, 157–211.

Hobsbawm, Eric J, 2005: Nationen und Nationalismus. Mythos und Realität seit 1780. Erweiterte Auflage. Frankfurt am Main.

Jessop, Bob 2016a: The State. Past Present Future. Cambridge.

Jessop, Bob 2016b: Neoliberalismen, kritische politische Ökonomie und neoliberale Staaten. In: Biebricher, Thomas (Hrsg.) 2016: Der Staat des Neoliberalismus, Baden-Baden, 123–151.

Jureit, Ulrike 2010: Opferidentifikation und Erlösungshoffnung: Beobachtungen im erinnerungspolitischen Rampenlicht. In: Dies./Schneider, Christian: Gefühlte Opfer. Illusionen der Vergangenheitsbewältigung. Bonn, 17–103.

Kasparek, Bernd/*Tsianos*, Vassilis S. 2012: „This is not Europe! Reconstructing Schengen. In: Forschungsgruppe »Staatsprojekt Europa« (Hrsg.): Die EU in der Krise. Zwischen autoritärem Etatismus und europäischen Frühling. Münster, 73–94.

Kasparek, Bernd/*Kirchhoff*, Maren/*Neuhauser*, Johanna/*Schwiertz*, Helge 2017: The Return of the National? Migration, Borders and Nationalism. In: Movements, 3(2), 147–161.

Keil, Daniel 2015: Territorium, Tradition und nationale Identität. Eine staatstheoretische Perspektive auf den Wandel nationaler Identität in der europäischen Integration. Münster.

Keil, Daniel 2013: Territorium und Tradition. In: Goll, Tobias/ders./Telios, Thomas (Hrsg.): Critical Matter. Diskussionen eines neuen Materialismus. Münster, 243–258

Kohli, Martin 2000: The battlegrounds of European Identity. In: European Societies, 2(2), 113–137.

Krastev, Ivan 2017: Europadämmerung. Ein Essay. Frankfurt am Main.

Larat, Fabrice 2000: Instrumentalisierung des kollektiven Gedächtnisses und europäische Integration, in: Frankreich-Jahrbuch 2000. Wiesbaden, 187–201.

Leggewie, Claus 2011: Der Kampf um die europäische Erinnerung: ein Schlachtfeld wird besichtigt. München.

Levy, Daniel/*Sznaier*, Natan 2001: Erinnerung im globalen Zeitalter: Der Holocaust. Frankfurt am Main.

Lichtenstein, Dennis 2017: Zwischen Scheinkonsens und Identitätskrise. Konstruktionen europäischer Identität in nationalen Medienöffentlichkeiten. In: Hentges, Gudrun/Nottbohm, Kristina/Patzer, Hans-Wolfgang (Hrsg.): Europäische Identität in der Krise? Europäische Identitätsforschung und Rechtspopulismusforschung im Dialog. Wiesbaden, 57–78.

Liebert, Ulrike 2009: Ist eine europäische Identität notwendig und möglich? Zu deutschen Debatte. In: Meyer, Thomas/Eisenberg, Johanna (Hrsg.): Europäische Identität als Projekt. Innen- und Außenansichten. Wiesbaden, 89–112.

Lüggert, Max 2017: Die Imunisierung der Krisenverarbeitung in der Eurozone. In: Förster, Annette/Lemke, Matthias (Hrsg.): Die Grenzen der Demokratie. Gegenwartsdiagnosen zwischen Politik und Recht. Wiesbaden, 111–140.

Mosse, George L. 1993: Die Nationalisierung der Massen. Politische Symbolik und Massenbewegungen von den Befreiungskriegen bis zum Dritten Reich. Frankfurt/New York.

Müller, Jan Werner 2008: A European Constitutional Patriotismus? The Case Restated. In: European Law Journal, 14(5), 542–557.

Poulantzas, Nicos 2002: Staatstheorie Politischer Überbau, Ideologie, Autoritärer Etatismus. Hamburg.

Postone, Moishe 2003: Zeit, Arbeit und gesellschaftliche Herrschaft. Freiburg

Rensmann, Lars 2004: Demokratie und Judenbild. Antisemitismus in der politischen Kultur der Bundesrepublik Deutschland. Wiesbaden.

Rensmann, Lars 2001: Kritische Theorie über den Antisemitismus. Studien zu Struktur, Erklärungspotential und Aktualität. Hamburg.

Rousso, Henry 2004: Das Dilemma eines europäischen Gedächtnisses, in: Zeithistorische Forschungen/Studies in Contemporary History, Online-Ausgabe, 1/2004, H. 3. In: http://www. zeithistorische-forschungen.de/16126041-Rousso-3-2004, rev. 13.11.18.

Ryner, Magnus 2015: Europe´s ordoliberal iron cage: critical political economy, the euro area crisis and its management. In: JEPP, 22(2), 275–294.

Salzborn, Samuel 2011: Antisemitismus als negative Leitidee der Moderne. Sozialwissenschaftliche Theorien im Vergleich. Frankfurt am Main.

Schneider, Heinrich 2011: Europas Identität (gestern) – Europas Krise (heute): Themenwechsel als Indiz für einen Paradigmenwandel? In: integration, Bd. 34, Nr. 1, 42–62.

Schmid, Harald 2008: Europäisierung des Auschwitzgedenkens. Zum Aufstieg des 27. Januar 1945 als »Holocaustgedenktag« in Europa. In: Eckel, Jan/Moisel, Claudia (Hrsg.): Universalisierung des Holocaust? Erinnerungskultur und Geschichtspolitik in internationaler Perspektive. Göttingen, 174–202.

Schönbach, Peter 1961: Reaktionen auf die antisemitische Welle im Winter 1959/1960. Frankfurt am Main.

Smith, Neil 2007: Die Produktion des Raums. In: Belina, Bernd/Michel, Boris (Hrsg.): Raumproduktionen. Beiträge der Radical Geography. Eine Zwischenbilanz. Münster, 61–76.

Stender, Wolfram 2011: Ideologische Syndrome. Zur Aktualität des sekundären Antisemitismus in Deutschland, in: Brunner, Markus/Lohl, Jan/Pohl, Ralf/Winter, Sebastian (Hrsg.): Volksgemeinschaft, Täterschaft und Antisemitismus. Beiträge der psychoanalytischen Sozialpsychologie des Nationalsozialismus und seiner Nachwirkungen. Gießen, 227–249.

Weidenfeld, Werner 2006: Die Europäische Verfassung verstehen. Gütersloh.

Wiesner, Claudia 2017: Was ist europäische Identität? Theoretische Zugänge, empirische Befunde, Forschungsperspektiven und Arbeitsdefinition. In: Hentges, Gudrun/Nottbohm, Kristina/Patzer, Hans-Wolfgang (Hrsg.): Europäische Identität in der Krise? Europäische Identitätsforschung und Rechtspopulismusforschung im Dialog. Wiesbaden, 21–56.

Wissel, Jens 2015: Staatsprojekt Europa. Grundzüge einer materialistischen Theorie der Europäischen Union. Münster.

Wissen, Markus 2006: Territorium und Historizität. Raum und Zeit in der Staatstheorie von Nicos Poulantzas. In: Bretthauer, Lars/Gallas, Alexander/Kannankulam, John/Stützle, Ingo (Hrsg.): Poulantzas lesen. Zur Aktualität marxistischer Staatstheorie. Hamburg, 206–222.

Wodak, Ruth/Puntscher Riekmann, Sonja 2003: »Europe for all« – diskursive Konstruktionen europäischer Identitäten. In: Mokre, Monika/Weiss, Gilbert/Bauböck, Rainer (Hrsg.): Europäische Identitäten. Mythen, Konflikte, Konstruktionen. Frankfurt/New York, 283–303.

Quellen

Erklärung 2000: Erklärung des Stockholmer Internationalen Forums über den Holocaust, in: https://www.holocaustremembrance.com/de/node/17 (zugegriffen am 03.10.19).

Camus, Renaud 2017: Revolte gegen den Großen Austausch. Zusammengestellt und übersetzt von Martin Lichtmesz, 2. Auflagen. Schnellroda.

Höcke, Björn 2015: Rede zur Demonstration in Erfurt, 23.09.2015, in: http://afd-thueringen.de/reden/ (zugegriffen am 10.11.2015).

Müller, Mario Alexander 2017: Kontrakultur. Schnellroda.

Sieferle, Rolf Peter 2017: Finis Germania. Schnellroda.

Fabian Georgi

Kämpfe der Migration im Kontext. Die Krisendynamik des europäischen Grenzregimes seit 2011

1. Einleitung

Ende der 2000er Jahre schien der Ausbau des europäischen Migrations- und Grenzregimes aus Sicht der Europäischen Kommission und vieler EU-Regierungen zentrale Ziele zu erreichen.[1] Im Vergleich zu den frühen 1990er und den frühen 2000er Jahren war die Zahl der Asylanträge in der EU deutlich gesunken. Doch die Zuversicht von Kommission und EU-Regierungen war von kurzer Dauer. In den 2010er Jahren geriet die europäische Migrationspolitik in die schwerste Krise ihrer Geschichte. Entgegen allen Versuchen dies zu verhindern, stieg die Zahl jener Menschen, denen es trotz aller Hürden gelang, EU-Territorium zu erreichen, um dort Schutz zu finden, zeitweise deutlich an: 2015 und 2016 stellten jeweils über 1,2 Millionen Menschen einen Asylantrag in der EU.[2] In Politik, Medien und Wissenschaft wird dieser Prozess überwiegend als ‚Flüchtlings-‘ oder ‚Migrationskrise‘ bezeichnet. Kritische Autor*innen weisen diese Kategorien zurück, weil in ihnen die geflüchteten Menschen selbst zum Problem erklärt werden. Sie sprechen stattdessen etwa vom „langen Sommer der Migration"[3] oder der ‚Krise des europäischen Grenzregimes‘. Kritik, so John Holloway, besteht gerade darin, solche unterschiedlichen Kategorien zu öffnen und zu zeigen, inwiefern sie Resultat und Element gesellschaftlicher Kämpfe sind: „Take a category, split it open and what we discover is not a philosophical contradiction but a living antagonism, a constant struggle, a clash between opposing movings."[4]

Aus dieser Sicht stellt sich die Krise des europäischen Grenzregimes in den 2010er Jahren als Ausdruck antagonistischer *Praktiken* dar: Millionen von Menschen überwanden bei ihrer Flucht Richtung EU zahllose politische, geographische und militärische Barrieren und begannen, sich in der EU ein neues (Alltags-)Leben

---

1 Für hilfreiche Kommentare danke ich den Herausgebern sowie Lars Bretthauer, David Lorenz und Matthias Müller-Stehlik.
2 *Eurostat* 2019a.
3 *Hess et al.* 2016.
4 *Holloway* 2012, S. 517.

aufzubauen. Gleichzeitig gelang es den EU-Regierungen, solche Mobilität derart teuer, schwierig und gefährlich zu machen, dass weitere Millionen gezwungen waren, sich für Immobilität zu entscheiden, zum gar-nicht-erst-Losgehen.[5] Für zahllose Andere endete ihre Fluchtmigration in Haft, erzwungener Rückkehr oder Tod. Diese Gleichzeitigkeit von Autonomie und Heteronomie, von Erfolgen subalterner Kämpfe und hocheffektiven Herrschaftstechniken führt zur zentralen Frage dieses Artikels: Wie lässt sich eine Analyse der Krise entwickeln, die diese widersprüchlichen Momente einbezieht und sie in ihrem Kontext verortet? Wie lassen sich Ursachen und Charakter, Dynamik und Folgen der Krise europäischer Migrationspolitik seit Beginn der 2010er Jahre auf den Begriff bringen?

Mit dieser Fragestellung verbinde ich zwei Ziele. Erstens soll der Artikel eine synthetisierende Analyse der Krise entwickeln, um ihre großen Entwicklungslinien erkennbar machen. Zweitens zielt der Text darauf, in die Krisendebatten der Migrations- und Grenzforschung einen Beitrag aus historisch-materialistischer und polit-ökonomischer Sicht einzubringen und so die Produktivität dieser Perspektive zu demonstrieren.[6] Der Artikel ist in sechs Teile gegliedert. Nach dieser Einleitung wird der zweite Teil Grundannahmen einer materialistischen Grenzregimeanalyse skizzieren. Die folgenden drei Abschnitte rekonstruieren die konjunkturelle Dynamik der Krise entlang von drei Phasen. Der letzte Abschnitt reflektiert, inwiefern sich im Herbst 2019 von einem Ende der Krise sprechen lässt.

2. Materialistische Grenzregimeanalyse

Krisen, so schreibt Frigga Haug im Historisch-kritischen Wörterbuch des Marxismus, „lassen sich als Zwischenzeiten begreifen, in denen die gewohnte Ordnung nicht mehr funktioniert, aber noch keine neue Regelungsweise gefunden ist".[7] Dass in Europa Mitte der 2010er Jahre gewohnte migrationspolitische Dynamiken unterbrochen und politische Regelungsformen dysfunktional wurden, ist wissenschaftlich kaum umstritten – wodurch diese Krise ausgelöst wurde und welchen Charakter sie hatte, umso mehr. So betonen etwa Arbeiten aus dem Umfeld der Europaforschung, dass die sogenannte Migrationskrise aus ‚externen Schocks' resultiert sei. Diese Schocks hätten Fehler und Lücken migrationspolitischer Europäisierung offengelegt.[8] Ansätze der kritischen Grenzregimeforschung gehen dagegen von einer Dauerkrise des EU-Grenzregimes aus, die zentral aus den Kämpfen der Migration resultiert.[9] Hier setzt auch die materialistische Grenzregimeanalyse an. Sie argumentiert,

---

5 Vgl. *Schewel* 2019, S. 14f.
6 Vgl. *Georgi* 2016.
7 *Haug* 2010, S. 2121.
8 *Schimmelfennig* 2018.
9 *Hess* et al. 2016, S. 8.

dass Entstehung, Dynamik und Formen von Migrations- und Grenzregimen auf das engste verwoben sind mit den sich wandelnden strukturellen Widersprüchen und sozialen Kämpfen eines intersektionalen Kapitalismus insgesamt – und dass Grenzregime nur verstehbar und veränderbar sind, wenn sie analytisch differenziert mit diesen Prozessen verbunden werden. Solche materialistischen Grenzregimeanalysen basieren auf zentral drei Prinzipien.[10]

Erstens geht ein historisch-materialistischer Ansatz auf der Höhe der Zeit davon aus, dass politische und gesellschaftliche Entwicklungen – vielfach vermittelt – durch die Kämpfe und Kräfteverhältnisse zwischen einer *Vielzahl* antagonistischer gesellschaftlichen Gruppen getrieben sind – Gruppen, die durch jene herrschaftsdurchwirkten sozialen Verhältnisse (mit-)hervorgebracht werden, in denen Menschen gezwungen sind, sich selbst, ihre Lebensmittel und ihre Gesellschaften materiell zu reproduzieren. Solche gesellschaftlichen Re/Produktionsweisen sind intersektional zu verstehen. Sie umfassen u.a. kapitalistische Strukturprinzipien, Geschlechterverhältnisse und den strukturellen Rassismus imperialer Lebensweisen.[11] Hieraus folgt, dass die Konflikte, die sich in der Krise europäischer Migrationspolitik verdichten, nicht *a priori* auf die Dominanz, Offensive oder Initiative einzelner Gruppen oder sozialer Kräfte reduziert werden dürfen – nicht auf zerstrittene und Fehler machende Politikeliten, nicht auf mächtige Kapitalinteressen und auch nicht, auf höherer Abstraktionsebene, auf eine per se als vorranging gesetzte Autonomie der Migration. Gesellschaftliche Konflikte müssen als historisch offene, wechselseitige Auseinandersetzungen zwischen einer Vielzahl von Akteuren rekonstruiert werden, was u.a. bedeutet, die potenzielle Eigensinnigkeit und relationale Autonomie *aller* gesellschaftlichen Kräfte anzuerkennen und einzubeziehen. Eine Möglichkeit dies auf einer mittleren Abstraktionsebene gesellschaftlicher Kräfteverhältnisse zu tun, bietet die historisch-materialistische Politikanalyse (HMPA) insofern sie migrantische Escape-Praktiken und Bewegungen der Migration explizit in ihre Analysen einbezieht.[12]

Eine zweite Grundannahme historisch-materialistischer Analysen ist, dass Konflikte und Krisen nicht auf Akteurspraxis reduziert werden können. Das konflikthafte Handeln gesellschaftlicher Kräfte darf nicht isoliert von strukturellen wie historisch-konjunkturellen Handlungsbedingungen interpretiert werden. Eine Krisenanalyse des europäischen Grenzregimes steht somit vor der Herausforderung, das kontingente Handeln zahlreicher Akteure und gesellschaftlicher Kräfte mit den sie umgebenden, vorgefundenen Umständen, darunter die institutionell-materiellen Verdichtungen früherer Kämpfe und sich dynamisch verschiebende Strukturwidersprüche, zu vermitteln. Hierzu gehört u.a. nachzuzeichnen, wie Konfliktprozesse aus an-

---

10 Vgl. *Georgi* 2016; ebd. 2019a: 22ff.; ebd. 2019b.
11 *Georgi* 2019c, S. 101; *Buckel* 2015; *Brand/Wissen* 2017.
12 *Buckel* et al. 2014, S. 51ff.; *Georgi* 2016, S. 193ff.

deren Feldern des Weltsystems in migrations- und grenzpolitische Krisen überführt werden.

Die dritte Grundannahme beschreibt die Einsicht, dass Migrations- und Grenzregime Teil der Regulationsweise des globalen Kapitalismus sind. Sie tragen dazu bei, dass sich kapitalistische Gesellschaften trotz all ihrer Antagonismen reproduzieren können. Sie leisten diesen Beitrag, indem sie migrations- und mobilitätsbezogene Probleme, Konflikte und Krisen herrschaftsförmig regulieren und prozessieren, d.h. sie befrieden, verschieben oder temporär (auf-)lösen. Die Widersprüche, welche in Migrations- und Grenzregimen derart reguliert werden, sind allerdings nicht ständig neue oder zufällige. Stattdessen existiert im kapitalistischen und rassistischen Weltsystem eine begrenzte Zahl dynamischer Strukturwidersprüche, deren historische Konkretisierungen und wechselhafte Konfigurationen ständig neue migrationsbezogene Konflikte und Krisen hervorbringen. Die Regulation u.a. dieser Widersprüche wird in den Regimen ausgefochten und organisiert. Zu diesen zentralen Widerspruchsfeldern gehören u.a. die Folgen von Akkumulationsprozessen, die relationale Autonomie von Migration, Arbeitskraftprobleme, Wohlfahrtsstaaten und Rassismus sowie Geopolitik.[13] Für die Analyse konkreter Migrations- und Grenzregime heißt dies, immer wieder danach zu fragen, ob und inwiefern spezifische Akteursstrategien und Regimedynamiken durch die historischen Konkretisierungen dieser und anderer Strukturwidersprüche und durch die mitunter scheiternden Versuche ihrer Regulation vorangetrieben und bestimmt werden.

Eine an diesen Prinzipien orientierte, notwendig heuristische und von vielen Einzelaspekten abstrahierende Analyse des EU-Grenzregimes ab 2011 wird in den folgenden Abschnitten entwickelt.

3. ‚A Perfect Storm' (Dezember 2010 bis März 2015)

3.1 Fünf Dimensionen der Krise

Wie eingangs dargestellt ging die Europäische Kommission Ende der 2000er Jahre davon aus, dass der Anfang der 1990er Jahre begonnene, langwierige und stockende Ausbau des europäischen Grenzregimes schlussendlich ein aus ihrer Sicht zentrales Ziel erreicht habe: Deutlich weniger Geflüchtete und illegalisierte Wanderarbeiter*innen kamen in der EU an. Während es 1997 über 670.000 Asylanträge in der EU gab und 2002 ca. 420.000, lagen diese Werte von 2006 bis 2010 um lediglich 200.000.[14] Angesichts dieser Zahlen sprach EU-Innenkommissar Jacques Barrot im Oktober 2009 von ‚großen Fortschritten': „Today, the Commission puts in place the

---

13 Siehe ausführlich Georgi 2016; ebd. 2019a, S. 24f.
14 *Eurostat* 2019a, 2019b.

final building blocks of the Common European Asylum System. Significant progress has been accomplished in recent years".[15] Aus Perspektive von Kommission und EU-Regierungen ließ sich der Rückgang von Fluchtmigration in die EU als Effekt eigener Abschottungsstrategien verstehen. Angetrieben durch Initiativen der Kommission hatte die EU im Laufe der 2000er Jahre die EU-Grenzschutzagentur Frontex gegründet, digitale und biometrische Datenbanken und Überwachungssysteme zur Migrationskontrolle etabliert und ihre Kontrollen jenseits ihrer eigenen Grenzen externalisiert, indem sie mit Nachbarstaaten kooperierte, darunter Marokko, Mauretanien, Tunesien und Libyen.[16] „[D]ie Kommission war zuversichtlich, auf dieser Basis nun eine Migrationspolitik entwickeln zu können, die den demografischen und wirtschaftlichen Ansprüchen der EU genügen würde."[17] Doch diese Zuversicht war von kurzer Dauer. Der Rückgang der Asylantragzahlen erwies sich als nur temporär, als Ruhe vor einem ‚perfekten Sturm' historischer Prozesse, die das europäische Migrations- und Grenzregime in den 2010er Jahren aus seinen bisherigen Halterungen rissen.

Für die Phase 2011–2014 lassen sich fünf Krisensymptome unterscheiden. Erstens stieg die Zahl der Asylanträge in der EU von 2011 bis 2014 deutlich an, obwohl das Grenzregime darauf ausgelegt war, genau dies zu verhindern.[18] Zweitens schlugen zahlreiche Gerichtsurteile ab 2011 räumliche Breschen in das Dublin-Regime, da sie Dublin-Abschiebungen nach Griechenland und in andere EU-Länder verboten.[19] Drittens entstanden ab 2011 große Lücken im Externalisierungsring des EU-Grenzregimes, da zuvor grenzpolitisch mit der EU kooperierende Regierungen in Tunesien und Libyen im Zuge des Arabischen Frühlings gestürzt wurden.[20] Viertens erlitt der ‚Außengrenzschutz' der EU 2012 eine heftige Niederlage, als das sogenannte Hirsi-Urteil des Europäischen Gerichtshof für Menschenrechte (EGMR) EU-Behörden zwang, ihre Push-backs von Geflüchteten-Booten auf Hoher See zu reduzieren.[21] Fünftens geriet das Schengen-Regime ab 2011 in eine Krise als mehr und mehr Staaten begannen, ihre EU-Binnengrenzen zu kontrollieren, um die EU-interne Mobilität von Geflüchteten unter Kontrolle zu bringen.[22] Nach meiner Analyse resultierte diese ab 2011 beginnende Krise des EU-Grenzregimes aus vier Dynamiken, in denen sich das Handeln antagonistischer gesellschaftlicher Kräfte mit verschobenen Kontextbedingungen und Krisen in anderen Feldern des Weltsystems verschränkte.

---

15 Zit. n. *European Commission* 2009.
16 *Kasparek* 2017, S. 49ff.
17 Ebd., S. 78.
18 *Eurostat* 2019a.
19 *Lorenz* 2015, S. 3ff.
20 *Kasparek* 2017, S. 83ff.
21 *Buckel* 2013, S. 289ff.; *WDR.de* 17.10.2013: EU-Agentur Frontex gibt Menschenrechtsverletzungen an EU-Außengrenzen zu.
22 *Müller-Stehlik* 2017, S. 77ff.; *Casella Colombeau* 2019.

3.2 Bewegungen der Migration: Reaktionen auf kapitalistische Vielfachkrise

Im Mittelpunkt der ersten Dynamik, die zur Krise des europäischen Grenzregimes ab 2011 beitrug, standen eigensinnige Bewegungen der Flucht und Migration in die EU und innerhalb von ihr. Diese Bewegungen entwickelten sich im Kontext verschränkter Krisenprozesse der Ökologie, der Ökonomie, der sozialen Reproduktion und der Gewalt in weiten Teilen (Nord-)Afrikas und (West-)Asiens. Sie entstanden aus der Art und Weise, wie Millionen von Menschen in diesen Regionen auf diese Vielfachkrisen reagierten: einerseits mit Protesten, Streiks und Aufständen vor Ort, andererseits in wachsender Zahl mit Escape-Strategien der Flucht und Emigration.

Am folgenreichsten für das europäische Grenzregime waren die Ende 2010 beginnenden Aufstände des Arabischen Frühlings in denen große Teile der Bevölkerungen im Mittleren Osten und Nordafrika (MENA) in heftigen sozialen Kämpfen gegen Korruption, politische Repression und ökonomische Perspektivlosigkeit aufbegehrten. Kleinere Proteste gab es in Mauretanien, Somalia und Saudi-Arabien, Massendemonstrationen in Algerien, Sudan, Libanon und dem Irak; in Tunesien, Ägypten und Jemen wurden Regierungen gestürzt und in Marokko, Oman, Jordanien und Kuwait ausgetauscht; Libyen, Syrien und Irak befinden sich bis heute in Bürgerkriegen, die Millionen von Menschen sich zur Flucht entscheiden ließen.[23] Doch auch jenseits des Arabischen Frühlings eskalierten in Europas Nachbarregionen im Kern sozio-ökonomische Konflikte immer wieder gewaltsam[24]: In der Elfenbeinküste kam es von Dezember 2010 bis April 2011 zu einem Bürgerkrieg, der 100.000 Menschen nach Liberia fliehen ließ.[25] Kurz darauf flohen nach der Abspaltung Südsudans im Juli 2011 über 200.000 Menschen von Sudan nach Südsudan, um Repression und ökonomischer Perspektivlosigkeit zu entgehen.[26] Im selben Zeitraum erlebte Ostafrika von 2010–2012 die schlimmste Dürre seit über 50 Jahren, die zu einer Ernährungskrise führte, welche in Somalia, Dschibuti, Äthiopien und Kenia über 9,5 Millionen Menschen betraf und zu massiver Flucht und Vertreibung führte.[27] Ab Januar 2012 kam es in Mali zu massiven Vertreibungen als Milizen mit Verbindungen zu al-Qaida weite Teile Nordmalis unter ihre Kontrolle brachten.[28] In Iran schlug die Regierung die Massenproteste 2009/2010 und eine neue Welle von Protesten 2011 brutal nieder.[29] In Afghanistan verschärfte die Rückkehr von afghanischen Geflüchteten aus Iran die inmitten des (Bürger-)Kriegs ohnehin schlechte Sicherheits- und

---

23 *Heydarian* 2014; für eine Übersicht siehe *Wikipedia* 2019.
24 Vgl. *Migration Policy Institute* 2012.
25 *New York Times* 31.3.2011: Liberia Uneasily Linked to Ivory Coast Conflict.
26 *Mawadza/Carciotto* 2016.
27 *TheJournal.ie* 6.2.2012: UN: Somali famine is over, but action still needed.
28 *CourierMail.com.au* 17.1.2013: Chad to send 2000 soldiers to Mali.
29 *Amnesty International* 2012.

Versorgungslage weiter.[30] Eine graphische Darstellung zeigt eindrucksvoll, dass der Großteil jener Menschen, die in den 2010er Jahren unter dem Schutz des UNHCR standen in Europas Nachbarregionen konzentriert war: im Mittleren Osten, Südasien sowie Subsahara- und Ostafrika.[31] Und während die Zahl dieser Menschen noch 2003 mit 17 Millionen auf einem Tiefpunkt lag, verdoppelte sie sich bis 2012 auf 34 Millionen und stieg bis 2016 erneut um das Zweifache an, auf fast 68 Millionen.[32]

Warum genau sich in den 2010er Jahren eine deutlich wachsende Zahl von Menschen aus den genannten Regionen für Flucht und Emigration entschieden, ist schwer zu bestimmen. Sicher scheint, dass für ihre Entscheidungen die Eskalation von Vielfachkrisen eine Rolle spielte. Zwei Dynamiken waren wohl besonders relevant. Erstens scheinen sich die Folgen des Klimawandels und anderer ökologischer Krisenprozesse, insbesondere Dürreperioden, gerade in diesen (sub-)tropischen Regionen zuzuspitzen, Lebensbedingungen beschleunigt zu verschlechtern und die gewaltsame Eskalation sozioökonomischer Konflikte zu forcieren.[33] Zweitens verschärfte die globale Finanz- und Wirtschaftskrise ab 2008 auf direkte und indirekte Weise die Lebensbedingungen von Millionen Menschen in Afrika und Asien, sei es weil sie regionale ökonomische Krisen und Umwälzungen nach sich zog, sei es weil im Zuge der Krise Anfang der 2010er Jahre überakkumuliertes Kapital auf der Suche nach neuen Profitzonen die Spekulation mit Nahrungsmitteln vorantrieb und so u.a. in Ägypten, Jemen, Elfenbeinküste und Mauretanien zu massiven Preisanstiegen, Ernährungskrisen sowie ‚food riots' beitrug und so politische Krisen, Repression und Bürgerkriege forcierte.[34]

All diese Prozesse hatten für das europäische Grenzregime zwei zentrale Folgen: Regierungen, die zuvor mit der EU kooperiert hatten, um Flucht über das Mittelmeer zu verhindern, wurden durch die sozialen Kämpfe des Arabischen Frühlings gestürzt, was einige Fluchtrouten über das Mittelmeer weit öffnete. Dies galt insbesondere für Tunesien von Februar bis zum Spätsommer 2011[35] und für Libyen von März 2011 bis 2016.[36] Zweitens zeigt ein Blick auf die Herkunftsländer der Menschen, die sich ab 2011 in wachsender Zahl für Flucht oder Migration Richtung EU entschieden, dass diese Bewegungen weit überwiegend von solchen Staaten ausgingen, die in den eskalierenden Vielfachkrisen gefangen waren. Zu den wichtigsten

---

30 *Human Rights Watch* 2013.
31 *UNHCR* 2019. Die Kategorie „UNHCR's populations of concern" umfasst die Subkategorien ‚refugees', ‚asylum-seekers', ‚internally displaced persons (IDPs)', ‚returned refugees', ‚returned IDPs', ‚stateless persons' sowie ‚others of concern' (ebd.).
32 Ebd.
33 *Parenti* 2011; *Hendrix/Salehyan* 2012; *Kelley* et al. 2015.
34 *TheGuardian.com* 21.1.2011: Food speculation: ‚People die from hunger while banks make a killing on food'.
35 *BBC.com/news* News 14.2.2011: Tunisia migrants: Italy alerts EU amid Lampedusa influx; *BBC.com/news* 21.9.2011: Italian police battle Tunisian migrants on Lampedusa.
36 BBC.com/news 27.11.2011: Boats from Libya join migrant influx in southern Italy; *Human Rights Watch* 2019.

Herkunftsländern von Asylsuchenden in Deutschland von 2011 bis 2014 gehörten Syrien, Irak, Iran, Afghanistan und Somalia.[37] Krisenprozesse der Ökonomie, Ökologie und sozialen Reproduktion transformierten sich somit zu politischen Krisen und gewaltsamen Konflikten, auf die eine wachsende Zahl an Menschen mit Flucht reagierten und das EU-Grenzregime in eine Krise trieben.

3.3 Neoliberale Wachstumsstrategie: Austerität beschränkt Regulationsfähigkeit

Eine zweite Krisendynamik bestand in den negativen Folgen, die die Finanz- und Wirtschaftskrise ab 2008 sowie die Eurokrise ab 2010 auf die Fähigkeiten der EU-Staaten hatten, die sozialen, ökonomischen und gesellschaftlichen Konflikte und Krisen innerhalb der Union, vor allem aber in den oben beschriebenen Krisenregionen in ihrer Peripherie zu regulieren. Die Unwilligkeit oder Unfähigkeit der EU-Staaten, die Krisensituationen in ihren Nachbarregionen zu restabilisieren, Konflikte zu entschärfen, Lebensbedingungen zu verbessern oder die massenhaften Praktiken der Flucht und Emigration signifikant zu reduzieren, zeigte sich u.a. in ihrer Weigerung, ihre finanziellen Beiträge an die humanitären Operationen von UNHCR, *World Food Programme* (WFP) und anderen internationalen Organisationen und NGOs der wachsenden Intensität der Krisenprozesse anzupassen. Zwar stiegen Beiträge zu humanitären Programmen ab Ende der 2000er Jahre an, waren aber deutlich von den benötigten Beträgen entfernt.[38] So appellierten etwa UNHCR und WFP immer wieder vergeblich, mehr Ressourcen zu erhalten und warnten vor den dramatischen Folgen, die eine Unterfinanzierung ihrer Programme haben würde.[39]

Neben anderen Faktoren waren es mindestens zwei Gründe, die die EU-Regierungen dazu führten, sich gegen eine angemessen erhöhte Finanzierung dieser Hilfsprogramme zu entscheiden. Erstens eskalierten die Vielfachkrisen in Europas Nachbarschaft nicht zufällig im selben Zeitraum, als die große Mehrheit der EU-Staaten infolge der Finanz- und Wirtschaftskrise von 2008/2009 mit Wachstumsschwäche, Rezessionen und Eurokrise zu kämpfen hatte.[40] Reduzierte Steuereinnahmen und die Kosten für Bankenrettungsprogramme trugen dazu bei, den finanziellen Spielraum für Ressourceneinsatz zur Regulation von Krisen außerhalb der EU zu reduzieren. Zweitens führte die Dominanz autoritär-neoliberaler und national-neoliberaler Fraktionen insbesondere in Deutschland und anderen nordwesteuropäischen Staaten dazu, dass sich die EU-Länder und insbesondere die Eurozone auf den Versuch festleg-

---

37 *BAMF* 2018, S. 21.
38 *Global Humanitarian Assistance* 2014, S. 22ff.
39 *World Food Programme* 2014; *UNHCR.org/news* 13.3.2013: UNHCR appeals for extraordinary funds for Syria victims; *UNHCR.org/news* 16.12.2013: UN appeals for a record US$6.5 billion for Syria operations in 2014; *Zeit.de* 11.10.2016: It Really Wasn't Merkel.
40 Vgl. *House* et al. 2019.

ten, einen neuen Wachstumsschub primär durch eine radikale Austeritäts- und Deregulierungsstrategie zu erreichen.[41] Dies trug dazu bei, dass substantiell erhöhte Ausgaben für humanitäre Programme mit dem Ziel, Krisenprozesse in Europas Peripherie zu entschärfen, politisch nicht durchsetzbar waren. In diesen Dynamiken wird erneut deutlich, wie sich unterschiedliche Krisenprozesse verschränkten und wechselseitig verstärken: Die Finanz- und Eurokrise transformierte sich in eine Krise der Regulationsfähigkeit der EU, was die Krise des EU-Grenzregimes zwar nicht auslöste, aber intensivierte. Kernursache war eine Mischung aus neoliberaler Dogmatik und der realen Begrenztheit staatlicher Fähigkeiten innerhalb des gegebenen Wachstumsmodells mit den Folgen der Vielfachkrise umzugehen.

3.4 Linke und linksliberale Erfolge: Dublin entschärft, Seenotrettung statt Push-Backs

Die dritte Dynamik, die zur Krise des europäischen Grenzregimes in der Phase von 2011 bis 2014 beitrug, bestand in den politischen Erfolgen linker und linksliberaler Kräfte in Europa, inklusive migrantischer Selbstorganisierungen und Refugee-Gruppen. Deren jahrzehntelange Kämpfe und Mobilisierungen für eine humanere Migrationspolitik erreichten in der ersten Hälfte der 2010er Jahren einen Höhepunkt, setzten zumindest partiell einen humanistisch-liberalen Stimmungsumschwung in Gang und verdichteten sich ab 2011 in einer Reihe progressiver Gesetze, Gerichtsurteile und Seenotrettungs-Operationen.[42] Diese politisch-juristischen Verschiebungen führten dazu, dass einige der repressivsten – und zuvor oft äußerst effektiven – Herrschaftstechniken des EU-Grenzregimes zumindest temporär außer Funktion gesetzt und dessen Abschottungskapazität in die Krise getrieben wurde.

In Bezug auf das Dublin-Regime trug die 2007 begonnene Kampagne links/liberaler Kräfte[43] gegen Dublin II zu einer Serie progressiver Gerichtsurteile bei. Urteile u.a. des EGMR von Januar 2011 und des Europäischen Gerichtshofs (EuGH) von Dezember 2011 stoppten Dublin-Abschiebungen nach Griechenland wegen systemischer Mängel bei Asylverfahren vollständig. Aus ähnlichen Gründen lehnten spätere Urteile immer wieder Abschiebungen nach Italien und Ungarn ab. Dieses Herausbrechens erst Griechenlands und ab 2015 auch Ungarns aus dem Dublin-Regime

---

41 Vgl. *Georgi/Kannankulam* 2015; siehe auch *Kannankulam* in diesem Band.
42 Vgl. *McGuaran/Hudig* 2014.
43 Anders als in bisherigen Publikationen der Forschungsgruppe ‚Staatsprojekt Europa', beschreibe ich im vorliegenden Text pro-migrantische linke und liberale Kräfte nicht mit dem Adjektiv ‚linksliberal-alternativ', sondern bezeichne sie als ‚links/liberal'. Dies scheint mir angemessen, um die große Relevanz genuin linker im Kontrast zu linksliberalen Kräften sichtbar zu machen.

trug dazu bei, Geflüchteten die Balkan-Route nach Nordwesteuropa zu öffnen.[44] Das zweite Feld, in dem die Erfolge links/liberaler Kräfte das bisherige Funktionieren europäischer Migrationskontrolle unterminierten, waren die Push-Back-Operationen europäischer Grenzschutzbehörden auf dem Mittelmeer. Am 19. Januar 2012 erklärte der EGMR im sogenannten Hirsi-Urteil, dass die Behörden aller Vertragsstaaten der Europäischen Menschenrechtskonvention auch auf Hoher See an das Non-Refoulement-Gebot gebunden waren, was eine Rückschiebung von Geflüchteten nach Libyen oder andere unsichere Staaten illegal machte. In Folge des Urteils wurden zumindest offizielle Push-Back-Operationen durch EU-Behörden reduziert.[45] Mehr noch: Push-Back-Operationen wurden von Oktober 2013 bis Oktober 2014 durch die von Italien finanzierte Seenotrettungs-Mission *Mare Nostrum* ersetzt, die mehr als 100.000 Geflüchtete aus dem Mittelmeer aufnahm und nach Italien brachte.[46] Die Tatsache, dass Mare Nostrum von der italienische Mitte-Links-Regierung unter Matteo Renzi initiiert wurde, zeigt dass sich das links/liberale Hegemonieprojekt mit Erfolg in das migrationspolitische Kräfteverhältnis der EU bzw. Italiens eingeschrieben hatte.[47]

3.5 Rechts/konservative Selbstblockade: Spaltung unterminiert Dublin und Schengen

Im Mittelpunkt der vierten Dynamik, die zur Krise des europäischen Grenzregimes beitrug, standen erstarkende rechts-nationale und völkisch-autoritäre Akteure in konservativen Hegemonieprojekten in osteuropäischen und nordwesteuropäischen EU-Staaten. Getrieben von einer Hochkonjunktur nationalistischer und rassistischer Mobilisierungen in den 2010er Jahren[48] trug die auf Abschottung zielende Kompromisslosigkeit dieser Kräfte zur Krise sowohl des Dublin- als auch des Schengen-Regimes bei.

Im seit 2007 schwelenden Konflikt über das Dublin II-Regime und dessen Reform nahmen konservative und rechts-nationale Akteure in den verschiedenen EU-Staaten entgegengesetzte Positionen ein. In den südlichen Staaten an der EU-Außengrenze wollten rechts/konservative Kräfte mit dem Dublin-Ersteinreiselandprinzip brechen und favorisierten einen EU-weiten Umverteilungsmechanismen. Dagegen lehnten rechts/konservative Kräfte in den osteuropäischen Visegrad-Staaten und jene

---

44 *Lorenz* 2015, S. 4; *Müller-Stehlik* 2017, S. 140ff.; *Kasparek* 2017, S. 88ff.
45 *Buckel* 2013, S. 289ff.; *WDR.de* 17.10.2013: EU-Agentur Frontex gibt Menschenrechtsverletzungen an EU-Außengrenzen zu.
46 *TheGuardian.com* 31.10.2014: Italy: end of ongoing sea rescue mission ,puts thousands at risk'.
47 *Cuttitta* 2014, S. 26.
48 Vgl. *Georgi* 2019c.

in den Ländern Nordwesteuropas, welche das Ziel einer großen Mehrheit von Geflüchteten waren, dies vehement ab.[49] Diese Spaltung rechts/konservativer Kräfte in der EU erodierte die Akzeptanz der Dublin-Verordnung und unterminierte die Bereitschaft in den Randstaaten, diese umzusetzen. Behörden in den süd- und teils osteuropäischen Grenzstaaten der EU gingen dazu über, ankommende Geflüchtete teils nicht zu registrieren oder vermieden es, ihre Fingerabdrücke in die EURODAC-Datenbank einzuspeisen, so dass nicht nachvollziehbar war, wo Asylsuchende EU-Territorium betreten hatten.[50] Auch vermieden es Randstaaten faire Asylverfahren und menschenwürdige Aufnahmebedingen für Geflüchtete zu schaffen; stattdessen konnten solche, gegen EU-Recht verstoßende Asylsysteme aus ihrer Sicht dazu beitragen, dass Asylsuchende in andere EU-Länder weiterzogen und von dort nicht per Dublin-Abschiebung zurückgebracht wurden. Hinzu kam, dass rechts/konservative Kräfte in Nordwesteuropa bei ihrem Festhalten am Dublin-Ersteinreiselandprinzip die relationale Autonomie der Geflüchteten nicht einkalkulierten. Anstatt sich dem Dublin-Regime zu fügen, das ihre Interessen in keiner Weise berücksichtigte, hebelte deren eigensinnige Mobilität *innerhalb* des Schengenraumes das Dublin-Regime zunehmend aus.[51] Durch ihre Kompromisslosigkeit forcierten rechs/konservative Akteure in Nordeuropa somit die Versuche anderer sozialer Kräfte, das bestehende Dublin-Regime zu unterminieren – und trugen so zu dessen Krise ab 2011 entscheidend bei.[52]

Daneben trieben rechts/konservative Kräfte in Nordwesteuropa auch das Schengen-Regime ab 2011 zunehmend in die Krise. Bereits im April 2011 führte die konservative französische Regierung zeitweise Kontrollen an der italienisch-französischen Grenze ein, um die Weiterreise von Geflüchteten und Wanderarbeiter*innen aus Tunesien, die nach der tunesischen Revolution ab Februar 2011 nach Lampedusa übergesetzt hatten, zu blockieren.[53] Auch andere Regierungen führten temporäre Kontrollen an ihren EU-Binnengrenzen durch, darunter die dänische Mitte-Rechts-Regierung im Mai 2011.[54] Aus dieser Dynamik entstand ein komplexer Konflikt über eine Reform des Schengener Grenzkodex. Nach harten Auseinandersetzungen einigten sich Europäische Kommission, Parlament und Rat im Oktober 2013 auf das sogenannte *Schengen Governance Package*, das es Schengen-Staaten u.a. erlaubte, ihre Binnengrenzen befristet zu kontrollieren, um illegalisierte Bewegungen der Flucht und Migration zu unterbinden.[55] Rechte und konservative Kräfte waren somit

---

49 *Lorenz* 2015, S. 2ff.; *Müller-Stehlik* 2017, S. 77f., 154f.
50 *Lorenz* 2015, S. 4.
51 *Lorenz* 2015, S. 4f.
52 Vgl. *Müller-Stehlik* 2017, S. 154f.
53 *TheGuardian.com* 27.4.2011: France and Italy in call to close EU borders in wake of Arab protests.
54 *TheGuardian.com* 13.5.2011: EU warns Denmark over border controls; *BBC.com/news* 14.6.2011: Italy's Lampedusa left in crisis after Arab Spring.
55 *Coman* 2017.

zunehmend bereit, Schengenraum und Binnenmarkt zu untergraben sowie das europäisierte Grenzregime partiell zu renationalisieren.

4. Kurzer Sommer der Migration (April 2015 bis März 2016)

Die Hochphase der Krise des europäischen Grenzregimes – der im Rückblick doch eher *kurze* Sommer der Migration – erstreckt sich von April 2015 bis März 2016. Die zentralen Ereignisse sind vielfach dokumentiert: Mitte April 2015 ertranken innerhalb einer Woche über 1200 Menschen im zentralen Mittelmeer, was Migration und Flucht ins Zentrum europäischer Politik rückte.[56] Im Mai 2015 veröffentlichte die im November 2014 angetretene Europäische Kommission unter Jean-Claude Juncker ihre lang erwartete *Europäische Migrationsagenda*, die außer der restriktiven Verschärfung bestehender Politiken (u.a. Frontex-Ausbau, Externalisierung, Dublin-Reform) wenig Neues enthielt.[57] Über den Sommer verschob sich der Fokus der Flucht vom zentralen ins östliche Mittelmeer. Während im Mai nur 18.000 Schutzsuchende in Griechenland ankamen, waren es im Juli bereits um 54.000 und im August fast 110.000 Menschen.[58] Angesichts der Überforderung Griechenlands, des eskalierenden Kriegs in Syrien, des politischen Drucks links/liberaler Kräfte sowie der zeitweise chaotischen Situation in der eigenen Behörde, gab das deutsche Bundesamt für Migration und Flüchtlinge (BAMF) am 25. August 2015 auf Twitter bekannt, es würde keine Dublin-Abschiebungen von Syrer*innen mehr durchführen.[59] Ab Ende August wurden dramatische Todesfälle bekannt: Am 26. August wurden 71 Geflüchtete in einem LKW in Österreich tot aufgefunden, am 2. September gingen Bilder des 4-jährigen syrischen Jungen Alan Kurdi um die Welt, dessen Leiche an einem türkischen Strand angespült wurde. Bundeskanzlerin Merkel erklärte am 31. August, Deutschland müsse den Geflüchteten helfen: „Wir schaffen das, und wo uns etwas im Wege steht, muss es überwunden werden".[60] Als sich am 4. September 2015 dann migrantische Karawanen vom Budapester Ostbahnhof Keleti als *March of Hope* Richtung Österreich auf den Weg machten, entschied die Regierung Merkel am 5. September nicht nur, die im Schengen-Raum ohnehin offenen deutschen Binnengrenzen nicht zu schließen, sondern sogar den Transport der Geflüchteten Richtung Deutschland logistisch zu unterstützen.[61] In den Herbstmonaten 2015 stieg die Zahl der Ankünfte von Geflüchteten in Griechenland weiter an, von 147.000 im September bis zu einem Höhepunkt von 211.000 im Oktober, bevor die

---

56 *Heller/Pezzani* 2016.
57 *European Commission* 2015.
58 *IOM* 2016.
59 *BAMF* 2015.
60 *Merkel* 2015.
61 *Zeit.de* 30.8.2016: The Night Germany Lost Control.

Zahlen als Resultat verschärfter Restriktion an den Grenzen und des einsetzenden Winters wieder zurückgingen.[62] Dieser kurze Sommer der Migration kam im März 2016 an sein Ende, als ein von Österreich betriebenes Abkommen mit Mazedonien die Balkan-Route und der EU-Türkei-Deal die Ägäis-Route weitgehend schlossen und die Ankunftszahlen weiter absanken.[63]

Innerhalb der kritischen Grenzregimeforschung gibt es eine lebhafte Debatte darüber, welche Prozesse den Sommer bestimmt haben.[64] Nach meiner Analyse lassen sich fünf zentrale Dynamiken unterscheiden, welche die Konfliktprozesse der ersten Phase weiterführten und zuspitzten. Wie in der Phase bis 2014 wurde die erste Dynamik durch die relational autonomen Bewegungen der Flucht und Migration konstituiert. Es war unmittelbar die Agency jener fast 2,5 Millionen Menschen, die 2015/16 trotz aller politischen und polizeilichen Hindernisse EU-Territorium erreichten, die das gewohnte Funktionieren des europäischen Grenzregimes außer Kraft setzte. Diese Dynamik verdichtete sich Anfang September im *March of Hope* von Budapest Richtung Österreich. Die Regierung Merkel fürchtete eine humanitäre und politische Katastrophe, sollten ungarische Behörden die Menschen aufhalten.[65] Doch während die Bewegungen der Migration in entscheidender Weise zur Reaktion der deutschen Regierung *Anfang* September 2015 beitrugen, wäre es fehlgehend, sie zum einzig relevanten Faktor zu erklären. Angesichts des sofort einsetzenden Protests konservativer und rechts-nationaler Kräfte und den ab Herbst 2015 erstarkenden rechten Mobilisierungen bleibt es erklärungsbedürftig, wie es der deutschen Regierung bis März 2016 gelingen konnte, diesem Druck zu widerstehen. Woher kam ihr politischer Spielraum?

Zunächst erhielt die Regierung Merkel Unterstützung von linken und linksliberalen Akteuren. Motiviert durch internationalistische und/oder menschenrechtliche Prinzipien verteidigten diese Akteure, trotz weitergehender Forderungen und Kritik an repressiven Maßnahmen, die Regierung Merkel gegen die Angriffe von rechts. So erklärte Pro Asyl Merkels Entscheidung, Geflüchtete über Ungarn einreisen zu lassen, sei ein „großartiger Akt der Humanität".[66] Auch tausende ‚Willkommens-Initiativen' in Deutschland und ein positiver Mediendiskurs gaben der Regierung die Möglichkeit, rechte Proteste zeitweise zu ignorieren.[67] Die Stärke dieser und anderer Akteure im migrationspolitischen Kräfteverhältnis 2015 speiste sich einerseits aus jahrzehntelangen Mobilisierungen; andererseits hatte der Zyklus selbstorganisierter

---

62 *IOM* 2016, S. 4.
63 *IOM* 2019a.
64 Vgl. *Georgi* 2016; *Hess* et al. 2016: 8ff.; *Kasparek* 2017, S. 80ff.; *Müller-Stehlik* 2017; *Fiedler* et al. 2017; *Buckel* 2018.
65 *Zeit.de* 30.8.2016: The Night Germany Lost Control.
66 *ProAsyl.de* 6.9.2015: PRO ASYL begrüßt Entscheidung, Flüchtlinge aus Ungarn einreisen zu lassen.
67 *Karakayali* 2018.

Refugee-Proteste ab 2012 vor allem die öffentliche Meinung zumindest für einige Jahre in eine migrationspolitisch liberalere Richtung verschoben.[68]

Neben den eigensinnigen Bewegungen der Migration und Akteuren des links/liberalen Hegemonieprojekts waren arbeitskraftpolitisch motivierte Kapitalfraktionen ein dritter Faktor im Kräfteverhältnis. Ein relevanter Teil von Unternehmen in Deutschland und anderen EU-Staaten sowie die mit ihnen assoziierten Unternehmensverbände und Expert*innen sahen in einer höheren Zahl von Einwander*innen ein Potenzial, arbeitskraftpolitische und demografische Probleme zu bearbeiten.[69] So erklärte etwa BDI-Präsident Ulrich Grillo im November 2015: „Wir haben ein demografisches Problem in der Zukunft. Das heißt, wir haben einen Mangel an Arbeitskräften. Dieser Mangel kann reduziert werden."[70] Grillos Warnung vor ‚demografischen Problemen' verweist auf die Furcht neoliberaler Kräfte vor einer ‚Überalterung' europäischer Gesellschaften. ‚Überalterung', so ihre Sorge, könnte Arbeitskosten erhöhen, soziale Sicherungssysteme aus dem Gleichgewicht bringen und so eine stabil expandierende Kapitalverwertung gefährden.[71]

Ein vierter Faktor waren einflussreiche Akteure insbesondere des neoliberalen Hegemonieprojekts, die den EU-Binnenmarkt bedroht sahen. Sollte Deutschland seine Grenzen gegenüber Geflüchteten schließen, so ihre Befürchtung, würde dies eine Kettenreaktion neuer Grenzkontrollen *innerhalb* des Schengenraums auslösen, die Zirkulation von Gütern, Dienstleistungen, Konsument*innen und Arbeitskräften verlangsamen und damit den EU-Binnenmarkt, Grundlage des EU-Wachstumsmodells, massiv beschädigen. So proklamierte etwa der BDI Anfang März 2016: „Eine Beschädigung oder gar ein Scheitern des Schengenraums wäre ein schwerwiegender Rückschlag für die EU und ihre Bürger", der einen „sehr hohen Wohlstandsverlust"[72] nach sich ziehen könnte. Vor dem Hintergrund europäisch integrierter Logistiknetzwerke verwundert die Furcht von Kapitalakteuren vor einer verlangsamten Warenzirkulation keineswegs.[73] Eine phasenweise ungeregelte Mobilität von Geflüchteten innerhalb der EU konnte deshalb aus neoliberaler Perspektive als ‚cost of doing business' verstanden werden. Umso mehr drängten sie im Gegenzug, zusammen mit rechts/konservativen Kräften, die EU-Regierungen dazu, die Außengrenzen des Schengenraums effektiv zu schließen.[74] In dieser Logik erklärte Angela Merkel im Februar 2016: „Wenn wir die Außengrenze nicht schützen können, gerät dieser

---

68 *McGuaran/Hudig* 2014.
69 Vgl. *Georgi* 2016: 191; *Süddeutsche.de* 24.9.2015: Flüchtlinge: Sie arbeiten am nächsten Wirtschaftswunder.
70 Zit. n. *Deutschlandfunk.de* 3.11.2015: BDI-Chef Grillo zur Flüchtlingssituation. ‚Es gibt Chancen, es gibt Risiken'.
71 *Schultz* 2019.
72 Zit. n. *Welt.de* 5.3.2016: So teuer käme Europa die Abschaffung des Schengenraums.
73 Vgl. *Danyluk* 2018.
74 *Tagesspiegel.de* 19.1.2016: Kippt das Schengen-System in der EU?

freie Bewegungsraum im Binnenmarkt, der Grundlage auch unseres Wohlstands ist, in Gefahr."[75] Merkel operierte als ideelle Gesamtkapitalistin des EU-Binnenmarkts. Das Ende des Sommers der Migration war ein graduelles. Ab November ließ die mazedonische Regierung nur noch Geflüchtete aus Syrien, Irak und Afghanistan ihre Grenze passieren.[76] Ab Februar 2016 stoppte Mazedonien die Mobilität aus Griechenland fast völlig und im März 2016 begannen türkische Sicherheitskräfte als Resultat des EU-Türkei-Deals das Ablegen von Booten auf die griechischen Inseln weitgehend zu verhindern.[77] Dass EU-Regierungen mit diesen repressiven Maßnahmen auf den Druck rechts/konservativer Kräfte und Mobilisierungen reagierten, ist wissenschaftlich kaum umstritten.[78] Wichtiger ist es deshalb zu betonen, dass auch andere gesellschaftliche Kräfte ab Frühherbst 2015 von der Position der Offenheit abrückten, etwa auch Politiker*innen von SPD und Grünen.[79] Ihre restriktiven Positionen illustrieren wie tief verankert die Hegemonie von Grenzen in der EU ist. Das europäische Grenzregime sichert die national-sozial organisierte, auf den weltweiten Zugriff auf Ressourcen, Raum, Arbeitsvermögen und ökologische Senken andernorts beruhende 'imperiale Lebensweise' in der EU.[80] Erst ihr Grenzregime *ermöglicht* es den europäischen Gesellschaften, die negativen Effekte ihrer Lebensweise in äußere, abgegrenzte Räume zu externalisieren.[81] Deshalb unterstützten Akteure auch national-sozialer und links/liberaler Hegemonieprojekte effektive Migrationskontrollen.

5. Konturen des europäischen Festungskapitalismus (seit April 2016)

Mit dem starken Rückgang der Asylanträge in der EU ab März 2016[82] ging die Krise des europäischen Grenzregimes in eine neue, bis mindestens Frühherbst 2019 anhaltende Phase über. In dieser Phase stabilisierten Europäische Kommission und EU-Regierungen zentrale Bausteine des Regimes und brachten zahlreiche Krisenprozesse unter Kontrolle. Gleichzeitig blieben diese modifizierten Regulationsformen äußerst prekär; ständig schienen sie in Gefahr, durch Konflikte und Krisen innerhalb wie außerhalb der EU erneut außer Funktion gesetzt zu werden. Entscheidend ist, dass die EU-Regierungen diese prekäre Restabilisierung zentral auf dem Wege

---

75 *Merkel* 2016, 5.41 min.
76 *BBC.com/news* 25.11.2015: Stranded migrants battle police on Greece-Macedonia border.
77 *Kasparek* 2017, S: 105ff.; *Welt.de* 25.2.2016: In der Flüchtlingskrise ist Plan B längst in Kraft.
78 Vgl. *Hess* et al. 2016, S. 12f.; *Börzel/Risse* 2018.
79 *Gabriel/Steinmeier* 2015; *Süddeutsche.de* 13.1.2016: Winfried Kretschmann – grüner Hardliner in der Asylpolitik.
80 *Brand/Wissen* 2017.
81 Vgl. *Georgi* 2019b.
82 *IOM 2019a.*

einer eskalierten Repression erreichten.[83] Aus einer Vogelperspektive lassen sich Prozess und Charakter der Krise ab April 2016 in fünf Dynamiken zusammenfassen. Die erste Dynamik war eine Kontinuität aus früheren Phasen. Die Vielfachkrisen in Europas Nachbarregionen ließen ab Frühjahr 2016 nicht plötzlich nach, weil die EU durch Deals mit der mazedonischen und der türkischen Regierung sowie mit libyschen Milizen ihren ‚Außengrenzschutz' erneut externalisiert hatte. Im Gegenteil: Sowohl klimatische und ökologische Katastrophen als auch ökonomische Krisenprozesse und andauernde Gewalt hielten in der MENA-Region, Subsahara-Afrika sowie in West- und Südasien weiterhin an.[84] Die Zahl der Menschen, die unter dem Schutzinteresse des UNHCR standen, stieg von knapp 68 Millionen 2016 auf fast 75 Millionen 2018.[85] Entsprechend war auch die Zahl der Asylanträge 2018 in der EU zwar deutlich geringer als 2015/2016, lag aber mit fast 600.000 noch immer so hoch wie davor nur Anfang der 1990er Jahre.[86] Auch bis Sommer 2019 hielten sich die Antragszahlen auf diesem im historischen Vergleich hohen Niveau.[87] Es waren somit zuallererst die andauernden, eigensinnigen Versuche sozialer Gruppen aus dem Globalen Süden in der EU Schutz und Lebensperspektiven zu finden, welche die Versuche der EU-Regierungen das europäische Grenzregime restriktiv zu restabilisieren, prekär hielten.

Eine zweite Dynamik, die eine tragfähige Restabilisierung des EU-Grenzregimes erschwerte, war die aus unterschiedlichen nationalen Kräfteverhältnissen resultierende Unfähigkeit der EU-Regierungen sich bei zahlreichen migrationspolitischen Reformvorhaben zu einigen. Dies betraf vor allem die Vorschläge, die die Kommission zur Reform des Gemeinsamen Europäischen Asylsystems (GEAS) gemacht hatte. Besonders umstritten war die anvisierte Dublin IV-Verordnung und damit die Frage, auf Basis welcher Prinzipien die EU-Staaten sich Verantwortung und Kosten für Aufnahme, Asylverfahren und gesellschaftliche Teilhabe von Geflüchteten teilen sollten. Im Mittelpunkt dieser Blockade standen, wie bereits in den Krisenphasen ab 2011, gegeneinander agierende konservative und rechts-nationale Hegemonieprojekte. Obwohl zumindest moderat-konservative und neoliberale Kräfte in Nordwesteuropa ab 2016 zunehmend bereit waren, partiell mit dem Ersteinreiseland-Prinzip zu brechen und einen Umverteilungsmechanismus für Geflüchtete zu akzeptieren, waren die politischen Kräfte, die einem solchen Kompromiss entgegenstanden, zu stark.[88] Allen voran waren es rechts-autoritäre Regierungen in Ungarn, Polen, der

---

83 Vgl. *Georgi* 2019b.
84 *Migration Policy Institute* 2018.
85 *UNHCR* 2019.
86 *Eurostat* 2019b.
87 *EASO* 2019.
88 *Bundesregierung.de* 28.6.2016: Reform des europäischen Asylrechts notwendig; *Bundesregierung.de* 18.6.2018: Pressekonferenz von Bundeskanzlerin Merkel und dem französischen Präsidenten Emmanuel Macron.

Slowakei und die national-konservative Regierung in Österreich, die eine Einigung über eine Reform des Dublin-Regimes sowie alle anderen Vorschläge zur GEAS-Reform blockierten.[89] Diese Unfähigkeit auf *europäischer* Ebene einen asylpolitischen Kompromiss zu finden, der zudem die Interessen der Geflüchteten hätte einbeziehen müssen, um auch *operativ* zu funktionieren und nicht erneut durch eigensinnige Sekundärmigration unterminiert zu werden, führte dazu, dass die Versuche das EU-Grenzregime zu stabilisieren, vor allem am Außengrenzschutz und der Externalisierung ansetzten.

Die dritte Dynamik des europäischen Grenzregimes ab April 2016 bestand somit in einer neuen Runde forcierter Externalisierung europäischer Migrationskontrollen. Die zwei wichtigsten Elemente waren der EU-Türkei-Deal von März 2016 und die Ausrüstung und Finanzierung bewaffneter Gruppen in Libyen. Einige dieser Milizen wurden von der EU ab 2016 als staatliche Organe und als ‚libysche Küstenwache' anerkannt und faktisch dafür bezahlt, Geflüchtete sowohl in Libyen selbst als auch im Mittelmeer gewaltsam abzufangen und unter schrecklichen Bedingungen zu internieren.[90] Auch jenseits der Türkei und Libyens betrieb die Europäische Kommission großen Aufwand, um insbesondere Staaten der MENA- und Sahel-Region sowie Subsahara-Afrikas in ein euro-afrikanisches Grenzregime einzubinden.[91] Im Effekt sank die Zahl der Ankünfte dramatisch ab: Während 2016 noch über 180.000 Geflüchtete über das zentrale Mittelmeer Italien erreichten, waren es 2018 kaum 23.000 und von Januar bis September 2019 keine 8000.[92] Aus Sicht konservativer und neoliberaler Kräfte war der Rückgang der Ankünfte ein Erfolg. Die forcierte Externalisierung trug nicht nur dazu bei, „Spaltungslinien innerhalb des konservativen Hegemonieprojekts zu kitten",[93] sondern war die mit Abstand wichtigste Strategie, die 2015/2016 eskalierte Krise des EU-Grenzregimes einzuhegen.

Wie die Externalisierung zielte auch die vierte Dynamik auf die Anpassung der EU-Migrationspolitik an geänderte Umstände. In ihrem Mittelpunkt standen Bemühungen der EU-Staaten, ihren Außengrenzschutz repressiv umzubauen.[94] Drei Elemente sind hervorzuheben. Erstens gelang es den EU-Regierungen sich ab 2015 auf zwei neue Frontex-Verordnungen zu einigen, die der EU-Grenzschutzagentur substantiell mehr Ressourcen und Kompetenzen zuwies.[95] Zweitens betrieben EU-Regierungen im Mittelmeer und anderswo eine Politik des Sterbenlassens. Nach dem

---

89 Dies galt neben Dublin IV für Reformvorschläge zu den Richtlinien für Asylverfahren, Aufenthaltsbedingungen und Qualifkation sowie für Verordnungen zu Eurodac und für die Gründung einer *European Union Asylum Agency*, die das bisherige EASO ersetzen sollte (vgl. Pollet 2019; *Deutschlandfunk.de* 18.9.2018: Woran ein gemeinsames EU-Asylrecht scheitert).
90 *Human Rights Watch* 2019.
91 Vgl. *Gerloff* 2018.
92 IOM 2019a; ebd. 2019b, S. 6.
93 *Müller-Stehlik* 2017, S. 116.
94 Siehe Oberndorfer in diesem Band.
95 *Buckel* 2018; *Tagesschau.de* 28.3.2019: Mehr Grenzschützer für die Außengrenzen.

Ende von Mare Nostrum im Oktober 2014 gab es im zentralen Mittelmeer keine signifikanten staatlichen Rettungsoperationen mehr. Um den Wegfall staatlicher Rettung zu kompensieren, operierten dort ab Ende 2014 eine zunehmende Zahl zivilgesellschaftlicher Rettungsschiffe.[96] Doch nach dem Amtsantritt der italienischen Rechtsregierung und ihres Innenministers Matteo Salvini im Juni 2018 wurden die private Seenotrettung kriminalisiert und bis Sommer 2019 zeitweise fast komplett unterbunden.[97] Die Ankündigung der im September 2019 angetretenen italienischen Mitte-Links-Regierung, privaten Rettungsschiffen das Anlegen in Italien wieder zu erlauben, weist, zusammen mit der wachsenden Bereitschaft anderer EU-Staaten, einen Großteil der so geretteten Menschen aufzunehmen, auf eine neue Regulationsform des EU-Grenzregimes hin: Harte Externalisierung reduziert die Zahl der Ankünfte und die wenigen Menschen die durchkommen, werden informell in der EU verteilt.[98] Das dritte Element des neuen Außengrenzschutzes ist die weitreichende *Europäisierung* der Kontrolle von Asylsuchenden direkt nach ihrer Ankunft durch das sogenannte Hotspot-System. Vor allem in den Hotspots auf griechischen Inseln kooperieren Beamt*innen aus zahlreichen EU-Staaten und EU-Agenturen (Frontex, EASO, Europol, Eurojust) konfliktreich, um Schutzsuchende zu registrieren und an der Weiterreise zu hindern.[99]

Die fünfte Dynamik des EU-Grenzregimes ist eine partielle Renationalisierung. Diese Tendenz zeigt sich insbesondere an der von vielen EU-Staaten auch nach 2016 fortgeführten Praxis, ihre EU-Binnengrenzen selektiv zu kontrollieren und damit die Grundsätze des Schengen-Regimes zu untergraben.[100] Die Folgen dieser Maßnahmen sind ambivalent. Einerseits stören solche Personenkontrollen die Zirkulation von Waren im EU-Binnenmarkt kaum und können deshalb aus Regierungssicht als ein erfolgreicher Kompromiss zur Rettung des Schengenraumes gelten, der das EU-Grenzregime insgesamt stabilisiert. Andererseits stellen sie eine teilweise Renationalisierung europäischer Migrationspolitik dar und sind somit eine Niederlage für das Staatsprojekt Europa, das Vorhaben einer dauerhaft, kohärent und unaufhebbar *europäisierten* Staatlichkeit.

6. Schlussfolgerungen

Blickt man abschließend auf die oben genannten fünf Dimensionen der Krise des europäischen Grenzregimes ab 2011 (Zahl der Asylanträge, Dublin, Externalisie-

---

96 *Cusumano/Pattison* 2018, S. 53.
97 *TheGuardian.com* 4.8.2019: Once migrants on Mediterranean were saved by naval patrols. Now they have to watch as drones fly over.
98 *TheGuardian.com* 23.9.2019: EU nations come to Italy's aid over relocating migrants.
99 *Vradis et al.* 2019.
100 *European Commission* 2019.

rung, Außengrenzschutz, Schengen) so wird deutlich, dass es EU-Institutionen und Regierungen bis Herbst 2019 gelungen ist, das Regime auf prekäre Weise zu restabilisieren und im Vergleich zur Hochphase der Krise 2015/2016 in eine Situation weitgehend ‚normaler' Regulationsprobleme zu überführen. Die Zahl der Asylanträge ist im Vergleich zu 2015/2016 europaweit bis 2018 deutlich gefallen. Obwohl sich die EU-Regierungen nicht auf eine Reform der Dublin-Verordnung und des GEAS einigen können, funktioniert Dublin besser als 2016. Abschiebungen nach Griechenland finden wieder statt und im September 2019 zeichnete sich ab, dass einige Staaten, allen voran Deutschland und Frankreich, informell eine Umverteilung von Geflüchteten akzeptieren werden, was das Dublin-Regime insgesamt stabilisieren könnte. Externalisierung und Außengrenzschutz wurden auf Betreiben der Kommission und zahlreicher EU-Regierungen repressiv modifiziert, was entscheidend dazu beitrug, die relationale Autonomie der Fluchtmigration nach 2016 zumindest temporär zu beschränken. Zudem gelang es Kommission und Regierungen die Gefahr einer Zerstückelung des Schengenraumes und damit des EU-Binnenmarkts weitgehend abzuwenden.

Das gesellschaftliche Kräfteverhältnis hinter dieser prekären Restabilisierung beruhen nach meiner Analyse auf einem instabilen Kompromiss zwischen rechts/konservativen Kräften, die mehr Abschottung wollten, wenn nötig durch *nationale* Grenzkontrollen, und Akteuren neoliberaler Hegemonieprojekte, die eine restriktive Anpassung des *europäisierten* Grenzregimes an geänderte Umstände zentral deshalb unterstützen, um gemäß ihrer Migrationsmanagement-Logik den EU-Binnenmarkt und Möglichkeiten legaler Arbeitsmigration zu erhalten. Auch Mitte-Links-Parteien und mit ihnen assoziierte soziale Kräfte unterstützen immer wieder Teilprojekte dieses europäischen Festungskapitalismus, da dieser die national-sozialen Privilegien ihrer imperialen Lebensweise absicherte.

Die Krise des europäischen Grenzregimes, und damit die Krise des Staatsprojekts Europas, soviel sollte klar geworden sein, resultierte nicht aus ‚exogenen Schocks', nicht aus ‚Politikversagen' oder allein aus der Autonomie der Migration. Produktiver lässt sie sich als eine vor dem Hintergrund struktureller Widersprüche eskalierende transnationale Auseinandersetzung zwischen einer Vielzahl sozialer Kräfte verstehen. Die materialistische Grenzregimenanalyse geht somit davon aus, dass sich das in Migrations- und Grenzregimen produzierte Leid nur dann wird überwinden lassen, wenn die dahinterstehenden Herrschaftsverhältnisse nicht nur von einer Seite her, sondern in ihrer wechselseitigen Bestimmung und strukturellen Bedingtheit kritisiert werden.

Literatur

Amnesty International 2012: ‚We are ordered to crush you'. Expanding Repression of Dissent in Iran. Unter: https://www.amnesty.org/download/Documents/24000/mde130022012en.p df (download am 26.9.2019).

BAMF 2015: #Dublin-Verfahren syrischer Staatsangehöriger werden zum gegenwärtigen Zeitpunkt von uns weitestgehend faktisch nicht weiter verfolgt. 25.8.2015. Unter: https://twitte r.com/bamf_dialog/status/636138495468285952?lang=de (download am 26.9.2019).

BAMF 2018: Das Bundesamt in Zahlen 2017. Unter: https://www.bamf.de/SharedDocs/Anlag en/DE/Publikationen/Broschueren/bundesamt-in-zahlen-2017.pdf (download am 26.9.2019).

Börzel, Tanja A./*Risse*, Thomas 2018: From the euro to the Schengen crises: European integration theories, politicization, and identity politics. In: Journal of European Public Policy 25(1), 83–108.

Brand, Ulrich/*Wissen*, Markus 2017: Imperiale Lebensweise. Zur Ausbeutung von Mensch und Natur in Zeiten des globalen Kapitalismus. München.

Buckel, Sonja 2013: Welcome to Europe – Die Grenzen des Europäischen Migrationsrechts. Bielefeld.

Buckel, Sonja 2015: Dirty Capitalism. In: Martin, Dirk/Martin, Susanne/Wissel, Jens (Hrsg.): Perspektiven und Konstellationen kritischer Theorie. Münster, 29–48.

Buckel, Sonja 2018: Winter is coming. Der Wiederaufbau des europäischen Grenzregimes nach dem ‚Sommer der Migration'. In: PROKLA 192, 437–457.

Buckel, Sonja/*Georgi*, Fabian/*Kannankulam*, John/*Wissel*, Jens 2014: Theorie, Methoden und Analysen kritischer Europaforschung. In: Forschungsgruppe ‚Staatsprojekt Europa' (Hg.): Kämpfe um Migrationspolitik. Bielefeld, 15–84.

Casella Colombeau Sara, 2019: Crisis of Schengen? The effect of two ‚migrant crises' (2011 and 2015) on the free movement of people at an internal Schengen border. In: Journal of Ethnic and Migration Studies 99(3), 1–17.

Coman, Ramona 2017: Values and Power Conflicts in Framing Borders and Borderlands: The 2013 Reform of EU Schengen Governance. In: Journal of Borderlands Studies, DOI:10.1080/08865655.2017.1402201.

Cusumano, Eugenio/*Pattison*, James 2018: The non-governmental provision of search and rescue in the Mediterranean and the abdication of state responsibility. In: Cambridge Review of International Affairs 31(1), 53–75.

Cuttitta, Paolo 2014: From the Cap Anamur to Mare Nostrum: Humanitarianism and migration controls at the EU's maritime borders. In: Matera, Claudio/Taylor, Amanda (Hrsg.): The Common European Asylum System and human rights. CLEER Working Papers 2015/7, 21–37.

Danyluk, Martin 2018: Capital's logistical fix: Accumulation, globalization, and the survival of capitalism. In: Environment and Planning D: Society and Space 36(4), 630–647.

EASO 2019: Latest asylum trends – July 2019. Unter: https://www.easo.europa.eu/latest-asylu m-trends (download am 26.9.2019).

European Commission 2009: A single and fairer asylum procedure for a uniform status in the EU. IP/09/1552. Unter: https://europa.eu/rapid/press-release_IP-09-1552_en.htm?locale=en (download am 26.9.2019).

European Commission 2015: A European Agenda on Migration. Brussels, 13.5.2015, COM(2015) 240 final. Unter: https://ec.europa.eu/anti-trafficking/sites/antitrafficking/files/communication_on_the_european_agenda_on_migration_en.pdf (download am 26.9.2019).

European Commission 2019: Member States' notifications of the temporary reintroduction of border control at internal borders pursuant to Article 25 et seq. of the Schengen Borders Code. Unter: https://ec.europa.eu/home-affairs/sites/homeaffairs/files/what-we-do/policies/borders-and-visas/schengen/reintroduction-border-control/docs/ms_notifications_-_reintroduction_of_border_control_en.pdf (download am 26.9.2019).

Eurostat 2019a: Asylum statistics. Unter: https://ec.europa.eu/eurostat/statistics-explained/index.php/Asylum_statistics (download am 26.9.2019).

Eurostat 2019b: Infografik – Asylum applications in the EU, 1990–2018. Unter: https://https://www.consilium.europa.eu/de/infographics/asylum-applications-since-1990/ (download am 26.9.2019).

Fiedler, Mathias/*Georgi*, Fabian/*Hielscher*, Lee/*Ratfisch*, Philipp/*Riedner*, Lisa/*Schwab*, Veit/*Sontowski*, Simon 2017: Contested Movements to and Through EUrope. Introduction. In: movements 3(1), 1–10.

Gabriel, Sigmar/*Steinmeier*, Frank-Walter 2015: ‚Die Zahlen müssen sinken'. Deutschland kann nicht unbegrenzt Flüchtlinge aufnehmen. In: Der Spiegel, 42/2015, 10.10.2015, 28.

Georgi, Fabian 2019a: Managing Migration? Eine kritische Geschichte der Internationalen Organisation für Migration (IOM). Berlin.

Georgi, Fabian 2019b: Towards Fortress Capitalism. The Restrictive Transformation of Migration and Border Regimes as a Reaction to the Capitalist Multi-Crisis. In: Canadian Review of Sociology 56(4), im Erscheinen.

Georgi, Fabian 2019c: The Role of Racism in the European ‚Migration Crisis': A historical materialist perspective. In: Satgar, Vishas (Hrsg.): Racism After Apartheid. Challenges for Marxism and Anti-Racism. Johannesburg, 96–117.

Georgi, Fabian 2016: Widersprüche im Sommer der Migration. Ansätze einer materialistischen Grenzregimeanalyse. In: PROKLA 183, 183–203.

Georgi, Fabian/*Kannankulam*, John 2015: Kräfteverhältnisse in der Eurokrise. Konfliktdynamiken im bundesdeutschen ‚Block an der Macht'. In: PROKLA 180, 349–369.

Gerloff, Naemi 2018: Better Migration Management. Die GIZ im Euro-Afrikanischen Grenzregime. In: movements 4(2), 163–184.

Global Humanitarian Assistance 2014: Global Humanitarian Assistance Report 2014. Unter: http://devinit.org/wp-content/uploads/2014/09/Global-Humanitarian-Assistance-Report-2014.pdf (download am 26.9.2019).

Haug, Frigga 2010: Krise. In: Historisch-kritisches Wörterbuch des Marxismus, Bd 7/II. Hamburg, 2122–2143.

Heller, Charles/*Pezzani*, Lorenzo 2016: Death by Rescue. Main Narrative. Unter: https://deathbyrescue.org/report/narrative/ (download am 26.9.2019).

Hendrix, Cullen S./*Salehyan*, Idean 2012: Climate change, rainfall, and social conflict in Africa. In: Journal of Peace Research 49(1), 35–50.

Hess, Sabine/*Kasparek*, Bernd/*Kron*, Stefanie/*Rodatz*, Mathias/*Schwertl*, Maria/*Sontowski*, Simon 2016: Der lange Sommer der Migration. Krise, Rekonstitution und ungewisse Zukunft des europäischen Grenzregimes. In: Dies. (Hrsg.): Der lange Sommer der Migration. Grenzregime III. Berlin/Hamburg, 6–24.

Heydarian, Richard Javad 2014: How capitalism failed the Arab world: the economic roots and precarious future of the Middle East uprisings. London/New York.

Holloway, John 2012: Crisis and critique. In: Capital & Class 36(3), S. 515-519.

House, Christopher L./*Proebsting*, Christian/*Tesar*, Linda L., 2019: Austerity in the aftermath of the great recession. In: Journal of Monetary Economics, DOI:10.1016/j.jmoneco.2019.05.004.

Human Rights Watch 2019: No Escape from Hell. EU Policies Contribute to Abuse of Migrants in Libya. Unter: https://www.hrw.org/sites/default/files/report_pdf/eu0119_web2.pdf (download am 26.9.2019).

IOM 2016: Mixed Migration Flows in the Mediterranean and Beyond. Compilation of available data and information. Reporting period 2015. Unter: https://www.iom.int/sites/default/files/situation_reports/file/Mixed-Flows-Mediterranean-and-Beyond-Compilation-Overview-2015.pdf (download am 26.9.2019).

IOM 2019a: Flow Monitoring Europe. Unter: https://migration.iom.int/europe?type=arrivals (download am 4.10.2019).

IOM 2019b: Mixed Migration Flows in the Mediterranean. Compilation of Available Data and Information. July 2019. Unter: https://reliefweb.int/sites/reliefweb.int/files/resources/Flows%20Compilation%20Report%20-%20JULY%202019_published.pdf (download am 26.9.2019).

Karakayali, Serhat 2018: The Flüchtlingskrise in Germany: Crisis of the Refugees, by the Refugees, for the Refugees. In: Sociology 52(3), 606–611.

Kasparek, Bernd 2017: Europas Grenzen. Flucht und Migration, das EU-Grenzregime und die deutsche Asylpolitik. Berlin.

Kelley, Colin P./*Mohtadi*, Shahrzad/*Cane*, Mark A./*Seager*, Richard/*Kushnir*, Yochanan 2015: Climate change in the Fertile Crescent and implications of the recent Syrian drought. In: Proceedings of the National Academy of Sciences of the United States of America 112(11), 3241–3246.

Lorenz, David 2015: Von Dublin-Domino bis Kirchenasyl. Kämpfe um Dublin III. In: movements 1(1).

Mawadza, Aquilina/*Carciotto*, Sergio 2017: South Sudan: A Young Contry Divided by Civil War. Unter: http://sihma.org.za/wp-content/uploads/2017/02/Refugee-crisis-South-Sudan.pdf (download am 26.9.2019).

McGuaran, Katrin/*Hudig*, Kees 2014: Refugee protests in Europe: Fighting for the right to stay. In: Statewatch Journal, 23(3/4), 28–33.

Merkel, Angela 2015: Sommerpressekonferenz von Bundeskanzlerin Merkel. 31.8.2015. Unter: https://www.bundesregierung.de/breg-de/aktuelles/pressekonferenzen/sommerpressekonferenz-von-bundeskanzlerin-merkel-848300 (download am 3.11.2019).

Merkel, Angela 2016: Podcast. Außengrenze schützen – Schengen erhalten, 6.2.2016. Unter: https://www.bundeskanzlerin.de/bkin-de/mediathek/die-kanzlerin-direkt/aussengrenze-schuetzen-schengen-erhalten-1010134 (download am 26.9.2019).

Migration Policy Institute 2012: Forced Migration: No Resolution in Sight for Syrians, Violent Outbreaks Displace Thousands across African Continent. Unter: https://www.migratio npolicy.org/article/forced-migration-no-resolution-sight-syrians-violent-outbreaks-displace -thousands-across (download am 26.9.2019).

Migration Policy Institute 2018: ‚Silent' Refugee Crises Get Limited International Attention. Unter: https://www.migrationpolicy.org/article/top-10-2018-issue-10-silent-refugee-crises (download am 26.9.2019).

Müller-Stehlik, Matthias 2017: Zur Krise der europäischen Migrationskontrollpolitik. Bundesdeutsche Kräfteverhältnisse im Ringen um die Regulation autonomer Migrationsbewegungen. Forschungsgruppe Europäische Integration. FEI-Arbeitspapier 34.

Parenti, Christian 2011: Tropic of Chaos. Climate change and the new geography of violence. New York.

Pollet, Kris 2019: All in vain? The fate of EP positions on asylum reform after the European elections. 23.5.2019. Unter: http://eumigrationlawblog.eu/all-in-vain-the-faith-of-ep-positi ons-on-asylum-reform-after-the-european-elections/ (download am 26.9.2019).

Schewel, Kerilyn 2019: Understanding Immobility: Moving beyond the Mobility Bias in Migration Studies. In: International Migration Review, DOI:0197918319831952.

Schimmelfennig, Frank 2018: European integration (theory) in times of crisis. A comparison of the euro and Schengen crises. In: Journal of European Public Policy 25(7), 969–989.

Schultz, Susanne 2019: Demographic futurity: How statistical assumption politics shape immigration policy rationales in Germany. In: Environment and Planning D: Society and Space 37(4), 644–662.

UNHCR 2019: UNHCR Statistics – The World in Numbers. Unter: http://popstats.unhcr.org/e n/overview (download am 26.9.2019).

Vradis, Antonis/*Papada*, Evie/*Painter*, Joe/*Papoutsi*, Anna 2019: New Borders: Hotspots and the European Migration Regime. London.

Wikipedia 2019: Arab Spring. Unter: https://en.wikipedia.org/wiki/Arab_Spring (download am 26.9.2019).

World Food Programme 2014: WFP Forced to Suspend Syrian Refugee Food Assistance, Warns Of Terrible Impact As Winter Nears. Unter: https://www.wfp.org/news/wfp-forced-suspend-syrian-refugee-food-assistance-warns-terrible-impact-winter-nea (download am 26.9.2019).

Lukas Oberndorfer

Grenze, innere Sicherheit, Rüstung – Von der Krise zum Europäischen Ensemble repressiver Staatsapparate?

Die neoliberale Gesellschaftsformation steckt in einer Krise, die zunehmend autoritär bearbeitet wird. Während die These einer Hegemoniekrise[1] in den ersten Jahren nach dem Einbruch der Weltwirtschaft 2008 auch im Rahmen kritischer Gesellschaftsforschung noch umstritten war,[2] scheint sich in letzter Zeit vermehrt ein gemeinsamer Analyserahmen durchzusetzen: In den kapitalistischen Zentren lässt sich eine Krise der Hegemonie[3] beobachten, die dadurch gekennzeichnet ist, „dass das Alte stirbt und das Neue nicht zur Welt kommen kann: in diesem Interregnum", so Antonio Gramsci, „kommt es zu den unterschiedlichsten Krankheitserscheinungen."[4]

Dass zu diesem Schluss nun selbst Intellektuelle kommen,[5] die einst neoliberale Politikberatung betrieben[6], ist ein klares Zeichen für die Krise der einst führenden Weltanschauung. Die Bindekraft der bisherigen Ideologie wird brüchig, weil, so Gramsci, die führenden Klassen bzw. Klassenfraktionen in einer „großen politischen Unternehmung gescheitert [sind], oder weil breite Massen [...] urplötzlich von der politischen Passivität zu einer gewissen Aktivität übergegangen sind."[7] Etablierte Intellektuelle und Medien verlieren an Boden und die traditionellen Parteien in „ihrer bisherigen Form" stürzen in eine Krise, da sie von der sie bisher tragenden „Klasse oder Klassenfraktion nicht mehr als ihr Ausdruck" anerkannt werden.[8]

In einer Reihe von europäischen Ländern[9], insbesondere in jenen mit einem schuldengetriebenen Entwicklungsmodell, entstand, einsetzend mit 2011, ein gesellschaftlicher Aufbruch gegen die Krisenpolitik, in dem die *neoliberale* Europäisierung[10] als Projekt einer kleinen Elite herausgefordert wurde. Allein in Spanien nahm in der einen oder anderen Form *ein Viertel* der erwachsenen Bevölkerung an den

---

1 *Candeias* 2010; *Oberndorfer* 2011/2012; *Baumann* 2012.
2 Vgl. z.B. *Demirović/Sablowski* 2012, 25.
3 Vgl. u.a. *Fraser* 2017; *Robinson* 2018; weitgehend nun auch *Demirović* 2018.
4 *Gramsci* 1991, 354f.
5 *Streek* 2016, 35ff und 2017, 265.
6 *Heinze/Streek* 1999.
7 *Gramsci* 1996, 1578.
8 Ebd.
9 *Huke* 2017; *Candeias/Völpel* 2014; *Engelhardt* 2017.
10 Regulationstheoretisch präziser wäre von der Hegemoniekrise der „wettbewerbstaatlichen Integrationsweise" der Europäischen Union zu sprechen. Siehe dazu *Ziltener* 1999, 85.

Protesten gegen die Krisenpolitik teil und zu ihrem Höhepunkt unterstützen 76 % die Forderungen der Bewegung.[11]

Wie sehr diese Prozesse der politischen Re-Organisierung als Herausforderung der neoliberalen bzw. wettbewerbsstaatlichen Integrationsweise der Europäischen Union[12] wahrgenommen wurden, lässt sich anhand des Präsidenten des Europäischen Rates Donald Tusk verdeutlichen, der angesichts der griechischen Bewegungen und der Syriza-Regierung 2015 vor dem „Einstieg in eine Revolution" warnte.[13]

Dass die in Krisen der Führung entstehenden bzw. aufkeimenden Ideologien, Bewegungen und Parteien ausschließlich von links erfolgen, so ein gängiges Missverständnis des Begriffs der Hegemoniekrise, ist gerade in Deutschland und Österreich in den letzten Jahren durch die politischen Erfolge von AfD, FPÖ und rechten Bewegungen wie Pegida anschaulich widerlegt worden.

Gerade dort, wo eine Re-Politisierung von links nicht gelang, waren rechtspopulistische bzw. neo-nationalistische Bewegungen und Parteien in der Lage, die Krise chauvinistisch umzudeuten und sich – obwohl zumeist selbst neoliberal orientiert[14] – als Alternative zum „gescheiterten Establishment" zu inszenieren. Entsprechende Ereignisse (Eurokrise, terroristische Anschläge und der Sommer der Migration 2015) nutzten sie erfolgreich für ihre Hetze gegen „faule Südeuropäer ", Muslim*innen und Geflüchtete. Schuld an der gegenwärtigen Situation sei eine „links-liberale Elite", die Nation, Grenzschutz und Sicherheit sträflich vernachlässigt habe, um ihren Kosmopolitismus in Form der „Brüsseler Vorherrschaft" zu realisieren.

Der Effekt dieser erfolgreich in den Mittelpunkt der öffentlichen Wahrnehmung gerückten Erzählung ist, dass dabei in den Hintergrund gerät, dass die *gesamte* neoliberale Entwicklungsweise, die sich in den unterschiedlichsten Feldern (Profitraten, Ökologie, Reproduktion, Weltordnung...) zunehmend erschöpft, in der Krise steckt. Das Erbe der Kämpfe von 1968ff. war darin nie hegemonial, sondern wurde *selektiv* angeeignet und unterworfen inkorporiert. Im Kern dieser Entwicklungsweise steht die auf den Wettbewerb in allen Lebensbereichen zielende Finanzialisierung und Transnationalisierung von Kapital, Arbeit und Staat, die, einsetzend mit den 1990er Jahren, unter dem Begriff der Globalisierung Eingang in die öffentliche Debatte fand.

Es ist diese *räumliche Maßstäblichkeit* der neoliberalen Gesellschaftsformation, die nun in Anschluss an die Finanzkrise 2008ff. am stärksten in den USA und Europa in die Krise geraten ist. Nirgendwo ist der Prozess der Transnationalisierung so weit fortgeschritten wie in Europa. In einem Wechselspiel der Entgrenzung von Kapital, Produktion und Staatlichkeit hat sich ein Europäisches Staatsapparate-Ensem-

---

11 El Pais 3.8.2011.
12 *Ziltener* 1999, 85.
13 Financial Times 16.7.2015 *(Übersetzung L.O.)*.
14 *Becker* 2018.

ble herausgebildet,[15] in dem sich die nationalen und supranationalen Institutionen trotz fortdauernder Widersprüche und Konflikte weitgehend ineinandergeschoben und miteinander verzahnt haben.[16]

Dementsprechend wird das Europäische Staatsapparate-Ensemble seit der Krise verstärkt herausgefordert – von links, indem es punktuell gelang es als wenig demokratisches und neoliberales Klassenprojekt kenntlich zu machen; von rechts, in dem es unter Abstraktion von seinem polit-ökonomischen Charakter als ein gegen die Nation gerichtetes Projekt eines bigotten, links-liberalen Establishments gerahmt wurde.

Markant unterschiedlich ist allerdings, *wie* das Europäische Staatsapparate-Ensemble auf die Herausforderung von links und rechts reagiert. Die erste Phase seiner repressiven Verhärtung, zu deren Einordnung ich 2011 den Begriff des autoritären Wettbewerbsetatismus vorgeschlagen habe,[17] war darauf gerichtet, dass sich im Moment der Hegemoniekrise im Feld der Ökonomie weder neue nationale Entwicklungsmodelle noch eine neue europäische Integrationsweise durchsetzten. Soziale Bewegungen, linke Regierungsprojekte (allen voran in Griechenland) und heterodoxe Ansätze erfuhren eine repressive Bearbeitung bzw. Isolation – ohne, dass es dabei zu einer Integration ihrer Positionen kam.[18]

Anders bei der Errichtung eines Europäischen Sicherheitsregimes seit 2015: Im europäischen Herrschaftsgefüge materialisiert sich zunehmend ein Projekt, so die hier vertretene These, das im Wege einer passiven Revolution, die Hegemoniekrise der neoliberalen Globalisierung bzw. Europäisierung bearbeiten will, indem die „Sicherheit der Bürger" und des Gebietes der Union in den Mittelpunkt gerückt wird.

Um seine „existenziellen Krise"[19] zu überwinden, nimmt das Europäische Staatsapparate-Ensemble rechtspopulistische und neo-nationalistische Diskurse auf und wendet diese gleichzeitig gegen diese selbst: Der Kampf gegen Migration, islamistischen Terror und eine zunehmend unsichere Welt wird zur zentralen Aufgabe, die aber, wie ständig betont wird, *nur* auf der europäischen Maßstabsebene gelöst werden könne.

Während eine weitere Integration im Bereich Soziales und Ökonomie nicht wünschenswert oder blockiert sei, so der damalige Bundesfinanzminister Wolfgang Schäuble, müsse die „Handlungsfähigkeit der EU [...] heute in Problemfeldern verbessert werden, in denen auch in den Augen europaskeptischer Bevölkerungsteile keine allein nationalstaatlichen Lösungen möglich sind".[20] Daher brauche es die

---

15 *Wissel* 2015, 47ff.
16 *Buckel et al.* 2014, 37ff.
17 *Oberndorfer* 2011; zum Begriff des autoritären Etatismus siehe u. a. Kannankulam 2008.
18 *Oberndorfer* 2017.
19 *Juncker* 2016.
20 *Schäuble* 2017.

Schaffung einer „europäischen Armee", eines „einheitlichen Regimes für die Au-ßengrenzen" und „europäische Lösungen in der Sicherheitspolitik."[21]

Aus Perspektive der Emanzipation schafft dieser Prozess einer passiven Revoluti-on, die sich auf der nationalen und supranationalen Ebene des Europäischen Staats-apparate-Ensembles vollzieht, eine gefährliche Situation, weil die verschiedenen Kräfte, so Gramsci,

> „nicht dieselbe Fähigkeit besitzen sich rasch zu [...] reorganisieren. Die traditionell füh-rende Klasse, die über ein zahlenmäßig starkes geübtes Personal verfügt, wechselt Men-schen und Programme aus und gewinnt die Kontrolle wieder, die ihr mit größerer Ge-schwindigkeit zu entgleiten im Begriff war, als das bei den subalternen Klassen ge-schieht; sie bringt womöglich Opfer, setzt sich mit demagogischen Versprechungen einer ungewissen Zukunft aus, behält aber die Macht".[22]

Die Gefährlichkeit der Situation liegt vor allem darin, dass das Europäische Staats-apparate-Ensemble und die bürgerlichen Kräfte in ihm durch die selektive Integrati-on rechtspopulistischer Diskurse im Rahmen der Errichtung eines Europäischen Si-cherheitsregimes sich in der Tat einer „ungewissen Zukunft" aussetzen: Denn sie verleihen entsprechenden Erzählungen staatliche Legitimität und liefern damit eine entscheidende Ressource für den rechten Kampf um Hegemonie – und zwar auf na-tionaler und europäischer Ebene.

Im Folgenden werde ich in einem ersten Schritt den Diskurs für die Errichtung eines europäischen Sicherheitsregimes bestehend aus den Achsen innere Sicherheit, Militarisierung und Grenzregime nachzeichnen, der in großer Dichte und Kohärenz an den einzelnen Knotenpunkten des Europäischen Staatsapparate-Ensembles zu Ta-ge tritt (1.). Daran schließt ein empirischer Teil an, in dem ich die rasche Errichtung des Europäischen Sicherheitsregimes anhand der Entwicklungen in der Achse des Grenzregimes veranschauliche (2.). Abschließend erfolgt der Versuch einer (staats-)theoretischen Einordnung (3.).

1. Der Diskurs für ein Europäisches Sicherheitsregime

Während die erste Phase der Bearbeitung der Hegemoniekrise des Neoliberalismus in Europa darin bestand zu unterbinden, dass die Krise durch Überwindung des Al-ten gelöst wird bzw. zumindest sicherzustellen, dass die „neue Konstruktion [nicht] von unten"[23] entspringt, lässt sich nun zunehmend eine *zweite Phase* des autoritären Wettbewerbsetatismus beobachten: Darin werden die Ereignisse Ukraine-Krise,

---

21 Ebd.
22 *Gramsci* 1991ff., 1578.
23 *Gramsci* 1991ff., 828.

Brexit, Sommer der Migration[24] und die Serie islamistischer Terrorattentate diskursiv miteinander verknüpft, um ein Europäisches Sicherheitsregime zu errichten, dessen Achsen eine militarisierte Union, Sicherheit im Binnenraum und ein qualitativ vertieftes Grenzregime sind. Das Leitmotiv des neuen hegemonialen Projektes, das damit *versucht* wird, bildet die Überschrift der Rede zur Lage der Union 2016 von Kommissionspräsident Juncker: „Hin zu einem besseren Europa – Einem Europa, das schützt, stärkt und verteidigt."

Diese Ereignisse haben Möglichkeitsfenster eröffnet, um auf *europäischer* Ebene einen Prozess qualitativer Versicherheitlichung einzuleiten, der bisher blockiert war. So stemmte sich etwa Großbritannien gegen jegliches Voranschreiten im Bereich der „Europäischen Verteidigung", da es darin langfristig NATO-Strukturen und damit sein transatlantisches Bündnis mit den USA gefährdet sah.

Ein „Europa der Sicherheit" soll die zentrale Rolle spielen, um die für das neoliberale Projekt entscheidende Transnationalisierung bzw. Europäisierung gegen ihre Infragestellung abzusichern und einen neuen Konsens „für Europa" zu schmieden. So meinte etwa der französische Präsident Emmanuel Macron in seiner Europarede an der Sorbonne, dass der Erfolg der Rechtspopulisten sich daraus erkläre, dass sie den Menschen Schutz versprechen.[25] Doch vor den zentralen Herausforderungen der Zeit könne *nur Europa* schützen. Nur die Union, so Macron, könne „tatsächliche Souveränität gewährleisten, das heißt, die Fähigkeit, in der heutigen Welt zu bestehen, um unsere Werte und unsere Interessen zu verteidigen".[26] Da die Grundlage jeder politischen Gemeinschaft die Sicherheit sei, brauche es ein Europa, das bereit sein müsse, militärisch zu intervenieren, ein Europa als „Schutzschild" gegen den Terror, denn „[ü]berall in Europa sickern sie ein" und es brauche ein Europa, dass seine Grenzen strikt bewache und deren Beachtung durchsetze.[27]

Nachdem das Europäische Staatsapparate-Ensemble durch seine autoritäre Verhärtung erfolgreich die Durchsetzung einer Krisenlösung von unten desorganisieren konnte,[28] scheint nun der Versuch einer Revolution von oben einzusetzen. So lassen sich erste Umrisse einer passiven Revolution ausmachen, in der Diskurse und Überzeugungen, die unter anderen rechtspopulistische Parteien und Bewegungen verschärft seit der Weltwirtschaftskrise herstellten, selektiv aufgenommen werden, in dem die darin entwickelten „Problemlagen" nun europäisch bearbeitet werden sollen.

Auch eine Analyse der Schlussfolgerungen des Europäischen Rates zeigt, dass seit spätestens 2016 die Themen Migration, Militarisierung und Sicherheit im Bin-

---

24 Zur Prägung des Begriffes vgl. *Hess et al* 2017.
25 *Macron* 2017.
26 Ebd.
27 Ebd.
28 Desorganisation und Spaltung der beherrschten Klassen ist nach Poulantzas (2002, 171f.) einer der zentralen Effekte staatlicher Herrschaft.

nenraum im Mittelpunkt der Tagungen der Staats- und Regierungschefs stehen, während die ehemals zentralen Themen des Binnenmarktes und der Wirtschafts- und Währungsunion in den Hintergrund treten. Um die Krise des europäischen Projektes zu überwinden brauche es eine Sicherheitsunion, welche die Ängste im Zusammenhang mit Migration, Terrorismus und Kontrollverlust mit Vorrang bearbeite. Darin läge die „Vision einer attraktiven EU", der die Bürger vertrauen würden. Dazu müsse nun klargestellt werden, dass *nur* die europäische Ebene „die Sicherheit unser Bürger gewährleisten [kann]."[29]

Diese Linien werden im Weißbuch zur Zukunft Europas aufgenommen und vertieft. Dessen Schilderung der Ausgangslage erinnert an die oben dargestellte Beschreibung von Hegemoniekrisen: Die Weltwirtschaftskrise habe, so die Kommission, Europa „in seinen Grundfesten erschüttert."[30] Die ökonomische Krise und ihre Folgen, aber auch die „vielfältigen Veränderungen in der Welt und das Gefühl der Unsicherheit", hätten eine wachsende „Unzufriedenheit mit der etablierten Politik und den Institutionen auf allen Ebene" nach sich gezogen, welche „gern von Populisten und mit nationalistischer Rhetorik gefüllt wird." Die „größte Flüchtlingskrise seit dem zweiten Weltkrieg", „Terroranschläge", das Entstehen „neuer Weltmächte" und der „Aufmarsch von Truppen an unseren östlichen Grenzen" würden bedeuten, dass Europa nicht länger naiv sein dürfe, „sondern seine Sicherheit selbst in die Hand nehmen muss."[31]

Dass die Planungsstäbe der Kommission die Errichtung des Europäischen Sicherheitsregimes zielstrebig verfolgen wollen, lässt sich auch anhand der fünf Zukunftsszenarien zeigen, die im Weißbuch zur Diskussion gestellt werden. Bis auf ein Szenario, das die ausschließliche Re-Orientierung auf den Binnenmarkt vorsieht, sehen alle Szenarien einen *Ausbau* in allen drei Achsen des Europäischen Sicherheitsregimes vor.[32]

Die bisher dargestellten Positionen zeigen, dass der *Diskurs* für ein Europäisches Sicherheitsregime in großer Übereinstimmung die Kommission, den Europäischen Rat und die französischen und deutschen Staatsapparate und damit die zentralen Knotenpunkte des Europäischen Staatsapparate-Ensembles durchzieht. Während die Vertiefung im Feld der Ökonomie blockiert[33] und im Bereich des Sozialen nicht gewünscht ist, scheint sich ein „Europa, das schützt" als hegemoniales Projekt anzubieten.

Wie es scheint, erleben wir gegenwärtig eine neue Konjunktur strategischer „Politics of Scale",[34] die darauf zielt die Inter- bzw Transnationalisierung der *repressiven*

---

29 *Europäischer Rat* 2016a.
30 *Europäische Kommission* 2017.
31 Ebd., 9.
32 Ebd., 16–25.
33 *Schneider/Syrovatka* 2017; siehe auch den Beitrag in diesem Band.
34 *Wissen et al* 2008; *Wissel/Wolff* 2017.

Staatsapparate entscheidend zu beschleunigen, um die durch die Krise verstärkten zentrifugalen Kräfte europäisch zu kanalisieren. Durch die qualitative Vertiefung und die grenzüberschreitende Überdachung dieser Apparate könnte sich nach dem Feld der Ökonomie so nun auch im Bereich der Sicherheit ein Verschränkungsgrad einstellen, der eine Re-Nationalisierung nahezu verunmöglicht bzw. als unverantwortlich erscheinen lässt.

Dass es sich dabei längst nicht mehr allein um einen Diskurs handelt, lässt sich an dem atemberaubenden Tempo veranschaulichen, mit dem in den drei Achsen des Sicherheitsregimes zuletzt an der Umsetzung dieses neuen Projektes gearbeitet wurde.

Obwohl auch im Bereich innerer Sicherheit (etwa mit der Schaffung eines Anti-Terrorzentrums bei Europol und eines European Travel Information and Authorization Systems, das den Einstieg in ein „EU-weites biometrisches Identitätsmanagement" befürchten lässt,[35] als auch im Bereich der Militärunion (z.B. durch Verabschiedung des europäischen Verteidigungsfond für militärische Rüstung und Forschung und PESCO (Permanent Structured Cooperation) mit dem ein „militärisches Schengen"[36] beschlossen wurde) qualitative und weitreichende Durchbrüche erzielt wurden, werde ich mich im Folgenden allein auf die dritte Achse des Europäischen Sicherheitsregimes fokussieren: Die qualitative Vertiefung und erweiterte Vorverlagerung der europäischen Grenze.

2. Die qualitative Vertiefung und erweiterte Vorverlagerung des europäischen Grenzregimes

Das Ereignis, das ein weites Möglichkeitsfenster dazu öffnete, war der „Sommer der Migration 2015",[37] in dem im Vergleich zum Vorjahr viermal so viele Menschen, die vor den Verwüstungen der imperialen Lebensweise[38] flohen, das Grenzregime zeitweise zum Erliegen brachten. Doch bereits „wenige Monate später waren die Exekutiven Europas damit beschäftigt, auf den Ruinen dieser Politik ein neues Grenzregime zu errichten."[39] Zentrale Faktoren für das Offenhalten der Binnengrenzen waren neben den widerständigen Praktiken der Flüchtenden und der Mobilisierung linker und linksliberaler Kräfte arbeitskraftpolitische Erwägungen und die Sorge um die freie Zirkulation von Waren und Arbeitskräften im Binnenmarkt.[40] Entsprechend scharf kritisierte der Präsident der Bundesvereinigung der Deutschen Arbeitgeberverbände (BDA) Ingo Kramer die Grenzschließungen durch einzelne Nationalstaa-

---

35 *Schumann/Simantke* 2016.
36 *Gebauer/Müller* 2017.
37 *Hess et al* 2017.
38 *Brand/Wissen* 2017.
39 *Buckel* 2018, 437.
40 *Georgi* 2016, 192.

ten innerhalb des Binnenmarktes: „Was da an Kollateralschäden akzeptiert wird, um den Stammtisch zu befriedigen, ist abenteuerlich."[41] Die Bertelsmann-Stiftung assistierte, dass das Ende von Schengen in der gesamten EU Kosten von jährlich rund 52 Milliarden verursachen würde.[42]

Das Offenhalten der Binnengrenzen erscheint vor diesem Hintergrund vor allem als Versuch, Zeit zu gewinnen, um die *europäische* Außengrenze durch eine *erneuerte* und *verschärfte* Vorverlagerung des Grenzregimes zu entlasten und wieder unter Kontrolle zu bekommen. Das zeigt sich unter anderem darin, dass die Kommission bereits seit dem Herbst 2015 Verhandlungen mit der Türkei führte, um diese als neokoloniale Grenzwächterin einzusetzen.[43]

Die EU-Türkei-Erklärung: Gewalt, Ausnahmezustand und Rechtsbruch

In der letztlich im März 2016 verabschiedeten „EU-Türkei-Erklärung", die in ihrer Formulierung Anleihe bei der Figur des Ausnahmezustandes[44] nimmt und aus flüchtlingsrechtlicher Perspektive als rechtswidrig bewertet wird,[45] verpflichtet sich die Türkei, alle erforderlichen Maßnahmen zu ergreifen, um jegliche Migration aus der Türkei in die EU zu unterbinden. Alle Flüchtenden, die „keinen internationalen Schutz benötigen", werden in die Türkei zurückgeschoben. Als Anreiz die Flucht nach Europa nicht zu unternehmen, wird für „jeden rückgeführten Syrer ein anderer Syrer aus der Türkei in der EU neu angesiedelt [...]. Vorrang erhalten Migranten, die vorher noch nicht irregulär in die EU eingereist sind".[46] Im Gegenzug erhielt die Türkei zusätzliche drei Milliarden Euro als Unterstützung für die Versorgung der Geflüchteten sowie Zusagen für Visaliberalisierungen, eine Beschleunigung der Beitrittsverhandlungen und einen Ausbau der Zollunion mit der EU.[47]

Die Konsequenz aus der „EU-Türkei-Erklärung" ist eine massive Verschärfung der Repression gegen Geflüchtete. Die Türkei hat seither Push-Backs und Abschiebungen von Geflüchteten ohne Asylverfahren verstärkt. An der Grenze zu Syrien stellte sie 2017 eine mehr als 500 Kilometer lange und drei Meter hohe Mauer fertig, die mit Stacheldraht und Drohnen bewehrt ist und an der scharf geschossen wird,[48] um Flüchtende am Grenzübertritt zu hindern. Allein 2016 erschossen Grenzer mehr als hundertsechzig Menschen.[49]

---

41 *Büschemann/Hageküken/Kuntz/Öchsner* 2016.
42 GED Studie 2016, 11.
43 *Wölfl* 2016.
44 *Oberndorfer* 2016; siehe dazu auch *Voigt* 2013.
45 *Hofmann/Schmidt* 2016, 6ff.
46 Europäischer Rat 2016b.
47 ebd.
48 Handelsblatt 03.02.2018.
49 Pro Asyl 07.12.2016.

Auch vor der durch die Krise 2008 ff. ausgelösten arabischen Revolutionen[50] übernahmen im Auftrag *einzelner* europäischer *Mitgliedstaaten* nordafrikanische Staaten vergleichbare Aufgaben.[51] Neu ist allerdings, dass nun der Europäische Rat selbst die Erklärung mit der Türkei verabschiedete und die Kommission deren Einhaltung überwacht – statt nationalstaatlichen handeln nun *supranationale Apparate.* Umso bedenklicher ist es, dass der Versuch unternommen wurde, dieses Handeln der Union rechtlich als eines der Mitgliedstaaten erscheinen zu lassen.

Denn um sich den verfahrensrechtlichen Bindungen und der gerichtlichen Kontrolle zu entziehen, die das Europarecht vorsieht, wurde die Erklärung nach ihrer Verabschiedung als eine zwischen dem im Europäischen Rat vereinigten *Mitgliedstaaten* und der Türkei dargestellt.[52] Eine europarechtliche Prüfung kommt allerdings zu dem Ergebnis, dass aufgrund des Grades der Vergemeinschaftung des Flüchtlings- und Einwanderungsrechtes, ein entsprechendes Übereinkommen nur durch die Union geschlossen werden hätte können, was das Erfordernis einer Zustimmung des Europäischen Parlaments nach sich gezogen hätte.[53] Dass das Gericht der EU nach Klage dreier Asylwerber gegen die EU-Türkei-Erklärung entgegen der ständigen Rechtsprechung, die genau diese Flucht aus dem Unionsrecht und seinen Bindungen verhindern will, in erster Instanz dennoch zum Ergebnis kam, dass hier nur die Mitgliedstaaten, nicht aber die Union, gehandelt hätten, kann als „schwarzer Tag für die Rule of Law in der Europäischen Union"[54] bestimmt werden.

Dass es sich in Wirklichkeit aber um ein völkerrechtliches Übereinkommen *der EU* handelt,[55] wird nicht zuletzt dadurch deutlich, dass die Umsetzung durch Agenturen und Kommission der EU ermöglicht und überwacht wird.[56] Dementsprechend stellte die Kommission auch fest, dass die EU-Türkei-Erklärung „ein bisher beispielloses Maß an Zusammenarbeit *zwischen der EU* und einem externen Partner" darstellt.[57] Die Vorverlagerung der Grenze und der Einsatz brutaler Gewalt abseits der europäischen Öffentlichkeit liefert in den Worten der Kommission „beständig greifbare Ergebnisse": Seit Abschluss des Abkommens sei die Anzahl der Ankünfte in Griechenland um 97 % gesunken und rund 12.000 Syrer*innen seien bereits in die Türkei abgeschoben worden.[58]

---

50 Vgl. *Alnasseri* 2017, 33 und *El-Mahdi* 2017, 83–86.
51 *Buckel* 2013: 186ff.
52 *Bast* 2017.
53 Ebd.
54 Ebd.
55 So auch *Hofmann/Schmidt* 2016, 6.
56 Ebd., 2.
57 *Europäische Kommission* 2016b, 4.
58 *Europäische Kommission* 2018. f.

Migrationspakte: ökonomischen und politischen Macht als Hebel zur Vorverlagerung der Grenze

Die EU-Türkei-Erklärung ist „best practice" und zentraler Referenzpunkt für die Vorverlagerung des Europäischen Grenzregimes bis in die Sahel-Zone und zum Horn von Afrika, die seit 2016 nun *von der Kommission bzw. vom Europäischen Auswärtigen Dienst (EAD)* in Form von Migrationspakten mit Nachdruck verfolgt wird. Schließlich sei „Europa mit beispiellosen Migrationsströmen konfrontiert, deren Auslöser geopolitische und wirtschaftliche Faktoren sind, die in den kommenden Jahren [...] möglicherweise noch stärker zum Tragen kommen werden."[59]

Erreicht werden soll diese Vorverlagerung, indem die Kapazität zur Verhinderung von Migration in das Zentrum der Politik gegenüber den europäischen Ex-Kolonien gerückt wird: Die *gesamten* Beziehungen zwischen der EU und dem betreffenden Land, heißt es dazu in der zentralen „Mitteilung über einen neuen Partnerschaftsrahmen mit Drittländern im Kontext der Europäischen Migrationsagenda", sollen „vor allem von der Fähigkeit und Bereitschaft des Landes zur Zusammenarbeit bei der Migrationssteuerung" und „Rückübernahme irregulärer Migranten" abhängen.[60]

Wer nicht kooperiert, erhält nicht nur keine finanzielle Unterstützung, sondern soll durch Nachteile in den Bereichen Handels-, Entwicklungs- und Visapolitik zum Einlenken gezwungen werden. Um „Ordnung in die Migrationsströme zu bringen"[61] will das Europäische Staatsapparate-Ensemble so seine ganze ökonomische und politische Macht projizieren, um folgende Ziele bzw. Maßnahmen hinsichtlich der zentralen „Herkunfts- und Transitländer" durchzusetzen: 1) die Versorgung der Geflüchteten „in der Nähe ihrer Heimat" und den „Versuch [sie davon] abzuhalten, auf gefährlichem Weg nach Europa zu gelangen",[62] 2) den lokalen „Kapazitätsaufbau im Bereich Grenz- und Migrationsmanagement" durch supranationale Missionen und Gelder,[63] 3) die beschleunigte Abschiebung aus Europa, auch ohne „Abschluss förmlicher Rückübernahmeabkommen",[64] 4) die Verpflichtung „irreguläre Migranten, die ihr Hoheitsgebiet durchquert haben, zurückzunehmen"[65] und 5) positive Anreize bei Kooperation durch den „EU-Notfall-Treuhandfonds für Afrika".[66]

Um diese Ziele möglichst schnell umzusetzen, hat die Union darüber mit sechzehn zentralen Herkunfts- und Transitstaaten[67] Gespräche geführt. In diesen seien

---

59 *Europäische Kommission* 2016b, 2.
60 Ebd., 20.
61 Ebd., 2.
62 Ebd., 6.
63 Ebd., 7.
64 Ebd., 8.
65 Ebd., 8.
66 Ebd., 4.
67 Äthiopien, Eritrea, Mali, Niger, Nigeria, Senegal, Somalia, Sudan, Côte d'Ivoire, Ghana, Marokko, Tunesien, Algerien, Afghanistan, Bangladesch und Pakistan.

die „verschiedenen Interessen [...] und die Instrumente" zu ihrer Durchsetzung dargelegt worden. Denn die neue Strategie der Union, hält die Kommission in einer Sprache fest, die eher an koloniale als an diplomatische Beziehungen erinnert, müsse „den Drittländern bekannt sein, genauso wie die Chancen, aber auch die möglichen Folgen", die bei mangelnder Kooperation drohen.[68]

Dies soll nun schrittweise mit den einzelnen Ländern in Migrationspakten umgesetzt werden, die konkrete Bedingungen und „geeignete Maßnahmenpakete [...] zur Migrationssteuerung" umfassen sollen. Zur Umsetzung werden bis 2020 zusätzlich 8 Milliarden Euro mobilisiert. Allein für den „EU-Notfall-Treuhandfonds für Afrika" wird die Kommission dazu 2,3 Milliarden aus den bisherigen EU-Haushaltsmitteln für Afrika zu Verfügung stellen.[69] Die Friedrich Ebert Stiftung sieht darin einen Missbrauch von Entwicklungsgeldern für Migrationsabwehr.[70]

Libyen: Folter und Ausbeutung als europäische Kapazität zur Migrationssteuerung

Auf was die Migrationspakte letztlich hinauslaufen, lässt sich anhand von Libyen verdeutlichen: Anfang 2017 kam ein Bericht des deutschen Auswärtigen Amtes über die libyschen Lager für Geflüchtete an die Öffentlichkeit: „Exekutionen nicht zahlungsfähiger Migranten, Folter, Vergewaltigungen, Erpressungen sowie Aussetzungen in der Wüste sind dort an der Tagesordnung", hieß es darin.[71] Weniger als ein Jahr zuvor hatte Bundeskanzlerin Merkel nach der EU-Türkei-Erklärung auch eine entsprechende Vereinbarung mit Libyen gefordert, während die Hohe Vertreterin der EU für Außen- und Sicherheitspolitik zeitgleich in einem internen Papier bereits festhielt, dass es bei einem solchen Deal mit Libyen u.a. darum gehen müsse „vorübergehende Auffanglager für Flüchtlinge" einzurichten. Dabei müsse man auch „über Inhaftierungseinrichtungen nachdenken".[72] Ein Bericht der Vereinten Nationen zeigt, dass die Zustände in den libyschen Lagern bereits damals bekannt waren.[73]

Einen weiteren Aspekt des Aufbaues von „Kapazitäten zur Migrationssteuerung" bildet die libysche Grenz- und Küstenwache, deren Ausbildung, Gerät und Aufrechterhaltung durch EU-Mittel finanziert wird. Es ist diese aus Milizen zusammengesetzte „Behörde", welche die oft unter Einsatz von Schusswaffen aufgehaltenen und aufgegriffenen Menschen in die libyschen Lager verbringt. Amnesty International hat die Akteure des Europäischen Staatsapparate-Ensembles daher äußert scharf als

---

68 Europäische Kommission 2016b, 9.
69 Ebd., 20.
70 Friedrich Ebert Stiftung 2017.
71 Spiegel Online 29.01.2017.
72 *Becker/Gebauer* 2016.
73 *Simon* 2017, 66.

„wissende Mitschuldige in der Folter und Ausbeutung von Geflüchteten" kritisiert.[74] In der Politik gegenüber dem afrikanischen Kontinent zeichnet sich „die Zukunft der europäischen Flüchtlingsabwehr [ab] – und in Libyen wird etabliert, welche Maßnahmen dabei als `akzeptabel´ angesehen werden."[75]

Europäische Lager in Afrika

Dass das Europäische Staatsapparate-Ensemble nun auch selbst Asyl-Lager errichten will, darauf einigten sich die Staats- und Regierungschefs auf dem Europäischen Rat im Juni 2018. Die Kommission solle das „Konzept regionaler Ausschiffungsplattformen in enger Zusammenarbeit mit dem UNHCR und der IOM zügig ausloten".[76] In diese Lager sollen jene Menschen überstellt werden, die bei „Such- und Rettungseinsätzen" im Mittelmeer aufgegriffen werden.[77] Dort solle dann der Anspruch auf Asyl geprüft werden, allerdings ohne dass dabei „eine Sogwirkung entsteht",[78] was bedeuten dürfte, dass daran gedacht ist,nur vereinzelt das Asylrecht *innerhalb* der Union zu gewähren.

Während diese Festlegung medial weithin als ein Durchbruch rechter bzw. rechtspopulistischer Kräfte gewertet wurde, war einer der ersten, der eine vergleichbare Maßnahme in den letzten Jahren vorschlug, der liberale französische Präsident Emmanuel Macron. Im Sommer 2017 forderte er die Errichtung von entsprechenden „Hotspots" zuerst in Libyen[79] und dann im Tschad und in Niger.[80] Der in enger Verbindung zu Macron stehende damalige sozialdemokratische Bundeskanzler Österreichs, Christian Kern und sein Verteidigungsminister sekundierten und führten aus, dass „[j]eder Mensch, der illegal nach Europa kommt, [...] in eines dieser Verfahrenszentren zurückgestellt werden [müsse]."[81]

Die Idee von Lagern außerhalb der Europäischen Union (insbesondere in Afrika), die von EU-Agenturen bzw. durch den UNHCR betrieben werden und in die alle Asylwerber rückgeschoben werden sollen, die den Boden der Union erreichen, erlebte bereits vor fünfzehn Jahren eine erste Konjunktur. 2003 schlug Tony Blair diese als neues Projekt der EU vor[82] und ein Jahr später präsentierte der deutsche Innenminister Schily einen ähnlichen Vorschlag.[83] Damals stießen die Vorschläge aber

---

74 *Boffey* 2017.
75 *Simon* 2017, 67.
76 *Europäischer Rat* 2018, 2.
77 Ebd. 2.
78 Ebd. 2.
79 *Saeed* 2017.
80 *Nielsen* 2017.
81 Der Standard 12. Juli 2017.
82 The Guardian 5.02.2003.
83 Bundesministerium des Inneren 2004.

noch auf eine breite Ablehnung im Rat.[84] Grund dafür war, dass sich einerseits kein Drittstaat bereit erklärte, solche Lager der EU auf seinem Boden zu errichten und andererseits entsprechende Lager als unvereinbar mit der Genfer Flüchtlingskonvention und der Europäischen Menschenrechtskonvention bewertet wurden.[85] Aus dem Umkreis des deutschen Bundeskanzlers hieß es darüber hinaus, dass sich Deutschland aufgrund seiner Geschichte nicht daran beteiligen könne, „Menschen in Lager zu stecken".[86]

Auch wenn weiterhin fraglich ist, ob sich ein Drittstaat für die Errichtung von „Ausschiffungsplattformen" finden wird, zeigt der Umstand, dass nun im Europäischen Rat Einstimmigkeit für die Maßnahme erzielt werden konnte, wie sehr sich die Kräfteverhältnisse seither verschoben haben. Ähnliches lässt sich aus der Art und Weise ableiten, wie über diese Dispositive der Migrationsverhinderung gesprochen wird: Während vor fünfzehn Jahren entsprechende Konzepte aufgrund ihres menschenrechtlich bedenklichen Inhalts großteils in geheimen Papieren, die später geleakt wurden, entwickelt und hinter verschlossen Türen besprochen wurden,[87] erklärt der Europäische Rat die Ausschiffungsplattformen in seinen öffentlichen Schlussfolgerungen im Juni 2018 zu einem wichtigen weiteren Schritt in seiner erfolgreichen Politik des Schutzes der EU-Außengrenzen.[88]

„Kontrollierte Zentren" – Lager innerhalb der Union

Wer es in die Hoheitsgewässer der Union schafft und dort gerettet wird, heißt es weiter in den Schlussfolgerungen des Europäischen Rates vom Juni 2018, solle in „kontrollierte Zentren", die in den südlichen Mitgliedstaaten verstärkt errichtet werden sollen, verbracht werden. Was darunter zu verstehen ist, lässt sich anhand des Lagers Moria auf der griechischen Insel Lesbos veranschaulichen: Das auf Druck der Kommission und mit Unterstützung durch Frontext-Beamte 2015 errichte Lager, das auf 2500 Personen ausgerichtet ist, hat derzeit 7500 Insassen. Die Überbelegung und die darin stattfindenden Eilverfahren führen laut Menschenrechtsorganisationen zu willkürlichen Entscheidungen, Misshandlungen und fahrlässigen Tötungen, welche die Lagerleitung zu verantworten hat.[89] 2018 kritisierte eine von Ärzten ohne Grenzen dort stationierte Psychotherapeutin, dass sie trotz Einsätzen in Pakistan,

---

84 *Thym* 2006, 189.
85 Ebd.
86 https://www.telegraph.co.uk/news/worldnews/europe/1433589/Blair-suffers-second-defeat-on-EU-asylum-policy.html (aufgerufen am 1.8.2019).
87 https://www.theguardian.com/society/2003/feb/05/asylum.immigrationasylumandrefugees (aufgerufen am 1.8.2019).
88 *Europäischer Rat* 2018, 2.
89 *Wiedemann* 2018.

dem Nordirak und dem Libanon noch nie so großes psychisches Elend wie in Moria gesehen habe.[90]

Europäische Grenz- und Küstenwache

Das verweist darauf, dass nicht nur an der vorverlagerten Grenze, dem „zweiten Ring der Externalisierung des Grenzregimes", sondern auch am ersten Ring, der an der Außengrenze der südlichen Mitgliedstaaten verläuft, eine repressive Europäisierung und Vertiefung stattfindet.[91] In einem „Turbogesetzgebungsprozess" gelang es der Kommission, die Verordnung über die neue Europäische Grenz- und Küstenwache durchzusetzen.[92] Zwar werden weiterhin nationalstaatliche Grenzschutzbehörden existieren, allerdings sind diese jetzt der „Europäischen Agentur für die Grenz- und Küstenwache" (Frontex) hierarchisch untergeordnet, da diese nun die operationelle Strategie festlegt, der die mitgliedstaatlichen Grenzbehörden zu folgen haben. Der Agentur kommt darüber hinaus eine Überwachungsrolle zu: Werden ihre Empfehlungen nicht befolgt oder ist der Schengen-Raum aufgrund „unverhältnismäßiger Herausforderungen an den Außengrenzen" (Abs. 1 lit. b) in Gefahr, kann der Rat mit qualifizierter Mehrheit von einem neuen Interventionsrecht Gebrauch machen und Grenzwacheteams aus dem Soforteinsatzpool in den entsprechenden Staat entsenden.[93] Um dies auch durchsetzen zu können, kann andernfalls ein zweijähriger Ausschluss aus dem Schengen-Raum (Schexit) beschlossen werden.[94]

Nicht zuletzt dafür ist ein ständig verfügbares Kontingent von 1.500 Europäischen Grenzschutzpolizisten eingerichtet worden, die von den Mitgliedstaaten abgeordnet werden müssen und dass ab 2021 auf 10.000 Beamten aufgestockt werden soll.[95] Erstmals kommt es daher zur Einrichtung einer stehenden Truppe, die nun auch auf der Grundlage von Arbeitsvereinbarungen in Staaten außerhalb der Union operativ eingesetzt werden kann. Auch gelang der Kommission die Verdoppelung von Haushalt und Personal der Agentur. Bis 2020 soll ihre finanzielle Ausstattung nochmals auf 322 Millionen pro Jahr erhöht werden.

---

90 Ebd.
91 *Buckel* 2018.
92 Ebd.
93 Ebd., 449.
94 Ebd., 446.
95 Ebd., 454.

Dass die Grenzen zwischen den verschiedenen Achsen des Europäischen Sicherheitsregimes fließend verlaufen und sich innere Sicherheit, Militarisierung und die Migrationsabwehr in ihm überlagern und miteinander verschränken, lässt sich besonders deutlich anhand der Neuzusammensetzung des Grenzregimes veranschaulichen.

Die European Union Naval Force Operation SOPHIA ist eine *militärische* Krisenbewältigungsoperation zur Bekämpfung des Menschenschmuggels. Seit Mai 2016 bildet sie dazu u.a. die libysche Küstenwache aus.[96] Da die zweite Phase der Mission den *bewaffneten* Kampf gegen Schleuser*innen umfasst, musste für die deutsche Beteiligung die Zustimmung des Deutschen Bundestages eingeholt werden, da es sich um einen Kriegseinsatz handelt. Diesen bewerteten Menschenrechtsorganisationen vor allem aufgrund der Vermischung von militärischen und polizeilichen Tätigkeiten als völkerrechts- und verfassungswidrig.[97]

Darüber hinaus einigten sich auf Betreiben Frankreichs und Deutschlands die ehemaligen französischen Kolonien Mauretanien, Mali, Niger, Burkina Faso und Tschad 2017 auf die Einrichtung der G5-Sahel-Eingreiftruppe, die mit 5.000 Soldaten unter Beteiligung französischer Kräfte „Terrorismus" und „illegale Migration" in der Sahelzone bekämpfen soll.[98] 50 Millionen zur Ausrüstung der Truppe kommen aus EU-Mitteln. Ebenfalls 2017 beschloss der Rat die Einrichtung einer EU Capacity Building Mission (EUCAP) Sahel.[99] In einem Fortschrittsbericht zur Europäischen Migrationsagenda heißt es dazu, dass bereits mit der Entsendung von „Experten für innere Sicherheit und Verteidigung" begonnen wurde, um die Zusammenarbeit im Bereich des *Grenzmanagements* zu fördern.[100]

Bewertung: Neues Niveau gewaltvoller und festungsgleicher Projekte

Sonja Buckel stellte jüngst fest, „dass im Ausnahmezustand" entscheidende Durchbrüche für die Europäisierung der Grenze und zur Entwicklung eines diese überwachenden *supranationalen* Staatsapparates gelungen sind.[101] Und Fabian Georgi bilanziert, dass ein „neues Niveau gewaltvoller, festungsgleicher Kontroll- und Hierarchisierungsprojekte" durchgesetzt wurde und schlägt vor, diese neue Phase in der

---

96   *Simon* 2017, 66.
97   Pro Asyl 02.10.2015.
98   https://www.bmvg.de/de/aktuelles/europa-untersuetzt-g5-eingreiftruppe-18316.
99   Rat der Europäischen Union 2017.
100   *Europäische Kommission* 2017c, 4f.
101   *Buckel* 2018, 454f.

Migrationsverhinderung begrifflich als autoritären Festungskapitalismus zu fassen.[102]

3. Die Errichtung eines europäischen Sicherheitsregimes als passive Revolution

Blickt man von heute aus auf die 2011 einsetzende erste Phase des autoritären Wettbewerbsetatismus zurück, zeigt sich, dass die damit verbunden Entwicklungen entscheidend dafür waren, dass der Bewegungszyklus ab- bzw. unterbrochen wurde, „gefährliche" Regierungsprojekte verhindert, zu Fall gebracht oder herrschaftskonform eingepasst werden konnten[103] und in den meisten Mitgliedstaaten, wenn auch auf ungleiche Art und Weise, eine Verschärfung von Austerität und Wettbewerb durch innere Abwertung zu beobachten ist.

Dies korreliert anschaulich mit Gramscis Beschreibung der ersten Phase einer Hegemonierkrise:

„Was die Situation verschlimmert, ist, daß es sich um eine Krise handelt, bei der verhindert wird, daß die Elemente der Lösung sich mit der nötigen Geschwindigkeit entwickeln; wer herrscht, kann die Krise nicht lösen, hat aber die Macht [zu verhindern], daß andere sie lösen, das heißt hat nur die Macht, die Krise selbst zu verlängern."[104]

Damit ist das strukturelle Spannungsverhältnis von Demokratie und Kapitalismus[105] angesprochen, das sich vor allem dadurch äußert, dass die Bourgeoisie einerseits auf die formale Demokratie angewiesen ist, um ihre Partikularinteressen zu universalisieren, andererseits in Zeiten der Krise auch bereit ist, sie teilweise oder ganz aufzugeben, um ihre gesellschaftliche Stellung zu erhalten. Damit verhindert sie aber auch ganz *oder teilweise*, dass die Universalisierungsstrukturen der Demokratie dazu genutzt werden, dass neue Entwicklungsmodelle entstehen, die mitunter die Widersprüche des Kapitalismus besser prozessieren könnten als die „alte Ordnung".

Genau das kann seit der großen Krise 2008ff. mit Hinblick auf die USA und Europa festgestellt werden. Die *Krise der Demokratie* sei zentral dafür gewesen, dass sich keine tragfähige Exitstrategie etablieren konnte. Zwar gab es die Intellektuellen und Bewegungen, die auf ein (kapitalistisches) Erneuerungsprojekt drängten (z.B. einen Green New Deal), doch waren die demokratischen Kanäle blockiert, die es ermöglicht hätten, ein solches Projekt auch durchzusetzen. Die Konsequenz: Die Wiederherstellung des Alten.[106]

---

102 *Georgi* 2019, 27ff.; Siehe auch den Beitrag in diesem Band.
103 *Oberndorfer* 2017.
104 *Gramsci* 1996, 1682.
105 Vgl. *Buckel* 2017 und *Oberndorfer* 2017.
106 *Gill/Solty* 2013.

Es ist diese Verlängerung der Hegemoniekrise durch den autoritären Wettbewerbsetatismus, die dazu geführt hat, dass sich auch die Krankheitserscheinungen immer bedrohlicher vor uns auftürmen. Die blockierte Demokratie und die repressive Verhärtung haben das Gefühl der Ohnmacht und der Unbeherrschbarkeit der gesellschaftlichen Entwicklung in der Bevölkerung verschärft und einen noch fruchtbareren Boden für autoritäre, neo-nationalistische und rechtspopulistische Kräfte geschaffen.

Doch Herrschaft ist im imperialen Zentrum nicht auf Dauer ohne den Konsens der Subalternen aufrecht zu halten.[107] Die Suche nach neuen Ressourcen popularer Zustimmung[108] für das in einer Hegemoniekrise steckende Europäische Staatsapparate-Ensemble scheint ab 2015 mit dem Thema der Sicherheit auf eine „glückliche Fundsache"[109] gestoßen zu sein. Damit tritt der autoritäre Wettbewerbsetatismus in eine neue, zweite Phase.

Indem unterschiedliche Ereignisse (Brexit, Wahl von Donald Trump, Sommer der Migration, Zunahme imperialer Konflikte...), die selbst Ausdruck der globalen Krisen der neoliberalen Gesellschaftsformation und der mit ihr verbundenen Weltordnung[110] sind, diskursiv miteinander verknüpft werden, wird der *Versuch* unternommen, die Errichtung eines Europäischen Sicherheitsregimes, als die „im Allgemeininteresse" stehende Lösung drängender politischer und gesellschaftlicher Probleme[111] in Szene zu setzen.

Auch wenn in allen drei Achsen des Europäischen Sicherheitsregimes (innere Sicherheit, Grenzregime und Militärunion) bereits vor 2015 eine unterschiedlich weitgehende Europäisierung erfolgte, kommt es nun zum Versuch einer qualitativen Vertiefung, die das mit der Hegemoniekrise verschärfte Gefühl der Unsicherheit für den Ausbau und die Europäisierung der repressiven Apparate nutzen möchte. Nach dem Feld der Ökonomie soll so auch im Bereich der Sicherheit ein Verschränkungsgrad der nationalen und supranationalen Apparate erreicht werden, der eine Re-Nationalisierung nahezu verunmöglicht bzw. als unverantwortlich erscheinen lässt.

Allerdings erfolgt dieser Versuch die Existenzkrise der Union zu überwinden zum Preis, dass die durch hartnäckige Hegemoniearbeit vorbereiteten Erzählungen der neuen Rechten, die im Moment der Krise der alten Ordnung äußerst erfolgreich verallgemeinert werden konnten, partiell in das Europäische Staatsapparate-Ensemble aufgenommen werden. Denn die Gefährdung der Sicherheit und des Wohlstandes einer weißen und christlichen Mehrheitsgesellschaft durch Migration und islamistischen Terrorismus, die nur durch Militarisierung, ein verschärftes Grenzregime, den Ausbau der Repressionsapparate und den Abbau von Grundrechten bearbeitet wer-

---

107 *Oberndorfer* 2012, 69.
108 Ebd.
109 *Lipietz* 1998, 104.
110 Vgl. *Alnasseri* 2017: 33 und *El-Mahdi* 2017, 83–86.
111 *Bieling/Steinhilber* 2000, 106.

den kann, ist jener vom Rechtspopulismus gezimmerte Rahmen, auf den das Europäische Sicherheitsregime nun aufgespannt wird.

Die dominanten politischen Akteur*innen, das zeigt sich hier, wagen es, diese Erzählung zu übernehmen, da sie meinen, diese selbst „gegen die Nationalisten" richten zu können. Die globalen „Ströme der Migration", der Verlust verlässlicher militärischer Bündnispartner und der „grenzüberschreitende Terrorismus" ließen sich *nur* europäisch unter Kontrolle bringen. Wer Sicherheit will, müsse sich mit Europa abfinden. Denn der Rückzug ins Nationale in einer immer instabiler werdenden Welt sei nicht nur mit Wohlstandverlusten, sondern auch mit einem massiven Verlust an Sicherheit verbunden.

Genau darin sah Gramsci den Kern passiver Revolutionen, in denen die herrschenden Klassen zur Bearbeitung einer Krise in einer „Revolution ohne Revolution"[112] bzw. in einer Revolution-Restauration[113], Teile der Forderungen von widergelagerten Gruppen bzw. Bewegungen in ihr Staatsprojekt aufnehmen und diese darüber enthaupten.[114] Die „Führenden" stellen in diesem Wege sicher, dass die Kräfteverhältnisse und ihre Macht *im Kern* unangetastet bleiben und retten so ihr „Partikulares".[115]

Im Gegensatz zu emanzipativen Bewegungen stellen rechtspopulistische bzw. neo-nationalistische Kräfte überwiegend nicht den Neoliberalismus als solches, sondern „nur" seine Maßstäblichkeit in Frage. Gelingt ihre *selektive* Integration in das Europäische Staatsapparate-Ensemble ist damit nicht die Gefahr verbunden, dass die auf Wettbewerb geeichten Pfadabhängigkeiten aufgeben werden müssen. In passiven Revolutionen gelingt es dem Herrschaftsgefüge sich „einen Teil der Antithese selbst einzuverleiben [...], um sich nicht „aufheben" zu lassen.[116]

Wenig verdeutlicht anschaulicher, wie ein solches Einheimsen der Repräsentant*innen der Antithese vor sich geht, als ein geleaktes Diskussionspapier,[117] das im Rahmen des österreichischen Ratsvorsitzes zum EU-Außengrenzschutz vorgelegt wurde. Die Vorbereitung des Papieres erfolgte durch FPÖ-Innenminister Herbert Kickl, der, obwohl bisher neo-nationalistischer Kritiker des Schengen-Raumes, bei der Präsentation meinte, es gehe ihm darum den „Schengen-Raum zu retten."[118] Dazu fordert das Papier u. a. einen *weiter* verschärften Ausbau der *europäischen* Grenz- und Küstenwache und deren Ausstattung mit „eigenen operativen Ressourcen (personell und technisch)" – eine Forderung mit der die Europäische Kommission sich bisher bei den nationalen Staatsapparaten nicht durchsetzen konnte. Ein Re-

---

112 *Gramsci* 1991ff., 102.
113 *Gramsci* 1991ff., 961.
114 Ebd.
115 *Gramsci* 1991ff., 1330.
116 *Gramsci* 1991ff., 1728.
117 Tischvorlage der österreichischen Ratspräsidentschaft 2018.
118 Kurier 12.07.2018.

präsentant der „nationalen" Antithese argumentiert nun also für die Vervollkomm-
nung der *supranationalen* „Staatsmaschinerie".[119]

Doch passive Revolutionen sind alles andere als frei von Widersprüchen. Die selektive Aufnahme neo-nationalistischer und rechts-populistischer Diskurse im Rahmen des Europäisches Sicherheitsregime droht ständig zu *entgleiten bzw. sich zu
verselbstständigen* und damit das eigentliche Projekt zu gefährden: die Stabilisierung der Maßstäblichkeit des Neoliberalismus in Form des Europäischen Staatsapparate-Ensembles.

Die Szenen dieses Spannungsverhältnisses lassen sich seit 2015 beobachten.
Während die supranationalen und vor allem die deutschen Staatsapparate unter der
Führung von Angela Merkel darum bemüht sind, einen Zusammenbruch des Schen-
gen-Raumes und damit eine erhebliche Gefährdung des Binnenmarktes mit allen
Mitteln zu verhindern, wird dieser durch Forderungen und nationale Alleingängen
insbesondere jener bürgerlichen Kräfte (vor allem FIDESZ, CSU, ÖVP), die rechts-
populistische Strategien in sich aufgenommen haben, immer wieder herausgefordert.
Hier zeigt sich die Fruchtbarkeit des Begriffes des Europäischen Staatsapparate-Ensembles, der es erlaubt gesellschaftliche Kämpfe auf nationaler und supranationaler
Ebene in ihrem *europäischen* Zusammenspiel in den Blick zu nehmen.

Neben der Gefahr des Scheiterns der Re-Stabilisierung der Maßstäblichkeit des
europäischen Neoliberalismus durch eine Verselbstständigung bzw. unkontrollierte
nationale Kettenreaktion (etwa durch anhaltende Wiedereinführung flächendecken-
der Grenzkontrollen) verdichtet sich in der zweiten Phase des autoritäre Wettbewerbsetatismus auch das Gefahrenpotential des Ausnahmestaates weiter. Jene Muster, die sich zwischen 2011 und 2015 im Rahmen der Verhinderung einer alternativen Krisenlösung beobachten ließen: Einschränkung von Grundrechten und Demokratie, eine brüchig werdende Rechtsform, Aufwertung der nationalen und supranationalen Exekutiven und Schaffung neuer Repressionsapparate,[120] schreiben sich,
wie im empirischen Abschnitt gezeigt wurde, in der Aufrichtung des Europäischen
Sicherheitsregimes fort.

Das hat zur Konsequenz, dass der Bruch zum Ausnahmestaat, sei es auf nationaler oder supranationaler Ebene, nicht von außen gesetzt werden muss, sondern sich
„im Inneren des Staates entlang von Nahtlinien [vollziehen könnte], die in seiner gegenwärtigen Konfiguration längst vorgezeichnet sind".[121] Diese Gefahr nimmt durch
den Einbau rechtspopulistischer Diskurse in das Europäische Staatsapparate-Ensemble im Rahmen der passiven Revolution stark zu, da diese dadurch normalisiert und
mit staatlicher Legitimität versehen werden.

---

119 Vgl. *Marx* 1852/1975ff., 116 und 179 und *Buckel* 2018, 454.
120 Siehe dazu detailliert *Oberndorfer* 2017.
121 *Poulantzas* 2002, 239.

Ganz unabhängig davon ist es mehr als fraglich, ob der Versuch der Schaffung eines neuen Konsenses durch Sicherheit und rassistischen Ausschluss erfolgreich sein kann. Denn das vorangebrachte Projekt verfügt über eine relativ schwache ökonomische Komponente, die nur bedingt in der Lage sein wird, die Spielräume für materielle Zugeständnisse an die Subalternen zu vergrößern: Auch wenn im Rahmen von Business Europe, dem größten europäischen Industrieverband, das Europäische Sicherheitsregime bereits als neues „man on the moon project" gefeiert wird[122], das über die dafür notwendigen Investitionen zahlreiche Arbeitsplätze schaffen könnte, ist mehr als fraglich, ob die dahinter liegende Strategie – von William I. Robinson treffend als militarisierte Akkumulation bzw. als Akkumulation durch Repression beschrieben[123] – allein ausreichend sein kann, den Schwelbrand, zu dem sich die ökonomische Krise mittlerweile entwickelt hat, zu löschen.

Das gilt umso mehr als es sich nicht „nur" um eine ökonomische, sondern um eine Hegemoniekrise handelt: Die Krise der *gesamten* neoliberale Entwicklungsweise und ihre Erschöpfungstendenzen sowie die Kämpfe der Fliehenden um ein menschenwürdiges Leben, werden trotz massiver Repression immer wieder aufs Neue die Versuche der Abschottung und des Zeitkaufens durchbrechen. Es sind diese immer weniger prozessierbaren Widersprüche der jetzigen Entwicklungs- und Integrationsweise, die auch den Ansatzpunkt für emanzipative Politisierung vergrößern.

Dass es dabei keineswegs nur um die soziale Frage gehen darf, sondern diese mit einer anti-rassistischen und transnationalen Perspektive verbunden werden muss, die gerade darauf zielt die Ideologie der Abschottung von den Folgen der imperialen Lebensweise[124] herauszufordern, darauf verweist uns Gramsci.

Denn ob eine passive Revolution wirklich erfolgreich ist, ob es also trotz aller Widersprüche *wirklich gelingt* über den Diskurs und entsprechende Einstiegsprojekte hinaus ein *Europäisches* Sicherheitsregime zu errichten, ist aus Perspektive der Herrschaft nicht entscheidend: „Politisch und ideologisch kommt es darauf an", so Gramsci, „daß [sie eine] Wirkungskraft [...] hat, die geeignet ist, eine Zeit der Erwartungen und der Hoffnungen zu schaffen, [...] und folglich die hegemonischen und die militärischen und zivilen Zwangskräfte, die den traditionellen führenden Klassen zur Verfügung stehen, aufrechtzuerhalten."[125]

Es wird daher auch darauf ankommen, die ideologische Wirkungskraft des Europäischen Sicherheitsregimes zu durchbrechen: Es kann die Krisen, vor denen wir stehen, nicht lösen. Die Zeit, die es mit ständig mehr Gewalt für die alte Ordnung zu kaufen sucht, türmt diese nur immer höher vor uns auf.

---

122 https://euobserver.com/migration/132545 (aufgerufen am 1.8.2019).
123 *Robinson* 2018, 2.
124 *Brand/Wissen* 2017.
125 *Gramsci* 1994, 1243.

Literaturverzeichnis:

Alnasseri, Sabah 2017: Westliche Interventionen in die arabische Epochenwende. In: Krieger, Helmut/ Seewald, Magda (Hrsg.): Krise, Revolte und Krieg in der arabischen Welt. Münster, 32–43.

Bast, Jürgen 2017: Scharade im kontrollfreien Raum: Hat die EU gar keinen Türkei-Deal geschlossen?, https://verfassungsblog.de/scharade-im-kontrollfreien-raum-hat-die-eu-gar-kei nen-tuerkei-deal-geschlossen (aufgerufen am 1.8.2019).

Baumann, Zygmunt, 2012: Times of interregnum. In: Ethics & Global Politics, 5(1), 49–56.

Becker, Markus/*Gebauer*, Matthias 2016: EU erwägt Migrantengefängnisse in Libyen. In: Spiegel v. 29.4.2016.

Becker, Joachim 2018: Neo-Nationalismus in der EU: Sozioökonomische Programmatik und Praxis, Materialien zu Wirtschaft und Gesellschaft 179. Working-Paper Reihe der AK Wien, https://www.akeuropa.eu/sites/default/files/2019-02/Nationalismus%20DE.pdf, (aufgerufen am 09.09.2019).

Bieling, Hans-Jürgen/*Steinhilber*, Jochen 2000: Hegemoniale Projekte im Prozeß der europäischen Integration. In: (dies.) Die Konfiguration Europas. Münster, 102–130.

Boffey, Daniel 2017: EU leaders complicit in torture of refugees and migrants, Amnesty says. In: The Guardian v. 12.12.2017.

Bundesministerium des Innern 2004: Effektiver Schutz für Flüchtlinge, wirkungsvolle Bekämpfung illegaler Migration.

Buckel, Sonja 2018: Winter is coming – Der Wiederaufbau des europäischen Grenzregimes nach dem „Sommer der Migration". In: PROKLA 192, 437–457.

Buckel, Sonja 2017: Dialektik von Demokratie und Kapitalismus heute. In: Eberl, Oliver/ Salomon, David (Hrsg.): Perspektiven der sozialen Demokratie in der Post-Demokratie. Wiesbaden, 19–41.

Buckel, Sonja 2013: 'Welcome to Europe' – juridische Kämpfe um das Staatsprojekt Europa. Bielefeld.

Buckel, Sonja/*Georgi*, Fabian/*Kannankulam*, John/*Wissel*, Jens 2014: Theorien, Methoden und Analysen kritischer Europaforschung. In: Forschungsgruppe 'Staatsprojekt Europa' (Hrsg.): Kämpfe um Migration. Münster, 15–84.

Brand, Ulrich/*Wissen*, Markus 2017: Imperiale Lebensweise. München.

Büschemann, Karl-Heinz/*Hagelüken*, Alexander/*Kuntz*, Michael/*Öchsner*, Thomas 2016: Was Grenzkontrollen für die Wirtschaft bedeuten. In: Süddeutsche Zeitung v. 22.01.2016.

Candeias , Mario 2010: Interregnum – Molekulare Verdichtung und organische Krise, in: Alex Demirović et al. (Hrsg.): Vielfachkrise. Hamburg, 45–62.

Candeias, Mario/*Völpel,* Eva 2014: Plätze sichern! Re-Organisierung der Linken in der Krise. Hamburg.

Demirović, Alex 2018: Autoritärer Populismus als neoliberale Krisenbearbeitung. In: PROKLA 190, 27–42.

Demirović, Alex/*Sablowski*, Thomas 2012: Finanzdominierte Akkumulation und die Krise in Europa. In: https://www.rosalux.de/fileadmin/rls_uploads/pdfs/Analysen/Analyse_Finanzd ominierte_Akkumulation.pdf (aufgerufen am 1.8.2019).

Der Standard 12. Juli 2017: Kern und Doskozil wollen Militär für Frontex und EU-Asylbeauftragten. https://www.derstandard.at/story/2000061198179/kern-und-doskozil-wollen-eu-asylsystem-mit-verfahrenszentrum-im-niger (aufgerufen am 1.8.2019).

El-Mahdi, Rabah 2017: Ägypten: Die fortwährende Transformation. In: Krieger, Helmut/ Seewald, Magda (Hrsg.): Krise, Revolte und Krieg in der arabischen Welt. Münster, 82–93.

El Pais 2011: Hasta 8,5 millones de españoles apoyan el Movimiento 15-M. 3.8.2011, https://elpais.com/politica/2011/08/03/actualidad/1312388649_737959.html (aufgerufen am 1.8.2019).

Engelhardt, Anne 2017: Know your rights: Portugal zwischen Verfassungsaktivismus und sozialen Bewegungen. In: Kritische Justiz: 417–433.

Europäische Kommission 2018: EU-TURKEY STATEMENT. Two years on, April 20, https://ec.europa.eu/home-affairs/sites/homeaffairs/files/what-we-do/policies/european-agenda-migration/20180314_eu-turkey-two-years-on_en.pdf

Europäische Kommission 2017a: Weißbuch zur Zukunft Europas, https://ec.europa.eu/commis sion/sites/beta-political/files/weissbuch_zur_zukunft_europas_de.pdf (aufgerufen am 1.8.2019)

Europäische Kommission 2017c: Fünfter Fortschrittsbericht über den Partnerschaftsrahmen für die Zusammenarbeit mit Drittländern im Kontext der Europäischen Migrationsagenda, https://eur-lex.europa.eu/legal-content/DE/TXT/PDF/?uri=CELEX:52017DC0471&from= DE (aufgerufen am 1.8.2019).

Europäische Kommission 2016: Mitteilung der Europäischen Kommission, Europäischer Verteidigungs-Aktionsplan v. 30.11.2016, COM(2016) 950 final.

Europäische Kommission 2016b: Mitteilung der Europäischen Kommission über einen neuen Partnerschaftsrahmen für die Zusammenarbeit mit Drittländern im Kontext der Europäischen Migrationsagenda v. 7.6.2016, COM (2016) 385.

Europäischer Rat 2018: Schlussfolgerungen des Europäischen Rates v. 28.6.2018, http://data.consilium.europa.eu/doc/document/ST-9-2018-INIT/de/pdf (aufgerufen am 1.8.2019).

Europäischer Rat 2016a: Erklärung von Bratislava v. 16.9.2016. http://www.consilium.europa.eu/media/21232/160916-bratislava-declaration-and-roadmap-de.pdf (aufgerufen am 1.8.2019).

Europäischer Rat 2016b: Erklärung EU-Türkei, 18. März 2016. http://www.consilium.europa.eu/de/press/press-releases/2016/03/18/eu-turkey-statement/ (aufgerufen am 1.8.2019).

Fraser, Nancy 2017: From Progressive Neoliberalism to Trump – and Beyond. In: American Affairs, *I(4) (Winter 2017): 46–64.*

Friedrich Ebert Stiftung 2017: Entwicklungsgelder für Migrationsabwehr. 05.10.2017, https://www.fes.de/e/entwicklungsgelder-fuer-migrationsabwehr/ (aufgerufen am 1.8.2019).

GED Studie 2016: Abkehr vom Schengen – Abkommen Gesamtwirtschaftliche Wirkungen auf Deutschland und die Länder der Europäischen Union. Bertelsmann Stiftung, https://ww w.bertelsmann-stiftung.de/de/themen/aktuelle-meldungen/2016/februar/ende-von-schenge n-koennte-europa-erhebliche-wachstumsverluste-bescheren/ (aufgerufen am 1.8.2019).

Georgi, Fabian 2016: Widersprüche im langen Sommer der Migration. In: PROKLA 183, 182–203.

Georgi, Fabian 2019: Turbulenter Festungskapitalismus, In: Book, Carina/Huke, Nikolai/ Klauke, Sebastian/Tietje (Hrsg.): Alltägliche Grenzziehungen. Münster, 27–43

Gill, Stephen/*Solty*, Ingar 2013: Die organischen Krisen des Kapitalismus und die Demokratiefrage. In: juridikum, Nr. 1, 51–65.

Gramsci, Antonio, 1991ff.: Gefängnishefte. Hamburg.

Handelsblatt 2018: Türkische Grenzer schießen auf syrische Flüchtlinge. 03.02.2018, http://www.handelsblatt.com/politik/international/human-rights-watch-tuerkische-grenzer-schiessen-auf-syrische-fluechtlinge/20924414.html?ticket=ST-275373-w9XWe0icVwpehIVspMzg-ap1 (aufgerufen am 1.8.2019).

Hess, Sabine/*Kasparek*, Bernd/*Kron*, Stefanie/*Rodatz*, Mathias/*Schwertl*, Maria/*Sontowski*, Simon (Hrsg.), 2016: Der lange Sommer der Migration. Berlin.

Hofmann, Rainer/*Schmidt*, Adela, 2016: Die Erklärung EU-Türkei vom 18.3.2016 aus rechtlicher Perspektive. In: Neue Zeitschrift für Verwaltungsrecht, 35(11) 1–9.

Huke, Nikolai 2017: „Sie repräsentieren uns nicht" – Soziale Bewegungen und Krisen der Demokratie in Spanien. Münster.

Juncker, Jean-Claude 2016: Rede zur Lage der Union. http://europa.eu/rapid/press-release_SPEECH-16-3043_de.htm (aufgerufen am 1.8.2019).

Kannankulam, John 2008: Autoritärer Etatismus im Neoliberalismus, Münster.

Kurier 12.07.2018: Kickl nach Innenminister-Treffen: „Wollen Schengen-Raum retten". https://kurier.at/politik/inland/kickl-nach-innenminister-treffen-wollen-schengen-raum-retten/400065659 (aufgerufen am 1.8.2019).

Lipietz, Alain 1998: Nach dem Ende des "Goldenen Zeitalters". Berlin.

Macron, Emmanuel 2017: Initiative für Europa – Rede von Staatspräsident Macron an der Sorbonne, https://de.ambafrance.org/Initiative-fur-Europa-Die-Rede-von-Staatsprasident-Macron-im-Wortlaut (aufgerufen am 1.8.2019).

Marx, Karl 1852/1975ff.: Der achtzehnte Brumaire des Louis Bonaparte, Marx-Engels-Gesamtausgabe (MEGA), Abt. I., Bd. 11. Berlin: 96–189.

Nielsen, Nikolaj 2017: Macron wants asylum claims to start in Africa, https://euobserver.com/migration/138816 (aufgerufen am 1.8.2019).

Oberndorfer, Lukas 2011: Economic Governance – Autoritäre statt hegemoniale Integrationsweise, Vortrag AkG-Tagung, 29.9 – 2.10.2011, Frankfurt. http://akg-online.org/sites/default/files/tagungsprogramm_eu.pdf (aufgerufen am 1.8.2019).

Oberndorfer, Lukas 2017: Demokratie in der Krise – Der autoritäre Wettbewerbsetatismus und das linke Regierungsprojekt in Griechenland. In: Boos, Tobias/Lichtenberger, Hanna/Puller, Armin (Hrsg.): Mit Poulantzas arbeiten. Hamburg, 178–206.

Oberndorfer, Lukas 2016: Europa und Frankreich im Ausnahmezustand? Die autoritäre Durchsetzung des Wettbewerbes. In: PROKLA 185, 561–581.

Oberndorfer, Lukas 2012: Hegemoniekrise in Europa – Auf dem Weg zu einem autoritären Wettbewerbsetatismus? In: Forschungsgruppe `Staatsprojekt Europa´ (Hrsg.): Die EU in der Krise. Münster, 49–71.

Orbán, Viktor 2016: Bist du gegen den Frieden? In: FAZ v. 15.7.2016

Pro Asyl 2016: Schüsse an der Grenze: Wie die Türkei im Sinne Europas Flüchtlinge abwehrt. 07.12.2016, https://www.proasyl.de/news/schuesse-an-der-grenze-wie-die-tuerkei-im-sinne-europas-fluechtlinge-abwehrt/ (aufgerufen am 1.8.2019).

Pro Asyl 2015: EUNAVFOR MED: Bundestag beschließt verfassungs- und völkerrechtswidrigen Militäreinsatz. 02.10.2015, https://www.proasyl.de/news/krieg-gegen-schlepper-bunde stag-beschliesst-verfassungs-und-voelkerrechtswidrigen-militaereinsatz/ (aufgerufen am 1.8.2019).

Poulantzas, Nicos 2002: Staatstheorie. Hamburg.

Rat der Europäischen Union 2017: Pressemitteilung. Mali und die Sahelzone: EU verstärkt ihre Maßnahmen für die Sicherheit der Region. http://www.consilium.europa.eu/de/press/p ress-releases/2017/06/20/mali-sahel/ (aufgerufen am 1.8.2019).

Robinson, William I. 2018: Accumulation Crisis and Global Police State. In: Critical Sociology, 45(6), 845–858.

Saeed, Saim 2017: Macron announces plan to process asylum applications in Libya, https://w ww.politico.eu/article/macron-announces-plan-to-process-asylum-applications-in-libya/ (aufgerufen am 1.8.2019).

Schäuble, Wolfgang 2017: Von der Krise zur Chance. In: FAZ v. 20.3.2017.

Schneider, Etienne/*Syrovatka*, Felix, 2017: Die Zukunft der europäischen Wirtschaftsintegration. In: PROKLA 189, 653–673.

Schumann, Harald/*Simantke*, Elisa 2016: Europa plant den Überwachungsstaat. In: Tagespiegel v. 10.12.2016

Simon, Johannes 2017: Im Namen der Demokratie: Flüchtlingsabwehr um jeden Preis. In: Blätter für deutsche und internationale Politik, 11/2017, 65–74.

Spiegel Online 29.01.2017. Bericht über Libyen Auswärtiges Amt sieht "KZ-ähnliche Verhältnisse", http://www.spiegel.de/politik/ausland/libyen-kz-aehnliche-verhaeltnisse-fuer-fl uechtlinge-laut-bericht-beklagt-a-1132184.html (aufgerufen am 1.8.2019).

Streek, Wolfgang 2016: How Will Capitalism End? London.

Streek, Wolfgang/*Heinze*, Rolf 1999: An Arbeit fehlt es nicht. In: Der Spiegel v. 10.5.1999.

The Guardian 5.02.2003. Safe havens plan to slash asylum numbers. https://www.theguardian .com/society/2003/feb/05/asylum.immigrationasylumandrefugees (aufgerufen am 1.8.2019).

Thym, Daniel 2006: Einwanderungs- und Asylpolitik. In: ZAR: 184–191.*Voigt*, Rüdiger, 2013: Ausnahmezustand. Baden-Baden.

Tischvorlage der österreichischen Ratspräsidentschaft 2018. https://de.scribd.com/document/ 383428170/Asylabschaffung-Rat-Reimon (aufgerufen am 1.8.2019).

Wiedemann, Carolin 2018: Der Knast im Knast im Knast. In: FAZ v. 1.7.2018.

Wissen, Markus/*Röttger*, Bernd/*Heeg*, Susanne (Hrsg.) 2008: Politics of Scale. Münster.

Wissel, Jens 2015: Staatsprojekt Europa. Münster.

Wissel, Jens und *Wolff*, Sebastian 2017: Political Regulation and the Strategic Production of Space. In: Antipode 49, 231–284.

Wölfl, Adelheid 2018: Flüchtlingsabkommen mit Türkei. In: Der Standard v. 12.04.2018.

Ziltener, Patrick 1999: Strukturwandel der Europäischen Integration. Münster.

Autor*innenangaben

Hans-Jürgen Bieling, Professor für Politische Ökonomie am Institut für Politikwissenschaft der Eberhard Karls Universität Tübingen. Arbeitsschwerpunkte: Internationale Politische Ökonomie, Europäische Integration, Staats-, Politik- und Gesellschaftstheorie. Jüngste Buchveröffentlichung: (hrsg. mit Simon Guntrum) Neue Segel, alter Kurs? Die Eurokrise und ihre Folgen für das europäische Wirtschaftsregieren. Wiesbaden, 2019.

Hauke Brunkhorst ist Seniorprofessor für Soziologie an der Europa-Universität Flensburg. Arbeiten zur politische Soziologie, Verfassungssoziologie, Theorie der sozialen Evolution. Zuletzt erschienene Bücher: Das doppelte Gesicht Europas. Zwischen Kapitalismus und Demokratie, Frankfurt/Main: Suhrkamp, 2014, Critical theory of legal revolutions – evolutionary perspectives. New York/ London, 2014.

Moritz Elliesen, Journalist und Politikwissenschaftler, Arbeitsschwerpunkte: Staatstheorie, Kritische Theorie, Postsozialismus. Jüngste Veröffentlichung: Das Ende des Zukunftsversprechens: Strategie, Wandel und Aufstieg von Fidesz im Kontext der postsozialistischen Transformation. In: Forschungsgruppe „Staatsprojekt Europa", Working Papers, Nr. 2.

Fabian Georgi, Post-Doc am Institut für Politikwissenschaft der Philipps-Universität Marburg. Arbeitsschwerpunkte: deutsche und europäische Migrationspolitik, kritische politische Ökonomie und Staatstheorie, Transformationsforschung. Jüngste Buchveröffentlichung: Managing Migration? Eine kritische Geschichte der Internationalen Organisation für Migration (IOM). Berlin, 2019.

Nicholas Henkel, Wissenschaftlicher Mitarbeiter an den Fachgebieten Vergleichende Politikwissenschaft und Didaktik der Politischen Bildung an der Universität Kassel. Arbeitsschwerpunkte: Staatstheorie, kritische Migrations- und Grenzregimeforschung, Rechtsextremismus/Neue Rechte, rassismuskritische Bildung. Jüngste Veröffentlichung: gemeinsam mit Moritz Elliesen und Sophie Kempe 2018: Die Autoritäre Wende in Ungarn. Forschungsgruppe Staatsprojekt Europa. Working Papers, Nr. 1, 2018.

John Kannankulam, Professor für Politische Ökonomie an der Universität Marburg. Arbeitsschwerpunkte: Politische Ökonomie der BRD und der Europäischen Integration, materialistische Staats- und Gesellschaftstheorie sowie Europäische Integrationspolitik. Jüngste Veröffentlichung: Der Verfall der Demokratie: Autoritärer Etatismus. Zur Aktualität von Nicos Poulantzas im Kontext der Finanz- und „Eurokrise", in: Alex Demirovic (Hrsg.): Transformation der Demokratie – demokratische Transformation. Münster, 2019.

Daniel Keil, Habilitand an der Universität zu Köln, Stipendiat der Rosa-Luxemburg-Stiftung. Arbeitsschwerpunkte: Die (neue) Rechte und Europa, Krise der EU, Materialistische Staatstheorie, Theorie und Kritik des Nationalismus, Jüngste Buchpublikation: Territorium, Tradition und nationale Identität. Eine staatstheoretische Perspektive auf den Wandel nationaler Identität in der europäischen Integration. Münster, 2015.

Sophie Kempe. Politikwissenschaftlerin. *Letzte Veröffentlichung* gemeinsam mit Moritz Elliesen und Nicholas Henkel: Die Autoritäre Wende in Ungarn. Forschungsgruppe Staatsprojekt Europa. Working Papers, Nr. 1, 2018.

Elisabeth Klatzer, Ökonomin, freie Wissenschafterin und Aktivistin. Arbeitsschwerpunkte: Feministische Ökonomie, sozial-ökologisch-feministisch-demokratische Transformation von Wirtschaft und Gesellschaft, Europäische (Des-)Integration. Jüngste Publikation: Elisabeth Klatzer und Christa Schlager, Losing Grounds: Masculine-Authoritarian Reconfigurations of Power Structures in the European Union, 45–78. In: Stefanie Wöhl/Elisabeth Springler/Martin Pachel/Bernhard Zeilinger (Hrsg.): The State of the European Union, Fault Lines in European Integration. Wiesbaden, 2019.

Lukas Oberndorfer ist wissenschaftlicher Mitarbeiter der Abteilung EU und Internationales der Arbeiter*innenkammer Wien und forscht vor allem zur Hegemoniekrise in Europa und ihrer autoritären Bearbeitung. Jüngste Veröffentlichung: Between the Normal State and Exceptional State Form: Authoritarian Competitive Statism and the Crisis of Democracy in Europe. In: Stefanie Wöhl et al. (Hrsg.): The State of the European Union. Wiesbaden, 2019.

Christa Schlager, Ökonomin, Redakteurin der Zeitschrift Kurswechsel. Arbeitsschwerpunkt: Feministische Politische Ökonomie. Jüngste Publikation: Elisabeth Klatzer und Christa Schlager, Losing Grounds: Masculine-Authoritarian Reconfigurations of Power Structures in the European Union, 45–78, in: Stefanie Wöhl/Elisabeth Springler/Martin Pachel/Bernhard Zeilinger (Hrsg.): The State of the European Union, Fault Lines in European Integration. Wiesbaden, 2019.

Eitenne Schneider, Doktorand am Institut für Politikwissenschaft der Universität Wien und Redakteur der Zeitschrift PROKLA, Arbeitsschwerpunkte: Politische Ökonomie der Eurozone und EU, Europäische Wirtschaftsintegration, Industriepolitik, Geld- und Währungspolitik. Jüngste Buchveröffentlichung: Raus aus dem Euro – rein in die Abhängigkeit? Perspektiven und Grenzen alternativer Wirtschaftspolitik außerhalb des Euro. Hamburg, 2017.

Felix Syrovatka, Doktorand an der Eberhard-Karls-Universität Tübingen, Arbeitsschwerpunkte: Europäische Integration, Arbeitsmarktpolitik und Politische Ökonomie Frankreichs. Jüngste Buchveröffentlichung: Die Reformpolitik Frankreichs in der Krise. Arbeitsmarkt- und Rentenpolitik vor dem Hintergrund europäischer Krisenbearbeitung. Wiesbaden, 2016.

Jens Wissel, Professor für Sozialpolitik an der Frankfurt University of Applied Sciences, Arbeitsschwerpunkte: Staatstheorie, Europäische Integration, alternative Wohlfahrtsstaatskonzepte. Jüngste Buchveröffentlichung: Staatsprojekt Europa. Grundzüge einer materialistischen Theorie der Europäischen Union. Münster, 2015.

Stefanie Wöhl, Jean Monnet Chair „Diversity and Social Cohesion in the European Union" und Professorin für Politikwissenschaft an der Fachhochschule des BFI Wien. Arbeitsschwerpunkte: Europäische Integration, Transformationen von Staatlichkeit und Geschlechterverhältnissen, Internationale Politische Ökonomie der Geschlechterverhältnisse. Jüngste Buchpublikation: The State of the European Union. Fault Lines in European Integration. Wiesbaden, 2019.

Bereits erschienen in der Reihe STAATSVERSTÄNDNISSE

Politischer und wirtschaftlicher Liberalismus
Das Staatsverständnis von Adam Smith
hrsg. von Prof. Dr. Hendrik Hansen und Tim Kraski, Lic., M.A., *2019, Bd. 135*

Von Staat zu Staatlichkeit
Beiträge zu einer multidisziplinären Staatlichkeitswissenschaft
hrsg. von Prof. em. Dr. Gunnar Folke Schuppert, *2019, Bd. 134*

Theories of Modern Federalism
hrsg. von Dr. Skadi Siiri Krause, *2019, Bd. 133*

Die Sophisten
Ihr politisches Denken in antiker und zeitgenössischer Gestalt
hrsg. von Prof. Dr. Barbara Zehnpfennig, *2019, Bd. 132*

Die Verfassung der Jakobiner von 1793 und ihr historischer Kontext
Von Dr. Andreas Heyer, *2019, Bd. 131*

Überzeugungen, Wandlungen und Zuschreibungen
Das Staatsverständnis Otto von Bismarcks
hrsg. von Prof. Dr. Ulrich Lappenküper und Dr. Ulf Morgenstern, *2019, Bd. 130*

Repräsentation
Eine Schlüsselkategorie der Demokratie
hrsg. von Prof. Dr. Rüdiger Voigt, *2019, Bd. 129*

Internet und Staat
Perspektiven auf eine komplizierte Beziehung
hrsg. von Dr. Isabelle Borucki und Jun.-Prof. Dr. Wolf Jürgen Schünemann,
2019, Bd. 127

Dekonstruktion als Gerechtigkeit
Jacques Derridas Staatsverständnis und politische Philosophie
Von Prof. Dr. Hans-Martin Schönherr-Mann, *2019, Bd. 126*

Staat und Geheimnis
Der Kampf um die (Un-)Sichtbarkeit der Macht
hrsg. von PD Dr. Jörn Knobloch, *2019, Bd. 125*

Die Grammatik der Demokratie
Das Staatsverständnis von Peter Graf Kielmansegg
hrsg. von Dr. Ahmet Cavuldak, *2019, Bd. 124*

Karl Popper und das Staatsverständnis des Kritischen Rationalismus
hrsg. von Prof. Dr. Robert Chr. van Ooyen und Prof. i. R. Dr. Martin H. W. Möllers,
2019, Band 123

Der große Leviathan und die Akteur-Netzwerk-Welten
Staatlichkeit und politische Kollektivität im Denken Bruno Latours
hrsg. von Dr. Hagen Schölzel, *2019, Band 122*

Politisches Denken in der Britischen Romantik
hrsg. von Prof. Dr. Jürgen Kamm, *2019, Band 121*

Die Macht der Demokratie
hrsg. von Prof. Dr. Georg Zenkert, *2018, Band 120*

weitere Bände unter: www.nomos-shop.de